Geoffrey Regan

Militärische Blindgänger und ihre größten Schlachten

Aus dem Englischen
von Michael Haupt

Inhalt

Einleitung   **7**

Die Schlacht von Tanga (1914)   10

Kapitel 1: Große Führer und ihre kleinen Schwächen   **17**

Die Bejahrten   17
Die Kranken und Behinderten   23
Die Geisteskranken und die Unvernünftigen   28
Die Primadonnen   32
Die Dummen   38
Die Schlacht von Karansebes (1788)   48
Rückzug aus Kabul (1842)   50
Die Killing-Fields von Paraguay (1862–1870)   55
Die Schlacht von Colenso (1899)   59

Kapitel 2: Wer sich nicht selbst beherrscht ...   **64**

Die Angsthasen   65
Die Unbesonnenen   70
Die Streithähne   75
Die Ehrgeizigen   82
Der athenische Feldzug gegen Syrakus (415–413 v. Chr.)   86
Die Schlacht von Hattin (1187)   89
Die Kraterschlacht (1864)   93
Die Schlacht von Custozza (1866)   95

Kapitel 3: Sich etwas vorgaukeln   **99**

Die Impulsiven   99
Die Furchtsamen   102
Die Selbstgerechten   108
Die Unsicheren   111
Die Schlacht von Pliska (811)   114
Die Schlacht von Trenton (1776)   118
Die Schlacht von Majuba Hill (1881)   120
Das Massaker von Amritsar (1919)   123
Die Schlacht von Dien Bien Phu (1954)   126

Kapitel 4: Die Taktiken der Niederlage   **131**

Die Konservativen   131
Wie man die Kampfbedingungen verschlechtert   139
Schlechte Aussichten ...   145
Im Kreuz und Quer der Linien   148
Die Schlacht von Beneventum (275 v. Chr.)   152
Die Schlacht im Teutoburger Wald (9 n. Chr.)   153

Die Schlacht von Bannockburn (1314)   155
Die Schlacht an der Gelben Furt (1598)   160

Kapitel 5: Die Schlächter   163

Feldherrliche Fehltritte   163
Blutige Stümper   167
»Nie zuvor so sorgfältig durchtrennt ...«   171
Die Schlacht von Fredericksburg (1862)   172
Die Schlacht von Gravelotte-St. Privat (1870)   175
Die Schlacht von Loos (1915)   177

Kapitel 6: Nackt in die Schlacht   181

Todschick gekleidet   181
Leere Mägen   188
Schieb's auf die Waffen   192
Vorbeimarsch der Kranken   198
Üben, üben ...   205
Die Expedition nach Cádiz (1625)   210
Die Expedition nach Walcheren (1809)   215
Das Massaker von My Lai (1968)   218

Kapitel 7: Planen für die Katastrophe   223

Maschinenstürmereien   223
Anpassen oder sterben   227
Mobilmachung in Österreich (1914)   232
Die Landung in der Bucht von Suvla (1915)   234
Die Schlacht von Guadalajara (1937)   238

Kapitel 8: Unverantwortliche Politiker   241

Wenn Minister mitmischen   241
Wenn man mit seinen Freunden nicht auskommt   246
Medienwirrwarr   248
Die Schlacht von Adua (1896)   251
Die Invasion in der Schweinebucht (1961)   255
Die Schlacht von Namka Chu (1962)   261
Unternehmen »Adlerklaue« (1980)   265

Einleitung

Merkwürdiges Stillschweigen hat die Regenbogenpresse über den Herzchirurgen bewahrt, der während der heikelsten Phase einer Bypass-Operation einschlief. Kaum mehr als ein flüchtiges Interesse haben die Lokalnachrichten für den Busfahrer bekundet, der anhielt, um in aller Öffentlichkeit ein Bad zu nehmen, obwohl er den Auftrag hatte, seine Passagiere zu ihren Arbeitsplätzen zu befördern. Selbst die Fachzeitschriften haben den Architekten, der glaubte, ein Vogel zu sein, ebenso übersehen wie den Wirtschaftsprüfer, der am Morgen nicht aufstehen konnte, weil er meinte, seine Beine wären aus Glas und würden zerbrechen. Und der Fall des Anwalts, der glaubte, ein Soldat habe ihn im Vorbeigehen geschwängert, und er trage nun einen Elefanten aus, wurde mit einer schon fast an Hohn grenzenden Skepsis behandelt. Warum ist die Öffentlichkeit, die einen Anspruch darauf hat, vor den Exzessen geistig gestörter Fachkräfte bewahrt zu werden, von all diesen Entgleisungen nicht unterrichtet worden? Ganz einfach deshalb, weil sie in Wahrheit gar nicht stattgefunden haben. In Wahrheit sind alle Delikte, die hier dem Chirurgen, dem Busfahrer, dem Architekten, dem Wirtschaftsprüfer und dem Anwalt angelastet werden, von Soldaten verübt worden. Und es handelte sich dabei nicht um gewöhnliche oder absonderliche Soldaten, noch gar um gänzlich unscheinbare Individuen, deren Laufbahn ein jähes Ende fand und deren Papiere gebündelt, ad acta gelegt und vergessen wurden. Nein, in jedem der oben erwähnten Fälle ging es um Befehlshaber und Generäle, um Männer, die die höchsten Stufen der militärischen Karriereleiter erklommen hatten. Es sind nur einige – allerdings bizarre und berichtenswerte – Beispiele für jene Art von Anomalität, die zum Versagen auf militärischem Gebiet beiträgt.

Es liegt keinesfalls in meiner Absicht, einen Berufsstand ins Lächerliche zu ziehen, der für die Sicherheit des Staates so ausschlaggebend ist wie das Militär. Das wäre sowohl ungerecht als auch müßig. Versagen läßt sich nicht auf die militärische Ebene beschränken. Es gibt genauso viel Inkompetente Ärzte, Zahnärzte, Buchhalter, Anwälte, Lehrer und Ingenieure wie unfähige Befehlshaber. Allerdings kommt dem militärischen Versagen aufgrund der Auswirkungen, die es auf die Gesellschaft haben kann, ein größeres Gewicht zu. In der zivilen Luftfahrt kann ein Pilot vielleicht einige hundert Menschen in den Tod befördern, ein General dagegen Zehntausende. Ein Chirurg kann das falsche Bein amputieren, ein Luftwaffenpilot hingegen die eigenen Truppen statt die des Feindes bombardieren. Ein Justizirrtum mag zwar schwerwiegende Folgen zeitigen, ist jedoch höchst selten lebensbedrohlich. Ein Buchhaltungsfehler kann zu einem Verlust von einigen tausend, vielleicht einigen Millionen Pfund führen, doch abgesehen davon, daß sich deswegen einige Leute aus dem Fenster stürzen, bleiben die Auswirkungen überschaubar. Der Schaden jedoch, den militärische Fehlschläge anrichten – sei es durch im Rahmen von Schlachten, Feldzügen oder Kriegen –, ist irreparabel. Militärische Fehlentscheidungen erweisen sich als dauerhaft, und wenn wir auch über einige der in diesem Buch geschilderten Irrtümer lachen mögen, dürfen wir doch nie vergessen, daß sie mit Blut und menschlichem Leid bezahlt wurden.

Kein General tritt mit dem Vorsatz an, sich als Versager aufzuführen. Er hätte niemals einen so hohen Rang erreicht, wenn er sich nicht jederzeit regelkonform verhalten, Stiefel, Koppel und Schloß tadellos sauber, die richtigen Leute zur richtigen Zeit gegrüßt und bewiesen hätte, daß er es versteht, Befehle auszuführen. Erst wenn er dazu imstande ist, hält man ihn für geeignet, anderen Befehle zu erteilen. Wie sachkundigere Autoren als ich jedoch gezeigt haben, setzt die Fähigkeit, Befehle zu erteilen, nicht voraus, diese auch zu befolgen. Befehlen heißt unter anderem, selbständig zu denken – eine Eigenschaft, die bei den Soldaten der unteren Ränge nicht unbedingt gefördert wird. Ob ein Befehlshaber kommandotauglich ist, läßt sich nur herausfinden, indem man ihm Gelegenheit gibt, sich zu beweisen. Sollte sich dabei seine Unfähigkeit herausstellen, ist es für Gegenmaßnahmen bereits zu spät. Während des amerikanischen Bürgerkriegs bediente sich Präsident Lincoln bei der Auswahl von Offizieren einer Methode, die eher einem Lotterieverfahren glich. Erst als er sich restlos davon überzeugt hatte, daß John Pope, Ambrose Burnside und Joseph Hooker hoffnungslose Fälle waren, setzte er auf Ulysses S. Grant als obersten Befehlshaber. Die Toten von Second Manassas, Fredericksburg und Chancellorsville hätten dessen späte Ernennung wahrscheinlich begrüßt.

Die Beförderung beim Militär unterliegt zuweilen einem Gesetz, dem zufolge junge Offiziere in ihren Fähigkeiten nachlassen, wenn sie einen Rang erreichen, der ihr Kompetenzniveau überschreitet. Dafür lassen sich beliebig viele Beispiele finden. Vielleicht das beste bietet Sir Redvers Buller, das soldatische Lieblingskind der spätviktorianischen Ära. Während der Zulukriege wurde dem hervorragenden Regimentsoffizier das Viktoriakreuz verliehen. Aber

8

Buller, ein Mann der Tat, nicht des Gedankens, mußte im Zweiten Burenkrieg den schmachvollen Niedergang seiner Karriere hinnehmen. Er endete als Zielscheibe des Spotts mit dem Spitznamen »Sir Reverse Buller« (Niederlagen-Buller). Solche jammervollen Beispiele finden sich nicht nur in der britischen Armee. Der österreichische General Ludwig Benedek erntete für seine glänzenden Erfolge im Krieg gegen Frankreich 1859 höchstes Lob, wurde jedoch 1866 wegen seiner Fehler im verheerenden Krieg gegen Preußen von allen Seiten als Versager und Verräter geschmäht. Der französische Marschall Achille Bazaine – Held des Krimkrieges, Held von Solferino und Mexiko – wurde 1870, nach seinem Versagen im Krieg gegen Preußen, als Verräter gebrandmarkt. Vor ein Kriegsgericht gestellt und zum Tode verurteilt, floh Bazaine nach Spanien, wo er in völliger Armut starb, eine traurige Gestalt, die weit über ihre Fähigkeiten hinaus befördert worden war – eher Opfer als Übeltäter. Wenn die Leser einige dieser Geschichten amüsant finden, dann werden sie sich, wie ich hoffe, der heilsamen Lehre entsinnen, die das Schicksal von Achille Bazaine und Ludwig Benedek bietet. Beide wurden durch ihre Erfolge ins Verderben gestürzt, waren eher armselige Wichte als Bösewichte.

Natürlich gab es auch Schurken und Schlächter. Doch waren diese Männer oftmals durch die Entfernung oder durch Telephonverbindungen oder Betonbunker von den Schrecken des Frontkampfes abgeschirmt. Manchmal waren die Planungsstrategen die Versager. Sie haben die Soldaten schlecht ausgerüstet oder hungrig in die Schlacht geschickt. Sie haben sie zum Kampf in die Wüste, in tief verschneite, unpassierbare Bergregionen, in Sümpfe oder krankheitsverseuchte Dschungelgebiete gejagt. Sie haben von Soldaten und Generälen Unzumutbares verlangt, und als später die Listen der Gefallenen eingesammelt wurden, haben sie die Befehlshaber und die Frontsoldaten für Fehler verantwortlich gemacht, die eindeutig auf ihr Konto gingen. Und in bequemen Ledersesseln hinter eichenen Schreibtischen in getäfelten Büros sitzen die Politiker – Repräsentanten der Völker, in deren Namen Massaker begangen werden. Da sie vorwiegend ruhige Frontabschnitte besuchen und vor den Folgen ihrer Politik durch relativ gelassene Stabsoffiziere und Befehlshaber gut abgeschirmt werden, können sie leicht vergessen, daß sie mit dem Tod nicht weniger im Bunde stehen als diejenigen, die den Befehl zum Angriff geben. Ihre Fehler sind ebenso teuer erkauft wie die der Generäle und ihre Motive häufig weitaus zynischer. Hat der militärische Saul Tausende erschlagen, so der politische David sicherlich Zehntausende, und oftmals aus ungleich geringfügigerem Anlaß.

Sir Redvers Buller galt lange Zeit als der beste Oberst der britischen Armee und wurde dennoch zu ihrem wohl schlechtesten General. Er ist das Paradebeispiel für einen fähigen Soldaten, der weit über seine Fähigkeiten hinaus befördert wurde.

Die Schlacht von Tanga (1914)

Von Anfang an betrachteten die Briten den Feldzug gegen die Deutschen in Ostafrika 1914 als eine Operation von zweitrangiger Bedeutung, die sie ruhigen Gewissens ihrer Indienarmee überlassen zu können glaubten. Bedauerlicherweise bekräftigte der Minister für Indien diese sorglose Haltung noch indem er meinte, im Falle einer solchen Lappalie ruhig zweitklassige Truppen einsetzen zu können. Bei der Wahl des Befehlshabers aber unterschritten die Briten das selbstgesetzte Niveau der Zweitrangigkeit noch beträchtlich, indem sie Generalmajor Aitken ernannten, einen Pfuscher, der bei den wenigsten in so hohem Ansehen stand. Aitken war ein Soldat, der in seinem Auftreten und seiner Erscheinung eher zu den kolonialen Feldzügen des neunzehnten Jahrhunderts paßte. Er besaß grenzenloses Vertrauen in seine eigenen Fähigkeiten und die seiner Truppen. 35 Jahre Dienst in Indien hatten ihn zu der Überzeugung geführt, daß indische Soldaten aus einem »Haufen von Niggern« kurzerhand Hackfleisch machen würden. Da er bei seinen Feldzügen mehr auf Vorurteile als auf Argumente gab, setzte er auf die Schwächen von »Schwarzen« und »Hunnen« und lehnte es strikt ab, von irgend jemandem Ratschläge entgegenzunehmen, der über lokale Kenntnisse oder Informationen verfügte.

Tatsächlich wußte in den aus Indien kommenden Expeditionsstreitkräften niemand auch nur das geringste über den Bestimmungsort, den Hafen von Tanga. Während eines Zwischenaufenthalts der Truppen in Mombasa bot B. R. Graham, Oberstleutnant bei den King's African Rifles, Aitken seine Hilfe an. Dieser lehnte jedoch ab und zog es vor, sich an seine indischen Truppen zu halten. Als Graham Aitken darauf hinwies, daß die aus Askaris bestehenden Eingeborenentruppen der Deutschen nicht unterschätzt werden dürften, widersprach der General. Für ihn waren sie ein unausgebildeter Haufen, dem er noch vor Weihnachten eine Tracht Prügel verabreichen würde.

Wenn Aitken seine Truppen als »großartig« rühmte, so war das ebenso rührend wie unzutreffend. Von den 8000 Männern, die seinem Kommando unterstanden, ragten lediglich das Nordlancashire-Regiment und die Gurkhas aus dem Mittelmaß heraus. Die indischen Truppen gehörten zu den schlechtesten der Indienarmee; sie waren unausgebildet, schlecht ausgerüstet und wurden miserabel geführt. Einige waren erst vor kurzem mit modernen Lee-Enfield-Gewehren ausgestattet worden und konnten sie daher nicht richtig handhaben. Zudem kamen sie aus allen Gegenden Indiens; sie sprachen zwölf verschiedene Sprachen, hingen unterschiedlichen religiösen Überzeugungen an und wurden von Männern befehligt, die in einigen Fällen ihre Einheiten erst bei der Einschiffung in Bombay kennengelernt hatten. Aitkens Nachrichtenoffizier, Hauptmann Meinertzhagen – ungeachtet seines Namens ein Engländer –, beschrieb diese Truppen als »die schlechtesten von ganz Indien. ... Ich zittere bei dem Gedanken daran, was passieren wird, wenn wir auf ernsthaften Widerstand treffen. Die höheren Offiziere sind eher Fossilien als aktive und energische Anführer«.

Mögen die Soldaten auch schlecht qualifiziert gewesen sein, so trug die Behandlung, die sie während der Überfahrt von Bombay nach Mombasa erfuhren, dazu bei, ihre Kampfmoral auf den Nullpunkt zu bringen. Weil die Abfahrt sich verzögerte, brachten die Soldaten unnötigerweise 16 Tage bei stickiger Hitze in überfüllten Transportfahrzeugen zu. Als die Einschiffung endlich vonstatten ging, wurde auf Unterschiede bezüglich Kaste, Religion oder Ernährungsgewohnheiten keinerlei Rücksicht genommen. Die meisten verbrachten die Überfahrt seekrank in ihren Kojen oder litten unter Durchfall, verursacht durch ungewohnte Nahrung. Als man Aitken in Mombasa den Vorschlag machte, er solle seine Truppen zur Erholung an Land gehen lassen, rümpfte er darüber nur die Nase und meinte, das würde die Aufmerksamkeit der Deutschen erregen. Es wäre sicherer, seine Männer direkt nach Tanga zu schicken.

Obwohl die Expedition geheimgehalten werden sollte, erhielten die Deutschen alle erdenklichen Hinweise darauf, daß sie bevorstand. Im Hafen von Bombay stapelten sich unzählige Kisten mit der Aufschrift: »Indische Expeditionsstreitkräfte ›B‹, Mombasa, Ostafrika«. Die britische und ostafrikanische Presse kündigte das baldige Eintreffen der Streitkräfte mit großen Schlagzeilen an. Ferner wurden zwischen dem Konvoi und Mombasa unverschlüsselte Funksprüche ausgetauscht, und in Britisch-Ostafrika ansässige Deutsche unterrichteten ihre Freunde in Tanga per Brief über die Vorgänge. Der deutsche Befehlshaber, Oberst von Lettow-Vorbeck, hatte allen Grund, den Briten dankbar zu sein. Und damit auch der letzte Deutsche merkte, was los war, fuhr die Flotte entlang der afrikanischen Küste sogar in Sichtweite des Landes.

Vor dem Hauptteil der Flotte traf der Kreuzer HMS Fox unter Kapitän F. W. Cauldfield im Hafen von Tanga ein. Cauldfield sollte den Status der Stadt mit dem deutschen Kommandanten von Schnee erörtern. Dieser hatte mit der Royal Navy des öfteren Waffenstillstandsabkommen geschlossen, um Tanga vor einer Bombardierung zu bewahren. Cauldfield aber war, mit der Rückendeckung von Aitkens Konvoi, gekommen, um den Deutschen die Aufkündigung aller Waffenstillstandsabkommen mitzuteilen. Von Schnee war nicht da, statt dessen traf Cauldfield den Regierungsbevollmächtigten Auracher, der dem Kapitän mitteilte, er brauche Zeit, um höhere Vorgesetzte zu konsultieren. Voller Naivität fragte Cauldfield Auracher daraufhin, ob der Hafen vermint sei. Ja, der Hafen sei voller Minen, lautete die wenig überraschende Antwort. Dann ließ Auracher den vertrauensvollen Marineoffizier wartend zurück, um Oberst Lettow-Vorbeck eiligst von der Ankunft der Briten

11

in Kenntnis zu setzen. Er zog seine Uniform an, hißte die deutsche Flagge und marschierte davon, um sich seiner Truppeneinheit anzuschließen. Nach geraumer Zeit begann Cauldfield zu argwöhnen, daß Auracher nicht zurückkommen würde. Er begab sich also wieder an Bord der *Fox* und forderte einen Schlepper an, um mit der mühsamen Tätigkeit des Minensuchens zu beginnen. Als der Rest des Konvois den Hafen erreichte, mußte er eine nervtötende Warterei auf sich nehmen, während jede Menge Holzbalken, Ölkanister und wohl auch einige alte Stiefel aus dem Hafenbecken gefischt wurden. Minen waren allerdings nicht gesichtet worden, doch Auracher hatte wertvolle Zeit gewonnen, die Lettow-Vorbeck nutzen konnte, um seine Truppen nach Tanga zu bringen.

Cauldfield, überzeugt davon, daß in Tanga unwägbare Gefahren lauerten, überredete Aitken, an einem Punkt zu landen, der eine Meile küstenabwärts und außerhalb der Sichtweite der Stadt lag. Das aber war der schlechteste Landeplatz überhaupt – ein Mangrovensumpf voller Blutegel und Wasserschlangen, über dem ganze Wolken von Moskitos und Tsetsefliegen schwebten. In dieses Schreckensloch wurden die bedauernswerten, von der Reise kaum erfrischten Truppen gejagt. Kein Wunder, daß sie vor jedem Schatten zurückschreckten und beim geringsten Geräusch in Panik gerieten. Meinertzhagen, der mit den ersten Truppen um 10 Uhr abends landete, machte sich im Garten eines Wohnsitzes namens »Das

weiße Haus« ein Bett zurecht. Es bestand aus einer Matratze, gefüllt mit »hübscher Damenunterwäsche« aus dem Haus, während ein großer *Union Jack* und eine deutsche Flagge als Decken herhalten mußten.

Als die britischen Truppen endlich vollständig an Land versammelt waren, hatten die Deutschen 48 Stunden Zeit gehabt, um ihre Vorkehrungen zu treffen. Bald nachdem Aitken den Marsch auf Tanga befohlen hatte, begann alles mögliche schiefzugehen. Obwohl Lettow-Vorbeck sich einer achtfachen Übermacht gegenübersah, hatte er angesichts der Unbeholfenheit, mit der die englischen Truppen in der Schlacht bewegt und befehligt wurden, die Hoffnung keineswegs aufgegeben. Als die Briten durch die Kakaoplantagen auf Tanga zumarschierten, konnten sie keine Deutschen entdecken, die auf sie lauerten. Enttäuscht und verärgert erklommen drei britische Offiziere einen kleinen Hügel, um Ausschau zu halten. Sie wurden sofort erschossen. Plötzlich ertönte ein deutsches Signalhorn, und die Askaris stürmten vorwärts, um das 13. Rajput-Regiment anzugreifen, dessen Angehörige einfach kehrtmachten und davonrannten, wobei sie ihre zwölf britischen Offiziere zurückließen, die auf der Stelle getötet wurden. Als Meinertzhagen der Panik Einhalt gebieten wollte, zückte ein indischer Offizier gegen ihn das Schwert und mußte erschossen werden. Brigadier Tighe, Kommandant der Bangalor-Brigade, signalisierte Aitken, der die Vorgänge von einem der Schiffe aus verfolgte, seine Männer stünden 2500 deutschen Gewehren gegenüber. Tatsächlich waren es nur 250 Askaris. Dieser erste Angriff hatte auf Seiten der Briten 300 Tote gekostet, zumeist Offiziere und Unteroffiziere. Die indischen Truppen reagierten mittlerweile derart panisch, daß bei einem versehentlich ausgelösten Gewehrschuß hundert Rajputs zum Strand zurückrannten, wobei einige erst innehielten, als sie bis zum Hals im Wasser standen.

Unterdessen hatten die britischen Transportschiffe Unmengen von Nachschub an Land gebracht, mochte er nun benötigt werden oder nicht. Die Szene glich einem Pandämonium. Weil die Gegend nicht ausgekundschaftet worden war, wußten die Briten nichts über Stellung und Streitkraft der Deutschen. Aitken hatte ohnehin entschieden, seine ganze Truppenstärke erst beim nächsten Angriff einzusetzen. Mit seinen besten Truppen, den Nordlancashirern und den Gurkhas in vorderster Front und den indischen Regimentern als Nachhut, wagte er einen erneuten Angriff auf Tanga. Merkwürdigerweise hatte er das Angebot abgelehnt, die Stadt durch Kanonenboote bombardieren zu lassen, um die deutschen Stellungen zu schwächen. Einerseits wollte er kein ziviles Eigentum beschädigen, andererseits jedoch – und das war der Hauptgrund – wußte er nicht genau, wo die Deutschen cigentlich steckten, wollte es aber nicht zugeben.

Die Deutschen hatte eine starke Verteidigungsstellung aufgebaut, die durch Feldtelephone koordiniert und durch Stacheldraht geschützt wurde. In den Affenbrotbäumen waren Heckenschützen und auf dem Boden in Abständen Maschinengewehre postiert. Selbst für hervorragende Truppen stellte das eine ernsthafte Herausforderung dar. Zu diesem Zeitpunkt waren viele indische Soldaten bereits dem Hitzschlag nahe und litten quälenden Durst, denn sie hatten ihre Wasserflaschen längst geleert, obwohl der Mittag gerade erst herangerückt war. Als sie sich ihren für sie unsichtbaren Feinden näherten, schleuderten ihnen die Askaris Beleidigungen entgegen, wie etwa »Inder sind Wanzen«. Die Imperial Service Brigade, der die schwächsten Einheiten angehörten, mußte durch Kornfelder waten, auf denen das Getreide über zwei Meter hoch stand, während unsichtbare Heckenschützen der Askari von den Bäumen aus die Köpfe der Soldaten mit Kugeln durchlöcherten. Die Inder fürchteten sich auch vor den Rauchwolken, die aus den Schwarzpulverflinten der Askaris krochen.

Andernorts lief die Sache für die Briten besser. Die Nordlancashirer und die Gurkhas hatten die Askaris aus ihren Verstecken vertrieben und das Zollhaus sowie das Krankenhaus von Tanga erobert, was sie durch das Hissen eines riesigen *Union Jack* anzeigten. Auf dem eigentlichen Kampfplatz jedoch mußten die Inder einem noch schlimmeren Feind als den Deutschen ins Auge sehen. Das Schlachtfeld war nämlich mit Bäumen bestanden, von deren Ästen ausgehöhlte Holzscheite herabhingen, die in Afrika als Bienenstöcke dienen. Durch den Lärm und die Kugeln wild geworden, schwärmten die Bienen, die einer besonders großen und aggressiven Spezies angehörten, zu Tausenden aus und stürzten sich auf die vorrückenden indischen Truppen. Sofort brach Panik aus; die Soldaten flohen in Richtung Meer, um sich in Sicherheit zu bringen, wurden dabei jedoch von den Bienen verfolgt und gestochen. Einige Bienen blieben zurück, um mit erfrischender Unvoreingenommenheit die Askaris zu piesacken, aber der Hauptangriff galt den britischen Truppen. Ein Ingenieur erhielt dreihundert Stiche, während ein anderer, durch eine Verwundung bewußtlos geworden, sich beim Erwachen von Hunderten von Bienen attackiert sah. Den völlig hysterisch gewordenen britischen Soldaten kam es vor, als sei dies ein weiterer schlauer Trick der Deutschen, und selbst die *Times* schrieb später, daß die Bienenstöcke von Lettow-Vorbeck als Waffen eingesetzt worden seien. Daraufhin befragt, schmunzelte der Deutsche nur und sagte: »Gott war mit uns«.

Vom Deck des als Hauptquartier dienenden Schiffes aus müssen die vielen britischen Soldaten, die wildfuchtelnd zum Strand liefen und ins Meer sprangen, einen befremdlichen Anblick geboten haben. »Sie werden doch nicht etwa zurückgetrieben worden sein?«, fragte ein gescheiter Stabsoffizier. An Land brachte ein anderer britischer Offizier es kaum über sich, das hasenfüßige Verhalten seiner Truppen zu melden. Er bemerkte: »Ich hätte nie geglaubt, daß erwachsene Männer gleich welcher Rasse dazu gebracht werden könnten, sich derart schamlos zu benehmen.«

Außer sich vor Wut befahl Aitken die sofortige Bombardierung von See aus. Sie mußte jedoch gestoppt werden, als der einzige in Tanga registrierte Treffer das mit toten und verwundeten britischen Soldaten überfüllte Krankenhaus beschädigte. Die anderen Granaten trafen die auf dem Rückzug befindlichen britischen Linien und verursachten weitere Verluste. Die indischen Truppen schossen dermaßen wild um sich, daß sie der eigenen Seite mehr Schaden zufügten als den Deutschen. Ein Soldat der Nordlancashirer bemerkte: »Das deutsche Geschützfeuer ist uns egal, aber daß die meisten unserer Offiziere und Unteroffiziere am Boden liegen, und ein verdammter Haufen von Niggern uns von hinten beschießt und die Bienen uns in den Hintern stechen, macht die Sache dann doch etwas schwierig«.

Die britischen Verluste beliefen sich nur bei diesem einen Angriff auf über 1000 Mann. Insgesamt gab es 800 Tote, 500 Verwundete und 250 Vermißte. Dagegen waren Lettow-Vorbecks Verluste gering – 15 deutschstämmige und 54 Askari-Soldaten wurden getötet oder verletzt. Einen durchschlagenderen Erfolg hätte er sich nicht wünschen können, um so mehr, als Aitken seine Truppen sofort wieder einschiffte und die ganze Ausrüstung zurückließ. Nach dem Abzug der Briten konnte Lettow-Vorbeck neue Regimenter mit britischen Gewehren und MGs ausstatten und besaß genügend Le-

14

bensmittel, Mäntel, Decken, Motorräder, Funkausrüstungen und anderes Material, um ein Jahr lang damit auszukommen.

Die Evakuierung der Verwundeten wurde von Hauptmann Meinertzhagen durchgeführt, der in den Deutschen großzügige Sieger fand. »Ihr Engländer«, sagten sie zu ihm, »seid wirklich völlig unbegreiflich. Ihr haltet den Krieg für ein Spiel.« Als wollten sie den Beweis für diese Behauptung antreten, vertrieben sich während der Evakuierung einige Soldaten aus dem Nordlancashire-Regiment die Zeit damit, im Meer zu baden. Die Deutschen waren entsetzt über diese Verletzung des Protokolls. Und was sie von den britischen Matrosen gehalten haben mögen, die auf dem Höhepunkt der Schlacht in den Hafen von Tanga ruderten, weil sie hofften, in der Stadt Lebensmittel kaufen zu können, mag sich jeder selbst ausmalen.

Aber für General Aitken und seine indischen Truppen war die Qual noch nicht vorbei. Als sie, einigermaßen ernüchtert, Mombasa wieder erreichten, wollten ihnen Zollbeamte die Landeerlaubnis verweigern, falls sie nicht bereit wären, einen Zoll von fünf Prozent zu entrichten. Erst die Bajonette des Nordlancashire-Regiments konnten die Beamten davon überzeugen, daß die »Expeditionsstreitkraft ›B‹« die Absicht hatte, in Mombasa zu bleiben. Aber für General Aitken gab es kein glückliches Ende. Kriegsminister Kitchener weigerte sich, ihn anläßlich seiner Abberufung in die Heimat zu empfangen; er wurde zum Obersten degradiert und mit halbem Sold in den Ruhestand geschickt.

Kapitel 1: Große Führer und ihre kleinen Schwächen

Die Bejahrten

Im Unterschied zu guten Weinen werden Generäle mit zunehmendem Alter nicht unbedingt reifer. Der Militärberuf kann überaus anstrengend sein, und da ein hoher Rang gewöhnlich erst nach der Lebensmitte erreicht wird, ist es durchaus möglich, daß der Alterungsprozeß körperliche und geistige Schwächen bereits verschärft hat. Es wird mittlerweile nicht mehr bezweifelt, daß die Verkalkung der Hirnarterien zu Gedächtnisverlust, getrübtem Denkvermögen, emotionaler Unausgeglichenheit, Reizbarkeit und Vergreisungserscheinungen führen kann. Mögen diese Schwächen auch bei älteren Herren gleich welchen Berufs ganz natürlich sein, so kann doch jede einzelne von ihnen bei einem militärischen Befehlshaber zu den verheerendsten Folgen führen.

Ein Kampf gegen Windmühlen

Der schwierigste Siebzigjährige, der je ein Kommando innehatte, war wahrscheinlich der spanische General Gregorio Garcia de la Cuesta. Im Spanischen Unabhängigkeitskrieg beschrieb der Herzog von Wellington Cuesta als »so widerspenstig, wie es sich für einen Gentleman an der Spitze einer Armee geziemt«. Ein britischer Offizier nannte ihn »einen halsstarrigen, verblödeten alten Dummkopf«. Wellington hätte diesem Kommentar zu Cuestas Vorgehen bei der Schlacht von Talavera (1809) zweifellos zugestimmt, verkniff sich aber im Interesse des Verhältnisses zwischen England und Spanien eine solche Bemerkung.

Cuestas Hauptproblem bestand darin, daß er eine aristokratische Verachtung für Ausländer hegte, sich selbst als Meister der Militärkunst betrachtete und Wellington für einen blutigen Anfänger hielt. Als die beiden verbündeten Befehlshaber vor der Schlacht von Talavera über taktische Maßnahmen diskutierten, fand Wellington einen Dolmetscher überflüssig, da er sehr schnell das spanische Wort für »Nein« lernte. Als die französische Armee unter Marschall Victor sich dem Alberchefluß näherte, verstand Wellington Cuesta dahingehend, daß die alliierten Truppen dort

»Wenn sie morgen nur genauso gut schießen, dann ist der Tag unser; da es aber im Augenblick niemanden gibt, auf den man schießen könnte, möchte ich, daß Sie das Ganze unterbinden.«
Der Herzog von Wellington in der Schlacht von Talavera im Jahre 1809 zu seinem Verbindungsoffizier. In seiner gelassenen Art mokierte Wellington sich über die vom halsstarrigen General Gregorio Garcia de la Cuesta geführten spanischen Truppen.

zum Kampf gegen Victor antreten würden. Um zwei Uhr morgens waren die Briten einsatzbereit, doch von Cuesta und den Spaniern fehlte jede Spur. Stunden vergingen, die französische Armee zog sich zurück, und Wellington ritt schließlich zum spanischen Lager hinüber, wo er Cuesta auf ein paar Kissen schlafend vorfand. Als dieser geweckt wurde, stammelte er lediglich ein paar unsinnige Entschuldigungen. Er bestand darauf, erst am nächsten Tag zu kämpfen. Wellington faßte sein Verhalten in den Begriff »launische Halsstarrigkeit«. Er hielt Cuesta eindeutig für zu alt und sprach ihm die Fähigkeit ab, eine moderne Armee zu kommandieren.

War Cuesta jedoch erst einmal zum Handeln entschlossen, änderte sich alles. Seine Vorsicht verwandelte sich in Tollkühnheit. Am folgenden Tag brach Cuesta, ohne sich weiter um Wellington zu kümmern, nach Madrid auf, um mit seinen Truppen die Armee von Marschall Victor zu verfolgen, die inzwischen allerdings verstärkt worden war und ihre Größe gegenüber dem Vortag verdoppelt hatte. Den erstaunten britischen Beobachtern kam es vor, als wären Cuestas Truppen »die letzte Armee des Mittelalters, die ausströmt, um gegen die Französische Revolution zu Felde zu ziehen«. Der Ausgang des Kampfes stand, das war Wellington bewußt, von vornherein fest. Als die Spanier die Franzosen eingeholt hatten, merkten sie, daß sie hoffnungslos unterlegen waren. Folglich befahl Cuesta seiner Armee, kehrtzumachen und floh mit ihr zum Tagus, wo Wellington auf ihn wartete.

Drei Meilen hinter dem Flußufer hatten die Briten Verteidigungsstellungen aufgebaut, aber Cuesta weigerte sich, den Tagus zu überqueren. Mit dem Fluß im Rücken und im Falle eines französischen Angriffs die sichere Katastrophe vor Augen, befand er sich in einer Art »Niemandsland«. Wellington flehte tatsächlich Cuesta auf Knien an, jenseits des Flusses Stellung zu beziehen. Endlich stimmte der General zu. Aber Wellington war längst klar geworden, daß mit der spanischen Armee außer Raum nichts einzunehmen war. Wenn es zum Kampf käme, wären die Briten auf sich gestellt.

Am 27. Juli standen die vereinigten französischen Armeen von König Joseph Bonaparte sowie der Marschälle Victor und Jourdan den englischen und spanischen Truppen bei Talavera gegenüber. Selbst jetzt schienen Cuestas Leute es darauf angelegt zu haben, die Schlacht in eine Farce zu verwandeln. Als französische Vorposten ein paar vereinzelte Schüsse auf die Spanier abgaben, zeitigte das ein erstaunliches Resultat. Die gesamte Frontlinie der Spanier feuerte eine Salve ab, und plötzlich stürzten zweitausend spanische Soldaten, vom Lärm und Rauch ihrer eigenen Geschütze erschreckt, mit dem Ruf »Verrat!« auf den Lippen in wilder Flucht davon, wobei sie Cuestas Kutsche umwarfen, in der der alte Mann seines maroden Gesundheitszustandes wegen reisen mußte. Dann stürmten sie ins britische Lager, um Beute zu machen. Tausende von Spaniern flohen in Richtung Portugal und verbreiteten unterwegs die Nachricht vom Sieg der Franzosen. Als die gewaltige spanische Salve erklang, wandte sich Wellington, gelassen wie immer, an seinen Verbindungsoffizier und sagte: »Wenn sie morgen nur genauso gut schießen, dann ist der Tag unser; da es aber im Augenblick niemanden gibt, auf den man schießen könnte, möchte ich, daß Sie das Ganze unterbinden.«

Der Waffenstillstand, den es nicht gab

Das Schicksal, das den nicht mehr ganz jungen österreichischen General Graf Auersperg während des Austerlitz-Feldzugs von 1805 ereilte, zeigt, wie gefährlich es ist, Entscheidungen von großer strategischer Tragweite in die Hände eines liebenswürdigen, aber senilen Befehlshabers zu legen. Die Franzosen mußten unbedingt die Donau bei Spitz überqueren und wußten, daß sie die Tabor-Brücke – ein langgestrecktes Bauwerk aus Holz – bei der Einnahme nicht beschädigen durften. Die im Rückzug befindlichen Österreicher hatten bereits Maßnahmen für die Zerstörung der Brücke ergriffen und das eine Ende mit Geschützen bestückt, um die Erstürmung durch die französischen Truppen zu verhindern. Deren Befehlshaber, Marschall Murat und Marschall Lannes, entschlossen sich zu einem Bluff. Sie marschierten vor den Augen der österreichischen Pioniere, die gerade die Zerstörung vorbereiteten, ganz dreist über die Brücke und stießen die wenigen österreichischen Wachtposten beiseite. Einem aufgeregten Offizier teilten sie mit, es habe einen Waffenstillstand gegeben und die Brücke gehöre jetzt den Franzosen. Der Offizier stürzte davon, um seinen Vorgesetzten zu informieren. Unterdessen wurde die Brücke nach und nach von französischen Truppen besetzt. Murat ging ohne Umschweife auf die österreichischen Geschütze zu und machte Anstalten, sich auf einem von ihnen niederzulassen. Nun war alles bereit für den Auftritt von Graf Auersperg, der eine Weile mit den französischen Marschällen sprach und sich schließlich bereit erklärte, seine Truppen und Geschütze abzuziehen und den Franzosen die Brücke zu überlassen. Auerspergs Fehler war mitentscheidend für den späteren Sieg der Franzosen bei Austerlitz. Der glücklose alte Mann wurde vor ein Kriegsgericht gestellt und zum

Tod durch Erschießen verurteilt. Vom Kaiser begnadigt, verbrachte er seine letzten Tage im Gefängnis.

Ein kämpferischer Kaplan

Alte Soldaten, so heißt ein Sprichwort, sterben nicht, sondern schwinden ganz einfach dahin. Leider wissen zu viele alte Soldaten nicht, wann der Zeitpunkt für ihren Rücktritt gekommen ist, was den von ihnen befehligten Männern oft gar nicht gut bekommt. Ein Beispiel dafür ist Brigadeführer Pope. Als in Indien 1849 zwischen den Briten und den Sikhs des Punjab die Schlacht von Chillianwalla ausgetragen wurde, war Pope völlig senil, fast blind und so schwach, daß er in den Sattel gehoben werden mußte. Ihm hervorragende Kavallerieregimenter anzuvertrauen, war, so meint der britische Militärhistoriker Sir John Fortescue, genauso verantwortungsvoll, als ließe man ein kleines Kind mit Meißner Porzellan spielen. Selbst der Oberbefehlshaber der Armee, General Gough, hielt ihn für zu alt, um die Kavallerie zu befehligen. Auf dem Schlachtfeld zeigte Pope bald, daß er nicht mehr wußte, was er tat. Er ließ seine Soldaten in die falsche Richtung schwenken und gab unklare Befehle. Als Pope Kavallerieeinheiten der Sikhs sichtete, befahl er: »Kehrt marsch!« statt »Rechts schwenkt marsch!« Folglich machte die britische Reiterei eine Kehrtwendung und verließ fluchtartig das Schlachtfeld. Panik breitete sich aus, Geschütze und Wagen wurden umgestoßen. Doch an jenem Tag war Gott in Gestalt von Kaplan Whiting mit den Briten. Als er die Kavalleristen rufen hörte, daß alles verloren sei, gelang es ihm, sie aufzuhalten. Er rief: »Nein, meine Herren! Es wäre nicht im Sinne des Allmächtigen, daß eine christliche Armee von heidnischen Heerscharen in Stücke gerissen wird. Halten Sie ein, oder ich werde Sie niederschießen, so wahr ich Gottes Wort verkündige!« Es gelang ihm, die Kavallerie wieder aufzurütteln, und die Schlacht wurde gewonnen. Whiting wurde in Kriegsberichten erwähnt, und General Gough empfahl sogar seine Ernennung zum Bischof.

Raglan in der Schlacht am Alma

Der Krimkrieg erweckte den Anschein, als hätten die Briten ihre Befehlshaber aus einem Altersheim geholt. Lord Raglan befehligte den Feldzug. Er war ein liebenswürdiger alter Herr von 67 Jahren, der öfter unter Geistesabwesenheit litt. In Erinnerung an seinen Militärdienst als junger Mann – er war in den Napoleonischen

Kriegen Sekretär Wellingtons gewesen – bezeichnete er seine russischen Gegner als Franzosen, die indes nunmehr seine Verbündeten waren. Während der Schlacht am Alma 1854 gelang ihm in einem Augenblick besonderer Geistesabwesenheit ein in den Annalen der Militärgeschichtsschreibung vermutlich einzigartiger Coup. Er setzte gewissermaßen mit links (der rechte Arm fehlte ihm ohnehin) das Zentrum der russischen Stellungen außer Gefecht. Nachdem er vier britischen Divisionen befohlen hatte, die Russen anzugreifen, trabte er hoch zu Roß über den Fluß auf die rechte Seite der britischen Linien, vorbei an den französischen Vorposten, die mit offenem Mund das seltsame Schauspiel verfolgten: Ein alter Herr, gefolgt von Adjutanten mit Dreispitzen, die unbekümmert mitten durch das Schlachtgetümmel ritten. Er ritt den Telegraph Hill bis zur Spitze hinauf. Dort hielt er inne, um die Aussicht zu bewundern. Er meinte, es wäre ein guter Platz, um einige Geschütze zu postieren, also gab er den Befehl, zwei Kanonen nach oben zu bringen, mit deren Hilfe seine Stabsoffiziere ein russisches Munitionsfahrzeug in die Luft sprengten. Die Russen hielten sich für umzingelt und zogen ihre Gefechtsbatterien sofort zurück.

Im passiven Dienst

Einige russische Befehlshaber, die im Ersten Weltkrieg ihren Dienst verrichteten, müssen selbst in Anbetracht der ehrwürdigen Maßstäbe des Militärberufs als besonders altersschwach eingestuft werden. General Wenzel von Plehve, Kommandant der Fünften Armee, war nicht nur senil, sondern lag bereits im Sterben, als der Krieg begann. Seine Leistung war, mit Verlaub gesagt, bestenfalls mittelmäßig. Doch fortgeschrittenes Alter muß durchaus kein Hindernis für die Erfüllung ganz anderer Pflichten sein, wie das Beispiel des 68-jährigen Generals Suchomlinov zeigt, der, ungeachtet seiner Unzulänglichkeit als Kriegsminister, eine 23 Jahre junge, geschiedene Frau heiratete. Der Krieg lag bereits in der Luft, und Suchomlinov hatte die Mobilisierung empfohlen, um daraufhin zu verkünden, er werde Urlaub an der französischen Riviera machen. Suchomlinov war kein Militärphilosoph; er behauptete steif und fest, die Kriegsführung habe sich seit 1877 nicht verändert und brüstete sich damit, seit 25 Jahren keine militärische Fachzeitschrift mehr gelesen zu haben. Auf dem Höhepunkt seiner militärtheoretischen Überlegungen zitierte er die Maxime des russischen Feldmarschalls Suworow aus dem 18. Jahrhundert: »Die Kugel ist ein Narr, das Bajonett ein Held.«

Vergreiste Generäle scheinen der Fluch für die Armee Friedrichs

> »Hier hat der Generalfeldmarschall Hindenburg vor der Schlacht von Tannenberg, nach der Schlacht von Tannenberg und, unter uns gesagt, auch während der Schlacht von Tannenberg geschlafen.«
> General Max Hoffmann nach dem 1. Weltkrieg über den »Helden« der Schlacht von Tannenberg.

des Großen gewesen zu sein. Ein General war derart senil, daß er, von Friedrich um die Beurteilung eines jungen Offiziers gebeten, versehentlich schrieb, dieser sei »äußerst feige« statt »äußerst fähig«. General von Ramin war derart schwer von Begriff und so steinalt, daß er, seinen Offizierskameraden zufolge, eigentlich in das »Zeitalter der Vandalen und Hunnen« gehörte. Ganz ersichtlich spielte Intelligenz oder das Fehlen derselben bei der Beförderung einiger preußischer Generäle keine ernstzunehmende Rolle. Von einem preußischen Befehlshaber wird erzählt, er sei beim Kauf einer Landkarte gefragt worden, ob er eine Regionalkarte oder eine Generalkarte wünsche, worauf er zur Antwort gegeben habe: »Was für eine Frage! Ich bin General, also brauche ich eine Generalkarte.«

Kavalleriekommandanten im Greisenalter hatten immer mit den körperlichen Anforderungen zu kämpfen, die das Besteigen und Reiten eines Pferdes mit sich brachten. Im August 1914 konnte der alte Khan von Nachidschewan, Kavalleriekommandant in Rennenkampfs russischer Erster Armee, an der Invasion von Ostpreußen nicht teilnehmen. Man fand ihn später weinend in seinem Zelt, weil er so stark an Hämorrhoiden litt, daß er nicht auf sein Pferd kam. Achtzigjährige, wie der preußische General von Pennavaire, sind beim Militär rar, aber nicht unbekannt. Selbst lebenslange Erfahrung hatte diesen General nicht davon überzeugen können, daß er den falschen Beruf ergriffen hatte. Von Pennavaire, den man auch »Amboß« nannte, weil er so oft geschlagen worden war, diente seinem König Friedrich II. als ebenso treu ergebener wie unfähiger Befehlshaber. In der Schlacht von Kolin 1757 setzte er die preußische Kavallerie taktisch so unklug ein, daß sie von den Österreichern einfach hinweggefegt wurde und Friedrichs Niederlage zu einem Desaster machte.

Beim englisch-österreichischen Feldzug in den Niederlanden 1745 war der 75-jährige Marschall Königsegg österreichischer Befehlshaber. Er hatte Kaiserin Maria Theresia flehentlich gebeten, von seinem Posten entbunden zu werden, damit er weiterhin Eselsmilchbäder nehmen könnte, um seine rheumatischen Beschwerden zu lindern. Aber sein Gesuch war abgelehnt worden.

Vielleicht sollten wir das letzte Wort General Max Hoffmann überlassen, dem eigentlichen Sieger der Schlacht von Tannenberg, die die Deutschen 1914 gewannen (wobei der Ruhm dem alten Recken Hindenburg zufiel, der für die Deutschen später zu einer legendären Gestalt werden sollte). Einige Jahre nach Kriegsende führte Hoffmann ein paar Freunde durch das Hauptquartier, von dem aus die Schlacht von Tannenberg geleitet worden war, und bemerkte: »Hier hat der Generalfeldmarschall Hindenburg vor der Schlacht von Tannenberg, nach der Schlacht von Tannenberg und, unter uns gesagt, auch während der Schlacht von Tannenberg geschlafen.«

Die Kranken und Behinderten

Es hat wenig Zweck, die Augen vor der Tatsache zu verschließen, daß wichtige historische Entscheidungen auch von der körperlichen Verfassung desjenigen abhingen, der sie traf. Dies gilt ganz besonders für militärische Befehlshaber, weil eine Schlacht nun einmal großen Streß und Gefahren mit sich bringt. Und weil kein General von dem damit verbundenen mentalen und physischen Druck jemals ganz frei sein dürfte, lohnt es sich, Situationen zu untersuchen, in denen dieser Faktor eine tragende Rolle für den Ausgang eines Feldzugs spielte.

Stonewall

Das in dieser Hinsicht vielleicht bemerkenswerteste Beispiel liefert Thomas »Stonewall« Jackson, General der Konföderierten Truppen im amerikanischen Bürgerkrieg, ein Mann, in den Robert E. Lee größtes Vertrauen setzte. Es gab jedoch vieles, was Lee von Jackson nicht wußte. Erstens war Jackson ein eigenwilliger, selbstgerechter Frömmler, der es als Sünde ansah, am Sonntag zu kämpfen. Zweitens war sein Verhalten bisweilen so exzentrisch, daß einige seiner Kameraden ihn schlichtweg für verrückt hielten. Als jüngerer Offizier trug er einmal einen ganzen drückend heißen Sommer lang seinen Militärmantel, weil er »keinen Befehl bekommen hatte, ihn abzulegen«. An der Militärakademie von Virginia ging er während eines prasselnden Hagelsturms vor dem Büro des Direktors auf und ab, weil er seinen Bericht unbedingt zum vereinbarten Zeitpunkt und keine Minute früher abgeben wollte. Solche Verhaltensweisen zeugen von Besessenheit. Drittens war Jackson von nicht sehr robuster körperlicher Verfassung; er benötigte mehr Schlaf als andere Leute und erholte sich nur schwer von längeren Anstrengungen. Vor der »Schlacht der Sieben Tage« 1862 war Jackson in einem brillanten Feldzug (der sogenannten »Valley Campaign«) mit seinen Truppen sechs Wochen lang im Shenandoahtal hin und her gezogen, hatte die Verbindungslinien der Unionisten zerstört und eine Streitmacht der Nordstaaten in Atem gehalten, die um ein Vielfaches größer war als seine eigene. Aber diese Anstrengungen hatten ihn erschöpft, und er stand kurz vor einem streßbedingten Zusammenbruch. Er war keinesfalls in der Verfassung, gleich einen neuen Feldzug zu beginnen und hätte General Lee dies mitteilen sollen. Vielleicht schwieg er, weil er seine eigenen Grenzen nicht kannte. Lee ging bei seinen taktischen Erwägungen davon aus, daß Jackson die gewohnt wichtige Rolle spielen würde. Aber die entschiedene Hilfe, die Lee erwartete, stellte sich nicht ein: Jackson war von einer »Nebennniereninsuffizienz« aufs Krankenlager gestreckt worden.

Lees Pläne sahen vor, daß Jackson mit seinem Korps bei Mechanicsville am 26. Juni gleich nach Sonnenaufgang – es war der zweite Tag der »Schlacht der Sieben Tage« – die Truppen der Nordstaaten angreifen sollte. Aber gegen Mittag fehlte Jackson immer noch. Enttäuscht und wütend wagte stattdessen A. P. Hill, ein impulsiver General der Konföderierten, den Angriff, obwohl seine Truppen zahlenmäßig stark unterlegen waren. Hätte sich Jackson in diesem entscheidenden Augenblick Hill angeschlossen, wäre die unter dem Kommando von General McClellan stehende Nordstaatenarmee zusammengebrochen. Aber Jackson kam nicht. Während drei Meilen weiter das Kampfgeschehen tobte, saßen seine Leute, die den Geschützdonner deutlich hören konnten, auf dem Boden und rauchten. Jackson stand betend auf einem nahegelegenen Hügel und wollte während des ganzen Nachmittags mit niemandem sprechen.

Auch am 29. Juni, bei Savage's Station, versäumte es Jackson, seine Truppen wie geplant ins Gefecht zu führen. Anstatt den James River zu durchqueren, um die Nachhut der Unionisten anzugreifen, verbrachte er den Tag mit dem Wiederaufbau einer Brücke. Am nächsten Tag, bei White Oak Swamp, verdammte er 25.000 konföderierte Soldaten zum Nichtstun, weil er schlief. Somit war der vielduldende A.P. Hill zum dritten Mal innerhalb einer Woche von Jackson im Stich gelassen worden und hatte dadurch unnötige Verluste erlitten. Jacksons Verhalten wurde als »katastrophal und nicht wiedergutzumachen« bezeichnet. In manchen Armeen wäre er vor ein Kriegsgericht gestellt und erschossen worden.

Abdel Hakim Amer

Ein Befehlshaber – der ägyptische Feldmarschall Abdel Hakim Amer – litt so sehr unter dem Druck der Kommandogewalt, daß er den Versuch unternahm, sich in einem Toilettenraum zu erschießen. Während des israelisch-arabischen Siebentagekriegs von 1967 wurde die ägyptische Luftwaffe in den ersten Stunden des Konflikts am Boden zerstört und die ägyptischen Verteidigungsstellungen auf der Sinaihalbinsel von israelischen Panzerstreitkräften überrannt. Amer verschwieg diese Tatsache und teilte Präsident Nasser statt dessen mit, daß seine Truppen einen erfolgreichen Gegenangriff gestartet hätten. Aufgrund dieser Fehlinformation lehnte Nasser ein Waffenstillstandsangebot der Israelis ab und ermutigte König Hussein von Jordanien zum Kriegseintritt – verheerende Fehler, aufgrund derer Ägypten die gesamte Sinaihalbinsel und Jordanien die Westbank und Jerusalem verlor. Schließlich wurde Nasser von General Mortagi davon in Kenntnis gesetzt, daß Amer »übergeschnappt« sei. Er eilte zum Hauptquartier der Armee und mußte feststellen, daß Mortagi Recht hatte: Amer beschäftigte sich intensiv mit der Aufstellung einer einzigen Artillerieabteilung. Befehlshaber, die unter dem Druck ihrer Aufgabe zusammenbrechen, reagieren oftmals auf eine ganz bestimmte Weise: Sie betreiben Dinge, bei denen sie sich wirklich wohl fühlen, d.h. sie handeln so, als gehörten sie noch zu den jüngeren Offizieren, die für das Gesamtkommando keine Verantwortung tragen. Nasser fand Amer in einem bemitleidenswerten Zustand vor, er habe »blutunterlaufene Augen und stopft haufenweise Aspirintabletten in sich hinein«. Es war ihm völlig unmöglich, die ägyptischen Streitkräfte zu dirigieren. Als deutlich wurde, daß er seine eigene Regierung falsch informiert hatte, drohte Amer mit Selbstmord. Vielleicht kann sein Verhalten durch den Nervenzusammenbruch und eine nicht auszuschließende Drogenabhängigkeit erklärt werden, daß aber viele ägyptische Befehlshaber ihre Truppen auf dem Sinai einfach im Stich ließen und nach Ägypten zurückflohen, läßt sich weniger einfach rechtfertigen. Als klar war, daß Amer vor ein Gericht gestellt werden würde, machte er seine Drohung wahr.

> »Amer hat blutunterlaufene Augen und stopft haufenweise Aspirintabletten in sich hinein«
>
> Präsident Nasser, 1967.

General Amer verhielt sich im israelisch-ägyptischen Krieg von 1967 in einer Weise, wie es häufig Befehlshaber tun, die unter dem Druck ihrer Aufgabe zusammenbrechen: er beschäftigte sich plötzlich mit Dingen, bei denen er sich wohl fühlte. Er handelte so, als gehörte er noch zu den jüngeren Offizieren, die für das Gesamtkommando keine Verantwortung tragen.

Französische Beschwerden

Die miserablen Leistungen, die General Maurice Gamelin als Kommandant der französischen Armee 1940 vollbrachte, waren vielleicht das Ergebnis einer Syphilisbehandlung, der er sich in den dreißiger Jahren unterzogen hatte. Die Syphilis war im fortgeschrittenen Stadium und hatte bereits das Zentralnervensystem in Mitleidenschaft gezogen, d.h. zu Persönlichkeitsstörungen, geistigen Schäden und einer Schwächung der Konzentrations-, Gedächtnis- und Urteilsfähigkeit geführt. Gamelins Erinnerungen zeugen von großen Stimmungsschwankungen zwischen Begeisterung und Depression, mit Anfällen von Größen- und Verfolgungswahn. Natürlich versuchte er, andere – vornehmlich seine Rivalen Pétain und Weygand – für seine Fehler haftbar zu machen. War der labile Gamelin als Befehlshaber für Frankreich schon ein Unglück, so erwies sich General Georges, sein Stellvertreter und der eigentliche Kommandant der Schlacht um Frankreich im Mai 1940, als Verhängnis. Georges war einmal der beste Soldat Frankreichs gewesen, hatte sich jedoch immer noch nicht von seinen Verwundungen erholt, die ihm 1934 in Marseille zugefügt worden waren, als kroatische Extremisten den König von Jugoslawien ermordeten. Selbst 1940 waren die Folgen noch deutlich sichtbar. Als der französische Widerstand in sich zusammenfiel, brach Georges »einfach in Tränen aus«.

1917 war ein gewisser Major d'Alenson Stabschef von General Nivelle, dem Befehlshaber der französischen Armee. D'Alenson, ein brillanter Offizier, aber unheilbar an Schwindsucht erkrankt, war ganz besessen von dem Gedanken, vor seinem Tode für sein Vaterland etwas Großes zu vollbringen. Diese Besessenheit brachte in Nivelle eine Saite zum Klingen, und gemeinsam planten die beiden eine große Frühjahrsoffensive, die, so glaubten sie, Frankreich zum Sieg verhelfen würde. D'Alenson schrieb: »Der Sieg muß errungen werden, bevor ich sterbe, und ich habe nicht mehr lange zu leben.« Er war fest entschlossen, sich für Frankreich zu opfern und kümmerte sich nicht darum, wieviele Karrieren dadurch vernichtet, wie viele Franzosen durch seine an Wahnsinn grenzende Leidenschaft in den Tod geschickt wurden. Unter d'Alensons Einfluß verlor Nivelle sein Gespür für besonnenes Handeln und begann die Offensive auf dem Bergrücken des Chemin des Dames, obwohl die Deutschen bereits gründlich vorgewarnt waren. 120.000 Tote und Meutereien in der französischen Armee waren die Folge.

Napoleon

Kein Befehlshaber ist medizinisch sorgfältiger betreut worden als Napoleon. Allerdings bleibt fraglich, ob seine Kommandofähigkeit schon vor 1807 durch irgendeine seiner zahllosen körperlichen Störungen wirklich beeinträchtigt worden ist. Danach jedoch summierten sich die Auswirkungen so vieler Feldzüge, hastig eingenommener Mahlzeiten und allgemein harter Lebensbedingungen und führten zu nachlassender Leistungsfähigkeit. Seine Stimmung wurde gereizt, woran vermutlich Koliken und später dann ein Magengeschwür schuld waren. Und gerade als seine Armeen größer wurden und für einen einzelnen immmer schwieriger zu befehligen waren, ließ die Schnelligkeit seines Denkens nach. Die wenig überzeugende Figur, die er 1812 bei der Schlacht von Borodino machte, könnte von einer Harnblasenerkrankung herrühren, die ihm das Reiten erschwerte. 1813, bei Großgörschen, war er völlig erschöpft und litt unter starken Magenbeschwerden. Im selben Jahr, während der Völkerschlacht bei Leipzig, krümmte er sich vor Magenschmerzen und war in lethargischer Gemütsverfassung. Als der Schmerz nachließ, mußte er einfach schlafen. Dieses Ruhebedürfnis hatte sich auch schon 1806 bei Jena gemeldet. Damals mußten Soldaten sich während der Kampfhandlungen im Karree um den schlafenden Feldherrn aufstellen. Nach der Niederlage von Leipzig war es ihm unmöglich, einen geordneten Rückzug anzutreten, weil sein Schlafbedürfnis ihn überwältigte. Napoleon litt an Hormonstörungen, die von einer Überfunktion der Hypophyse in seiner Jugend herrührten. Von seinen vielen Beschwerden ist vielleicht der Hämorrhoidenvorfall am bekanntesten, der ihm 1815 bei Waterloo das Besteigen seines Pferdes fast unmöglich machte. Die fortwährenden Feldzüge überstiegen seine Kräfte, und er legte zu viel Verantwortung in die Hände von Marschall Ney. Der Napoleon von 1815 jagte seinen Gegnern längst nicht mehr so viel Angst ein wie der Heerführer von 1805 oder 1800. Vielleicht waren die Feinde stärker geworden, Napoleon aber hatte auf jeden Fall an Kraft eingebüßt. In Bestform war er immer noch unvergleichlich, aber seine guten Tage ließen sich jetzt an den Fingern einer Hand abzählen. 1815 waren die dem geistigen und körperlichen Verfall geschuldeten Fehlleistungen zur Regel geworden, so daß Wellington bei Waterloo nur noch auf sein Versagen zu warten brauchte.

Schlechte Aussichten

Wohl mehr als jede andere körperliche Beeinträchtigung hat mangelndes Sehvermögen zu militärischen Fehlleistungen geführt. Zwei Beispiele aus dem 18. Jahrhundert belegen dies auf anschauliche Weise. 1757 sah sich die preußische Armee unter Prinz August Wilhelm gezwungen, den optimalen Rückzugsweg zu verlassen, weil angenommen wurde, die Straße sei durch österreichische Artilleriebataillone blockiert. Allerdings erwiesen sich die Geschütze der Österreicher als Viehherde. Dieselbe Armee geriet später noch einmal in Panik, als weitere Geschützbatterien gesichtet wurden. Jetzt verbrannten die Preußen sogar ihre Transport- und Pontonbrücken, ehe sie entdeckten, daß die Geschütze tatsächlich Baumstümpfe waren. 1757 war überhaupt ein schlechtes Jahr in puncto preußische Weitsicht. Als Feldmarschall v. Seydlitz in einer Bodensenke bei Roßbach eine französische Kavallerieeinheit eingekesselt hatte, versäumte es einer seiner Offiziere, die Falle endgültig zuschnappen zu lassen, weil er französische Infanterie zur Rettung der Eingekesselten heraneilen wähnte. Wie sich später herausstellte, hatte er jedoch nur eine Gruppe kleiner Föhren gesehen.

Die Geisteskranken und die Unvernünftigen

Es ist schon immer schwer gewesen, die geistige Gesundheit militärischer Befehlshaber angemessen zu beurteilen. Erst nach der Katastrophe kommt man auf den Gedanken, der Frage nachzugehen, ob der General ganz richtig im Kopf war, als er diesen oder jenen Befehl erteilte. Ein militärisches Kommando setzt den einzelnen stärkerem Druck aus als jede andere Tätigkeit. Seelische Schwächen, die im zivilen Alltagsleben unbemerkt geblieben wären, kommen in Kriegszeiten mit möglicherweise verheerenden Folgen ans Tageslicht.

Sir William Erskine

Der Herzog von Wellington verdient ein gewisses Mitgefühl angesichts der Tatsache, daß im spanischen Befreiungskrieg Sir William Erskine zu seinen ranghöheren Befehlshabern gehörte. Als er von Erskines Ernennung erfuhr, schrieb er einen dringlichen Brief an den Kriegsminister in London. Er habe, so heißt es darin, immer angenommen, daß Erskine geisteskrank sei. Der Minister antwortete: »Zweifellos ist er hin und wieder ein bißchen verrückt, aber in seinen klaren Momenten ist er ein außergewöhnlich kluger Bursche, und ich hoffe, er wird während des Feldzugs keinen Anfall bekommen. Allerdings muß ich sagen, daß er bei der Einschiffung schon ein wenig wahnsinnig wirkte.« Dies konnte Wellington auch deshalb kaum beruhigen, weil Erskine bereits zweimal im Irrenhaus gewesen war. Darüber hinaus war sein Sehvermögen so schlecht, daß er vor jeder Schlacht irgend jemanden bitten mußte, ihm zu zeigen, wo ungefähr der Feind stand. In der Schlacht von Sabugal, 1811, befehligte Erskine in Ermangelung anderer Generäle sowohl die Kavallerie als auch die leichte Infanterie. Sein Verhalten – er schickte seine Truppen in die falsche Richtung – bewahrte die Franzosen vor einer noch schwereren Niederlage.

Erskines größter »Erfolg« war die Belagerung von Almeida. Hier warfen seine Aktionen die Pläne des Eisernen Herzogs völlig über den Haufen, so daß selbst ein solch gelassener Mann wie Wellington explodierte: »Das war das Schändlichste, was uns militärisch je passiert ist.« Die belagerten französischen Garnisonstruppen konnten entkommen, weil Erskine es versäumte, die Brücke von Barba de Puerce zu bewachen. Offensichtlich war er um vier Uhr nachmittags gerade mit einem Kameraden zu Tisch, als Wellingtons Befehl zur Bewachung der Brücke ihn erreichte. Während die Anweisung lautete, er solle Kavallerie und eine Infanterieeinheit zur Brücke schicken, bestand seine erste Reaktion darin, einen Korporal mit vier Leuten abzustellen. Pakenham, der mit am Tisch saß, mischte sich ein: »Sir William, wenn Sie so ein Kommando für ein solches Objekt abstellen, dann können Sie genauso gut versuchen, die Brücke mit einer Prise Schnupftabak zu blockieren.« Nachdem er die Angelegenheit überdacht hatte, entschloß sich Erskine, ein ganzes Regiment zu schicken, schrieb den Befehl für seinen Hauptmann auf, steckte das Papier dann geistesabwesend in die Tasche und vergaß es dort. Um Mitternacht fand er beim Durchsuchen seiner Taschen den Befehl und übergab ihn Hauptmann Bevan. Die Schuld dafür, daß die Engländer zu spät kamen, um die abziehenden Franzosen noch aufzuhalten, blieb an diesem unglücklichen Offizier hängen.

Erskine beging schließlich Selbstmord, indem er 1813 in Lissabon aus einem Fenster sprang. Als er sterbend auf der Straße lag, fragte er die Umstehenden: »Warum in aller Welt habe ich das getan?«

»Warum in aller Welt habe ich das getan?« Sir William Erskine, 1813, im Sterben liegend, nachdem er aus dem Fenster gesprungen war, um sich selbst zu töten. Das katastrophale Verhalten des verwirrten, halb blinden und extrem vergeßlichen englischen Offiziers Erskine bewahrte die Franzosen in der Schlacht von Sabugal vor einer schlimmen Niederlage.

Höhenflüge der Phantasie

Einige Generäle hegten derart seltsame Phantasien, daß Zweifel an ihrer Zurechnunsfähigkeit laut wurden, die sich jedoch nicht auf ihre, in lichten Momenten durchaus vorhandene, Kommandofähigkeit erstreckten. Richard S. Ewell, General der Konföderierten, ein Mann mit Glatze und Habichtsnase und der Angewohnheit, seinen Kopf seitwärts zu neigen, glaubte bisweilen, ein Vogel zu sein. Er pickte dann in seinem Essen herum und gab seltsame Zwitscherlaute von sich. Weil er an einem Magengeschwür litt, mußte er Diätkost – in Milch gekochte Weizenflocken – zu sich nehmen, die bei seinen Untergebenen indes Zweifel an seiner geistigen Gesundheit aufkommen ließ. Der berühmte preußische Feldmarschall Blücher litt unter der Vorstellung, er gehe mit einem Elefanten schwanger, dessen Vater ein französischer Soldat sei. Blücher, der Anfällen von Altersschwermut ausgesetzt war, behauptete auch, die Franzosen hätten den Boden seines Zimmers so unerträglich erhitzt, daß er ihn nur auf Zehenspitzen betreten könne. Weil nun Blücher durch seine seelischen Probleme in Anspruch genommen wurde, trugen die darauffolgenden Streitigkeiten zwischen den anderen preußischen Generälen, vor allem Gneisenau und Yorck, das ihre zu den Niederlagen der Alliierten im Feldzug gegen Napoleon 1814 bei.

Während es Blücher jedoch im allgemeinen verstand, seine Soldaten zu begeistern, fehlten dem griechischen General Hajianestis solche ausgleichenden Fähigkeiten. Hajianestis, eher Höfling als Soldat, oblag das Kommando über die griechische Armee im Krieg gegen die Türkei 1921. Wie vor ihm schon Lord Cardigan zog Hajianestis es vor, seine Feldzüge von seiner Luxusjacht aus zu dirigieren, die im Hafen von Smyrma lag. So konnte er hin und wieder die kulinarischen Delikatessen der Hafenrestaurants genießen. Das eigentliche Problem bestand jedoch darin, daß Hajianestis nachweislich geistesgestört war.

Seine schwere Erkrankung äußerte sich auf ganz unterschiedliche Weise. Bisweilen behauptete er, er könne nicht aufstehen, weil seine Beine aus Glas oder Zucker und so spröde seien, daß sie zu zerbrechen drohten. Dann wieder trafen ihn seine Adjutanten bewegungslos daliegend an, weil er glaubte, er wäre tot. In seinen »aktiven« Phasen waren seine Befehle konfus und widersprüchlich, was zur Folge hatte, daß die Kampfmoral der griechischen Truppen auf den Nullpunkt sank. Seine Entlassung war nur eine Frage der Zeit, doch geriet auch sie noch zum Possenspiel. Sein Nachfolger, General Tricoupis, erfuhr von seiner Beförderung zum Oberkommandierenden erst aus einem Zeitungsartikel, den ihm die Türken zeigten, deren Gefangener er war.

Der amerikanische Traum

Aufgrund der damit verbundenen heftigen Stimmungsumschwünge kann Verfolgungswahn für Befehlshaber eine weitaus größere Gefahr darstellen als bloßes exzentrisches Verhalten oder eine schwere Geisteskrankheit. Ein schlagendes Beispiel dafür bietet das Verhalten von Douglas MacArthur, einem der berümtesten amerikanischen Generäle, während des Koreakriegs. Seit Jugendtagen gehörte der Verfolgungswahn zu MacArthurs konstanten Begleitern. In seiner ersten Ehe hatte sein Selbstwertgefühl stark gelitten, weil seine Frau seine sexuelle Leistungsfähigkeit in Frage stellte. Ihrem Bruder hatte sie erzählt, MacArthur möge zwar General sein,»aber im Schlafzimmer ist er bestenfalls ein Gefreiter«. Auf Parties winkte sie ihm mit dem ausgestreckten kleinen Finger zu und erzählte den Leuten:»Douglas weiß nichts mit seinem Penis anzufangen außer Pinkeln«. Zweifellos waren seine tiefgreifenden sexuellen Ängste für den ehrgeizigen und dynamischen, aber auf gefährliche Weise unausgeglichenen Befehlshaber eine mächtige Triebfeder.

Als MacArthur zum UN-Befehlshaber in Korea ernannt wurde, war er mit 70 Jahren für die Schrecken des modernen Krieges bereits zu alt. Seine Stimmung wechselte abrupt zwischen Niedergeschlagenheit und Überschwang, wodurch seinen Vorgesetzten in Washington eine ausgewogene Beurteilung der militärischen Lage unmöglich gemacht wurde. Mit der Landung bei Inchon, einer Hafenstadt an der Westküste von Korea, glückte ihm ein brillanter Coup, bei dem er unglaubliche Risiken in Kauf nahm. Dann wieder bauschte er die anstehenden Probleme auf und begründete damit seine Untätigkeit. Zudem unterschätzte er den Feind, als er anläßlich seiner Ernennung behauptete, er könne die Kommunisten so nebenbei erledigen. Allerdings war nach seinem Erfolg bei Inchon sein Ansehen so gewachsen, daß seine militärischen Entscheidungen kaum jemals in Frage gestellt wurden. Später hieß es, er habe»einem griechischen Heros geglichen, der einem strengen und unerbittlichen Schicksal« entgegengeht.

MacArthur war fest entschlossen, Nordkorea vom Kommunismus zu befreien, obwohl die UN-Intervention andere Aufgaben hatte. Um sein Ziel zu erreichen, trieb er seine Streitkräfte immer weiter nach Norden, bis er, ungeachtet aller chinesischen Warnungen, den Jalu erreichte, den Grenzfluß zwischen Korea und China. Daraufhin überquerten die Chinesen den Fluß und brachten MacArthurs Truppen eine vernichtende Niederlage bei. Zwischen dem 4. und dem 9. November unterlag MacArthur außerordentlich starken Gefühlsschwankungen. Zunächst verwarf er die Möglichkeit, daß China den Vereinigten Staaten Paroli bieten könnte. Dann wieder geriet er in Panik, weil er befürchtete, seine Truppen würden demnächst von kommunistischen Horden überrannt. Nach diesen fünf Tagen gewann er seine Seelenruhe zurück und war nun davon überzeugt, alle weiteren Hindernisse beseitigen zu können. Unterdessen waren chinesische Truppen über den

»Präsident Truman leidet an krankhafter Hypertonie, die sich in geistiger Verwirrung und Beeinträchtigung des Denkvermögens äußert«

General Douglas MacArthur bei seiner Entlassung als Befehlshaber der US-Truppen im Koreakrieg gegenüber seinem Nachfolger. McArthur litt, im Gegensatz zu Truman, seit Jugendjahren an Paranoia.

Jalu auf koreanisches Gebiet vorgedrungen und kreisten seine Stellungen ein. Die Niederlage führte bei MacArthur zu einer heftigen paranoischen Reaktion: Der General beschuldigte alle möglichen Leute, vor allem aber die Politiker in Washington und gab die apokalyptisch klingende Drohung von sich, daß bei einer Niederlage in Asien Europa unweigerlich dem Kommunismus in die Hände fallen werde. Er forderte den Einsatz der Atombombe gegen China oder zumindest die Verseuchung koreanischer Gebiete durch radioaktiven Abfall, um sie für den Feind unzugänglich zu machen. MacArthur war auf einen handfesten Krieg mit China aus. So wurde er zur Verkörperung eines berühmten Sprichworts: »Wen die Götter zerstören wollen, den treiben sie zuerst in den Wahnsinn.« Natürlich konnten Präsident Truman und die US-Stabschefs einem derart unausgeglichenen Befehlshaber nicht länger die Verantwortung für ihre Truppen in Korea überlassen. Es entbehrt nicht der Ironie, daß McArthur bei seiner Entlassung seinem Nachfolger, General Ridgway, mitteilte, er habe von einem berühmten Arzt gehört, Präsident Truman leide »an krankhafter Hypertonie, die sich in geistiger Verwirrung und Beeinträchtigung des Denkvermögens äußert«.

Die Primadonnen

Zwar mag der Vergleich eines militärischen Befehlshabers mit einer Primadonna als unangemessen erscheinen, es gibt jedoch Gelegenheiten, bei denen er zutrifft. Das gilt zum Beispiel für den berühmten französischen General Charles Denis Sauter Bourbaki, der während des deutsch-französischen Krieges von 1870-71 das Gardekorps Napoleons III. befehligte. Zu Beginn des Feldzugs waren die Garden nur in Bereitschaft gehalten worden und hatten noch keinen Schuß Pulver vergeudet. Bourbaki war fest davon überzeugt, daß seine Leute für wichtigere Dinge vorgesehen waren als für die kleinen Scharmützel, mit denen weniger hochrangige Befehlshaber sich zufriedengaben. Sein großer Augenblick sollte mit der wahrscheinlich kriegsentscheidenden Schlacht von Gravelotte-St. Privat erst noch kommen.

Marschall Canrobert, der den rechten Flügel der französischen Front bei St. Privat befehligte, sah, wie seine Position unter dem Druck der preußischen Garden und der sächsischen Regimenter zusehends schwächer wurde. Er beauftragte daraufhin den Befehlshaber zu seiner Linken, General Ladmirault, Bourbaki und die in Bereitschaft stehende Kaiserliche Garde durch einen Boten von der Situation zu unterrichten. Bourbaki hatte sich während der Schlacht zumeist hinter der mittleren Frontlinie aufgehalten und es bereits abgelehnt, dem unter starkem Druck stehenden General Frossard mit einer Brigade beizustehen. Als der französische Oberbefehlshaber, Marschall Bazaine, diese Entscheidung kritisierte, antwortete Bourbaki, er habe nicht vor, die Garde zu schnell oder »häppchenweise« einzusetzen. Bazaine ließ dies unbegreiflicherweise gelten und meinte, Bourbaki könne die Reserve nach seinem Gutdünken einsetzen. Im Verlauf des Tages kam er nicht mehr auf die Sache zurück. Vom frühen Morgen an bis nachmittags Viertel nach vier blieben Bourbakis stolze Gardeoffiziere dem Kampfgeschehen fern. Gerade zu dieser Zeit erreichten ihn die Boten vom rechten Flügel und baten ihn um Hilfe. Bourbaki reagierte mißtrauisch. War die französische Front zusammengebrochen? Er hatte nicht die Absicht, seine Reservetruppen in ein aussichtsloses Gefecht zu schicken. Die Boten überzeugten ihn davon, daß die Lage zwar gefährlich, aber nicht hoffnungslos sei, und so brach er denn an der Spitze einer Gardedivision mit ihnen auf.

Als sie sich St. Privat näherten, sah Bourbaki seine schlimmsten Befürchtungen bestätigt: Die Straßen waren voller Soldaten, die von der Front flohen. Er konnte es nicht zulassen, daß seine Männer durch diese offenkundigen Zeichen einer Niederlage verunsichert würden. Daher herrschte er die Boten an: »Ihr habt mir den Sieg versprochen und mich in die Niederlage geführt! Dazu hattet ihr nicht das Recht! Deswegen hätte ich meine ausgezeichnete Stellung nicht aufgeben müssen!« Schäumend vor Wut ließ er seine Division kehrtmachen und verließ mit ihr das Schlachtfeld. Die Kaiserliche Garde auf dem Rückzug – damit war nach Ansicht der Soldaten des Vierten und Sechsten Korps der Tag gelaufen. Auf ganzer Linie brach Panik aus, und es begann eine wilde Flucht. Bourbaki wurde nun von den Ereignissen überrollt. Angesichts der hinter ihnen ausgebrochenen Panik beschleunigten seine eigenen Leute ihr Tempo und galoppierten auf und davon, ohne auf seine Befehle und Bitten zu hören. General Ladmirault aber mußte zusehen, wie seine Front, statt Unterstützung zu erhalten, dank Bourbakis kindischem Verhalten vollständig zusammenbrach. Blieb ihm nur noch, im Schutz der Dunkelheit den Rückzug anzutreten.

»Ihr habt mir den Sieg versprochen und mich in die Niederlage geführt! Dazu hattet ihr nicht das Recht! Deswegen hätte ich meine ausgezeichnete Stellung nicht aufgeben müssen!«
General Bourbaki, 1870.

Bourbaki, die »Primadonna«, war nicht bereit, seine Gardetruppe in einen Kampf zu schicken, der nicht kriegsentscheidend war. In einer gefährlichen Situation in der Schlacht von Gravelotte-St. Privat zog er beleidigt vom Schlachtfeld, weil es ihm nicht vergönnt sein sollte, die erwünschte Rolle zu spielen.

Der Eliteclub

Der russische Angriff auf Kovel im Juli 1916 war Bestandteil der erfolgreichen »Brussilow-Offensive«. Allerdings wurde dieser Angriff im Interesse des Zaren und seiner militärischen Freunde in der Gardearmee anberaumt. Zu diesem Kreis gehörte – als einer der Unfähigsten – ein gewisser General Alexander Besobrasow. Die Gardearmee war eine Eliteeinheit, die eine umfangreiche Ausbildung genossen hatte und zu der die besten Truppen der ganzen russischen Armee gehören sollten. General Brussilow jedoch setzte weder in die Gardearmee noch in ihre Befehlshaber und den Plan, Kovel anzugreifen, besonderes Vertrauen. Wie General Besobrasow waren die Befehlshaber allesamt Primadonnen – Begünstigte des Zaren, die er nicht wegen ihrer militärischen Meriten ernannt hatte, sondern weil sie unterhaltsame Gesprächspartner an der kaiserlichen Tafel waren.

Der Ort, wo die Garden angreifen sollten, schien eher von den Deutschen als von den Russen ausgewählt worden zu sein, denn es war im Grunde ein Sumpf. Die drei Dämme, über welche die Gardesoldaten vorrücken sollten, konnten an beiden Seiten von deutschem Maschinengewehrfeuer bestrichen werden. Der erste Angriff wurde ohne jegliche Vorbereitung gestartet und nicht durch Artillerie unterstützt. Die Garden mußten, ehe sie vorrücken konnten, erst noch Stacheldraht durchschneiden. Die wilde Kühnheit der Gardesoldaten führte zu leichten Feldvorteilen, allerdings verzeichneten die Elitetruppen dabei 30.000 Tote und Verwundete.

Großherzog Paul, Besobrasows Kamerad und ein Busenfreund des Zaren, befehligte das Erste Korps. Er erhielt den Befehl zum Flankenangriff, weigerte sich jedoch, ihm Folge zu leisten. Er behauptete, es sei unter seiner Würde und der der Gardearmee, sich in den Rücken des Feindes zu schleichen. Statt dessen wagte er einen Frontalangriff. Die zwei besten russischen Regimenter, das Kaiserliche Schützenregiment und die Preobaschenski-Garden, marschierten den Maschinengewehren der Deutschen in voller Pracht entgegen. Die Verluste auf dem Damm waren so gravierend, daß viele Gardesoldaten es vorzogen, in den Sumpf zu springen und durch Unkraut und Morast zu waten. Da sie so aber nur langsam vorankamen, boten sie den deutschen Geschützen ein leichtes Ziel. Um die Lage noch zu verschärfen, wurden sie von Kampfflugzeugen bombardiert und mit Maschinengewehrfeuer belegt. Zugleich gerieten sie ins Schußfeld ihrer eigenen Artillerie, die sie auf den Flügeln, nicht aber im Zentrum der Schlachtordnung vermutete. Viele ertranken im brackigen Wasser. Wer gerettet oder ins Militärhospital gebracht wurde, flog in die Luft, als ein unweit des Hospitals gelegenes Munitionsdepot explodierte. Erstaunlicherweise gelang den Garden schließlich doch noch der Durchbruch und die Einnahme der deutschen Schützengräben. Ihre Verluste lagen allerdings bei 70 Prozent. Die Kavallerie, die diese Gewinne eigentlich sichern sollte, weigerte sich, unter solchen Bedingungen anzugreifen. Der Angriff wurde abgeblasen. Die Garden mußten die deutschen Schützengräben verlassen und, immer noch unter deutschem Beschuß, auf dem Damm zurückmarschieren.

Alles in allem hatte die Gardearmee – »die stattlichsten Geschöpfe in ganz Europa« – bei dieser absurden Operation 55.000 Soldaten verloren. Der Zorn war groß. Russische Berufsoffiziere wiesen darauf hin, daß bei einem gelungenen Zusammenspiel zwischen Primadonnen und »echten« Truppen militärische Erfolge möglich gewesen wären. Besobrasow und der Großherzog Paul wurden von ihrem Kommando entbunden, genossen jedoch bald wieder die Gunst des Zaren und wurden weiterhin zur kaiserlichen Tafel geladen.

Die Legende von George Armstrong Custer

Von allen Befehlshabern, die in diesem Buch Erwähnung finden, dürften wohl nur wenige der Leserschaft so vertraut sein wie George Armstrong Custer. Und als Primadonna benötigte Custer keinerlei Nachhilfestunden. Er verstand es meisterhaft, sich aus jeder möglichen Klemme zu befreien und seinen Willen auf eine Art und Weise durchzusetzen, die in keinem Kindergarten durchgingen.

Jeder kennt den Custer der Legende, den Star vieler Zelluloidepen. Aufrecht steht er da, sein goldblondes Haar weht im Wind, das markante Gesicht zeichnet sich vor einem strahlenblauen Himmel ab, während ganze Horden von Indianern um einen Kreis aus blauen Rauchschwaden reiten, in dem Karabiner aufblitzen, die trotzig ihr todbringendes Blei ausspucken. Unter der Fahne des unsterblichen Siebten Kavallerieregiments vollzieht sich Custers letzter Auftritt.

In Wahrheit aber war alles anders. Oberstleutnant Custer – der sich aus Imagegründen den Rang eines »Generals« zulegte – war einer der schlechtesten Befehlshaber, die jemals Soldaten in eine Schlacht geführt haben. Sein letzter Auftritt war kein Heldenepos sondern eine verpfuschte Operation, die er mit einem Teil des 7. Kavallerieregiments unternahm und bei der er 211 Mann verlor.

Die Indianer hätten Custer bei der Schlacht von Little Big Horn gar nicht skalpieren können, weil seine goldenen Locken in irgendeinem Friseursalon auf dem Boden lagen. Custer hatte sich, vielleicht in Erwartung der Katastrophe, einen Bürstenschnitt verpassen lassen!

General Custers verzweifelter Widerstand 1867 am Little Big Horn ist zu einer amerikanischen Legende geworden. In Wirklichkeit war Custer ein ruhmsüchtiger Egomane, der die Niederlage durch seinen Ungehorsam heraufbeschwor.

Vermutlich hätte sich Custer unter den Royalisten von Prinz Ruperts Reiterarmee im Kampf gegen die Truppen von Cromwell wohler gefühlt als bei den hartgesottenen Berufsoffizieren der US-Kavallerie. Er war ein instinktgeleiteter Kämpfer und kein bedachtsamer Offizier. Befehlen zu gehorchen war die Sache geringerer Leute, ebenso das Studium des Kriegshandwerks: Custer schloß an der Akademie von West Point unter vierunddreißig Offiziersanwärtern als vierunddreißigster ab. Während des Bürgerkriegs hatte er in der Kavallerie der Unionstruppen kühnes und schwungvolles Handeln, aber wenig Intelligenz an den Tag gelegt. Auch gehörte Bescheidenheit nicht eben zu seinen Tugenden. Nachdem er einen erfolgreichen Angriff geleitet hatte, behauptete er: »Ich wette, man wird in den Annalen der Kriegsgeschichte keinen brillanteren Kavallerieangriff verzeichnet finden.« Er war ein Selbstdarsteller, der den (zeitlich begrenzten) Rang eines Generalmajors der Freiwilligen erwarb und das Beste daraus machte, indem er sich seine eigene, ganz aus Samt, Lametta und Gold bestehende Uniform entwarf. Er liebte öffentliche Auftritte und erreichte einen Grad an Berühmtheit, den seine Erfolge mitnichten rechtfertigten. Seine krankhafte Selbstsucht verschaffte ihm viele Feinde und nur wenige Freunde.

1867 wurde er von einem Kriegsgericht wegen ungebührlichen Verhaltens verurteilt, dessen er sich während General Hancocks Erkundungsfeldzug gegen die Indianer schuldig gemacht hatte. Er hatte den Gehorsam verweigert, in Verfolgung eigener Absichten seinen Auftrag nicht ausgeführt und seine Untergebenen grausam behandelt, indem er zwei von ihnen der fürsorglichen Gnade der Indianer überließ. Als er im darauffolgenden Jahr auf seinen Posten zurückkehrte, erlangte er traurige Berühmtheit durch ein Massaker an 103 Cheyenne, bei dem auch Frauen und Kinder nicht verschont blieben. Das brachte ihm seitens der Indianer den Beinamen »Frauenmörder« (Squaw-Killer) ein.

Als General Terry 1876 ins Gebiet der Black Hills geschickt wurde, um die Sioux zu unterwerfen, befand sich Custers 7. Kavallerieregiment unter seinen Truppen. Tatsächlich hatte Custer diese Chance allein Terrys Einfluß in Washington zu verdanken, denn er selbst war nach einem Streit mit Präsident Grant sowie mit den Generälen Sherman und Sheridan – wahrhaft ernstzunehmenden

– in Ungnade gefallen. Wie gewöhnlich hatte Custer Zeitungsinterviews gegeben und dabei Behauptungen über Korruptionsvorfälle in den höheren Rängen aufgestellt, die er nicht beweisen konnte.

Im Juni 1876 näherten sich General Terrys Truppen dem Hauptlager der Indianer im Tal des Little Big Horn. Custer führte eine von drei Kolonnen an, die sich vereint auf die indianische Streitmacht zubewegten. Custer wurde klargemacht, daß er nicht eigenmächtig handeln dürfe, aber er nahm davon überhaupt keine Notiz. Er hatte damit geprahlt, daß das »Siebte« ganz allein in der Lage sei, die Indianer auszuradieren, und als man ihm nahelegte, einige *Gatling*-Kanonen mitzunehmen, lehnte er entrüstet ab. Bevor er das Lager verließ, sagte Oberst Gibbons zu ihm: »Hör zu, Custer, sei nicht voreilig und warte auf uns.« »Nein«, antwortete Custer und ließ offen, was er damit meinte. Daraufhin galoppierte er davon.

Custer führte seine Leute an das Indianerlager heran, das etwa 15.000 Personen beherbergte, darunter wenigstens fünf- bis sechstausend Krieger der Sioux und Cheyenne. Die Warnungen seiner eigenen Crow-Späher, kein Lagerfeuer zu machen, um seine Position nicht zu verraten, schlug Custer in den Wind. Natürlich wurde er sehr schnell von den Indianern aufgespürt und hatte damit jede Möglichkeit zum Überraschungsangriff verspielt. Als er eine Gruppe von Sioux mit hoher Geschwindigkeit davonreiten sah, nahm Custer an, die gesamte indianische Streitmacht würde angesichts einer großen US-Kavallerieabteilung in Panik geraten. Seine indianischen Späher versuchten, ihm seinen Irrtum klarzumachen. Wiederum wollte er nicht auf sie hören. Kaum verwunderlich, daß er an der Militärakademie in West Point Klassenletzter war.

Custer teilte sein Kommando in drei Unterabteilungen auf und beschloß, das Lager von Süden, Norden und Westen her anzugreifen. Major Reno startete mit gerade mal 112 Mann den Angriff von Süden, wurde aber von einem massiven Gegenangriff der Indianer zurückgeschlagen und mußte sich zwischen Felswänden verkriechen. Bald darauf erhielt er Gesellschaft von Hauptmann Benteen, dessen mit 125 Mann vorgetragener Angriff von den Sioux ebenso leicht abgewehrt worden war. Wo aber steckte Custer?

Custer bereitete einen Angriff vor, der über einen Fluß am Nordende des Lagers führte. Er befand sich drei Meilen vom übrigen Regiment entfernt und war von jeglicher Verstärkung abgeschnitten. Doch bevor er überhaupt loslegen konnte, fegte der Hauptteil der Sioux-Krieger heran, angeführt von den Häuptlingen Crazy Horse und Gall. Sie trieben Custer auf eine Anhöhe hinauf. Dergestalt eingekreist stiegen Custer und seine Leute von den Pferden und führten die später so berühmt gewordene Szene auf. Bis auf ein Pferd wurde Custers gesamte Abteilung vernichtet, die Leichen entkleidet und skalpiert. Custer selbst wurde von den Indianern sogar ohne sein goldblondes Haar erkannt und verschont.

Custers Leistung als General spottet jeder Beschreibung. Wohl kaum jemals hat sich ein solch kleiner Haufen einer so großen Übermacht gestellt. Mit Ausnahme vielleicht von Gerhard von Ridfort in der Schlacht bei den Quellen von Cresson im Jahre 1187. Schon indem Custer unter Mißachtung des Befehls das Indianerlager stürmen wollte, obwohl der Gegner zehnmal stärker war, ging er der sicheren Vernichtung entgegen. Aber seine kleine Truppe noch zu teilen, nachdem sie von den Indianern entdeckt worden war, kann nur als blanker Wahnsinn bezeichnet werden. Vielleicht verstellte ihm, wie das oft der Fall ist, seine Ruhmsucht den Blick auf die Verantwortung, die er trug. Gerade George Custers Karriere sollte als warnendes Beispiel dafür dienen, wie notwendig strenge Auswahlverfahren für den Offiziersberuf sind.

Die Dummen

Wie immer man sich bemüht, gewisse Befehlshaber mit freundlicheren Attributen zu charakterisieren, so trifft auf manchen bisweilen nur eines zu: »dumm«. Unglücklicherweise gibt es in der Militärgeschichte genügend Beispiele für Handlungen, bei denen die Dummheit Pate stand. Der verantwortliche Offizier verlor dadurch selten mehr als seine Stellung, die unter seinem Kommando stehenden Truppen jedoch oft genug ihr Leben.

Forts ...

1758, zur Zeit der Kolonialkriege, die in Nordamerika zwischen Großbritannien und Frankreich ausgefochten wurden, näherte sich eine Streitmacht britischer Truppen der französischen Siedlung bei Fort Duquesne am Ohio. Ein gewisser Major Grant bat seinen Befehlshaber, General Forbes, um die Erlaubnis, in der

Nähe des Forts feindliche Stellungen auszukundschaften und vielleicht ein paar Gefangene zu machen. Mit 800 Mann, darunter einige schottische Regimenter und einige aus Virginia, erreichte er eine Stelle, die etwa eine halbe Meile vom Fort entfernt lag. Hier scheint, Forbes zufolge, Grant »den Verstand verloren« zu haben. Zuerst spaltete er seine Abteilung in kleine Einheiten auf, die er über ein weites Areal verteilte. Als nächstes schickte er einen Offizier mit einer Eskorte fort, der sich vor das Fort setzen und Zeichnungen der französischen Verteidigungsanlagen verfertigen mußte. Und schließlich setzte er diesen Verrücktheiten die Krone auf, indem er so laut zum Wecken trommeln ließ, daß man damit Tote ins Leben hätte zurückrufen können. Nunmehr öffneten sich die Tore des Forts, französische Truppen und Indianer strömten heraus, überrannten den zeichnenden Offizier samt Anhang, töteten 300 von Grants Leuten und nahmen den Major selbst gefangen.

Eine andere Unternehmung läßt uns ebenfalls an der geistigen Gesundheit ihres Befehlshabers zweifeln. Als 1858 der große indische Aufstand (die »Mutiny«) zu Ende ging, wurde eine Expedition durchgeführt, die in die Geschichte als »Walpoles Wahn« eingegangen ist. Als Sir Colin Campbell den Brigadier Walpole dazu auserkor, eine starke Streitmacht, zu der auch drei schottische Regimenter gehörten, nach Rohilkhand zu führen, um Bahadur Khan zu verfolgen, stieß das bei allen, die den Brigadier kannten, auf ungläubiges Entsetzen. Er galt als tapferer Mann, aber zugleich als »unverbesserlicher Pfuscher«, und ein Offizier beschrieb ihn als »ausgemachten Dummkopf«. Davon unbeeindruckt machte sich Walpole auf, um den Wahrheitsgehalt dieser Einschätzung unter Beweis zu stellen. Als die britische Kolonne sich Fort Ruiya näherte, traf sie auf einen britischen Soldaten, der gerade aus der Gefangenschaft im Fort entkommen war. Er berichtete Walpole, daß der Befehlshaber des Forts, Nirpat Singh, von den britischen Truppen eingeschüchtert war und nur scheinbar Widerstand leisten würde, »um sein Gesicht zu wahren«. Dann würde er kapitulieren, denn er habe nicht mehr als 200 Mann Besatzung. Walpole hielt diese Information für Unsinn: er schätzte die Stärke der feindlichen Besatzung auf 1500 Mann. Außerdem lehnte er es ab, die Umgebung des Forts, das auf zwei Seiten von dichtem Dschungel umstanden war, auszuspähen und griff es statt dessen lieber von vorne an, wo die Mauern hoch und durch Verstärkungen geschützt waren. Später stellte sich heraus, daß die rückseitige Mauer so niedrig war, daß »ein Kind sie mühelos hätte übersteigen können«. Selbst eine flüchtige Erkundung hätte ihm dies gezeigt.

Es stimmte tatsächlich, daß Nirpat Singh die Absicht hegte, zu kapitulieren. Als er jedoch mit ungläubigem Staunen sah, wie die britischen Truppen in massiver Formation gegen den stärksten Teil der Befestigung vorrückten, begann er nachzudenken. Als die Verteidiger das Feuer eröffneten, wurden mehr als einhundert britische Soldaten niedergeschossen, darunter der bei den Soldaten beliebte Highlander-Brigadier Adrian Hope. Jetzt geriet Walpole in Panik und ordnete den sofortigen Rückzug an, wobei ihn seine eigenen Männer ganz unverblümt als Narren und Feigling beschimpften. Nicht ohne Sinn für Ironie ließ Nirpat Singh in der darauffolgenden Nacht das Fort im Schutz der Dunkelheit räumen, so daß Walpole es am nächsten Tag erobern konnte. Er kam, wie sich herausstellen sollte, um einen Tag zu spät.

Ein unsicheres Bündnis

Es ist nie leicht, ein militärisches Bündnis zusammenzuhalten, doch hat die Unfähigkeit der österreichischen und russischen Befehlshaber während der Napoleonischen Kriege solche Bemühungen noch zusätzlich erschwert. Während des Alpenfeldzugs von 1799 gewann der österreichische General Weyrother mit seinen Planungen nur wenig Freunde unter den russischen Verbündeten. Weyrother gehörte als geographischer Berater zum Stab des russischen Befehlshabers Marschall Suworow, der in den Schweizer Alpen gegen die Franzosen kämpfte. Weyrother empfahl ihm eine Route, die von Altdorf nach Schwyz führte. Die Russen marschierten in schrecklicher Verfassung und unter starken französischen Störangriffen über den St. Gotthard-Paß. Im Vertrauen auf den Österreicher kämpfte Suworow sich voran, um schließlich erkennen zu müssen, wie die Straße an einer schroffen Felswand endete. Nur der Mut und die außerordentlichen kämpferischen Qualitäten der Russen ermöglichten es Suworow, diesen verheerenden Fehler zu überleben und einen erfolgreichen Rückzug einzuleiten. Aber Weyrother hatte das letzte Wort noch nicht gesprochen. 1805 war er mit denselben Verbündeten für die strategische Koordinierung des Austerlitz-Feldzugs verantwortlich. Man mag es kaum glauben, aber der österreichische Stratege übersah die Differenz von zehn Tagen zwischen dem im Westen üblichen gregorianischen Kalender und dem alten julianischen Kalender, den die Russen noch immer verwendeten. Dank dieses Versehens kamen die Russen unter Feldmarschall Kutusow zehn Tage zu spät zum Treffen der Verbündeten am Inn, und damit war der gesamte Plan der Alliierten über den Haufen geworfen.

... und noch mehr Forts

Daß der Fall von Fort Douaumont bei Verdun 1916 von einem einzigen deutschen Soldaten bewerkstelligt werden konnte, verdankt sich dem krassen Fehler eines Mannes. Es ist durchaus nicht abwegig, zu behaupten, daß der Geistesabwesenheit von General Chrétien 100.000 französische Soldaten zum Opfer fielen. In den Monaten vor dem deutschen Angriff auf Verdun war die Besatzung aus Douaumont, das als stärkstes Fort der Welt galt, abgezogen worden, doch im Februar 1916 erhielt Chrétien den Befehl, das Fort wiederzubesetzen und bis zum letzten Mann zu verteidigen. Als Chrétien seinen Urlaub antrat, hätte er die Nachricht an seinen Nachfolger weitergeben sollen, was er schlicht und einfach vergaß. So war denn Fort Douaumont bei Beginn des großen deutschen Angriffs auf Verdun mit nicht mehr als 56 Kanonieren besetzt.

Am 25. Februar bezog das 24. Brandenburgische Regiment eine halbe Meile vom Fort entfernt Stellung. Eine Pionierabteilung, angeführt von Feldwebel Kunze, hatte die Anweisung erhalten, Hindernisse aus Stacheldraht zu entfernen. Die Männer hatten sich in dem Graben versteckt, der das Fort umgab. Kunze ließ seine Soldaten eine Menschenpyramide formen, so daß er die Schießscharten erreichen und durch sie hindurchklettern konnte. Weil er im Fort niemanden antraf, durchsuchte er die langen Korridore und nahm während dieser Aktion vier französische Kanoniere fest. Er verlor die Gefangenen wieder, stolperte dann aber in einen Raum, in dem gerade ein Vortrag gehalten wurde. Dort nahm er weitere zwanzig Franzosen fest. Kunze sperrte sie im Zimmer ein und drang dann bis zur Offiziersmesse vor, wo er sich zum Frühstück niederließ. Die Einnahme des Forts wurde durch drei weitere deutsche Offiziere vollendet, die durch Kunzes im Graben verbliebenen Kameraden von der Situation in Kenntnis gesetzt worden waren.

Die Nachricht von der Einnahme Fort Douaumonts erregte in Frankreich und England großen Schrecken, während die Deutschen triumphierten. Um die Schande zu kaschieren, behaupteten die Franzosen, viele tausend deutsche Soldaten hätten bei der Einnahme ihr Leben verloren. Die deutschen Militärdienststellen machten keinen Versuch, dem zu widersprechen. Das Fort blieb sechs Monate lang in deutscher Hand, bis es unter grauenhaften Verlusten im Oktober 1916 von französischen Kolonialtruppen zurückerobert wurde.

Eine Generation später hatten die Franzosen noch immer gewisse Schwierigkeiten mit Forts. Wegen eines absurden Durchein-

»Hinter dem französischen Abschnitt der Westfront gibt es in Reichweite Ziele, für deren Verteidigung die französische Führung gezwungen ist, den letzten Mann einzusetzen. Tut sie es, so werden sich Frankreichs Kräfte ausbluten, da es ein Ausweichen nicht gibt, gleichgültig, ob wir das Ziel selbst erreichen oder nicht. ... Die Ziele, von denen hier die Rede ist, sind Belfort und Verdun. ... Dennoch verdient Verdun den Vorrang.«
General Erich von Falkenhayn, Dezember 1915.

Mit diesen Worten wurde der Zermürbungskrieg in das strategische Konzept miteinbezogen. Damit verfolgte man das Ziel, dem Gegner durch vorsätzliche Opferung vieler eigener Soldaten möglichst schwere Verluste zuzufügen. Falkenhayns Entscheidung ergab sich zwingend aus der Idee des totalen Krieges. Sie war jedoch auch das stillschweigende Eingeständnis der Tatsache, daß die militärische Pattsituation mit den üblichen taktischen und strategischen Mitteln nicht mehr aufzubrechen war.

anders gelang es den Franzosen im Mai 1940, sich aus ihrer eigenen Maginot-Linie auszusperren. Als der Befehlshaber des IX. Korps, General Martin, den Befehl zum Vorrücken erhielt, schloß er seine Betonbunker ab und überließ den Schlüssel einem Kollegen, der zum Stab der 53. Division gehörte. Doch als diese Division in Richtung Süden beordert wurde, dachte keiner mehr daran, daß man im Besitz von Martins Schlüsseln war. Als Martins Streitkräfte von den Deutschen zurückgetrieben wurden und der General in seine Verteidigungsstellungen gelangen wollte, bemerkte er, daß die Schlüssel fehlten. Während die Deutschen ihm schon im Nacken saßen, mußte Martin seine Ingenieure holen, um die Bunker aufzubrechen. Er hätte sich diese Mühe allerdings sparen können, denn sein Korps wurde kurze Zeit später von Rommels Panzern überrollt.

Niederlagen-Buller

Bei jeder Erörterung militärischer Dummheit kommt der Laufbahn von General Sir Redvers Buller erstrangige Bedeutung zu. Buller wurde als ausgezeichneter Major, guter Oberst und grauenhafter General bezeichnet. An dieser Stelle allerdings gilt es, seine Leistungen als General zu beurteilen. Als 1899 bei Aldershot Manöver stattfanden, befahl Buller, der seit zwölf Jahren keine Truppen mehr unter sich gehabt hatte, seinen Männern einen Frontalangriff gegen eine gleich starke Anzahl von Verteidigern. Seine Soldaten hatten gerade einen Marsch von vierzehn Meilen hinter sich gebracht und waren daher kaum in der Verfassung, feindlichen Truppen gegenüberzutreten. Folglich überrascht es nicht, daß das Manöver abgeblasen werden mußte. Bullers Durchführung des Manövers war auf geradezu komische Weise unbeholfen: Um die Landschaft nicht zu verunstalten, wurden keine Schützengräben ausgehoben, und die Soldaten durften nicht auf dem Erdboden Deckung suchen, damit sie ihre Uniformen nicht beschädigten. So mußten sie schließlich im offenen Gelände und in einer Entfernung von weniger als einhundert Metern Salven aufeinander abfeuern. Als Krönung des Ganzen konnten die Manöver nur zwischen neun Uhr morgens und fünf Uhr nachmittags stattfinden, damit die gesellschaftlichen Verpflichtungen der Offiziere nicht beeinträchtigt wurden. So bereiteten Buller und seine Kameraden Großbritannien auf die Kriegsführung des 20. Jahrhunderts vor. Und sie mußten auch gar nicht lange warten, bis sie ihre Ausbildungsmethoden testen konnten. Schon wenige Monate später war der Burenkrieg in Südafrika ausgebrochen und

Sir Redvers Buller designierter Befehlshaber der britischen Expeditionsstreitkräfte.

Als Buller 1899 in Südafrika ankam, erreichten die britischen Kriegsanstrengungen ein neues Niveau der Unbeholfenheit. Buller brachte Generäle mit, denen es nicht nur an militärischer Kompetenz sondern auch noch an gesundem Menschenverstand zu mangeln schien.

Bullers Gesamtplan zur Entsetzung von Ladysmith war schon nach wenigen Tagen zu Makulatur geworden. Dafür hatten Befehlshaber wie Gatacre, Methuen, Hart, Long und Warren gesorgt. Zunächst machte sich General William Gatacre – von seinen Soldaten »Backacher« (Rückenschinder) genannt – daran, den strategischen Eisenbahnknotenpunkt bei Stormberg durch einen Überraschungsangriff in der Morgendämmerung zu erobern. Für seine Streitmacht von 2700 Soldaten bedeutete das einen schwierigen Nachtmarsch, in dessen Verlauf die Orientierung vollständig verlorenging. Offensichtlich hatten sie gerade den Mann, der das Terrain genau kannte und sie hätte führen können, zurückgelassen. Bei Anbruch der Morgendämmerung hatten sich die britischen Truppen heillos verirrt und waren am Fuß eines steilen Felsabhangs gelandet, an dessen oberem Rand die Buren saßen und in aller Ruhe ihren Morgenkaffee tranken. Als sie unter sich die Briten entdeckten, eröffneten sie das Feuer, während Gatacres Soldaten tapfere, aber völlig fruchtlose Versuche unternahmen, die nahezu senkrechte Felswand emporzuklettern. Als er sah, daß seine Männer in ziemlichem Durcheinander zurückwichen, ordnete Gatacre den Rückzug an, der aber in totalem Chaos endete, als ein Burenkommando versuchte, ihnen den Weg abzuschneiden. Endlich in Sicherheit, gratulierte Gatacre sich selbst dazu, daß die Verluste nicht mehr als 90 Mann ausmachten. Dann jedoch dämmerte ihm allmählich, daß er mehr als 600 Soldaten zurückgelassen hatte. Sie waren ohne Rückzugsbefehl geblieben und befanden sich immer noch am Steilhang. Nachdem der Rest der Armee schon vor Stunden abgezogen war, waren sie von den Buren umstellt worden und hatten nun keine andere Möglichkeit mehr, als sich zu ergeben. »Das nächste Mal läuft es besser«, telegraphierte Buller an Gatacre.

General Lord Methuen wollte Gatacre nicht nachstehen und belegte in der Nähe von Magersfontein einen Hügel mit Beschuß, weil er annahm, die Buren hätten sich auf dessen Kuppe verschanzt. In Wirklichkeit hatten sie sich am Fuß des Hügels eingegraben und beobachteten amüsiert das pyrotechnische Schauspiel. In der Annahme, daß die Buren von den mächtigen Kanonen gebührend beeindruckt wären, bereitete Methuen nun einen Nachtmarsch vor. Brigadier Wauchope sollte 3500 Soldaten der Highland-Brigade in die absolute Finsternis und den strömenden Regen einer mondlosen Nacht führen. Die Brigade hatte mehr Glück als Verstand und kam genau an dem von Methuen ausgewählten Punkt an. Von hier aus konnten sie die undeutlichen Umrisse des Hügels von Magersfontein sehen. Methuen wußte jedoch nicht genau, wo die Stellungen der Buren lagen und schickte Wauchope unabsichtlich in eine Falle.

Als der Morgen anbrach, entdeckten die Buren Wauchopes Highlander. Sie waren etwa 400 Meter entfernt und marschierten immer noch im Schulterschluß. Sofort nahmen die Buren sie unter schweren Beschuß. Ein Mann beschrieb den Vorgang so: »Es war, als ob jemand einen Knopf gedrückt und eine Million Glühbirnen zum Leuchten gebracht hätte.« Einige Soldaten gaben Fersengeld, die meisten aber fielen zu Boden und suchten Deckung hinter Ameisenhügeln und Büschen. Mit steigender Hitze merkten die Highlander, daß sie in der Falle saßen. Die Sonne verbrannte ihre Kniekehlen, und die Ameisenbisse trieben sie fast zum Wahnsinn. Aufstehen aber bedeutete den sicheren Tod durch die Kugel eines burischen Scharfschützen. Während seine Männer im offenen Gelände unter schwerem Beschuß lagen, schien Methuen geradezu paralysiert. Schließlich gerieten die Soldaten der Leichten Infanterie in Panik und erhoben sich, um zu fliehen. Viele von ihnen wurden dabei in den Rücken geschossen. Die Leiche ihres Befehlshabers, des beliebten Andy Wauchope, fand man in der Nähe der burischen Schützengräben. Insgesamt hatten die Briten 902 Tote und Verwundete zu beklagen.

Nach seiner persönlichen Niederlage bei Colenso erhielt Sir Redvers Buller Verstärkung durch eine neue Division unter dem Kommando von Sir Charles Warren, dem wahrscheinlich unfähigsten aller Generäle, die im Burenkrieg dienten. Kurioserweise hatte sich Warren zuvor als Londoner Polizeichef erfolglos bemüht, Jack the Ripper in die Falle zu locken. In seiner derzeitigen Gestalt, als 59-jähriger General, der ein Jahr zuvor verabschiedet worden war, brachte Warren einige überaus befremdliche Militärtheorien nach Südafrika mit. Er hatte Lord Wolesley, dem Oberbefehlshaber, erzählt, daß man die Buren schlagen könne, indem man entweder »mit sehr breiten, gleichzeitig angreifenden Infanterielinien über sie herfällt« oder sie »unter schweren Dauerbeschuß nimmt, bis sie vor Angst mit den Zähnen klappern«. Dessen ungeachtet wurde Warren zum Generalleutnant befördert und machte sich auf, um das Seinige zum Durcheinander am Kap der Guten Hoffnung bei-

»Es scheint sicher, daß die Buren nach einer einzigen ernsthaften Niederlage zuwenig Disziplin und Organisation besitzen, um noch ordentlichen Widerstand leisten zu können.« Militärische Anmerkungen des Nachrichtendienstes im Kriegsministerium zu den Burenrepubliken, 1899.

Man hätte erwarten können, daß der Nachrichtendienst angesichts der Erfahrungen aus dem ersten Burenkrieg den Befehlshabern in Südafrika bessere Ratschläge erteilen würde.

zutragen. Im Februar 1900, während die Kämpfe um Hussar Hill tobten, unterhielt Warren seine Männer und schockierte seine Offiziere, indem er in aller Öffentlichkeit ein Bad nahm. Was Buller durch den Kopf ging, als er hoch zu Roß vorbeischaute und sah, wie sein Kollege im Wasser plantschte statt seine Truppen zu dirigieren, ist nicht bekannt. Derlei exzentrische Verhaltensweisen wären nicht ins Gewicht gefallen, wenn Warren gesunden Menschenverstand bewiesen hätte, wo es nottat. Als er den Tugela bei Trickhardt's Drift durchquerte, brauchte Warren 26 Stunden, um die Überführung seines persönlichen Gepäcks zu überwachen. Vor der Durchquerung waren die Verteidigungsstellungen der Buren mit gerade mal 600 Mann besetzt gewesen, doch in der Zeit, die Warrens Gepäck benötigte, um von einem Ufer ans andere zu kommen, hatten weitere 6000 westlich von Spion Kop Position bezogen, um Warrens Vormarsch aufzuhalten.

Natürlich machte sich Buller wegen Warrens »Launen und Grillen« Sorgen; er hielt ihn für »ziellos und unentschlossen«. Dennoch unternahm er nichts gegen ihn, ernannte ihn vielmehr bei der berüchtigsten aller Schlachten des Burenkriegs, Spion Kop, zum Befehlshaber der britischen Streitkräfte. Buller und Warren stimmten darin überein, daß der einzeln aufragende Hügel von Spion Kop ausschlaggebend sei für die Lagebestimmung, denn an ihm würden sich die Stellungen der Buren orientieren. Jedoch ordnete keiner von beiden eine gründliche Erkundung der Gegend an. Es wurden einfach Truppen angefordert, die den Hügel erstürmen sollten, wobei unklar blieb, was sie danach zu tun hätten. Bei der Frage, wer den Angriff leiten solle, entschied sich Warren ohne weiteres für General Talbot-Coke, der gerade erst in Südafrika angekommen war und an einer Beinverletzung litt. Als Buller diese Wahl in Zweifel zog, kam ihm Warren entgegen und ersetzte Talbot-Coke durch den 55 Jahre alten General Woodgate, von dem Buller behauptete, er habe alles in den Beinen und nichts im Kopf.

Bei der Planung des Angriffs kam es Warren gar nicht in den Sinn, Maschinengewehre mit hinaufzuschicken, um die Feuerkraft der britischen Truppen zu verstärken. Ebensowenig dachte er an den Einsatz von Feldtelegraphen, um mit den Männern auf dem Hügel in Verbindung zu bleiben. Zur Befestigung der Hügelkuppe waren Sandsäcke bereitgestellt worden, aber auch diese wurden vergessen, und es gab nicht mehr als 20 Hacken und Schaufeln, um Schützengräben für 20.000 Mann auszuheben.

Im dichten Nebel machten sich die Angriffstruppen, die hauptsächlich von der Lancashire-Brigade gestellt wurden, daran, den steilwandigen Hügel zu erklimmen, während der Rest der Ar-

»Die Buren sind anders als die Sudanesen, die sich einem fairen Kampf stellten. Die Buren reiten immer auf ihren kleinen Ponies davon.«
General Herbert Kitchener, Südafrika, 1900.

Die Vorstellung der Briten von »Fair Play« lief darauf hinaus, daß der Feind ohne Deckung dastand und sich von britischen Gewehren und MGs niederschießen ließ. Versteckte er sich aber hinter Felsen und Bäumen, dann verstieß er damit gegen die Regeln.

mee – fast 20.000 Mann – einfach dastand und der Aktion zusah. Je mehr die jüngeren und robusteren Männer vorwärts stürmten, desto mehr fiel Woodgate zurück, bis er fast getragen werden mußte. Seine Männer, denen befohlen worden war, die Gewehre ungeladen zu lassen und nur das Bajonett zu benutzen, erreichten, wie sie glaubten, die Hügelkuppe und machten Versuche, im felsigen Untergrund Schützengräben auszuheben. Als sich die Sichtverhältnisse besserten, mußten sie entdecken, daß sie keineswegs oben angelangt waren, sondern sich auf einer Art Plateau befanden, das noch eine ganze Strecke vom Gipfel entfernt lag. Weiter oben gab es drei bessere Stellungen, die die britischen Truppen hätten besetzen können, aber die Buren gewannen das Rennen und eröffneten von drei Seiten das Feuer auf Woodgates Soldaten. So wurden die britischen Truppen, eingeschlossen auf einem Plateau von 16 Hektar Größe und ohne geeignete Deckung – denn ihren Versuchen, Schützengräben auszuheben, war der Erfolg weitgehend versagt geblieben –, von den Scharfschützen der Buren massakriert. Einige Truppen kämpften mit großem Heldenmut, während andere sich ergaben. Warren bekam von den Vorgängen so viel mit, als hätten seine Männer auf der erdabgewandten Seite des Mondes gekämpft.

Als der damalige Kriegskorrespondent Winston Churchill Warren davon zu überzeugen versuchte, daß seine Männer auf Spion Kop in die Falle geraten seien, bekam der General einen Wutanfall und ließ Churchill verhaften. Verstärkung wäre dringend erforderlich gewesen, ebenso die Unterstützung durch Artillerie. Unterdessen war Woodgate bei den Kämpfen um Spion Kop getötet worden, und Oberst Thorneycroft hatte das Kommando übernommen. Aber neun Stunden lang erreichte den neuen Befehlshaber keine Nachricht von Warren, so daß er schließlich den Rückzug anordnete. Ironischerweise fällte gerade in diesem Augenblick Warren die Entscheidung, den Hügel mit Gewalt zu erstürmen. Als die Überlebenden die felsigen Abhänge hinunterkletterten, stießen sie auf frische Truppen, die heraufstiegen, um sie zu treffen. Aber es war zu spät. Die Buren waren die Herren von Spion Kop und Warren mußte die ganze Operation abblasen. Es verhielt sich genau so, wie einer der an dieser Aktion Beteiligten schrieb: »Es gab keinen Plan, außer daß wir den Hügel besetzen und dort bleiben sollten. Etwa 1700 Soldaten sollten einen 500 Meter hohen Hügel im Zentrum der burischen Stellungen erobern, während der Rest von Bullers 20.000 Mann dabei tatenlos zusehen sollte.«

Die Schlacht war eine Aneinanderreihung voller grober Fehler und verpaßter Gelegenheiten. Warrens Aktionen – oder gelegentliche Unterlassungen – zeugten von einer außerordentlichen Mischung aus Naivität und Inkompetenz. So stark war der Glaube an das Bajonett als Waffe, daß die Angreifer ohne die notwendige Artillerie, ohne Maschinengewehre, Werkzeuge zum Ausheben von Schützengräben, Nahrungsmittel oder Wasser aufbrachen – schlicht ohne alles, was es ihnen ermöglicht hätte, den Hügel für längere Zeit zu halten. Buller schrieb an seine Frau: »Wir kämpften die ganze letzte Woche lang, aber der alte Warren ist ein Stümper und hat mich um eine gute Chance gebracht.« Aber Buller selbst war an dem Desaster nicht ganz schuldlos, denn er hatte schließlich Warren die Leitung des Unternehmens anvertraut. mithin begannen auch die treusten Gefolgsleute Bullers, die einfachen Soldaten, von ihm als »Niederlagen-Buller« zu sprechen.

Väterchen Stalins Busenfreund

Vielleicht darf Marschall Semjon Michailowitsch Budjonny den Anspruch erheben, der unfähigste aller Befehlshaber gewesen zu sein, die in diesem Buch Erwähnung finden. Gemessen an seinen Fähigkeiten hat er im Militärberuf geradezu schwindelnde Höhen erklommen. 1941 erlitt er gegen die Deutschen die vermutlich größte Niederlage, die ein General jemals in der Militärgeschichte hinnehmen mußte. Selbst für seine eigenen Soldaten war er der Mann »mit dem sehr großen Schnurrbart und dem ganz kleinen Hirn«. Seinen kometenhaften Aufstieg in einen Rang, in dem er derartigen Schaden anrichten konnte, verdankte er seiner Freundschaft mit Josef Stalin.

War Budjonny 1917 noch Oberfeldwebel in der kaiserlichen russischen Kavallerie gewesen, so wurde er mit der Revolution über Nacht zum Befehlshaber der Ersten Sowjetischen Kavalleriearmee. Budjonnys Militärtheorien liefen darauf hinaus, mit dem größten Vergnügen auf alle und alles loszugehen. Immerhin verpaßte Budjonny, exzentrisch, trinkfreudig, doch schlichten Charakters, den tristen Jahren der Frühgeschichte des Sowjetreiches einige Farbtupfer. Zu einer Zeit jedoch, als deutsche Generäle die moderne, mechanisierte Kriegführung entwarfen, waren Budjonnys Vorstellungen jedoch hoffnungslos überholt. Während der Säuberungen in der Roten Armee, bei denen Stalin drei Marschälle, 13 Armeekommandanten und 400 hochrangige Generäle eliminierte, stieg Budjonny zum stellvertretenden Verteidigungsminister auf. Wie ernst er diese Stellung nahm, zeigt die Geschichte einer Party, die man zu Ehren seines Inspektionsbesuches im Militärgebiet von Bessarabien gab. Nachdem alle ausgiebig gegessen und getrunken

»Der Krieg ist ein Wettstreit zwischen zwei menschlichen Gehirnen und nicht zwischen zwei Armeen bewaffneter Soldaten. Ligny und Waterloo wurden durch die reine Kraft des Denkens gewonnen.«
Einführungsvorlesung am Staff College, 1896.

Ironischerweise erlangten die Absolventen des Staff College gerade dadurch Bekanntheit, daß ihnen, wie der zweite Burenkrieg sehr bald zeigen sollte, die »reine Kraft des Denkens« völlig abging.

hatten, wurde ein großer Segeltuchschirm beiseite geräumt, hinter dem sich ein riesiges Faß befand, das bis zu einer Tiefe von einneinhalb Metern mit Rotwein gefüllt war. Im Bottich plantschten nackte Mädchen herum. Budjonny warf rasch seine Kleider ab und sprang mitsamt seinem Schnurrbart in das Faß. Einige seiner Adjutanten folgten ihm. Einer der anderen Gäste war enttäuscht darüber, daß er nicht mit hineindurfte und feuerte mit seiner automatischen Pistole eine ganze Salve auf das Faß ab. Er verwundete ein paar von den Mädchen, während der Wein sich auf den Boden ergoß. Mit bellendem Gelächter trug Budjonny eines der Mädchen weg, ohne weiter über die Gefahr, in der er geschwebt hatte, nachzudenken.

Ungeachtet der Tatsache, daß er mit 58 bereits senil war, befehligte Budjonny 1941 die sowjetischen Streitkräfte in der Ukraine und Bessarabien gegen die Deutschen. Obwohl er ihnen in bezug auf Soldaten und Panzer drei- oder vierfach überlegen war, mußte er ohnmächtig zusehen, wie Rundstedt und Kleist ihn gewissermaßen in die Tasche steckten. Budjonnys Unfähigkeit kostete die Sowjets zwischen Juli und September 1941 einneinhalb Millionen Tote und Verwundete. Und als er endlich von seinem Kommando abgelöst wurde, verlieh man ihm den Titel »Held der Sowjetunion« – schlagender Beweis für Stalins Treue zu seinen Freunden.

Die Schlacht von Karansebes (1788)

Der österreichische Kaiser Joseph II. hatte so lange im Schatten Friedrichs des Großen gestanden, daß er 1788 endlich selbst einen großen militärischen Erfolg erringen wollte. Obwohl sein Gesundheitszustand alles andere als gut war – er hatte ein schwaches Herz, Krampfadern und litt unter trockenem, stoßweisem Husten – wollte er an der Spitze einer Armee gegen die Türken in Transsylvanien zu Felde ziehen. Getrieben von verzweifelter Erfolgssucht bezeichnete er sich als »Rächer der Menschheit« und erklärte, er werde »die Welt von einem barbarischen Volksstamm befreien«.

Der Feldzug fing schon gleich schlecht an, denn gegen den guten Rat von Einheimischen entschloß sich Joseph dazu, sein Lager in einem Malariagebiet bei Belgrad aufzuschlagen. Innerhalb von sechs Monaten erkrankten 172.000 Soldaten, 33.000 starben. Joseph arbeitete wie ein Besessener, um seine Truppen auf den bevorstehenden Feldzug vorzubereiten. Weil er selbst kaum in der Lage war, Nahrung bei sich zu behalten und nur ein bißchen Wasser trank, ähnelte er mehr einem lebenden Leichnam als einem Menschen. Dann erhielt er die Nachricht, daß sich die türkische Armee unter Führung des Großwesirs auf ihn zubewegte. Joseph entschloß sich sofort dazu, mit der Hälfte seiner Streitmacht aufzubrechen und den Kampf zu suchen. Nahe der Stadt Karansebes sollte sein Wunsch in Erfüllung gehen – allerdings auf unerwartete Weise.

Da die Türken noch in sicherer Entfernung waren, marschierten die österreichischen Kolonnen, flankiert von Husarenregimentern, in geordneter Formation. Als die Nacht hereinbrach, überquerte die Armee unweit von Karansebes eine Brücke, wobei sie von einigen umherziehenden walachischen Hausierern beobachtet wurde. Einige der Husaren hielten an, um den Händlern Schnaps abzukaufen. Als ein paar Infanteriesoldaten, die von der Latscherei müde geworden waren, zu diesem Zweck ebenfalls ihre Reihen verließen, von den Husaren aber weggescheucht wurden, kam es zu einem Zwischenfall. Die Infanteristen gerieten über die Arroganz der Kavalleristen in Wut, feuerten in die Luft und versuchten, die Husaren zu erschrecken, indem sie »Turci! Turci!« riefen und so taten, als würden sie angegriffen. Die mittlerweile betrunkenen Husaren hielten das für einen guten Scherz, riefen ebenfalls »Turci!« und gaben auch ein paar Schüsse ab.

Das Ergebnis war erstaunlich. Die hinteren Kolonnen der Armee befanden sich immer noch im Anmarsch auf die Brücke. Als sie das Schießen und Rufen vernahmen, gerieten sie in Panik und beschossen sich im Dunkeln gegenseitig. Offiziere liefen an den Kolonnen auf und ab und riefen »Halt!«, was sich für die in Panik geratenen Soldaten wie »Allah!« anhörte. Den österreichischen Truppen kam es so vor, als hätte die gesamte türkische Armee ihnen aufgelauert. Im Troß wurden die Transportarbeiter und die Fahrer der Gepäckwagen vom Schrecken gepackt und versuchten, ihre Fahrzeuge durch die dicht gestaffelten Truppen vor ihnen hindurchzulenken, wobei sie die Soldaten nach allen Richtungen auseinandertrieben und viele von ihnen in den Fluß drängten. Dann gab es einen Aufschrei, und Tausende von Männern liefen in panischer Flucht durch die Dunkelheit davon.

Das erste, was der Kaiser, krank und kraftlos in einem offenen Wagen sitzend, von den Vorgängen mitbekam, war eine Flut von Menschen, Pferden und Wagen, die seine Kutsche von der Straße fegte und ihn in den Fluß beförderte. Tapfer bestieg er ein Pferd, um seine Truppen wieder zu sammeln, aber mittlerweile war alle Hoffnung vergebens. Auf beiden Seiten der Brücke waren heftige Kämpfe ausgebrochen, in der Nachhut stürzten Wagen um, Gepäckstücke gingen verloren und Dutzende von Kanonen wurden im Stich gelassen. Überall ertönte der Schrei: »Die Türken sind da, alles ist verloren, rette sich, wer kann!« Im ersten Licht der Morgendämmerung wurde deutlich, wie groß das Desaster war, das die Österreicher erlitten hatten: Mehr als zehntausend Mann waren durch ihre eigenen Kameraden getötet oder verwundet worden.

49

Rückzug aus Kabul (1842)

Der Rückzug aus Kabul, der den ersten Afghanenkrieg beendete, gehört zu den Epen der britischen Militärgeschichte. Von 16.000 Männern, Frauen und Kindern, die im Winter den Khaiber-Paß überquerten, blieben nur ein europäischer und einige indische Soldaten übrig, um zu berichten, was geschehen war – eine Katastrophe, doch sie hätte vermieden werden können. Es wurden Fehler über Fehler begangen, der größte jedoch bestand in der Wahl des Befehlshabers. Generalmajor William Elphinstone war, darüber herrschte Einvernehmen, körperlich nicht in der Lage, eine so schwierige Aufgabe zu bewältigen. Für diese so völlig unpassende Berufung trifft den Generalgouverneur von Indien, Lord Auckland, die alleinige Schuld. Wie hinfällig Elphinstone war, hatte sich schon überall herumgesprochen. Dennoch wurde er für ein Kommando ausgewählt, das die Gesundheit eines sehr viel jüngeren und kräftigeren Mannes auf die Probe gestellt hätte. In dieser Hinsicht war Elphinstone ebenso sehr Opfer militärischer Inkompetenz wie er selbst wiederum von dieser Inkompetenz nicht freigesprochen werden kann.

Wollte man beschreiben, wie Elphinstones Gesundheitszustand im Jahre 1842 beschaffen war, müßte man ein ganzes Regal voller medizinischer Wörterbücher durchstöbern. Die Zahl und Vielfalt seiner Leiden hätte für einen Ärztekongreß ausgereicht. Er war fast sechzig, litt an Blähungen und Inkontinenz und fortschreitender Senilität. Zudem trug der unglückliche General einen Arm in der Schlinge und wurde so arg von Gicht und Rheumatismus geplagt, daß seine Beine verkrüppelt waren. Er konnte weder gehen noch reiten und mußte in einer Sänfte getragen werden. Es war schon äußerst grausam, einen so leidgeprüften Menschen den für Afghanistan typischen extremen Temperaturschwankungen auszusetzen. Elphinstones Versuch, die Ernennung abzulehnen, war an Auckland gescheitert, und so hatte der freundliche alte Invalide mit einem schwachen Lächeln der Selbstbescheidung nachgegeben. Das sollte er in den vor ihm liegenden Tagen noch häufiger machen.

Schon für sich genommen war Lord Aucklands Entschluß, Afghanistan mit Militärgewalt zu erobern und den Amir von Kabul, Dost Mohammed, durch den schwachen Schah Suja zu ersetzen, ein Rohrkrepierer besonderer Güte. 1839 trieben britische Truppen unter General Sir John Keane Dost Mohammed ins Versteck und setzten Schah Suja in Kabul ein. General Sir Willoughby Cotton blieb mit 5000 Soldaten in der Hauptstadt und General William Nott mit einer ähnlich großen Streitmacht in Kandahar. Weitere Garnisonen wurden entlang der Route nach Indien errichtet. Aber die Afghanen waren zu keinem Zeitpunkt bereit, die Besetzung durch britische Truppen hinzunehmen. Als die Armee sich in Afghanistan festsetzte, kamen zahlreiche Ehefrauen und

Familien der Offiziere und sogar die Sepoys ins Land, um in einem neu errichteten Armeelager in Kabul zu leben. Die Afghanen betrachteten dies als Hinweis darauf, daß die Besatzer länger zu bleiben gedachten und arbeiteten Pläne für einen Generalaufstand aus.

Unterdessen erbauten die Soldaten in Kabul in seliger Ahnungslosigkeit ihre Unterkünfte, ohne weiter darüber nachzudenken, wie das Lager denn im Falle eines Falles am besten verteidigt werden könnte. Als Bauplatz wählten sie ein niedrig gelegenes Stück Sumpfland, umgeben von Hügeln und Forts, die sämtlich in afghanischer Hand waren. Im Falle eines Aufstands war das ganze Lager dem Beschuß von den Hügeln hilflos ausgeliefert. Der Verteidigungsgürtel des Lagers war mit fast zwei Meilen Umfang viel zu groß, um angemessen geschützt werden zu können, während die Vorratslager vierhundert Meter außerhalb der Mauern lagen. Das war dem Intendanturoffizier denn doch zuviel. Er forderte, die Lager innerhalb der Mauern des Quartiers zu errichten. General Cotton ließ ihn jedoch wissen, daß er zu sehr mit dem Bau von Baracken beschäftigt sei, um auch noch Vorratslager anlegen zu können. Als der Aufstand begann, benötigten die Afghanen keinen napoleonischen Scharfsinn für den Gedanken, daß sie nur die britischen Vorratslager in ihre Gewalt bringen müßten, um die törichten Ungläubigen durch Hunger zur Kapitulation zu zwingen.

Elphinstones Ernennung zum Nachfolger von Cotton setzte den Schlußpunkt hinter eine lange Liste erbärmlicher taktischer Schlampereien. Ein Kollege bezeichnete Elphinstone unfreundlich aber zutreffend als den unfähigsten General in der britischen Armee. Zuletzt war er bei Waterloo im Felde gewesen. Dort hatte er sich tapfer geschlagen, sich dann aber jahrelang bei halbem Sold in den Ruhestand zurückgezogen, bevor er nach Indien reiste, um eine Division der Bengalenarmee zu befehligen. Hier war sein schon immer labiler Gesundheitszustand endgültig ruiniert und Elphinstone im Grunde zum Invaliden geworden. Daß darin kein Hinderungsgrund für seine Ernennung gesehen wurde, spricht Bände für die Selbstzufriedenheit, mit der die Militärbehörden in Indien die Besetzung Afghanistans betrachteten. Um die Sache noch zu verschlimmern, halsten sie dem freundlichen Elphinstone als Stellvertreter den ebenso leistungsfähigen wie schroffen Brigadier John Shelton auf. Shelton war ein Scheusal. Er verband animalische Kühnheit mit einem mürrischen Wesen, was für den, der ihm in die Quere kam, alles andere als angenehm war. Von Anfang an verspürte er eine Abneigung gegen seinen Befehlshaber, für dessen Schwäche er nur Verachtung übrig hatte. Elphinstone wiederum lehnte den Brigadier ab und fürchtete sich vor ihm. Als sie Kabul erreichten, versicherte ihnen der in den Ruhestand tretende General Cotton: »Sie werden hier nichts zu tun bekommen, alles ist friedlich.«

Falscher konnte Cotton gar nicht liegen. Kurz nachdem Elphinstone den Posten übernom-

»Sie werden hier nichts zu tun bekommen, alles ist friedlich.« General Cotton, 1842, als er in Ruhestand ging, an Generalmajor Elphinstone.

Kurz nachdem Elphinstone das Kommando übernommen hatte, brach der Afghanistanaufstand los, der den greisen Generalmajor und fast seine gesamte Garnison das Leben kosten sollte.

men hatte, trat die bisher eher verborgene Unzufriedenheit mit der britischen Besatzung offener zu Tage. Im Oktober 1841 wurde General Sales Brigade auf dem Marsch von Kabul nach Indien von Afghanen angegriffen und mußte in der Festung von Jalalabad Schutz suchen. Unterdessen wurde Elphinstones Gesundheitszustand immer bedenklicher, fast sein ganzer Körper war von Gicht und Rheumatismus geplagt. Als Lord Auckland sich endlich dazu durchrang, Ersatz zu schicken, war es bereits zu spät. Der von ihm ausersehene General Nott wurde in Kandahar belagert und kam nicht nach Kabul durch. Nun lag alles bei Elphinstone.

Angriffe auf britische Soldaten und Zivilisten gehörten mittlerweile zum Alltag, und es wurden sogar Soldaten erschossen, die sich innerhalb des Lagers aufhielten. Oftmals konnte es tödlich sein, sich draußen allein aufzuhalten. Als der Amtssitz gestürmt und der britische Resident, Sir Alexander Burnes, mitsamt seinem Stab ermordet wurde, gab es für die Rebellen, die Dost Mohammeds Sohn Akbar Khan zu ihrem Anführer gewählt hatten, kein Zurück mehr. Die Briten wurden schon bald in ihrem Quartier belagert. Weil die Vorratslager verlorengingen, reichten die Lebensmittel nur noch für drei Tage. Voller Wut mußten die im Quartier stationierten Truppenangehörigen zusehen, wie die Afghanen die Vorratslager plünderten und Lebensmittel und Schnaps forttrugen. Die Männer drängten Elphinstone, er solle sie in Kabul zum Angriff übergehen lassen,

doch der Generalmajor war nicht in der Lage, eine Entscheidung zu treffen. Er fragte sogar den britischen Gesandten, Sir William Macnaghten, um Rat, der ihm pflichtgemäß erwiderte, er möge die Sache noch einmal überdenken. Aber Elphinstone konnte an nichts anderes denken als an seine Gesundheit. Er wurde vom Pech verfolgt: Als er sich kräftig genug fühlte, um einen Ausritt zu wagen, fiel er prompt vom Pferd und verletzte sich durch einen äußerst rücksichtslosen Huftritt das Bein. Außerdem geriet Elphinstone geistig allmählich aus den Fugen. Der Grund für die verzweifelte Lage des Quartiers war, so entschied er nun, im Knappwerden der Munition zu suchen. Tatsächlich gab es Munition genug, um selbst eine zwölfmonatige Belagerung durchzuhalten. Dann schrieb der arme Elphinstone an den Gesandten, der nur ein paar Schritte von ihm entfernt stand, aber kaum noch mit ihm redete, daß man, wenn die Munition ausging, mit dem Feind irgend eine Vereinbarung treffen müsse.

Macnaghten war zwar kein Soldat, aber durchaus in der Lage, militärische Unfähigkeit zu erkennen. Er schickte also eine Botschaft an General Sale in Jalalabad und bat ihn, unverzüglich nach Kabul zurückzukehren, um das Kommando von Elphinstone zu übernehmen. Doch obwohl die furchteinflößende Lady Sale sich zusammen mit ihrer Tochter in Kabul befand, konnte der gute General nicht zurückkehren, ohne eine Katastrophe zu riskieren. Kabul war abgeschnitten, und die Garni-

»Bedauerlicherweise sehe ich mich zu der Enthüllung gezwungen, daß mir Brigadier Shelton nicht jene herzliche Zusammenarbeit und Beratung zuteil werden ließ, die ich von Rechts wegen erwarten durfte; im Gegenteil ... bekrittelte er unterschiedslos alles, was getan wurde und prüfte und verwarf alle Befehle.«
Generalmajor Elphinstone, 1842.

Der bis zur Invalidität greise und senile Elphinstone war mit dem Führen einer Armee gegen den Afghanenaufstand völlig überfordert und verlor gegenüber seinen Untergebenen alle Autorität.

son würde für sich selbst sorgen müssen.

Unterdessen behandelte Shelton Elphinstone abscheulich. Der alte General schrieb in seinem Bericht: »Bedauerlicherweise sehe ich mich zu der Enthüllung gezwungen, daß mir Brigadier Shelton nicht jene herzliche Zusammenarbeit und Beratung zuteil werden ließ, die ich von Rechts wegen erwarten durfte; im Gegenteil ... bekrittelte er unterschiedslos alles, was getan wurde und prüfte und verwarf alle Befehle« Tatsächlich weigerte sich Shelton, Elphinstone irgend etwas über die militärische Lage mitzuteilen. Der alte Mann erfuhr nicht mehr, als er aus Unterhaltungen mit Zivilisten zusammenklauben konnte. Seine »Kriegsrats-Sitzungen« waren reine Farce: Jeder, der wollte, tauchte dort auf und erteilte seinen Ratschlag nach eigenem Gutdünken. Rangniedere Offiziere diskutierten mit ranghöheren und Zivilisten hielten Soldaten Vorträge. Der ungehobelte Shelton brachte mittlerweile zu jedem Treffen seine Maztratze mit, die er auf dem Boden ausrollte und auf der er sich ausstreckte, wobei er unter lautem Schnarchen vorgab, zu schlafen. Elphinstone ertrug mehr Hohn und Spott als je ein anderer Offizier vor ihm oder nach ihm. Und wenn irgend jemand seine Partei ergriff und Shelton Vorhaltungen zu machen suchte, erwiderte der Brigadier: »Ich will ihn verhöhnen! Ich liebe es, ihn zu verhöhnen!«

Shelton war zwar ein ungehobelter Klotz, aber kein Feigling. Zweimal verließ er mit einigen Truppen das Lager, um die Hügel, die Aussicht auf das Lager gewährten, von Rebellen zu säubern. Beim ersten Mal wurde das 44. Regiment von afghanischer Kavallerie angegriffen. Die Briten feuerten nicht, bis die Reiter nur noch zwanzig Schritt von ihnen entfernt waren und gaben dann eine volle Salve ab. Als der Rauch sich verzog, war zu erkennen, daß kein einziger Afghane, nicht Reiter noch Pferd, getroffen worden war. Sofort machte das ganze Regiment kehrt und rannte davon. Beim zweiten Mal ließ Sheltons Können sehr zu wünschen übrig, als er seine Leute zu einer Gefechtsformation aufstellen sollte. Er ordnete sie nämlich in zwei hintereinander marschierende Karrees an, während seine Kavallerie die Nachhut bildete. Damit bot er den Afghanen, die allesamt ausgezeichnete Scharfschützen waren, ein Zielobjekt erster Güte, das sie nicht verschmähten. Die britischen Verluste waren hoch, manche Soldaten wurden von einer einzigen Kugel niedergestreckt. Aus irgend einem Grund hatte Shelton nur ein Geschütz mitgenommen, obwohl die Vorschriften der Indischen Armee es untersagten, in einem Gefecht weniger als zwei Geschütze zu verwenden. Zunächst hielt die Kanone die Afghanen in gebührendem Abstand, aber als sie zu heiß wurde, um noch weiter bedient werden zu können, rückten die Afghanen vor. Sie lachten, als die britischen Musketen den Dienst versagten oder danebenschossen, so daß sie bis auf kürzeste Entfernung an die britischen Soldaten herankommen konnten. Deren Schießkünste waren im Vergleich zur Leistung der Afghanen so kümmerlich, daß die britischen Offiziere sich schließlich darauf verlegten, die Rebellen mit Steinen zu bewerfen, um sie zu zwingen, in Deckung zu gehen. Fassungslos sah Shelton, der sich weigerte, den Befehl zum Rückzug zu geben, wie seine Männer einer nach dem anderen niedergestreckt wurden. Er selbst wurde fünf Mal getroffen; zwar nur von Querschlägern, doch wäre er wohl kaum lebend ins Lager zurückgekehrt, wenn seine Soldaten sich nicht einfach zur Flucht entschlossen hätten. So folgte er ihnen gezwungenermaßen und kam gerade rechtzeitig, um einen verärgerten Elphinstone anzutreffen, der ihm mitteilte, er habe versucht, die Soldaten aufzumuntern, doch als er ihnen einen Befehl erteilen wollte, hätten alle in die andere Richtung geschaut. Lady Sale, die das ganze Fiasko beobachtet hatte, bemerkte, daß ihren Erkenntnissen zufolge die britische Infanterie nicht von afghanischen Stammeskriegern, sondern von den Händlern und Handwerkern aus Kabul selbst in die Flucht geschlagen worden sei.

Die Lage verschlimmerte sich zusehends. Elphinstone gelang es, die lange Liste seiner Leiden noch durch einen Schuß ins Gesäß zu bereichern. Macnaghten wollte eine drohende Katastrophe abwenden und war bereit, Akbar Khan zu treffen, um die Lage zu erörtern. Aber Akbar ließ ihn ermorden und seinen Kopf und Rumpf im Triumphzug durch die Straßen von Kabul tragen. Selbst darauf reagierte Elphinstone nicht. Immer noch konnte er sich zu keiner Entscheidung durchringen. Als man ihm freies Geleit versprach, war er damit einverstanden, das Lager mitten im Winter zu evakuieren und über den Khaiber-Paß nach Indien zurückzumarschieren. In dreißig Zentimeter hohem Schnee marschierten an die 16.000 Männer, Frauen und Kinder auf Anweisung eines Invaliden, dessen Geisteskraft unter dem Druck seiner Verantwortung als Befehlshaber zusammengebrochen war, in den Tod. Kaum hatten sie das Lager verlassen, da wurden sie auch schon angegriffen. Diese Zermürbungstaktik setzte sich während des ganzen Marsches fort. In jedem Gebiet, das sie durchquerten, tauchten Stammeskrieger auf, um sich an den Tötungen zu beteiligen. Selbst Kinder sollen die hilflosen Soldaten zu Boden gestreckt und im Schnee massakriert haben. Elphinstone starb schon früh, der Rest des Trupps im Verlauf einer Woche. Nur ein Europäer, Oberstabsarzt William Brydon, erreichte Jalalabad und war damit in Sicherheit. Akbar Khan wollte seinen Erfolg ausnutzen und belagerte Jalalabad, aber General Sale unternahm einen Ausfall und schlug ihn in die Flucht. Als General Pollock als erster Befehlshaber den Khaiber-Paß bezwang, nahm Großbritannien gebührende Rache für das Massaker an der Garnisonsbesatzung von Kabul. Pollock marschierte zusammen mit Nott in Kabul ein und brannte den großen Basar nieder.

Auch Elphinstone erreichte schließlich Jalalabad. Als Akbar Khan vom Tod des Generals erfuhr, ließ er die Leiche, in Filzdecken gehüllt und mit duftenden Blättern bedeckt, in eine Holzkiste packen und unter Bewachung nach Jalalabad bringen. Doch noch war es Elphinstone nicht vergönnt, in Frieden zu ruhen. Seine Eskorte wurde von Stammeskriegern überfallen, der Sarg aufgebrochen, die Leiche entkleidet und mit Steinen beworfen. Nur die Angst vor Akbars Vergeltungsmaßnahmen hinderte die Krieger daran, sie zu verbrennen. Eine neue Expedition wurde ausgeschickt, um die Leiche zurückzubekommen, und Elphinstone konnte schließlich mit allen militärischen Ehren beigesetzt werden.

Die Killing-Fields von Paraguay (1862–1870)

Es dürfte in der Militärgeschichte einzigartig sein, daß ein Feldherr das Kampfgeschehen so lange hinzieht, bis er nicht nur seine Armee, sondern praktisch die gesamte Bevölkerung seines Landes ausgelöscht hat. Genau dies aber ereignete sich, als Francisco Solano López von 1862 bis 1870 Präsident von Paraguay war. Er wurde einmal als »Flutwelle aus Menschenfleisch« beschrieben, als »veritables Mastodon mit pfirsichförmigem Gesicht ... und schwer herabhängenden Hamsterbacken«. López war ein körperlich abstoßender Größenwahnsinniger, der ein großer Feldherr sein wollte – ein Napoleon von Südamerika. Gern stellte er sich, eine Hand in die Knopfleiste seiner Jacke geschoben, in Positur, um den französischen Kaiser nachzuahmen. Er besaß in Paraguay weder Freunde noch Konkurrenten, denn die hatte er alle erschossen, doch war ihm seine Geliebte, eine Irin namens Eliza Lynch, eine formidable Gefährtin, denn ihre Persönlichkeit war kaum weniger schrecklich als die von López selbst. Tatsächlich war es Madame Lynch, die das Feuer von López' Eitelkeit schürte, indem sie ihm Bilder militärischer Größe vorgaukelte. Während seiner Kriege war sie, die angebliche Nichte eines Offiziers, der mit Nelson bei Trafalgar gekämpft hätte, immer an seiner Seite und trieb ihn an.

Im Krieg Paraguays gegen das Dreierbündnis von Argentinien, Brasilien und Uruguay – dem sogenannten Dreiländerkrieg – lautete López' Motto »Sieg oder Tod«, obwohl »Sieg und Tod« eine angemessenere Formulierung gewesen wäre. López ließ seine Soldaten derart schleifen, daß viele schon während der Ausbildung starben, und kein Paraguayer durfte sich jemals ergeben. Der Krieg forderte grausame Opfer. Paraguays Bevölkerung wurde schrecklich dezimiert: von 1.337.000 Einwohnern blieben 221.000 übrig, davon waren ganze 28.000 männliche Erwachsene.

Um den erwarteten Sieg des Generals Estigarriba zu feiern, richtete Eliza einen großen Ball in Paraguays Hauptstadt Asunción aus. Allen geladenen Gästen wurde befohlen, in der besten Abendgarderobe zu erscheinen, und die Damen sollten ihren ganzen Schmuck tragen. Im Ballsaal schlug das Orchester die ersten Töne an, um den Präsidenten mitsamt Begleitung zu begrüßen, als ein Reiter López meldete, seine Armee habe kapituliert. Der Präsident verlor jegliche Selbstbeherrschung, verfluchte Estigarriba und forderte seine sofortige Hinrichtung. In weiser Voraussicht beschloß der General, nicht nach Asunción zurückzukehren; an seiner Stelle wurde seine Familie umgebracht. Eliza ging allein auf den Ball, stellte ein Bild von López auf den leeren Thron, und alle verbeugten sich den ganzen Abend lang vor seinem in Öl gemalten Porträt.

López war nun entschlossen, das Kommando kurzerhand selbst zu übernehmen und Eliza Lynch an seiner Stelle als Regentin in Asunción einzusetzen. Ständig am Rande des Wahnsinns begann der »Napoleon von Südamerika« den Feldzug, der seinen Namen in der ganzen Welt berühmt machen sollte – wenn auch nicht aus den von ihm erhofften Gründen. Schlachten wurden ohne taktisches Geschick ausgetragen und Soldaten in den Kampf geschickt, um zu töten oder getötet zu werden. Insgesamt gesehen waren López' Fähigkeiten als General überaus bescheiden. In der ersten Schlacht von Tuyuty lancierten die paraguayischen Streitkräfte einen Angriff, der sie mitten durch Waldgebiete direkt in das Geschützfeuer massierter brasilianischer Artillerietruppen führte, die mit Kartätschen schossen. Die Paraguayer griffen so lange an, bis niemand mehr übrig war; die Verluste beliefen sich auf zehn- bis zwölftausend Mann. Es gab kein Pardon, und es bat auch niemand darum. Aber López verlor nicht alle seine Schlachten, und wenn er einmal siegreich war, hatte die Gegenseite ebenso beträchtliche Verluste zu verzeichnen. In der Schlacht von Curupaity verloren die Paraguayer lediglich fünfzig Mann, brachten aber den Argentiniern und Brasilianern, die wiederholt Angriffe auf eine mit allen Mitteln verteidigte Stellung vortrugen, Verluste in Höhe von neuntausend Toten und Verwundeten bei. Als die Argentinier den Rückzugsbefehl erhielten, bekundeten sie dem Feind so viel Verachtung, daß sie sich weigerten, kehrtzumachen und das Schlachtfeld lieber im Rückwärtsgang verließen. Kaum verwunderlich, daß in einem so gnadenlosen Krieg die Paraguayer tote und verwundete Argentinier in eine nahegelegene Lagune warfen, wo sie von Krokodilen gefressen wurden.

In diesem grauenhaften Zermürbungskrieg gab es immer wieder Augenblicke düsterer Farcenhaftigkeit. So wurde López einmal beinahe von einer Granate getroffen, die von einem brasilianischen Panzerschiff aus abgefeuert worden war. In der festen Überzeugung, sie sei für ihn persönlich bestimmt gewesen, rief er voller Zorn seinen Marinebefehlshaber zu sich, einen schwächlichen alten Offizier namens Meza, und befahl ihm, die gesamte brasilianische Flotte zu zerstören. Die aber bestand aus Panzerschiffen, während den Paraguayern nur ein paar Flöße zur Verfügung standen. Glücklicherweise war Meza so sehr vom Alter und der Malaria geschwächt, daß ein englischer Ingenieur namens Watts das Kommando übernahm. Ganz im Geiste Nelsons führte der Engländer Prisenkommandos an, die aus eingeborenen barfüßigen Soldaten bestanden. Sie schwangen sich mit frappierender Beweglichkeit von den Tauen auf die Decks der brasilianischen Schiffe. Die brasilianischen Matrosen brachen in großes Geheul aus und verschwanden unter Deck, wobei sie die Luken fest verschlossen. Aber die erfolgstrunkenen Paraguayer schienen nicht zu wissen, was sie als nächstes tun sollten. Laut trommelnd marschierten sie an Deck der Panzerschiffe auf und ab. Plötzlich flogen die Luken auf, die Marinesoldaten strömten hervor und trieben die Paraguayer zurück, von denen einige einfach über Bord sprangen und lachend ans Ufer schwammen. Jetzt ergriffen die Brasilianer die Gelegenheit und gaben López' Flotte den Rest. Der tapfere Kommandant Meza, durch einen Lungenschuß tödlich verwundet, wurde an Land gebracht. López forderte ihn auf, sich mit dem Sterben zu beeilen, anderenfalls werde er wegen Unfähigkeit hingerichtet.

Während die militärische Lage immer hoffnungsloser wurde, schwankten López' Stimmungen mit beängstigender Regelmäßigkeit zwischen Optimismus und Pessimismus. Da er gegen ihn gerichtete Anschläge befürchtete, installierte er in der Armee ein Spitzelsystem, bei dem jeder dritte Soldat befugt war, seine Nachbarn auszuspionieren und jeden, Offiziere eingeschlossen, beim geringsten Anzeichen von Feigheit zu erschießen. So marschierte die paraguayische Armee mit doppelter Blickrichtung in die Schlacht, und alle versuchten, ihre Vorder- und Hinterseite gleichermaßen abzusichern. Mißtrauen war die Grundlage von López' Diktatur. Bei der Belagerung des paraguayischen Forts Humaita sahen sich 400 Mann Besatzung unter Oberst Martinez argentinischen, brasilianischen und uruguayischen Truppen in einer Stärke von 30.000 Mann gegenüber. Die Notlage der Verteidiger war so verzweifelt, daß sie ihre Pferde schlachten und sich von Wurzeln ernähren mußten, während ihre Wasservorräte rapide zur Neige gingen. Sie schickten Boten zu López und baten um Unterstützung, er aber befahl ihnen, noch fünf Tage auszuhalten und dann den Rückzug anzutreten. Als er dies erfuhr, war Martinez so schockiert, daß er sich mit einem Kopfschuß töten wollte, aber er zielte daneben und schoß sich nur ein Auge aus. Als die alliierten Streitkräfte einen Großangriff auf das Fort starteten, wurden sie vom einäugigen Kommandanten und seinen Leuten abgeschmettert. Aber das war ihr letztes Gefecht; sie ergaben sich nach wahrhaft heroischer Gegenwehr. Der Befehlshaber konnte mit einigen Männern aus der Gefangenschaft entkommen und sich durch Sumpf und Dschungel schlagen, um López die Nachricht der Kapitulation zu überbringen. Er wäre jedoch besser Gefangener der Alliierten geblieben, denn der wutentbrannte Lopez ließ ihn und seine Männer zusammen mit ihren Familien foltern und erschießen.

López' Geisteszustand besserte sich natürlich auch nicht, als seine Mutter ihm enthüllte, daß er unehelicher Herkunft sei und eigentlich kein Recht auf die Fortführung der Präsidentschaft seines Vaters habe. López verkündete nun, er werde alles um sich herum vernichten. Er befahl der gesamten Bevölkerung von Asunción, die Stadt zu räumen, dann marschierte er mit Mann und Maus in den Dschungel, um dort die »Killing Fields« des 19. Jahrhunderts aufzusuchen. Als Zeugen seines Wahnsinns ließ er riesige Gebäude unvollendet zurück: einen Palast, würdig eines Kaisers von Südamerika und eine Oper, die es mit Mailand oder Paris hätte aufnehmen können. Er erwog, seine Untergebenen zum Massenselbstmord aufzufordern, um so seine Feinde ihres Sieges zu berauben. Er verurteilte sogar den Chef seiner Leibwache zum Tode, weil der Unglückliche eine Verschwörung gegen López nicht bemerkt hatte. In seinem Fieberwahn mischten sich religiöse Phantasien mit sexuellen Exzessen; zuerst wollte er unbedingt heiliggesprochen werden, dann forderte er Männer und Frauen auf, in seiner Gegenwart zukopulieren und in diversen Perversionen zu schwelgen. Statt ihn zurückzuhalten, stachelte Eliza Lynch ihn noch weiter an und betätigte sich als seine Kupplerin.

Da Eliza ihrem Liebhaber in nichts nachstehen wollte, faßte sie paraguayische Frauen zu »Amazonen«-Regimentern zusammen, die sie mit Waffen ausstattete und denen sie den Kampf mit der Lanze beibrachte. Diese Frauen kämpften in einer ganzen Reihe von López' Schlachten. Einmal gelang es ihnen sogar unter Führung von Eliza, die ohne Sattel auf einem Pferd ritt, die alliierten Truppen zurückzuschlagen. Allerdings war diese Episode vom Pech überschattet, weil Elizas Pferd tot zu Boden stürzte und sie unter sich begrub, was ernsthafte Verletzungen zur Folge hatte.

Nachdem die Schlacht von Pirebebuy verloren worden war, befahl López, den Nationalschatz über eine Klippe in den tiefen Dschungel zu stürzen. Im Interesse der Sicherheit folgten dem Schatz die Zeugen dieses Vorgangs. Nachdem es ihm nicht gelungen war, in das Pantheon der großen Befehlshaber zu gelangen, ließ sich López zum Heiligen der Allerchristlichsten Kirche erklären. Die Sache wurde den Bischöfen von Paraguay vorgelegt, die 23 Dissidenten erschossen. Dann konnte die Zeremonie beginnen. Franciscos umfänglicher Körper wurde von den übriggebliebenen Kirchenfürsten gesalbt und gesegnet; das Datum fand Eingang in den christlichen Kalender. Nach der ordnungsgemäßen Heiligsprechung bestand López erste Handlung darin, seine Mutter öffentlich auspeitschen zu lassen. Dann befahl er, für die gesamte Bevölkerung von Paraguay, das heißt, für ihre kümmerlichen Überreste, eine neue Medaille zu prägen; nur seine Mutter sollte keine Medaille bekommen, sondern hingerichtet werden.

Francisco Solano López, dieser moderne Caligula, hatte gerade das Todesurteil für seine Mutter unterzeichnet, als sein Lager von brasilianischen Soldaten angegriffen wurde. Er kämpfte bis zuletzt, versuchte dann zu fliehen, wurde daran jedoch durch seinen ungeheuren Körperumfang gehindert. Ein unter dem Namen Chico Diablo bekannter brasilianischer Soldat warf mit dem Speer nach López und verwundete ihn am Bauch. López schlug um sich wie ein gestrandeter Wal und konnte noch ein paar Schüsse aus seinem Revolver abgeben, bevor er starb. Eliza aber wurde vor dem Zorn ihrer rachedurstigen Amazonen von einem galanten brasilianischen General bewahrt, mit dem sie die unappetitliche Szenerie verließ.

Die Schlacht von Colenso (1899)

Sir Redvers Bullers erste Aufgabe als Befehlshaber der britischen Streitkräfte in Südafrika 1899 bestand darin, zunächst die belagerten Garnisonen in Ladysmith, Mafeking und Kimberley zu befreien, um danach die Armeen von Transvaal und des Oranje-Freistaats zu schlagen. Zu dem Zeitpunkt, da er von Feldmarschall Roberts abgelöst wurde, hatte er ein derartiges Chaos angerichtet, daß seine eigene Laufbahn ruiniert und Großbritanniens militärischer Ruf vor aller Welt untergraben worden war.

Bullers Armee bestand aus drei Teilen: Lord Methuen, der eine Division führte, versagte schmählich bei der Befreiung von Kimberley, General Gatacre hatte seine Brigade überhaupt nicht im Griff, und Buller selbst, der die größte Streitmacht führte, gelang es nicht, Ladysmith zu entsetzen. Kaum jemand in Großbritannien oder Südafrika hätte erwartet, daß alle drei Generäle in diesem Ausmaß versagen oder so elementare Fehler machen würden.

Zwischen Buller und Ladysmith lag eine Burenarmee unbekannter Stärke. Sie wurde von General Louis Botha befehligt und hatte sich in den Hügeln nördlich des Tugela verschanzt. Bullers Aufgabe bestand darin, hinter die feindlichen Linien zu gelangen. Allerdings hielten, wie er selbst ohne Umschweife zugab, die Buren eine sehr starke Stellung. In einem am 12. Dezember an den Kriegsminister geschickten Telegramm verwarf er die Idee eines Frontalangriffs als zu riskant. Doch kaum hatte er dies formuliert, als er auch schon seine Meinung änderte.

Nunmehr signalisierte Buller per Heliograph an General White in Ladysmith, daß er die Buren am 17. Dezember angreifen werde. Auch dieser Plan wurde, ohne daß White es erfuhr, geändert: jetzt sollte der Angriff am 15. Dezember stattfinden.

Buller befahl seiner Artillerie, die Hügel am Tugela unter Beschuß zu nehmen, um die genaue Lage der Burenstellungen in Erfahrung zu bringen. Aber trotz des schweren Beschusses zeigten sich die Buren nicht, und für manche Beobachter sah es so aus, als würden die britischen Geschütze nichts weiter tun, als Granaten in eine friedliche Landschaft zu feuern.

Ohne irgendwelchen Zweifeln nachzuhängen, wies Buller seine Brigadeführer an, am frühen Morgen des 15. Dezember über eine weite, offene Ebene gegen den Fluß vorzurücken.

Aber in Wirklichkeit hatte Buller keine Ahnung, wo die Buren lagerten. Seine Brigadeführer erhielten vage Hinweise, daß sie sich irgendwo in den Hügeln nördlich des Flusses verschanzt hielten. Das war indes wenig hilfreich, weil die gesamten britischen Landkarten ungenau waren. Generalmajor Fitzroy Hart erhielt den Auftrag, den Fluß an einer »seichten Stelle« zu überqueren, da es aber deren zwei gab, die beide auf den Karten falsch eingezeichnet waren, kann man ihm kaum vorwerfen, daß er nicht wußte, wo er hinmarschieren sollte. Generalmajor Hildyard erhielt den Befehl, zu einer »Eisenbrücke« zu marschieren, aber auch davon fanden sich zwei auf der Karte, eine für die Straße, die andere für die Eisenbahnlinie, und es gab keinen Grund, die eine der anderen vorzuziehen. Generalmajor Lyttelton beklagte sich später, es habe »keine richtige Erkundung des Geländes gegeben, keine sichere Information darüber, bei welcher Furt der Fluß zu überqueren sei, keine geeignete Vorbereitung der Artillerie, keine hinreichenden Zielobjekte für die Artillerie«. Zu besagtem Zeitpunkt aber hatte keiner irgendwelche Einwände gegen den Plan des Oberkommandierenden. Bullers Ruf in der Armee war so gefestigt, daß fraglich ist, ob überhaupt jemand den Mut gefunden hätte, ihm zu widersprechen.

Am nächsten Morgen setzten sich die britischen Kolonnen über das staubige Veldt in Marsch und bewegten sich auf den Fluß zu. Es herrschte bereits drückende Hitze. Um halb sechs begannen britische Bordgeschütze die Hügel auf der anderen Seite des Flusses aus einer Distanz von mehr als 4000 Metern zu beschießen. Allerdings sollte das Vorrücken der Kolonnen bald durch das recht eigensinnige Handeln eines britischen Artillerieoffiziers unterbrochen werden.

Oberst Charles Long war ein äußerst traditionell denkender Offizier, der seine umfangreiche militärische Erfahrung in Indien gesammelt hatte. Er glaubte fest daran, daß man »diese Lumpen am besten zusammenhauen kann, wenn man direkt auf sie losgeht«. Unterstützt von Brigadier Bartons Infanterie bewegte Long zwölf 15-pfündige Feldkanonen und sechs Bordkanonen auf die rechte Seite der Eisenbahnlinie. Buller hatte ihn davor gewarnt, seine Feldgeschütze gleich am Anfang zu weit nach vorne zu bewegen, geschweige denn, sie weiter als vier Kilometer vom Fluß entfernt in Stellung zu bringen. Long jedoch war entschlossen, die Schußweite so schnell wie möglich zu verringern. Er verlegte die Geschütze nach vorn.

Gegen sechs Uhr war Long noch etwa fünf Kilometer vom Fluß entfernt, als er plötzlich den Befehl gab, seine Geschütze im Galopp vorwärts zu ziehen, wobei er Bartons schützende Infanterie weit hinter sich ließ. Der verwirrte Barton schickte Boten nach vorne, die Long aufforderten, zu warten, aber dieser marschierte unbekümmert weiter. Als er nur noch etwa eintausend Meter vom Flußufer entfernt war und damit die Bordkanonen sechshundert und die Infanterie weitere achthundert Meter hinter sich gelassen hatte, brachte Long seine Fünfzehnpfünder in Stellung. Später gab er zu, daß er die Lage etwas falsch eingeschätzt haben könne und zu nahe an den Feind herangegangen sei. Die Buren jedenfalls eröffneten sofort ein vernichtendes Gewehrfeuer. Long erklärte stolz, seine Geschütze hätten »ausgezeichnet gestanden und gefeuert«. Ob das die Buren beeindruckte, ist allerdings nicht verzeichnet. Keines der Feldgeschütze hatte Schilde, hinter denen die Schützen in Deckung gehen konnten, und auch das offene Feld bot dazu keine Gelegenheit. Mehr als eintausend Gewehre richteten die Buren auf Longs unglückliches Kommando. Long selbst zog sich durch einen Granatsplitter eine Wunde an der Leber zu.

Buller, der bei Kampfhandlungen fortwährend zu essen pflegte, hörte für einen Moment auf zu kauen. Seine Augen wurden ganz groß vor Erstaunen, als er Longs Geschütze in so unmittelbarer Nähe des Flusses feuern sah. Er rief einem Stabsoffizier zu: »Sehen Sie nach, was die Kanonen da machen! Sie scheinen viel zu nahe zu sein. Wenn sie durch Feindbeschuß ernsthafte Verluste erleiden, sollen sie sich sofort zurückziehen.« Nachdem Longs Kommando eine Stunde lang gefeuert hatte und mittlerweile 12 Tote und 29 Verwundete zählte, war die Munition

ausgegangen, und die Soldaten mußten sich absetzen, um Schutz in einem Wasserlauf zu suchen. Die Geschütze blieben in glorreicher Einsamkeit auf dem Feld zurück.

Allerdings war Long nicht der einzige törichte Befehlshaber, der bei Colenso kämpfte. Generalmajor Hart, Befehlshaber der Irischen Brigade, hatte ähnlich traditionelle Auffassungen wie Long und war auf vielleicht noch fatalere Weise unbeholfen. Es läßt sich schwer entscheiden, wer von beiden tapferer war oder eher die größere Belastung für Britannien darstellte. Hart war jemand, der seine Truppen gern bei der Stange hielt und sie wie auf einem Exerzierplatz des 18. Jahrhunderts im Schulterschluß vorrücken ließ. Angesichts des massierten Gewehrfeuers der Buren war das reiner Selbstmord.

Hart hatte den Tag mit einer halben Stunde Drill begonnen, als ginge es um eine Paradeübung auf dem Kasernenhof. Dann befahl er seinen Bataillonen, in geschlossener Formation abzurücken, während er selbst mit einem afrikanischen Führer an der Spitze ritt. Bei hellem Tageslicht marschierten die Soldaten in Reih und Glied über völlig offenes Gelände auf die Stellungen der Buren zu und bildeten damit ein Zielobjekt, von dem der Feind nicht einmal zu träumen gewagt hätte.

Auf dem linken Flügel konnten Harts Offiziere die mit Schützen vollgestopften Gräben der Buren deutlich erkennen. Sie sandten ihm drei dringende Botschaften, um ihn auf die Gefahr hinzuweisen. Aber Hart wollte sein Vorhaben nicht aufgeben und stellte klar, daß er die Buren nicht beachten werde, solange sie ihn nicht mit Gewalt angriffen. Vor ihm rauschte der Tugela. Durch Regenfälle angeschwollen war er 100 Meter breit und 15-20 Meter tief – ein gefährliches Hindernis. Hart folgte einem eindeutig markierten Pfad in Richtung Fluß, als sein afrikanischer Führer plötzlich anzeigte, daß die von ihnen gesuchte Furt etwas weiter rechts lag. Also befahl Hart seiner Brigade, rechts zu schwenken und einer großen Flußbiegung zu folgen. Seine Landkarten zeigten ihm nur, daß hier nicht die richtige Stelle für die Furt liegen könne. Mithin wäre es besser gewesen, Fährtensucher auszuschicken, um ihre tatsächliche Lage zu erkunden und Buller über einen Boten von dem Problem zu unterrichten.

Selbst jetzt hätte die Katastrophe sich noch vermeiden lassen, wenn Hart seine Leute in angemessener Gefechtsordnung aufgestellt hätte. Unterdessen beobachtete Botha, wie er eine britische Streitmacht von drei Seiten her einkreiste, ohne seine Stellung überhaupt verändert zu haben. Soviel Glück kam ihm fast schon verdächtig vor, und er eröffnete aus einer Distanz von wenigen hundert Metern ein schweres Feuer auf Harts Brigade. Die Buren überschütteten die hilflosen Reihen der Iren nicht nur mit Gewehrfeuer sondern auch mit Granaten und Hagelgeschossen. In diesem Chaos versuchten die Bataillonskommandanten ihre Männer in einer offeneren Formation aufzustellen, während Hart sie hartnäckig in die geschlossene Formation zurückbe-

fahl. Jegliche Initiative seitens untergeordneter Befehlshaber wurde gnadenlos unterdrückt und 4000 Mann in einer nicht einmal tausend Meter breiten Flußschleife zusammengepfercht. Schon nach wenigen Minuten herrschte völliges Chaos, die Bataillone waren hoffnungslos durcheinandergemengt.

An jenem Tag gab es an den Ufern des Tugela viele Beispiele für persönliche Tapferkeit, aber alle waren vergeblich. Niemand wußte, wo die Furt lag, und Hart war ohne seinen Führer, der sich in panischer Angst davongemacht hatte, verloren. Einige Soldaten pflanzten Bajonette auf und stürzten sich in den Tugela, der an dieser Stelle fünfzehn Meter tief war. Manche ertranken, andere schwammen ans jenseitige Ufer, um dort von den Buren niedergeschossen zu werden. Hart selbst zeigte sich sehr couragiert. Er ging ruhig zwischen den Soldaten auf und ab und trieb sie energisch voran. »Wenn ich vorangehe, wenn euer General euch vorangeht – werdet ihr dann weiterkämpfen?«, rief er, woraufhin viele aufsprangen und ihm folgten.

Von seinem Standort auf dem Naval Gun Hill aus konnte Buller erkennen, daß Hart in Schwierigkeiten war. »Hart ist da unten in Teufels Küche geraten«, erklärte er Lyttelton. »Holen Sie ihn da raus, so gut es geht.« Lyttelton bewegte zwei Bataillone an das offene Ende der Flußschleife und appellierte an Hart, seine Leute abzuziehen, er werde ihnen Deckung geben. Das konnte dann unter großen Schwierigkeiten bewerkstelligt werden. In einer der überflüssigsten Operationen des ganzen Burenkrieges zählte Harts Brigade schließlich 532 Tote und Verwundete.

Unterdessen hatte Buller entschieden, daß der Hauptangriff erst durchgeführt werden könne, wenn Longs Kanonen gerettet seien. Er ritt sofort zum Wasserlauf hinüber, wo die Schützen in Deckung gegangen waren, und übernahm das Kommando. Ohne einen Gedanken an das zu verschwenden, was anderenorts auf dem Schlachtfeld geschah, konzentrierte sich der Oberbefehlshaber einzig auf das Problem, wie die Kanonen zurückgeholt werden könnten. 8000 Mann warteten noch auf ihren Einsatz, aber Buller dachte nur an die Bergung der Geschütze.

Buller war ein schwerer Mann und nicht mehr jung. Zudem hatte die Anstrengung, die seine erste Schlacht als Oberbefehlshaber ihm abverlangte, sein Urteilsvermögen ganz offensichtlich beeinträchtigt. Statt besonnen zu handeln, ging er dorthin, wo er zwar seinem Gefühl nach als Soldat am dringendsten gebraucht wurde, er jedoch faktisch als Befehlshaber völlig überflüssig war. Während um ihn herum die Soldaten fielen, sein Stabsarzt getötet und er selbst von einem Granatsplitter verletzt wurde, wuchs sein Verlangen, die Geschütze zu bergen, bis zur Besessenheit. Er rief nach Freiwilligen, die die Kanonen zurückbringen sollten, aber ihr Heldenmut – dem der Burengeneral Botha Bewunderung zollte und für den insgesamt sieben Viktoria-Kreuze verliehen wurden – erwies sich als riskant und nutzlos. Schließlich konnte Buller die schreckliche Schlächterei nicht mehr mitansehen und brach den Bergungsversuch ab. Diese Entscheidung schockierte Long, der meinte, die Geschütze seien »im Stich gelassen« worden. Buller hingegen glaubte nicht, daß irgend jemand die Kanonen holen und dabei lebendig bleiben könne. Hätte er bis zum Eintritt der Dunkelheit gewartet, wären die Kanonen vielleicht unter weniger großen Verlusten geborgen worden.

Um elf Uhr entschloß sich Buller, das Schlachtfeld zu verlassen. Er war körperlich und seelisch zerrüttet. Später behauptete er, seine Männer seien erschöpft gewesen, und wenn die Buren den Fluß überquert hätten, wäre es am Ufer zu einem wilden »Handgemenge« gekommen. Aber die Buren hätten nie und nimmer ihre starken Stellungen verlassen, um sich mit einer zahlenmäßig überlegenen britischen Armee auf irgend ein »Handgemenge« einzulassen. Die Buren waren keine Leute für den Nahkampf, keine Bajonett-Experten; sie waren Jäger, Scharfschützen – und denkende Menschen.

Nach der Schlacht gab es gegenseitige Anschuldigungen. Buller hatte zu seiner Schande zehn Geschütze verloren, die der Feind noch nicht einmal erobern mußte, sondern nach dem Abzug der Briten einfach wegschleppen konnte. Die britischen Verluste beliefen sich insgesamt auf 1139 Tote und Verwundete, bei den Buren dürften es kaum mehr als vierzig gewesen sein. Für Buller war die Niederlage nichts als Pech. Einer seiner Generäle sah die Ereignisse mit anderen Augen: »Es war eine der unglückseligsten Schlachten, an der eine britische Armee jemals teilgenommen hat, und keine war von einer so jämmerlichen Taktik bestimmt wie diese.«

Kapitel 2: Wer sich nicht selbst beherrscht...

Die Angsthasen

Obwohl Feigheit in den Regimentsgeschichten keine besondere Rolle spielt, ist sie auf dem Schlachtfeld alles andere als unbekannt. Tatsächlich ist Feigheit – das Unvermögen, die völlig natürliche Angst vor Tod oder Verstümmelung zu überwinden – unter gewöhnlichen Soldaten weitverbreitet, seitdem es Militär und Krieg gibt. Ungewöhnlicher ist es schon, wenn Angsthasen in der militärischen Laufbahn so weit nach oben gelangen, daß ihr Verhalten faktisch den Ausgang einer Schlacht oder eines Feldzugs beeinflußt. Doch gibt es auch hierfür Beispiele. Als eines der berühmtesten muß wohl Lord George Sackville in der Schlacht von Minden 1759 gelten.

»Milord Sackville ...«

Sackville war Befehlshaber der britischen Kavallerie bei Minden. Als er von dem Befehlshaber der alliierten Armee, Prinz Ferdinand von Braunschweig, den Befehl erhielt, die fliehenden Franzosen anzugreifen und siegreich zu schlagen, saß er stocksteif da und tat nichts. Dreimal wurde der Befehl von verschiedenen Adjutanten wiederholt, doch jedesmal behauptete Sackville, ihn nicht zu verstehen. Als sein Stellvertreter, der Marquis von Granby, Ferdinands Befehl nachkommen und die zweite Linie der Kavallerie ins Feld werfen wollte, gebot Sackville ihm Einhalt, und die Franzosen konnten entkommen. Die Beziehungen zwischen Sackville und Prinz Ferdinand waren schon vor der Schlacht ziemlich gespannt gewesen, und vielleicht wollte Sackville einfach nur Schwierigkeiten machen. Aber König Georg II. faßte die Sache anders auf: Er stellte ihn wegen Feigheit vor dem Feind vor ein Kriegsgericht und entließ ihn unehrenhaft mit dem harten Urteilsspruch, daß er dem König nie wieder in irgend einer Funktion dienen dürfe, aus der Armee. Sackville hatte Glück, daß er nicht erschossen wurde.

Gideon Pillows Flucht

Im amerikanischen Bürgerkrieg war die Zahl der von befehlshabenden Offizieren aus Feigheit begangenen Handlungen erstaunlich hoch. Der vielleicht schlimmste Fall ereignete sich 1862 in Tennessee während der Belagerung von Fort Donelson. Da sie von Unionstruppen unter Führung von Ulysses S. Grant belagert wurden, sahen die Befehlshaber der Konföderierten nur noch die Möglichkeit, den Weg freizukämpfen und sich nach Nashville durchzuschlagen. Während eines Schneesturms drangen die Konföderierten aus dem Fort und schlugen die Belagerer zurück. Doch als der Durchbruch geschafft war, verlor General Gideon Pillow plötzlich die Nerven und überredete seine Kollegen, die Generäle Floyd und Buckner, den Fluchtversuch abzublasen und ins Fort zurückzukehren. Hier ging die Auseinandersetzung weiter, weil Pillow seine Meinung wiederum änderte und für einen weiteren Fluchtversuch plädierte, während seine Partner, die die Sache schon beim ersten Mal hatten durchziehen wollen, nun darauf bestanden, es gebe keine andere Möglichkeit mehr als die Kapitulation. Allerdings legte Floyd genausowenig wie Pillow Wert darauf, von Grant gefangengenommen zu werden. Als Politiker wie als Militärs befürchteten sie, wegen Verrats verurteilt und erschossen zu werden. Was mit den 15.000 Mann Garnisonsbesatzung geschehen sollte, schien sie nicht zu interessieren. Floyd fühlte sich als Oberbefehlshaber unter so starkem Druck, daß er das Kommando einfach niederlegte, worauf es an seinen Stellvertreter, nämlich Pillow, überging. Der aber war ein zu geriebener Bursche, um auf diesen Trick hereinzufallen; er legte ebenfalls die Verantwortung nieder und gab das Kommando an Buckner weiter, bei dem es hängenblieb. Floyd beschlagnahmte ein Dampfboot und brachte sich stromaufwärts in Sicherheit. Pillow mußte sich mit einer Jolle begnügen, aber da sein Wahlspruch 1861 »Freiheit oder Tod« gelautet hatte, fühlte er sich zweifellos berechtigt, seine Freiheit zu suchen, statt den Tod zu riskieren. Am folgenden Tag kapitulierte Buckner bedingungslos und übergab die Garnison an General Grant. Er war deswegen etwas verstimmt, denn 1854 hatte er einem ziemlich abgebrannten Grant Geld für die Heimfahrt geliehen – tja, die Ungerechtigkeit der Geschichte.

Brocks Bluff

Während des zweiten Unabhängigkeitskrieges zwischen Großbritannien und den USA war das Verhalten des amerikanischen Generals William Hull 1812 einer der maßgeblichen Gründe dafür, daß der amerikanische Einmarsch nach Kanada scheiterte. In seiner Jugend war Hull ein guter Soldat gewesen, doch mit 58 fühlte er sich der ihm zugewiesenen Aufgabe nicht mehr gewachsen. Nur auf Druck des Präsidenten erklärte er sich bereit, Gouverneur von Michigan zu werden und den linken Flügel der amerikanischen Armee beim Angriff auf Kanada zu befehligen. Zu diesem Angriff gehörte ein Marsch von 200 Meilen von Cincinnati nach Detroit, der durch Indianergebiet gegen einen Feind von unbekannter Stärke führte. Seltsamerweise hatte Hull seine Tochter gebeten, ihn mit ihren zwei kleinen Kindern auf dem gefährlichen Marsch zu begleiten.

Hull sammelte 1500 Männer der Miliz von Ohio um sich, bemerkte aber bald, daß sie seine Vorstellungen von militärischer Disziplin ziemlich veraltet fanden: Sein Versuch, sie davon abzuhalten, einen ihrer Offiziere der Prozedur des »Teerens und Federns« auszusetzen, blieb erfolglos. Der Marsch erwies sich als äußerst anstrengend. Da es keine Straße gab, blieb ihnen nichts anderes übrig, als sie unterwegs erst zu bauen. So kamen sie im Durchschnitt nur drei Meilen am Tag voran. Durchnäßt von schweren Regenfällen und geplagt von Mücken und Moskitos, quälte sich die Kolonne im Schneckentempo durch die Wildnis.

Inzwischen war der Krieg tatsächlich erklärt worden, und Hulls Problem bestand darin, daß ihn bis jetzt noch niemand davon in Kenntnis gesetzt hatte. Als er den Maumee erreichte, wußte er immer noch von nichts. Das macht vielleicht seine nächste Entscheidung verständlich. Er entschloß sich nämlich, einen im Fluß ankernden Schoner zu requirieren, um das Offiziersgepäck, die Medikamente, die Werkzeuge und einen großen Koffer mit den Stammrollen der Armee zu transportieren. Diese Stammrollen enthielten alle Informationen über die Kolonne sowie Hulls offizielle Befehle und detaillierte Angaben zum Feldzug. Da das Boot flußaufwärts zum Eriesee segelte, ging Hull davon aus, die wertvolle Fracht im Hafen von Detroit wieder übernehmen zu können. Da aber der Krieg bereits ausgebrochen war, beschlagnahmten die Briten den Schoner sofort, als er auf dem Weg nach Detroit Fort Malden passierte. Warum aber war Hull vom Ausbruch der Feindseligkeiten nicht unterrichtet worden? Offenbar hatte der Kriegsminister die lebenswichtige Depesche mit der normalen Post und dem Vermerk »Bitte nachsenden« an die Poststation in Cleveland geschickt. Hull erhielt die Nachricht erst am Tag nach der Abfahrt des Schoners.

Eine Woche später erreichte Hull die kanadische Grenze und wurde mit der Fähre zu einer Stellung nördlich von Fort Malden gebracht. Die britische Garnison in Malden war so schwach besetzt, daß die Besatzung sich schon auf den Rückzug vorbereitete. Doch als die Amerikaner keinerlei Angriffslust zeigten, blieben die Soldaten und wurden schon bald darauf durch ein britisches Kanonenboot mit 18 Geschützen verstärkt. Es war Hulls Pech, den agilen und fähigen General Isaac Brock zum Gegner zu haben. Brock holte unverzüglich weitere Truppen nach Malden, während die Amerikaner zuschauten und untätig blieben. Hull kamen – vermutlich von Brock in Umlauf gebrachte – Gerüchte zu Ohren, daß 1700 Indianer auf Malden vorrückten, denen weitere 5000 folgen würden. Das schien bei Hull zu einem mittleren Nervenzusammenbruch zu führen, denn er zog sich sofort nach Detroit auf amerikanisches Gebiet zurück, wo er vier Tage lang in seinem Zimmer blieb, ohne jemanden zu empfangen. Unterdessen beschäftigten sich seine Truppen, so gut sie konnten. Versuche, Hull Verstärkung zu schicken, wurden zweimal von den Briten und den unter dem Shawnee-Häuptling Tecumseh kämpfenden Indianern vereitelt.

Am jenseitigen Flußufer setzte Brock voll und ganz auf psychologische Kriegführung: Er steckte die Dorfbewohner in rote Röcke, damit sie wie britische Soldaten aussähen, und spielte Hull einen Brief in die Hände, der besagte, daß sich mittlerweile 5000 Indianer in Malden aufhielten und weitere überflüssig wären. Getrübten Auges vermeinte Hull nun, überall Tausende von britischen Soldaten und ganze Horden blutrünstiger Indianer zu erblicken. Die Anwesenheit seiner Tochter und Enkelkinder dürfte ihn in seiner Angst weiter bestärkt haben. Er war 200 Meilen von seinem Stützpunkt entfernt und mit seinen Truppen hoffnungslos in der Unterzahl. In Wirklichkeit – aber das nahm er nicht wahr – waren Brocks Streitkräfte kaum größer als die Hulls.

Brock hatte jetzt das Gefühl, seinen Gegner »weichgeklopft« zu haben und forderte ein Verhandlungsgespräch. Unterstützt von etwa 600 Indianern, die Kriegsbemalung trugen und höchst unfreundlich dreinschauten, versuchte Brock mit Hull ein vernünftiges Gespräch »zwischen Gentlemen« zu führen. Er stimmte Hull darin zu, daß die Indianer ziemlich unappetitlich aussahen, aber was sollte er machen? Wenn ihr Blut erst einmal in Wallung geriet, konnte er sie beim besten Willen nicht daran hindern, die schrecklichsten Dinge zu tun. Am besten wäre es, Hull würde Einsicht zeigen und kapitulieren. Hull weigerte sich zunächst und stellte einige mit Hagelgeschossen gefüllte Kanonen vor sein Fort, doch als Brocks Truppen näherrückten, ließ er die Geschütze im

Stich und beorderte seine Männer hinter die Palisaden. Plötzlich explodierte eine britische Granate innerhalb des Forts und verwundete mehrere Personen. Ohne auch nur einen Schuß zu erwidern, befahl Hull, die weiße Fahne zu hissen. Brock konnte sein Glück kaum fassen. Um die Schande vollkommen zu machen, mußte ein 350 Mann starker Verband, den Hull mit zwei seiner fähigsten Befehlshaber südwärts geschickt hatte, um Hilfe zu holen, bei seiner Rückkehr nach Detroit feststellen, daß er in der Kapitulation miteinbegriffen war. Die Soldaten wurden sofort entwaffnet.

Nach seiner Entlassung aus der Gefangenschaft wurde Hull vor ein Kriegsgericht gestellt und wegen »Feigheit vor dem Feind« zum Tod durch Erschießen verurteilt. Doch begnadigte ihn Präsident Madison wegen tadelloser Führung im ersten Unabhängigkeitskrieg. Vielleicht war Hull weniger ein Feigling als ein Einfaltspinsel.

»Black Jack« Slade

Unter Wellingtons auf der iberischen Halbinsel stationierten Generälen gab es so viele Blindgänger, daß der Eiserne Herzog sich bisweilen gefragt haben muß, wer wohl der gefährlichere Feind wäre, Napoleon oder ein britisches Kriegsministerium, das ihm Männer wie »Black Jack« Slade aufbürdete. Generalmajor Slade galt nicht nur als ungeschickt, sondern war bekanntermaßen auch ein Feigling. Wellington hielt ihn in Spanien nur als geringeres von zwei Übeln, dessen Alternative sich ihm in Gestalt von Sir Granby Calcraft darstellte, einem noch ärgeren Stümper. Im Jahre 1809, während des Corunna-Feldzugs, hatte Slade sein wahres Gesicht gezeigt. Dem Bericht von Lord Paget zufolge fummelte Slade, als er den Befehl erhielt, mit dem 10. Husarenregiment anzugreifen, so lange an seinen Steigbügelriemen herum, bis der Angriff sich erübrigt hatte. Als er bei einer anderen Gelegenheit Kampfesmut hätte beweisen können, hielt er es für notwendig, seinen Männern einen langen Vortrag zu halten, so daß er am Gefecht nicht teilnehmen konnte. Sir John Moore fiel einmal auf, daß Slade während einer Schlacht höchstpersönlich der Nachhut eine Botschaft überbrachte, was normalerweise die Aufgabe eines jungen Adjutanten war. Nur wenige Tage später händigte Slade Moore einen Bericht aus, wobei er erklärte, einer seiner Offiziere, Oberst Grant, habe ihn darum ersucht. Moore fragte äußerst kühl zurück, ob General Slade mittlerweile Oberst Grants persönlicher Adjutant geworden sei. Kurioserweise fiel Slade 1811 allein aus Altersgründen das Oberkommando über die gesamte britische Kavallerie in Spanien zu. Er ließ keine Gelegenheit aus, untätig zu bleiben. Er gab vor, Befehle nicht zu verstehen, die allein durch das, was sich vor ihm abspielte, auch einem Trompeter eingeleuchtet hätten; leider seien ihm, so klagte er, die Hände gebunden.

Die Unbesonnenen

J eder »Soldat, der aus überlegter Tapferkeit heraus handelt, wird gegenüber ungezügelter und überstürzter Kühnheit immer im Vorteil sein.« Diese Worte könnten heute noch genau so als Leitspruch dienen wie 1814, als General Robert Rollo Gillespie sie seinen Truppen bei der Belagerung der Festung Kalanga in Nepal mit auf den Weg gab. Leider praktizierte Gillespie nicht, was er predigte, und seine eigene Unbesonnenheit stürzte ihn und seine Truppen ins Verderben.

In der Klemme

General Gillespie wurde einmal als »der tapferste Mann, der je einen roten Rock trug« bezeichnet, doch war er zugleich ein größenwahnsinniger Sadist und Trunkenbold. 1814, bei seiner Nepal-Expedition, hieß es von Gillespie, er neige zu »unkontrolliertem, unberechenbarem Verhalten«. Beschuldigungen, die sein Privatleben betrafen, hatten ihn so verbittert, daß er entschlossen war, die dunklen Flecken in seiner Biographie durch militärische Großtaten wegzumachen, koste es, was es wolle. Manche waren der Ansicht, der Krieg sei für ihn zur Droge geworden und der Kampf die einzige seinem Wesen angemessene Erlösung.

Gillespies kleine Armee bestand aus 4400 Soldaten sowie einem etwa 5000 Personen umfassenden Troß. Er hatte Unmengen von Gepäck, und ein Infanteriemajor brauchte sechs Kamele, um allein seine persönlichen Alkoholvorräte zu transportieren. Gillespie teilte die Streitmacht in eine Reihe von Kommandoeinheiten auf und befahl Oberst Sebright Mawby, mit 1000 Mann die Festung Kalanga zu erobern, während er selbst im Nordwesten gelegene Stellungen auskundschaften wollte. Obwohl die Festung von nur 250 nepalesischen Soldaten bewacht wurde, hielt Mawby sie für außerordentlich stark und seine Streitkräfte für zu schwach, um eine Belagerung durchzuführen. So schickte er Gillespie eine Nachricht, in der er ihn um mehr Soldaten und sehr viel schwerere Geschütze bat. Gillespie erwiderte, er werde selbst kommen und befahl den anderen Einheiten seiner Armee, in Richtung Kalanga zu marschieren. Der General war entschlossen, die Festung persönlich einzunehmen.

Bei Kalanga angekommen, entschied sich Gillespie, die Festung von allen vier Seiten gleichzeitig anzugreifen. Er unterteilte seine Streitkräfte in vier Einheiten: Hauptmann Fast sollte den Angriff von Nordwesten führen, Major Kelly von Norden, Hauptmann Campbell von Osten, während der größte Teil der Armee unter Major Carpenter von Süden aus angreifen würde. Es war von ausschlaggebender Bedeutung, diese Angriffe streng zu koordinieren. Nun mag Gillespie verrückt gewesen sein, aber ein Narr war er nicht. Er erkannte sehr wohl, wie gefährlich es war, seine Männer mit eingeborenen Führern loszuschicken, die sie leicht in die Irre führen konnten. Es wurde also ein Signal vereinbart: Um zehn Uhr, genau zwei Stunden vor dem Angriff, sollte ein Kanonenschuß den verschiedenen Kolonnen das Zeichen zum Sturmangriff geben.

In der Morgendämmerung des Angriffstages befahl Gillespie seiner Artillerie, die Festung sturmreif zu schießen. Aber die Kanonen versagten kläglich und Gillespies Wut wuchs in beängstigendem Maße. Peinlich berührt von dieser Demütigung britischer Truppen, denen ein so erbärmlicher Feind trotzen konnte, muß er die Selbstbeherrschung verloren haben. Sein Ruf, kühner und mutiger zu handeln als jeder andere, verleitete ihn zu der Annahme, er könne Berge versetzen. Er befahl seinen Offizieren nunmehr, den Angriff für acht Uhr vorzubereiten. Das stand in eklatantem Widerspruch zu den Anweisungen, die er seinen Hilfskolonnen erteilt hatte. Die aber hielten sich jetzt irgendwo in den Hügeln um Kalanga auf. Vergeblich baten seine Offiziere ihn um mehr Zeit. Gillespie befahl, das Kanonensignal abzufeuern. Natürlich hörten die Hilfskolonnen es nicht, weil sie zu diesem Zeitpunkt noch gar nicht darauf achteten.

In der vorangegangenen Nacht waren drei Kompanien des 53. Regiments nach einem Marsch durch unwegsames Gelände bei Kalanga angekommen. Angesichts ihres erschöpften Zustands hatte Gillespie angeordnet, sie sollten sich im Lager ausruhen. Jetzt aber schickte er ihnen die Nachricht, sich sofort kampfbereit zu machen. Das Regiment jedoch ruhte sich, dem ersten Befehl des Generals gemäß, aus. Überdies hielt sich der Offizier, der die Soldaten führen sollte, gar nicht im Lager auf.

»Hier wird allgemein die Auffassung vertreten, daß Gillespies Tod die Armee gerettet hat.«
Einer seiner Offiziere nach dem Tod General Gillespies, 1814.

Gillespie war ein tapferer, aber unbesonnener Heerführer, der eine aberwitzige Attacke mit dem Leben bezahlen mußte.

Die Lage verschlechterte sich zusehends, weil Gillespie der Wirklichkeitsbezug allmählich verlorenging. Major Carpenter befahl seiner Infanterie, zum Angriff überzugehen, aber die Soldaten hatten so schwer geladen, daß sie kaum vorwärtskamen. Sechzig Dragoner, die in der Frontlinie postiert waren, saßen ab und stürmten auf die Festung zu. Sie wurden von den Nepalesen in Stücke gehackt, noch ehe die britische Infanterie ihnen zu Hilfe eilen konnte. Um das Ganze noch zu verschlimmern, brannte die Baracke ab, in der sich die Sturmleitern befanden, so daß es nun keine Möglichkeit mehr gab, die Mauern zu erklimmen. In den Hügeln nördlich und südlich der Festung hörten die Befehlshaber der Hilfskolonnen unregelmäßiges Geschützfeuer, dachten aber, mit einem Blick auf ihre Uhren, es sei Bestandteil des Zermürbungsprogramms und nicht das Signal für ihren Kampfeinsatz. Unterdessen tauchten endlich die unglücklichen Soldaten des 53. Regiments auf, um sich dem Angriff anzuschließen, wurden aber von Gillespie als Verbrecher beschimpft. Ihr Haß auf ihn war tief verwurzelt, und ein stundenlanger Marsch über Stock und Stein hatte ihre Stimmung keinesfalls verbessert.

Dann machte einer von Gillespies Männern eine wichtige Entdeckung. In der nordwestlichen Festungswand befand sich ein kleines Tor, das die Verteidiger mit einer Kanone sicherten. Gillespie befahl nun, ein Geschütz heranzubringen, um das Tor zu beschießen. Aber die Nepalesen feuerten als erste und rissen einige der Infanteristen des 53. Regiments mit Hagelgeschossen in Stücke. Die übriggebliebenen Rotröcke gaben jetzt Fersengeld. Noch zorniger wurde Gillespie, als die Nepalesen eilends die Festung verließen und sein Geschütz außer Gefecht setzten. Für ihn war das Verhalten seiner Männer nichts als Feigheit; er schrie sie an und rannte dann mit gezücktem Schwert schnurstracks auf die Festung zu, als wolle er sie ganz allein erstürmen. Doch wurde er sofort niedergeschossen und starb, ohne noch ein Wort sagen zu können. Ironischerweise brachen in diesem Moment die Hilfskolonnen aus den Wäldern rings um die Festung hervor, gerade rechtzeitig, um zu sehen, wie der Leichnam des Generals fortgetragen wurde und die Hauptstreitmacht unter Befehl von Oberst Mawby den Rückzug antrat.

Gillespie wurde von seinen Soldaten nicht betrauert. Sogar seine Offiziere waren froh, daß er tot war. Einer von ihnen schrieb: »Hier wird allgemein die Auffassung vertreten, daß Gillespies Tod die Armee gerettet hat. ... So lange er am Leben war, hätten sich die Europäer widerstandslos töten lassen.« Einige Witzbolde erheiterten sich darüber, daß die Leiche des Generals in Spiritus konserviert wurde und meinten, er wäre »im Leben eine saure Gurke gewesen und im Tod eine eingelegte«. Ein wenig einfühlsamer Grabspruch für einen tapferen, aber unbesonnenen Befehlshaber.

Lord Byron, der Heißsporn

In der Schlacht von Marston Moor 1644 sollte das unbesonnene Handeln von Lord Byron, einem Befehlshaber der Royalisten, König Charles I. teuer zu stehen kommen. Byron, der den rechten Flügel der royalistischen Armee befehligte, hatte strikte Anordnung von Prinz Rupert erhalten, welcher Strategie er folgen müsse. Byrons 2600 Soldaten standen dem linken Flügel von Oliver Cromwells Truppen gegenüber. Da der Gegner 5000 Mann stark war, brauchten Byrons Männer mehr als bloßen Mut, um zu siegen. In Byrons Frontlinie hatte Rupert auf sehr geschickte Weise Musketiere mit Kavallerie gemischt und Byron eingeschärft, er dürfe seine Stellung nicht verlassen. Vor ihm erstreckte sich sumpfiger Boden, der von einem Graben durchzogen war, und bevor Cromwells Soldaten Byron erreichen konnten, würden sie nicht nur durch das Gelände, sondern auch durch Musketen und Kanonenfeuer von 1500 Musketieren unter Oberst Napier an Tempo verloren haben. Es war also von entscheidender Bedeutung, daß Byrons Kavallerie mit dem Angriff wartete, bis Cromwells Truppen in Unordnung geraten waren.

Byron war kein geduldiger Mensch, und Stunde um Stunde in Stellung zu bleiben, strapazierte seine Nerven bis zum Zerreißen. Umgeben von mutigen, aber leichtsinnigen jungen Edelleuten mußte er sich vermutlich unzählige Male die Frage gefallen lassen, warum sie sich bei fortwährendem Beschuß durch den Feind dieser Verzögerungstaktik unterwürfen. Als Cromwells Kavallerie auf sie zupreschte, riß Byron endgültig der Geduldsfaden, und die sorgfältigen Planungen des Prinzen waren vergessen. Byron befahl seiner Kavallerie den Angriff, stürmte Hals über Kopf auf den Feind los und zerstreute dabei seine eigenen Musketiere in alle Winde. Statt Cromwells Vorrücken zu behindern, verlangsamten der Graben und der Sumpfboden nun das Tempo von Byrons Soldaten, und als es zum Zusammenstoß kam, wurden sie hinweggefegt und ihre Schlachtordnung aufgebrochen, so daß jetzt der ganze rechte Flügel der Royalisten offen dalag. Nun konnte Cromwells Kavallerie Ruperts Armee im Eiltempo umgehen und auf derem linken Flügel General Gorings Kavallerie angreifen, die ihren Gegner gerade eben besiegt hatte. So gewannen Cromwells Kavallerie und Byrons Torheit die Schlacht für das Parlament und raubten dem König den gesamten Norden Englands.

Wo Mut allein nicht ausreicht

»Sie brauchen sich wegen des Kampfes gegen die Buren nicht den Kopf zu zerbrechen. Wenn es sein muß, führe ich mein Regiment nur mit Spitzhacken bewaffnet von einem Ende Südafrikas zum anderen.« Oberst Tucker vom 80. Infanterieregiment, Südafrika, 1880.

Derlei Prahlerei und Verachtung für den Feind haben zum katastrophalen Abschneiden der Briten im ersten Burenkrieg beigetragen, in dem die Buren den britischen Truppen Niederlage auf Niederlage bescherten.

Während die meisten Befehlshaber über ein gewisses Maß an Kampfesmut verfügen, so mangelt es ihnen doch allzuoft an moralischer Standfestigkeit. Die Entscheidung, eine Herausforderung nicht anzunehmen – sich aus dem Kampf herauszuhalten, um sein Leben nicht zu riskieren –, kann einen Befehlshaber hart ankommen. Aber die Verantwortung, die ein Kommando mit sich bringt, setzt der Spekulation darüber, wieviel Mut ein General sich leisten kann, bisweilen entschiedene Grenzen. Natürlich zeigt die Militärgeschichte, daß Generäle sich durch solcherlei Erwägungen nicht daran hindern ließen, ihr Leben leichtfertig aufs Spiel zu setzen, ganz als müßten sie, wie gewöhnliche Soldaten, nicht an das Wohlergehen ihrer Männer oder den Ausgang der Schlacht insgesamt denken.

In der Schlacht von Flodden im Jahre 1513 kämpften alle schottischen Führer getreu ihren mittelalterlich-ritterlichen Vorstellungen in den vordersten Reihen ihrer Armee. Offensichtlich war die Revolution, die es inzwischen im Militärwesen gegeben hatte, spurlos an ihnen vorübergegangen. Sie spotteten darüber, daß die englischen Generäle – insbesondere der altersschwache, rheumatisch verkrüppelte Earl of Surrey –, sich hinter den Schlachtreihen herumdrückten. Die Tatsachen sprechen für sich. Ohne richtige Führung wurden die zahlenmäßig überlegenen Schotten von den Engländern geschlagen. Weil aber die meisten schottischen Lords mit ihrem König starben, geriet die Niederlage zur wilden Flucht, denn nun war niemand mehr da, der den geordneten Rückzug organisieren konnte.

Während der Schlacht von Vionville im deutsch-französischen Krieg von 1870 galoppierte der französische Marschall Bazaine, der für seinen persönlichen Mut ebenso berühmt war wie sein gleichermaßen inkompetenter Kollege Redvers Buller, an die vorderste Frontlinie, trieb seine Männer durch sein persönliches Beispiel voran, brachte Kanonen in Stellung und führte Gegenangriffe durch. Dabei schien er vergessen zu haben, daß er das Oberkommando über die französische Armee innehatte. Bei Gravelotte-St. Privat führte seine Unfähigkeit, die Zügel in die Hand zu nehmen, zu einem Chaos, in dem ihn lange Zeit nicht einmal seine in Panik geratenen Adjutanten aufspüren konnten. Die französische Armee kämpfte sich ohne Führung durch die große Schlacht, und ein

Historiker schrieb über Bazaine, sein Verhalten könne »am besten mit dem eines einfachen Soldaten verglichen werden, der im Angesicht des Feindes seinen Posten verläßt«.

Gaston de Foix, der tapferste Befehlshaber in einem »heroischen Zeitalter« französischer Kriegführung, warf sein Leben fort, als er 1512 bei Ravenna mit der Kavallerie einen schon geschlagenen Feind verfolgte. Man wird schwerlich einen sinnloseren Verlust in den Annalen der Militärgeschichte finden können.

In all diesen Fällen war Unbesonnenheit nur das äußere Symptom eines tiefersitzenden Übels: zu viel Mut und zu wenig Verstand.

Die Streithähne

Man sollte annehmen, ein General habe schon genug Feinde, um nicht noch gegen seine eigenen Kollegen kämpfen zu müssen, doch sind selbst gewalttätige Auseinandersetzungen zwischen Befehlshabern alles andere als selten. Ihre Auswirkungen waren immer schädlich, bisweilen sogar schlachtentscheidend. Das vielleicht berühmteste Beispiel betrifft die russischen Generäle Pawel Rennenkampf und Alexander Samsonow bei der Schlacht von Tannenberg 1914. Die beiden haßten einander seit 1904. Damals waren sie im russisch-japanischen Krieg auf einem Bahnsteig in Mukden heftig aneinandergeraten. Zehn Jahre später konnte der deutsche Geheimdienst während des Feldzugs, der mit dem Sieg der Deutschen über Samsonows Zweite Armee bei Tannenberg endete, General Ludendorff versichern, es sei praktisch ausgeschlossen, daß Rennenkampfs Erste Armee Samsonow unterstützen werde, wenn dieser in eine bedrohliche Lage gerate. General Hoffmann, der eigentliche Kopf der deutschen Militärstrategie, soll bemerkt haben: »Wenn die Schlacht von Waterloo auf den Spielfeldern von Eton gewonnen wurde, dann wurde die Schlacht von Tannenberg auf einem Bahnsteig in Mukden gewonnen.«

Der lateinische Oberst

Wenn die Beziehungen zwischen Generälen so schlecht sind, daß ein Befehlshaber seine Pläne nicht einmal den eigenen Kollegen mitteilt, dann ist die Katastrophe vorprogrammiert. Als Karl XII.

von Schweden 1709 in der Ukraine gegen den russischen Zaren Peter den Großen zu Felde zog, wurde er schwer verwundet und mußte das Kommando an einen Feldmarschall, den Grafen Karl Gustaf Rehnskold übergeben. Sofort kam es zwischen den Befehlshabern der höheren Ränge zu Eifersüchteleien. Rehnskold konnte insbesondere General Lewenhaupt, den Befehlshaber der Infanterie, nicht verknusen. Die beiden waren außerstande, auch nur ein Wort miteinander zu wechseln, ohne heftig aneinanderzugeraten.

Lewenhaupt war ein schwieriger Mann, dessen akademische Ausbildung ihm bei seinen Männern den Titel »Der lateinische Oberst« eingetragen hatte. Er litt an schweren Depressionen, in denen er das Leben für eine gegen ihn persönlich gerichtete Verschwörung hielt. Er hatte keine wirklichen Freunde und betrachtete die ihm untergebenen Offiziere als Konkurrenten, nicht als Waffengefährten. Dessen ungeachtet war er außerordentlich tapfer und, auf sich allein gestellt, ein fähiger Offizier.

Im Alter von 58 Jahren war Rehnskold immer noch ein bedeutender Kavalleriegeneral. Die meisten wären längst in den Ruhestand getreten, er aber hatte, aus Treue zu Karl, seinem Schützling, den Dienst noch immer nicht quittiert. Er war »mit der Armee verheiratet«, hatte in neun Feldzugsjahren nicht ein einziges Mal Urlaub genommen und auch den Winter im Lager verbracht. Es ist gut möglich, daß er den körperlichen und geistigen Verfall, der sich zwangsläufig einstellt, wenn Strapazen, schlechtes Essen und wenig Schlaf über lange Jahre die Regel sind, gar nicht bemerkte. Doch könnten seine durch den Dauerstreß bedingte Reizbarkeit und Nervosität durchaus zu seiner wachsenden Feindseligkeit gegenüber Lewenhaupt beigetragen haben. So lag denn das Kriegsglück der schwedischen Armee in den Händen von zwei tapferen und fähigen, aber mit gravierenden Charakterfehlern behafteten Männern. Unter dem Druck des Kommandos brachte es der cholerische Rehnskold dahin, daß sich Lewenhaupt, paranoisch wie er war, von seiner schlimmsten Seite zeigte. Und weil Karls lenkende Hand fehlte, hatte der Zusammenstoß dieser beiden Persönlichkeiten für Schweden verheerende Folgen.

Die 40.000 Mann starke russische Armee hatte sich in einem Lager nahe der ukrainischen Stadt Poltawa verschanzt, und Rehnskold erörterte mit seinem bettlägerigen König die beste Angriffsmöglichkeit. Nur Oberst Siegroth, der als Stabschef fungierte, war in den Plan eingeweiht. Die anderen schwedischen Offiziere erfuhren nichts, damit keine Einzelheiten durchsickern konnten. Der König ging allerdings davon aus, daß Feldmarschall Rehnskold seinen Stellvertreter, Lewenhaupt, unterrichten werde. Aber genau das tat Rehnskold nicht. Lewenhaupt wußte nur, daß seine Männer zu einer bestimmten Zeit und an einem bestimmten Ort vorrücken sollten. Der einzige Infanterist, der den Plan kannte, war Siegroth, der »Oberst vom Dienst«, und er nahm das Geheimnis mit ins Grab, denn er fiel gleich zu Beginn der Schlacht.

Da Lewenhaupt also den Plan des Befehlshabers nicht kannte, marschierte er mit seinen 2400 Mann Infanterie auf eigene Faust direkt auf das russische Lager zu. Unter schwerem Beschuß umging Lewenhaupt eine Schlucht und überrannte ohne jegliche Unterstützung durch Artillerie oder Kavallerie zwei russische Bollwerke. Gerade wollte er sich daranmachen, den südlichen Schutzwall des russischen Lagers mit Schwert und Bajonett zu erstürmen, als ein Bote von Rehnskold ihn erreichte, um ihn zurückzubeordern. Lewenhaupt geriet in Wut – wieder einmal, so glaubte er, verfolgte sein Feind die Absicht, ihm im Augenblick seines größten Triumphs einen Strich durch die Rechnung zu machen.

Tatsächlich aber hatte sich Rehnskold angesichts überwältigender Schwierigkeiten dazu entschieden, die Schlacht abzublasen und Lewenhaupt den Befehl gegeben, seine Truppen für den Rückzug in Marschordnung aufzustellen. Lewenhaupt, der jetzt an der Spitze der Kolonne stand, behauptete, er habe von der Nachhut, wo der König und Rehnskold Stellung bezogen hatten, den Befehl bekommen, Halt zu machen und sich gegen den Feind zu wenden. Als er dies Manöver in die Wege leiten wollte, ritt ein wütender Rehnskold heran und bezichtigte ihn der Untreue und Sabotage. Lewenhaupt erwiderte, der Befehl müsse von irgend jemandem gekommen sein und Rehnskold versuche jetzt, ihm seine eigenen Fehler in die Schuhe zu schieben. Wie immer die Wahrheit ausgesehen haben mag, Lewenhaupts Kehrtwendung bewirkte jedenfalls, daß die Russen aus dem Lager strömten. Eine Schlacht war nun unvermeidbar geworden.

Es blieb also Lewenhaupt überlassen, mit gerade 5000 Mann Infanterie den Kampf gegen die russische Infanterie – 24.000 Mann, unterstützt durch 70 Kanonen – aufzunehmen. Wohl nur selten hat auf dem Schlachtfeld eine so ungleichgewichtige Auseinandersetzung stattgefunden. Aber Lewenhaupt gab in dieser Situation sein Bestes, was ihm um so leichter fiel, als er von Rehnskold wegmarschierte. Über den Feldmarschall sagte er: »Es hat mich tief bestürzt, daß ich es ihm weder mit noch ohne Befehle rechtmachen konnte; mich erfüllte brennender Zorn, und ich wollte lieber sterben als weiter unter einem solchen Kommando dienen.«

»Es hat mich tief bestürzt, daß ich es ihm weder mit noch ohne Befehle rechtmachen konnte; mich erfüllte brennender Zorn, und ich wollte lieber sterben als weiter unter einem solchen Kommando dienen.«
General Levenhaupt, 1709, über General Rehnskold.

Im schwedisch-russischen Krieg wurde Karl XII., König von Schweden, so schwer verwundet, daß er das Oberkommando über die Armee abgeben mußte. Er übertrug es General Rehnskold, was zu Rivalitäten zwischen seinen Befehlshabern führte. Damit tat sich eine zweite Front auf, an der die Befehlshaber mehr gegen- als miteinander operierten – mit verheerenden Folgen für die schwedische Armee.

Unter Trommelwirbel und in perfekter Schlachtordnung marschierten die schwedischen Blauröcke gegen die Mündungen der russischen Kanonen, die Zar Peters schottischer General Bruce vor den russischen Stellungen aufgebaut hatte, um die herannahenden Schweden unter Druck zu setzen. Lewenhaupts einzige Chance bestand darin, einem Teil der russischen Front einen wirksamen Schlag zu versetzen, um sie dann, unterstützt durch Kavallerie, aufrollen zu können. Ohne einen Schuß abzugeben, marschierten die Schweden weiter und wankten nicht, obwohl Kanonenschüsse Lücken in ihre Reihen rissen, und die russische Infanterie ganze Salven an Musketenschüssen abfeuerte. Unglaublicherweise gelang es den Schweden trotzdem, die erste russische Frontlinie mit aufgepflanztem Bajonett zu durchbrechen, woraufhin die Grünröcke in Panik zurückwichen. Dann eroberten die Schweden eine Kanone, drehten sie herum und feuerten auf die russischen Flügel. Nachdem Lewenhaupt das Unmögliche erreicht hatte, wartete er auf das Heranpreschen der Kavallerie. Die sollte die wankende russische Front aufrollen und so seinen Durchbruch vergrößern. Aber daraus wurde nichts. Statt wie so oft in der Vergangenheit die Kavallerie zur Unterstützung der Infanterie zu befehligen, kämpfte Rehnskold darum, die Kontrolle über eine geschlagene Armee zu behalten und durchlitt die Seelenqualen, die höchste Verantwortung mit sich bringt.

Die russischen Reihen überstanden den Augenblick der Panik, und als Lewenhaupt zum linken Flügel seiner Infanterie hinüberschaute, sah er, daß die Reihen dort durch einen wahren Hagel von Kanonenschüssen gelichtet worden waren. Die Soldaten waren zur Hälfte gefallen, bevor sie den Feind überhaupt erreicht hatten. Die schwedische Armee brach auseinander, und als die russische Infanterie vorrückte, fiel, was von den Blauröcken noch übrig war, im Kampf oder nahm die Beine in die Hand. Lewenhaupt ritt auf und ab und versuchte verzweifelt, seine Männer zusammenzuhalten, aber die Schlacht war unweigerlich verloren. Der rätselhafte Lewenhaupt, Held und Schurke dieser Schlacht, sammelte die Reste der schwedischen Armee und entkam zusammen mit dem König, während Rehnskold in die Hände der Russen fiel.

Der verwundete Schwedenkönig wurde dazu überredet, vor den russischen Verfolgern über den Dnjepr zu entfliehen, während Lewenhaupt von der Armee zu retten suchte, was zu retten war. Offenbar war er dieser Verantwortung nicht gewachsen; von Durchfall geplagt, legte er sich in sein Bett, das im Zelt des Königs stand. Körperlich und geistig erschöpft, war Lewenhaupt nicht mehr in der Lage, die Befehlsgewalt auszuüben. Als er vernahm, daß russische Streitkräfte im Anmarsch seien, geriet er in Panik und machte den Feind dreimal so stark, wie er in Wirklichkeit war. Dabei wäre seine Streitmacht von 14.000 Mann den 10.000 russischen Soldaten durchaus gewachsen gewesen. Am 1. Juli 1709 kapitulierte Lewenhaupt, ohne einen Schuß abgefeuert zu haben, im Zustand tiefster Niedergeschlagenheit.

Was mag ihn dazu bewogen haben? Wahrscheinlich wirkten verschiedene Faktoren zusammen: zum einen war er körperlich und geistig in schlechter Verfassung, zum anderen mangelte es ihm an moralischer Standfestigkeit. Weder er noch Rehnskold besaßen die Charaktereigenschaften, deren es bedurfte, um das Oberkommando vom verwundeten König zu übernehmen. Großem Druck ausgesetzt, erwies sich ihre Persönlichkeit als der Herausforderung nicht gewachsen und stürzte die schwedische Armee ins Verderben.

Innen- und außenpolitische Zänkereien

Das überaus gespannte Verhältnis zwischen Lord Lucan, dem Befehlshaber der britischen Kavallerie im Krimkrieg, und Lord Cardigan, dem Kommandanten der Leichten Brigade, war allgemein bekannt. Es führte zu dem verheerenden Fehleinsatz der Kavallerie bei Balaklawa. Die beiden Männer waren oft drauf und dran, sich vor den Augen ihrer Soldaten zu prügeln. Solche schmählichen und demoralisierenden Streitigkeiten gab es natürlich nicht nur in der britischen Armee. Während Napoleons Feldzug in Ägypten kam es zwischen den Generälen Reynier und Destaing sogar zu einem Duell, in dem Destaing getötet wurde. Überhaupt scheinen Napoleons Marschälle ein streitbarer Haufen gewesen zu sein. Bei Auerstädt 1806 beschwerte sich Davout, er sei von Bernadotte »betrogen« worden. Bernadotte hatte Truppen daran gehindert, Davout zu unterstützen. Aus diesem Grund mußte Davout mit 27.000 Mann 50.000 preußischen Soldaten entgegentreten. Nur die bemerkenswerte Standhaftigkeit der Franzosen bewahrte Napoleon vor einer schweren Niederlage. Während des Österreich-Feldzugs von 1809 fochten Lannes und Bessières einen überaus hitzigen Streit aus. Bessières, der behauptete, beleidigt worden zu sein, verlangte Satisfaktion. »Jetzt gleich, wenn Sie es wünschen«, sagte Lannes und zog den Säbel. Nur durch das Eingreifen von Marschall Masséna wurde ein Duell auf Leben und Tod verhindert. Masséna behandelte die beiden Kampfhähne wie ungezogene Jungen und erklärte ihnen: »Sie gehören zu meinem Lager, und ich möchte meinen Truppen das skandalöse Schauspiel zweier Marschälle, die sich in Gegenwart des Feindes schlagen, unter allen Umständen ersparen.«

Manche Streitigkeiten wurden nicht auf gewalttätige, sondern auf heimtückische Weise ausgefochten. 1914, im russischen Hauptquartier in Galizien, war das Verhältnis zwischen dem russischen Befehlshaber Iwanow und seinem Stabschef Alexejew so gespannt, daß beide nicht miteinander redeten. Von jedem Telegramm mußten zwei Kopien angefertigt und ausgehändigt werden. Wurden Befehle ausgegeben, so waren sie oftmals widersprüchlich, weil sich die beiden natürlich nicht untereinander absprachen.

Die Beziehungen zwischen Feldmarschall French, dem Befehlshaber der britischen Expeditionsstreitmacht von 1914, und General Lanrezac, der die französische Fünfte Armee kommandierte, waren von Anfang an schlecht und behinderten die Zusammenarbeit in den schwierigen Tagen vor der Marneschlacht. Die beiden Männer empfanden offenbar eine spontane Abneigung gegeneinander; Lanrezac hielt French für einen ausgemachten Idioten, während der Engländer vom Franzosen meinte, er sei »kein Gentleman«. Obwohl keiner von beiden die Sprache des anderen beherrschte, wollten sie im Interesse der Geheimhaltung ohne Dolmetscher auskommen. Das Resultat hätte zum Lachen gereizt, wenn die Lage nicht so ernst gewesen wäre. So wies French beim Studium der Landkarte einmal auf das Flüßchen Meuse und fragte Lanrezac, ob er glaube, die Deutschen würden zur Überquerung die Brücke bei Huy benutzen. Das war in Wirklichkeit die einzig benutzbare Brücke, und sie wurde von den Deutschen ohnehin gerade überquert. Frenchs Aussprache war so außerordentlich schlecht, daß Lanrezac einen der britischen Adjutanten fragte, was er gesagt habe. Als er verstanden hatte, worum es ging, antwortete Lanrezac: »Sagen Sie dem Marschall, daß ich der Meinung bin, die Deutschen seien zum Angeln an die Meuse gefahren.« Schließlich mußte der Oberkommandierende des französischen Heeres, Marschall Joffre, Lanrezac im Interesse der Zusammenarbeit zwischen Frankreich und England seines Amtes entheben.

Inkerman

Während des Krimkrieges kam es 1854 zur Schlacht bei Inkerman. Dort wurden die russischen Bemühungen durch Kontroversen zwischen den beiden russischen Befehlshabern vollständig zunichte gemacht. Der Abscheu, den General P. A. Dannenburg und Fürst Mentschikow füreinander empfanden, sollte bei einer verpfuschten Operation eine wichtige Rolle spielen. Die Sterne standen von vornherein ungünstig. Fehlende Landkarten führten dazu, daß einige von Fürst Mentschikows Kommandanten sich über ihre Order nicht im klaren waren, und der Prinz, fest entschlossen, Dannenburg im Dunkeln tappen zu lassen, wies ihm für die Schlacht eine möglichst unbedeutende Rolle zu. Aber Dannenburg, ein Veteran der Kriege gegen Napoleon, war nicht der Mann, dergleichen schweigend hinzunehmen. Er reagierte, indem er praktisch das Kommando über die Schlacht an sich riß und seinen Mitgenerälen Instruktionen erteilte, in der Absicht, zu klären, was Mentschikow im unklaren gelassen hatte. Hatte Mentschikow General Soimonow den Auftrag gegeben, den Angriff um sechs Uhr morgens zu beginnen und sich nach dem Aufstieg durch die Kilenbalka-Schlucht links zu halten, sagte ihm Dannenburg, er müsse den Angriff um fünf Uhr beginnen und nach rechts schwenken. Soimonows Division sollte mit der von General Pawlow zusammenarbeiten, aber niemand dachte daran, Pawlow mitzuteilen, daß Mentschikows Pläne geändert worden seien. Folglich ging Pawlow davon aus, daß der Angriff um sechs Uhr beginnen würde. Drei Regimenter von Soimonows Division quälten sich durch die Schlucht nach oben und standen um fünf Uhr angriffsbereit da, nur Pawlow fehlte, um den Angriff mitzumachen.

Soimonows Soldaten hatten die Briten völlig überrumpelt und ihre Stellungen ohne Schwierigkeiten eingenommen, doch noch ehe der General dem Hauptteil der Division unter General Zabokritzki den Befehl übermitteln konnte, nachzurücken, wurden er und sein Stellvertreter durch gezielte Gewehrschüsse getötet. Folglich erhielt Zabokritzki keine Befehle, und als er sich endlich in Marsch setzte, war es zu spät.

Unterdessen war Pawlow mit 20.000 Mann am vorgesehenen Übergang über die Tschernaja angekommen, mußte dort aber feststellen, daß Admiral Nachimows Matrosen Mentschikows Befehl, eine Brücke zu bauen, nicht nachgekommen waren. Tatsächlich hatte Dannenburg Nachimow etwas ganz anderes gesagt, nämlich daß Pawlow selbst sich um den Bau der Brücke kümmern werde. So blieb die Arbeit unerledigt, weil Nachimow davon ausging, daß Pawlow sie tun werde und umgekehrt. Bevor Pawlows Truppen nach oben gelangen konnten, um Soimonows Soldaten zu unterstützen, waren diese schon beträchtlich dezimiert worden. Als Pawlows Soldaten dann endlich den oberen Rand der Schlucht erreicht hatten, tauchte Oberst Popow, Mentschikows Stabschef, am Ort des Geschehens auf und befahl ihnen, vorzurücken, um die Überreste von Soimonows Truppen zu unterstützen. Schon war auch Dannenburg da und befahl seinerseits, Popow zu igorieren und nach rechts zu schwenken. Zwischen Popow und Dannenburg kam es zu einem heftigen Wortwechsel, bis letzterer einfach auf- und davonritt, nachdem er wie gewöhnlich seinen Willen durchgesetzt hatte.

Die Russen waren den Briten zwar zahlenmäßig überlegen, aber ihre Generäle fochten unter sich einen Sonderkrieg aus. Als er sah, daß Dannenburg und Mentschikow nicht an einem Strang zogen, hielt es der greise General Gortschakow für zu gefährlich, in das Geschehen einzugreifen. Er beschränkte sich auf planloses Geschützfeuer aus großer Distanz, nahm ansonsten aber nicht an der Schlacht teil.

In der britischen Geschichtsschreibung über den Krimkrieg wird die Qualität der britischen Generalschaft für gewöhnlich eher kritisch beurteilt, aber die britischen Generäle kämpften wenigstens alle auf derselben Seite. Selten wohl wurde ein Schlachtplan stümperhafter ausgeführt, als es die Russen bei Inkerman demonstrierten. Mentschikow selbst nahm an der Schlacht gar nicht teil, weil er statt dessen das Kindermädchen für die drei Söhne des Zaren spielte, der gerade der Front einen Besuch abstattete. Dannenberg war es, der schließlich den Rückzug befahl, um die Armee – so teilte er es Mentschikow mit – vor der völligen Vernichtung zu bewahren. Natürlich versuchte der Fürst, Dannenburg die Schuld in die Schuhe zu schieben, aber der Schüler von Kutusow, dem großen russischen Befehlshaber der Napoleonischen Kriege, war ein Überlebenskünstler, und so mußte Mentschikow am Ende seinen Posten räumen.

Die Ehrgeizigen

Der britische Feldzug in Mesopotamien 1914-1916 war einer der unbesonnensten des ganzen Ersten Weltkriegs. Dabei war sein ursprüngliches Ziel, die Sicherung der Ölraffinerien um den Hafen von Basra, strategisch durchaus sinnvoll. Im November 1914 entsandte die Indische Kommandobehörde eine Division unter Generalleutnant Barrett, um die Halbinsel Schatt-el-Arab und den Hafen von Basra einzunehmen. Da der türkische Widerstand sehr schwach war, brauchte Barrett für das ganze Unternehmen nur ein paar Tage. Danach eroberte er noch das tigrisaufwärts gelegene Kurna und sicherte Großbritannien damit bis zu einer Entfernung von 120 Meilen landeinwärts die Kontrolle über den Fluß. Der Feldzug war ein voller Erfolg, die strategischen Ziele konnten unter minimalen Verlusten erreicht werden.

Danach aber geriet die Angelegenheit völlig aus den Fugen, und das lag an zwei ehrgeizigen Offizieren der Indischen Armee, General Nixon, dem Armeebefehlshaber in Basra, und Generalmajor Charles Townshend, der Barrett als Befehlshaber der Sechsten Indischen Division ersetzte. Wenn die türkische Armee, überlegten die beiden, wirklich so schwach war, wie es bislang den Anschein hatte, könnten sie ungehindert am Tigris entlang noch weiter vorstoßen, ja vielleicht bis Bagdad gelangen. Das war eine verlockende Aussicht, denn nur Konstantinopel war für die Türken von noch größerer Bedeutung. Der Verlust von Bagdad würde ihre Kampfmoral untergraben, und das zu einem Zeitpunkt, da sie bei Gallipoli siegreich gegen die Briten kämpften. Tatsächlich ließen beide Männer ihren gesunder Menschenverstand von persönlichem Ehrgeiz trüben. Beflügelt von Phantasien, die angesichts der begrenzten Ressourcen und der widrigen Bedingungen völlig wirklichkeitsfern waren, gab Nixon Townshend den Befehl, das einhundert Meilen von Basra entfernte Amara einzunehmen. Damit verstieß Nixon in einem Akt des Ungehorsams gegen die für diesen Feldzug festgelegten britischen Direktiven. Zugleich war es ein Zeichen offizieller Unterstützung für Townshends Wagemut, der für die unter seinem Kommando stehenden Soldaten tragische Folgen haben sollte.

Während seiner gesamten Laufbahn war Townshend von brennendem Ehrgeiz getrieben worden und hatte vor nichts zurückgeschreckt, um weiter nach oben zu gelangen. Er war, das wußte er, ein äußerst fähiger General, aber er hatte die irritierende Angewohnheit, dies nicht für sich behalten zu könnnen. Man bezeichnete ihn einmal als den einzigen echten General in der Indischen Armee, der allerdings nicht gerade ein Gentleman sei. Er liebte es, seine Vorgesetzten zu kritisieren und im Gefecht bei jeder sich bietenden Gelegenheit Befehle zu mißachten. Er rechtfertigte sich damit, daß er bereit sei, sein Handeln an seinen Ergebnissen messen zu lassen. War ein feindlicher Schützengraben zu erobern, würde er dem Gegner drei entreißen. Bei Atbara 1898 hatte ihm Kitchener höchstpersönlich seinen Dank ausgesprochen.

Wenn er die Militärgeschichte studierte, träumte er gerne davon, in die Fußstapfen der großen Feldherren und Schlachtenlenker zu treten. Bei seinen Eroberungszügen in Mesopotamien war er ein neuer Belisar und verdiente sich Titel wie »Gouverneur von Mesopotamien« oder »Townshend von Bagdad«. Für die Einnahme von

Amara wählte er als »Siegesbeute« einen riesigen Perserteppich aus dem Zollager, der so schwer war, daß er von 12 Arabern getragen werden mußte. Er ließ ihn nach England schicken, wo er in seinem Haus auf die triumphale Rückkehr des Eroberers warten sollte. Getrieben von napoleonischen Visionen nahm Townshend nicht nur Amara, sondern auch noch Nasarija ein. Angesichts dieser Triumphe war er der festen Überzeugung, daß damit einer der großen Feldzüge der Geschichte allererst begonnen habe. Als nächstes eroberte er Kut, wollte dann bei Ctesiphon zuschlagen, um schließlich nach Bagdad zu gelangen. Jetzt hatte zügelloser Geltungsdrang die Herrschaft über ihn gewonnen.

Townshend war ein brillanter General, doch seine Siege ließen die Stärke seiner Division arg zusammenschrumpfen. Was andere »Townshends Regatta« nannten, weil er die Türken mit so offensichtlicher Leichtigkeit schlug, kam seine Männer in Wahrheit teuer zu stehen. Bei Ctesiphon hatte er erneut eine überlegene türkische Streitkraft geschlagen, doch inzwischen waren seine Truppen derart dezimiert, daß er sich zum Rückzug nach Kut gezwungen sah. Er wollte die Stadt so befestigen, daß sie einer Belagerung standhielt.

Townshend hatte als junger Hauptmann 1895 in Kaschmir Berühmtheit erlangt, als er das kleine Fort Chitral gegen einheimische Stammeskrieger verteidigte. Obwohl die Streitmacht, die Chitral befreite, vom Viktoriakreuzträger Major Aylmer angeführt wurde, war Townshend befördert worden. Er erhielt den Bath-Orden, man gewährte ihm eine Audienz beim Prinzen von Wales, und er wurde zu einem Diner bei Königin Victoria geladen. Wenn ein so junger Hauptmann so viel Ruhm erwarb, weil er ein kleines indisches Fort 47 Tage lang verteidigt hatte, was dürfte dann den Verteidiger von Kut erwarten?

Während der nun folgenden Belagerung zeigte Townshends Persönlichkeit allerdings Anzeichen zunehmender Zerrüttung. Er war so sehr mit sich selbst beschäftigt, daß er dem Leiden seiner Soldaten oder dem Erfolg seiner Mission immer gleichgültiger gegenüberstand. Um die Entsetzung von Kut zu beschleunigen, bombardierte er die Behörden in Basra mit Berichten über Lebensmittel- und Munitionsknappheit und behauptete, er stehe kurz vor dem Aus. Das Schicksal wollte es, daß der für seine Rettung zuständige Mann eben der war, der ihm schon in Chitral zu Hilfe gekommen war, nämlich Viktoriakreuzträger Fenton Aylmer, der es mittlerweile zum Generalleutnant gebracht hatte. Townshend behandelte Aylmer allerdings nicht besonders kameradschaftlich. Aufgrund der hysterischen Botschaften aus Kut fühlte Aylmer sich zu immer neuen Vorstößen verpflichtet, um die Stadt zu erreichen. Jedesmal stieß er auf erbitterten türkischen Widerstand, jedesmal hoffte Aylmer, Townshend würde endlich einen Ausfall wagen oder versuchen, sich einen Weg durch die feindlichen Linien zu bahnen. Der aber tat nichts dergleichen, blieb, wo er war und wartete darauf, befreit zu werden. Nach drei Fehlschlägen waren Aylmers Verluste so groß, daß er von seinem Kommando entbunden und durch Gorringe ersetzt wurde, dessen kürzliche Ernennung zum Generalleutnant Townshend dermaßen gekränkt hatte, daß er zusammenbrach und sich an der Schulter eines Unterstabsoffiziers ausweinte. Townshend erwog nun, allein zu entkommen und seine Truppen ihrem Schicksal zu überlassen, und er schrieb schmeichlerische und möglicherweise hochverräterische Briefe an die feindlichen Befehlshaber.

Nach einer Belagerung von 147 Tagen – der längsten in der britischen Militärgeschichte – kapitulierte Townshend und ließ es zu, daß seine 13.000 Soldaten einen Todesmarsch in die Sklaverei antreten mußten, von dem 70 Prozent nicht zurückkamen. Ihm selbst begegneten die Türken unterdessen mit größter Ehrerbietung: Er lebte in einer Villa mit Seeblick auf der vornehmen Insel Halki im Marmarameer, wo er mit türkischen Würdenträgern speiste und auf die Jagd ging. Seine Jagd nach einer Schimäre jedoch, sein Märchentraum aus Tausendundeinernacht hatte für die britische Armee zu einer schmählichen Niederlage geführt. Townshends Ehrgeiz hatte sein Land nahezu 40.000 Tote und Verwundete gekostet. Doch wurde er bei seiner Rückkehr nach Großbritannien nicht etwa vor ein Kriegsgericht gestellt, sondern zum Ritter geschlagen, wobei er murrte, eigentlich hätte er die Erhebung in den höheren Adelsstand verdient. Später wurde er Parlamentsabgeordneter.

Eine griechische Tragödie

Visconti Prasca, ein ehrgeiziger und intriganter Offizier, war der eigentliche Urheber der katastrophal fehlgeschlagenen italienischen Invasion von Griechenland im Jahre 1940. Er war bei seinen Generalskollegen äußerst unbeliebt, weil er engen Kontakt zu Mussolini unterhielt, und sie zu Recht annahmen, die griechische Operation befördere in erster Linie seine eigene Karriere. Ein Träumer wie Townshend, betrachtete Prasca den Krieg gegen die Griechen als einen Feldzug, der auf äußerst geringen Widerstand treffen und mit seinem triumphalen Einzug als italienischer Marschall in Athen enden würde. Er steckte Mussolini mit seinem Enthusiasmus an: Ein Krieg gegen Griechenland wäre doch nichts weiter als eine Reihe von »Umzingelungsaktionen gegen die griechischen Streitkräfte«. Prasca bediente sich der hohlen Sprache des Faschismus, wollte mit »eisernem Willen« die Griechen »liquidieren« und »zerschmettern«. In Wirklichkeit war, wie mental etwas ausgeglichenere italienische Generäle sehr wohl wußten, nichts dergleichen möglich.

So war Marschall Badoglio beispielsweise bekannt, daß Prasca gefährlichen Unsinn redete. Prascas Pläne sahen eine viel zu geringe Anzahl an Divisionen vor, als jedoch Badoglio vorschlug, die Truppenkontingente zu erhöhen, konnte Prasca Mussolini davon überzeugen, daß er sie nicht brauchte. Tatsächlich durfte er als jüngerer Generalleutnant allerhöchstens fünf Divisionen befehligen, anderenfalls müßte er das Kommando an einen dienstälteren General abgeben. Aber wenn Prasca mit seiner kleinen Streitmacht erfolgreich wäre, könnte er über die Köpfe vieler Konkurrenten hinweg befördert werden, und mit dem Duce im Rücken war er sicher, daß er das Kommando behalten würde, was immer seine Rivalen auch unternehmen mochten. Im Oktober 1940 teilte Mussolini Prasca mit, er habe sich »allen Versuchen widersetzt, Ihnen das Kommando noch am Vorabend der Operation zu entziehen«.

Prasca behielt also sein Kommando und verdammte Italien damit zu einem wahrhaft verhängnisvollen Feldzug. Überall zeigte sich, wie hastig und unangemessen die Vorbereitungen waren. Um seine ehrgeizigen Pläne zu verwirklichen, hatte Prasca ein ganzes Netz von Lügen gesponnen. Er befeligte zu wenige und zu schlecht ausgebildete Truppen, und die Griechen waren um vieles stärker, als er es sich vorgestellt hatte. Im Endeffekt wurde die italienische Invasion von den Griechen erfolgreich zurückgeschlagen. Erst als die Deutschen intervenierten, brach der griechische Widerstand zusammen.

Der athenische Feldzug gegen Syrakus (415 – 413 v. Chr.)

Die Expedition nach Syrakus während des Peloponnesischen Krieges war die größte Flottenoperation, die die griechische Welt bis dahin erlebt hatte. Zugleich aber war das Unternehmen auf seiten Athens ein strategisches Glücksspiel, das auf unzureichenden Kenntnissen über die Größe und geographische Beschaffenheit Siziliens beruhte, und dessen Erfolg nur dann gesichert gewesen wäre, wenn die Athener von sizilianischen Städten, die Syrakus feindlich gesonnen waren, beträchtliche militärische und finanzielle Hilfe bekommen hätten. Blieb diese Hilfe aus, während Syrakus zugleich von Athens Erzfeind Sparta unterstützt würde, mußte die Expedition scheitern. Soviel hätte sich dem sorgfältigen Studium geheimdienstlicher Unterlagen entnehmen lassen. Nicht vorhersehbar indes war der Verrat, den Alkibiades, der brillanteste Befehlshaber auf athenischer Seite, beging, und der Athen um seine Siegeschance brachte. Ebensowenig ließ sich die durch Aberglauben verursachte Schwäche eines weiteren athenischen Führers – Nikias – vorhersehen, die die Niederlage in eine Katastrophe verwandelte.

Athen hatte in 15 Kriegsjahren seine militärischen Ressourcen nahezu aufgebraucht und mußte für den sizilianischen Feldzug – seine größte Expedition – Söldner in großer Zahl verpflichten, um die eigenen Hopliten zu unterstützen. Die Athener konnten sich glücklich schätzen, Befehlshaber wie Alkibiades und Lamachos an der Spitze ihrer Armee zu haben; weniger Glück hatten sie jedoch bei ihren italienischen und sizilianischen Verbündeten, die ihnen nur sehr begrenzte Unterstützung gewährten. Allein dieser Faktor hätte für Alkibiades ein Hinweis darauf sein sollen, daß es besser wäre, seine Verluste abzuschreiben und heimwärts zu segeln. Statt dessen fällte er eine Entscheidung, die den Feldzug zum Scheitern bringen sollte. Er glaubte nämlich, daß man es zu Hause als Schande ansehen werde, wenn eine so große, von athenischen Bürgern aufgestellte Streitmacht zurückkehre, ohne irgend

etwas erreicht zu haben. Er empfahl also, man sollte an der sizilianischen Küste entlangfahren und jede Stadt darum bitten, Athen zu unterstützen. Er hatte damit auch Erfolg, als er in Catana einen Flottenstützpunkt errichten konnte. Schwerer wog indes, daß seine Aktionen die Syrakuser in Alarmbereitschaft versetzten. Sie wußten nun, daß ein athenischer Angriff drohte und hatten Zeit genug, sich zur Verteidigung zu rüsten und Kontakt mit ihren Verbündeten aufzunehmen. Dann erlitt die athenische Sache einen herben Rückschlag: Alkibiades wurde zurückbeordert, um sich vor Gericht wegen Hermenfrevels zu verantworten. Er war angeklagt, die an den Straßen Athens aufgestellten Götterbilder verstümmelt zu haben. Alkibiades wurde durch den nicht sonderlich energischen und weitaus weniger brillanten Nikias ersetzt. Um der Gerichtsverhandlung (und einem möglichen Todesurteil) zu entgehen, setzte sich Alkibiades nach Sparta ab, wo er die Spartaner dazu bewegen konnte, Syrakus im Kampf gegen Athen zu unterstützen.

Während des ganzen Jahres 414 blockierten die Athener Syrakus in der festen Überzeugung, der Sieg stehe unmittelbar bevor. Doch indem die zahlenmäßig überlegenen Athener sich zu einer langen Belagerung auf der Insel niederließen, erlaubten sie den Syrakusern, die Bedingungen der Kriegsführung zu diktieren. Dies wurde ihnen auf brachiale Weise deutlich gemacht, als eine spartanische Befreiungsexpedition unter Gylippos in Syrakus eintraf. Die Athener müssen die vergeudete Zeit sehr bedauert haben. Jetzt nämlich ging der Kampf ums Überleben los. Gylippos ließ umgehend die Abwehrmauern zu Ende bauen, mit denen die Syrakuser verhindern wollten, daß Nikias die Stadt mit Belagerungswällen umgab. Zudem wurde die syrakusische Flotte durch Schiffe aus Korinth und Sparta verstärkt, so daß die Athener Gefahr liefen, ihre Vorherrschaft zur See zu verlieren. Zu allem Überfluß wurde dann auch noch Lamachos bei einem Gefecht getötet, so daß Nikias nun das Oberkommando innehatte. Selbst als von Demosthenes angeführte Verstärkungen das athenische Lager erreichten, wollte die Niedergeschlagenheit nicht weichen. Um den Belagerungsdruck zu verstärken, hatten die Athener ihr Lager auf niedrig gelegenem sumpfigen Boden errichten müssen, wo sie für Krankheiten und Fieber anfällig waren. Nikias selbst wurde vom Fieber erwischt und versank in Schwermut.

Im Sommer des Jahres 413 steckten die Athener endgültig in der Klemme. Nikias lag krank darnieder, und das Kommando ging an Demosthenes über, der erst vor kurzem auf der Insel gelandet war. Ihm wurde schnell klar, daß die Erfolgsaussichten äußerst gering waren und den Athenern im Grunde nichts übrigblieb, als die Belagerung aufzuheben und den Rückzug anzutreten. Aber der kränkliche Nikias überredete ihn, die Evakuierung noch aufzuschieben. Er glaubte nämlich, daß einige Syrakuser, wenn man sie mit athenischem Geld »kaufen« würde, die Spartaner zwingen könnten, ihm

die Stadt zu übergeben. Aber hier war der Wunsch Vater des Gedankens, und so verging ein weiterer Monat, während dessen weitere spartanische Verstärkungen auf der Insel eintrafen. Nun drang Demosthenes bei Nikias auf den sofortigen Rückzug. Nikias aber, so berichtet der Geschichtsschreiber Thukydides, glaubte an Vorzeichen und Weissagungen, und als es während der Vorbereitungen zum Abzug der athenischen Armee zu einer Mondfinsternis kam, ließ sich von seinen Truppen überzeugen, daß dies ein böses Omen sei. Nikias zufolge gab es nun keine andere Möglichkeit, als sich den Schicksalsgöttinnen zu ergeben und »die drei mal neun Tage, wie es die Seher ausdeuteten«, abzuwarten.

Diese Entscheidung sollte verheerende Folgen für die gesamte griechische Welt haben. Während die Athener bei Syrakus den Vorschriften der Wahrsager nachkamen, blockierte Gylippos die Hafenausfahrt mit einer Reihe von aneinandergeketteten Trieren und Handelsschiffen, um den Athenern den Fluchtweg übers Meer abzuschneiden. Als deren Wartezeit endlich um war, konnten sie nur noch versuchen, mit zwei von Nikias und Demosthenes geführten Divisionen ins Landesinnere zu entkommen. Aber die Syrakuser und ihre spartanischen Verbündeten erwarteten sie schon und rieben beide Teile der athenischen Armee auf. Sie brachten die Befehlshaber um und nahmen 7000 Gefangene, die in den Steinbrüchen der Insel arbeiten mußten. Von der einst nach Syrakus entsandten athenischen Streitmacht – 50.000 Soldaten – kehrte praktisch niemand zurück. Athens Vormachtstellung in Griechenland war gebrochen. Wie anders wäre alles gekommen, hätte es keine Mondfinsternis gegeben und keinen Befehlshaber, der etwas zu viel auf Prophetie gab.

Die Schlacht von Hattin (1187)

Die Schlacht von Hattin war eines der wichtigsten militärischen Ereignisse des Mittelalters. Durch sie fiel Jerusalem dem Führer der Muslime, Sultan Saladin, in die Hände, und sie war der Anfang vom Ende der christlichen Königreiche in der Levante. Aber die gesamte Militärmacht des Königreiches Jerusalem bei einem Feldzug in einer wasserlosen Wüste einzusetzen, war die Entscheidung eines einzigen Mannes, Guido von Lusignan. Wider jegliche Vernunft fällte Guido gerade die Entscheidung, welche die Kreuzfahrer mit Sicherheit ins Verderben stürzen mußte.

Vor 1187 war das Königreich Jerusalem in verschiedene Parteien gespalten. Auf der einen Seite stand der einheimische Adel, dessen Angehörige Nachfahren der Teilnehmer des ersten Kreuzzugs waren. Zu ihnen gehörten etwa Raimund III., Graf von Tripolis und Balian II., Herr von Ibelin. Ihnen gegenüber standen die »neuen Männer«, die erst vor kurzem ins Königreich gekommen waren, wie etwa Rainald von Châtillon und Guido von Lusignan. Zwischen diesen beiden Gruppen standen die einflußreichen Ritterorden, die Hospitaliter und die Templer. Der Großmeister des Templerordens, Gerhard von Ridfort, haßte Raimund von Tripolis, der unter den Adligen des Königreiches die alles überragende Gestalt war. Gerhard war bereit, dem unfähigen Guido von Lusignan nach dem Tod des noch minderjährigen Königs Balduin V. im Jahre 1186 zum Thron zu verhelfen. Die daraus folgenden politischen Zwistigkeiten entzweiten das Königreich gerade zu der Zeit, als die Muslime von Ägypten, Syrien und Irak sich unter einem Führer, nämlich Saladin, zusammengeschlossen hatten, um in einem heiligen Krieg die Stadt Jerusalem zurückzuerobern. Saladin wußte, daß wenig Hoffnung bestand, die Kreuzritter zu schlagen, wenn sie in ihren mächtigen Festungen in Akkon, Tyrus und Kerak blieben. Er mußte sie zu einer offenen Feldschlacht zwingen. Waren ihre Garnisonsbesatzungen erst einmal abgezogen, ließen sich ihre Burgen leicht einnehmen.

Saladin setzte darauf, die Spaltungen innerhalb der christlichen Reihen auszunutzen. König Guido, das wußte er, war ein Narr, aber seine Berater, vor allem Rainald von Châtillon und Raimund von Tripolis, waren hervorragende Krieger, die auch in der Wüste zu kämpfen verstanden. Würde Guido überhaupt zu einer offenen Feldschlacht antreten?

1187 fiel Saladin ins Königreich

Jerusalem ein und belagerte die am See Genezareth gelegene Stadt Tiberias. Er wußte, daß Guido die Besatzungen der Burggarnisonen bereits im ganzen Land zusammengezogen hatte, um das königliche Heer bei Sephoria zu versammeln. Er hatte folgenden Plan: Raimund von Tripolis befand sich beim Heer und seine Frau schutzlos in Tiberias. Folglich hätte König Guido keine andere Wahl, als der Dame und ihrer Stadt zu Hilfe zu eilen. Als ein Bote von Tiberias nach Saffuriya ritt, um König Guido um Hilfe zu bitten, sorgte Saladin dafür, daß er unbehelligt blieb. Unterdessen sammelte er den Hauptteil seiner Streitmacht auf den Anhöhen zu beiden Seiten des wasserlosen Plateaus, das sich zwischen Sephoria und Tiberias erstreckte. Dort würde er darauf warten, daß seine Beute in die vorbereitete Falle tappte.

Als er von der Zwangslage erfuhr, in der die »Dame von Tiberias« steckte, berief Guido einen Kriegsrat ein und fragte seine Oberbefehlshaber um Rat. Raimund von Tripolis sprach als erster und wandte sich zum allgemeinen Erstaunen strikt gegen einen Rettungsversuch. Saladin, so meinte er, würde ihnen eine Falle stellen. Wenn die königliche Armee in die Wüste vorrückte, könnte das ganze Königreich wegen einer einzigen Schlacht verloren gehen. Er wisse, daß Saladin als Ehrenmann seiner Frau kein Leid zufügen werde. Tiberias könnte zurückerobert werden, wenn schwindende Vorräte Saladin zum Rückzug zwängen. Gerhard von Ridfort, der Großmeister des Templerordens, geriet in Zorn und warf Raimund Feigheit vor. Es sei eine Schande für die Armee, untätig zu warten, während die Sarazenen eine christliche Stadt belagerten. Doch waren Guido und die übrigen Adligen von Raimunds Argumenten überzeugt, und man entschied sich, der Versuchung einer Hilfsaktion zugunsten der hohen Dame zu widerstehen.

In jener Nacht kehrte Gerhard zu Guidos Zelt zurück, als der König sich gerade schlafenlegen wollte. Guido fürchtete den Templer, der bei seiner Thronbesteigung die Hand im Spiel gehabt hatte, und als dieser ihn unter Druck setzte, revidierte er seine Entscheidung. Gerhard hatte nämlich damit gedroht, daß sich die Ritterorden aus dem Heer zurückziehen würden. Im Lager war man schockiert über den königlichen Sinneswandel. Die meisten wußten, daß ein Marsch nach Tiberias in der Mittsommerhitze nur in einer Katastrophe enden konnte.

Am 3. Juli 1187 brach die Kreuzzugsarmee, an die 15.000 Mann stark, darunter 1500 Ritter, kurz vor Sonnenaufgang zu ihrem 15 Meilen langen Marsch nach Tiberias auf. Sie verließ die schön bewässerten Gärten von Sephoria, um auf das von der Sonne ausgedörrte Plateau zu gelangen, wo, wie man wußte, die Sarazenen bereits warteten. Die Vorhut wurde von Raimund von Tripolis geführt, die Nachhut kommandierte Balian von Ibelin, während der König und seine adligen Gefolgsleute die Mitte bildeten. Zunächst begnügten sich die Sarazenen mit überfallartigen Attacken. Die Ritter in der

90

Mitte der Kolonne waren gezwungen, sich mit der Geschwindigkeit der Fußsoldaten zu bewegen, die sie von allen Seiten schützend umgaben und – bekleidet mit Lederwams und Panzerhemd – die Pferde gegen die Pfeile der Sarazenen abschirmten. Doch gegen die Sonnenhitze gab es keinen Schutz.

Die Kolonne hatte keine Wasserkarren dabei, weil sonst das Marschtempo noch langsamer gewesen wäre. Statt dessen trugen die Männer ihre eigenen Wasserflaschen. Noch ehe die Sonne im Zenit stand, hatten die meisten ihre wertvollen Vorräte schon verbraucht und bis zum See Genezareth keine Aussicht mehr auf weiteres Wasser. Nun, da die Kolonne unwiederbringlich auf dem Marsch und die Umkehr ebenso schwierig war wie das Vorankommen, ließ Saladin die Flügel seiner Armee von den Hügeln herabstürmen und die Kolonne attackieren. Die Armbrustschützen der Christen hielten die Sarazenen auf Distanz, aber um kämpfen zu können, mußte die Kolonne ihr Tempo fast bis zum Stillstand reduzieren. Unterdessen stieg die Sonne höher und forderte ihren Tribut von den schwer gepanzerten Kreuzrittern.

Gegen zehn Uhr vormittags waren die Soldaten schon nahezu sechs Stunden lang marschiert und völlig erschöpft. Eine nach Norden führende Abzweigung hätte sie zu einer nahe dem Berg Turan gelegenen Quelle geführt, aber König Guido befahl seinen Leuten den Weitermarsch, und so blieb diese Gelegenheit, Wasser aufzunehmen, ungenutzt. Der in der Vorhut reitende Raimund wollte vermeiden, daß die lang auseinandergezogene Kolonne verdurstete, noch ehe Tiberias überhaupt in Sicht gekommen war und schlug dem König vor, sie sollten zu den Quellen von Hattin marschieren, die in nördlicher Richtung auf einer Anhöhe entsprangen. Damit wäre zwar die Route nach Tiberias fürs erste verlassen, aber die Kolonne könnte gerettet werden. Der König stimmte dem Vorschlag zu, und die Armee wandte sich bei Meskenah in nordöstliche Richtung. In dem Durcheinander des Wendemanövers setzten sich einige Ritter von ihrer Eskorte ab und versuchten, schnelleren Schritts zum Wasser zu gelangen. Saladin spürte, daß seine Beute ihm entwischen könnte und entsandte eine Reitertruppe, die sein Neffe Taki ed-Din führte. Sie sollte die Kolonne umrunden und ihr den Weg nach Hattin abschneiden. Raimund erkannte, daß sie diese Blockade auf jeden Fall brechen müßten und bereitete sich mit seinen Rittern darauf vor, die Sarazenen anzugreifen. Just in dem Augenblick erreichte ihn eine verzweifelte und – wie sich später herausstellen sollte – verhängnisvolle Botschaft: Der König befahl den Halt und die Errichtung eines Lagers. Die erschöpften Kreuzzügler konnten keinen Schritt weiter. Ohne Wasser kam dies einem Todesurteil gleich. Raimund wußte das und ließ es den König wissen. »Weh über weh! Guter Gott, der Krieg ist aus! Wir sind verraten und das Land ist verloren!« Der König aber blieb hart, und das Lager wurde errichtet.

Damit hatte Saladin den Feind auf dem Plateau in der Falle, und weit und breit gab es kein Wasser. Saladins Truppen kreisten jetzt das Lager der Christen ein und quälten sie die ganze Nacht mit Triumphgeschrei und wüstem Lärm. Im Licht der Lagerfeuer konnten die Kreuzfahrer sehen, wie die Sarazenen sie verspotteten, indem sie ihnen Wasser anboten, nur um es in den Sand zu gießen, wenn sie die Hände danach ausstreckten. Ihre schreckliche Lage wurde noch durch Skorpione und Giftspinnen verschärft, die ihnen in die Panzer krochen.

Im ersten Morgenlicht setzten sie ihren Marsch zu den Quellen von Hattin fort. Zahlreiche Pferde waren vor Durst krepiert oder von den Pfeilen der Sarazenen getötet worden, und so mußten viele Ritter mit dem Fußvolk marschieren. Die Moral der Truppe war bedrohlich gesunken, und einige Ritter liefen zum Feind über. Wieder kam die Kolonne zum Stillstand, weil gekämpft wurde. Plötzlich stoben die Fußsoldaten auseinander, und mit einem Aufstöhnen verließen Hunderte von ihnen die Kolonne und liefen die steinigen Abhänge hinauf, wo sie Wasser vermuteten. Verzweifelt schlug Guido erneut sein Zelt auf und versuchte seine Truppen um sich zu sammeln. Jedoch wurden die Leiden der Kreuzfahrer immer größer, denn jetzt entzündeten die Sarazenen Reisigfeuer, die den Christen fortwährend Rauch ins Gesicht bliesen und ihr verzweifeltes Verlangen nach Wasser noch verstärkten.

Raimund spürte, daß der Kampf verloren war. Er versammelte seine Berittenen um sich und griff die Sarazenen an, die den Weg, der nach Hattin führte, bewachten. Die Ritter von Tripolis und Sidon durchbrachen die feindlichen Linien und entkamen in die Hügel, aber für König Guido und den größten Teil der Armee gab es kein Entrinnen. Ohne Schützen, die die Sarazenen mit der Armbrust auf Distanz halten konnten, waren die Ritter nahezu hilflos. Taki ed-Din griff das Zelt des Königs an und entriß im Kampfgeschehen dem Bischof von Akkon das Heilige Kreuz. Mit dem Verlust dieser Reliquie, dem Symbol für die Hilfe Gottes im Krieg, brach die Kampfmoral der Christen zusammen. Guido war so erschöpft, daß er sich einfach auf den Boden setzte und darauf wartete, gefangengenommen zu werden. Mit ihm gingen die meisten Adligen des Königreiches in die Gefangenschaft, nur Raimund von Tripolis und Balian von Ibelin waren entkommen.

Saladin ließ die hochrangigen Gefangenen gut behandeln, die einfachen Soldaten jedoch wurden als Sklaven verkauft. So vollständig war die Niederlage der Christen, daß alle Städte und Burgen im Königreich – mit Ausnahme von Tyrus – Saladin während eines einzigen Feldzugs in die Hände fielen. Gegen den Rat von erfahreneren Soldaten hatte Guido alles auf eine Karte, auf eine Schlacht gesetzt. Trotz aller Warnungen hatte er seine Armee in eine Falle geführt. Es wäre untertrieben, Guido einen Narren zu nennen. Gewiß mangelte es ihm nicht an Tapferkeit, aber als Befehlshaber eines Kreuzfahrerheeres war er denkbar ungeeignet.

Die Kraterschlacht (1864)

Von allen unfähigen Kommandanten war er auf jeden Fall der sympathischste: Ambrose Burnside, ein Hanswurst mit mächtigen Bartkoteletten – nach ihm wurden diese im Englischen »sideburns« genannt. Mochte er auch seine größten Blindgänger zwei Jahre zuvor bei Fredericksburg produziert haben, hatte er für die Belagerung von Petersburg im Jahre 1864 noch etwas ganz Besonderes in petto. Als die Unionstruppen im amerikanischen Bürgerkrieg unter Ulysses S. Grant immer weiter auf Richmond, die Hauptstadt der Konföderierten, vorrückten, ging deren IX. Korps unter Burnside an einer strategisch wichtigen Stelle gegenüber einem gegnerischen Stützpunkt namens Elliot's Salient in Stellung. Henry Pleasants, Oberst in einem der unter Burnsides Kommando stehenden Regimenter (es war das 48. Pennsylvanische Regiment) war vor dem Krieg Ingenieur gewesen und glaubte, er könne einen Tunnel bis zur Stellung der Konföderierten graben, um sie dann in die Luft zu sprengen.

Burnside war von dem Plan beeindruckt, nicht aber die Techniker der Unionsarmee. Sie meinten, Pleasants könne niemals einen Tunnel von 150 Meter Länge graben, ohne Probleme mit der Belüftung und der Stabilität zu bekommen. Von Burnside überredet, gab Grant Pleasants die Erlaubnis, seinen Plan zu testen. Dabei wurde der Ingenieur jedoch von den Spezialisten der Armee behindert, die

sich weigerten, seinen Männern die notwendigen Spitzhacken, Spaten und Schubkarren zu überlassen. Er bekam auch kein Holz, um den Schacht abzustützen, noch gar einen Theodoliten, um die notwendigen Messungen durchführen zu können. Pleasants ließ sich dadurch nicht beirren, überwand alle möglichen Rückschläge und konnte Burnside am 17. Juli 1864 die Fertigstellung des Tunnels melden. Jetzt konnte er in aller Ruhe abwarten, welchen Nutzen sein Korpskommandant aus diesem Meisterwerk ziehen würde. Er sollte ziemlich enttäuscht werden.

Grant war von Pleasants' Idee sehr eingenommen und glaubte, sie könne den entscheidenden Durchbruch bewirken, auf den er schon seit langem wartete. Er versprach, Burnside mit zusätzlichen Truppen und jeder Menge Artillerie zu unterstützen. Während Pleasants den Minenschacht unter dem Stützpunkt der Konföderierten mit vier Tonnen hochexplosiven Sprengstoffs vollpackte, plante Burnside den Infanterieangriff, der auf die Explosion der Mine folgen würde. Von seinen vier Divisionen wählte er ohne zu zögern eine aus, die nur aus schwarzen Soldaten bestand und von General Ferrero befehligt wurde. Sie sollte den Angriff anführen. Die schwarzen Soldaten waren stolz darauf, ausgesucht worden zu sein und konnten es kaum erwarten, anzugreifen. Aber Grant legte sein Veto ein. Er meinte, der Kampfauftrag wäre gefährlich und könnte den Eindruck erwecken, das Leben der Schwarzen solle geopfert werden. Burnside war mit Grants Entscheidung äußerst unzufrieden und verlor daraufhin anscheinend völlig das Interesse an der Sache. Schließlich wählte er von seinen drei anderen Divisionen eine aus, indem er einen Strohhalm zog. Die dergestalt dem Zufall überlassene Wahl fiel auf General Ledlie, einen unzuverlässigen Mann, der im Verdacht stand, ein Feigling und Trunkenbold zu sein. Sogar Burnside hatte Leslies Männer als »schußscheu« und »wertlos« bezeichnet. Es ist nicht recht verständlich, warum er sie dennoch den Angriff führen ließ.

Leslies Truppen sammelten sich in der Dunkelheit in den vorderen Schützengräben, wo sie die im Morgengrauen stattfindende Sprengung der Mine abwarteten. Offensichtlich aber hatte niemand Ferreros Truppen die personelle Änderung der Angriffspläne mitgeteilt, so daß sie sich ebenfalls sammelten. Burnside wiederum ging eine halbe Meile von der Frontlinie entfernt in Deckung und spielte bei den folgenden Ereignissen kaum eine Rolle. Es dauerte einige Zeit, bis die Lunte brannte, und der Sprengstoff wurde etwa eineinhalb Stunden später gezündet. Die Wirkung war allerdings gewaltig. Die Detonation war so stark, daß viele von Burnsides eigenen Leuten flohen. Als dann Grants 80 schwere Geschütze die rauchenden Überreste des Konföderierten-Stützpunkts mit Granaten belegten, brauchte Burnsides Infanterie nur noch durch den von der Explosion aufgerissenen Krater zu stürmen und Petersburg einzunehmen.

Nun aber entdeckte man ein gravierendes Problem. Weil es keinen Befehl gegeben hatte, die Brustwehren an den Schützengräben niedriger zu machen, waren Leslies Soldaten in fast drei Meter tiefen Gräben gefangen und mithin außerstande, sie in Gefechtsformation zu verlassen. Einige konnten aus Bajonetten Leitern improvisieren, andere türmten mühselig Sandsäcke auf. Diese Verzögerung ließ den vorgesehenen Ansturm von Leslies Division zu einem bloßen Rinnsal werden. Als die Unionstruppen den Krater erreichten, sahen sie, daß die Frontlinie der Konföderierten auf einer Länge von 60 Metern zerstört war. An ihrer Stelle befand sich ein zehn Meter tiefes Loch. Erstaunt über diesen Anblick kletterten Leslies Soldaten in das Loch hinunter. Einige halfen bei der Bergung verschütteter Konföderierter, andere fingen an, Gräben auszuheben, als ob sie die Aufgabe hätten, den Krater zu befestigen. Wo aber waren die Befehlshaber, die die Soldaten zum Sieg hätten führen müssen? General Ledlie versteckte sich in einem kugelsicheren Unterstand ein paar hundert Meter vom Geschehen entfernt. Dort trank er Rum und weigerte sich, Befehle zu erteilen. In noch größerer Entfernung beschränkte sich Korpskommandant Burnside darauf, weitere Truppen nach vorne zu beordern, ohne seinen Unterstand zu verlassen.

Nun kletterten die Soldaten von zwei weiteren Divisionen einer nach dem anderen über Sandsäcke oder Bajonettleitern aus den Schützengräben, überquerten das

»Niemandsland« und stiegen in den Krater. Dann aber rückten sie nicht weiter vor, und bald war der Krater mit Tausenden von Unionssoldaten vollgestopft. Unterdessen erholten sich die Konföderierten und begannen, auf die dichte, wogende Menschenmasse, die sich mitten in ihren Stellungen befand, zu schießen. Burnsides Armeebefehlshaber Meade riß die Geduld, und er schrie Burnside »auf eine nicht offiziersgemäße und unhöfliche Weise« an. Die vielleicht größte Chance, den Krieg frühzeitig zu beenden, war dahin, als Burnside und Meade einander beschimpften, während Ledlie sich unter den Tisch trank.

Ferreros Schwarzendivision hatte noch gar nicht mitbekommen, daß der Plan aus dem Ruder gelaufen war. Sie attackierten die Schützengräben der Konföderierten und nahmen ein paar von ihnen ein. Aber als sie Melder zurückschickten, um Befehle für ihr weiteres Vorgehen zu erhalten, ließ General Ferrero, der in Leslies Unterstand Zwischenstation gemacht und sich seinem Trinkgelage angeschlossen hatte, ihnen mitteilen, sie sollten einfach alles einnehmen, was sich ihnen böte. Die Konföderierten jedoch gerieten in Wut, als sie schwarze Soldaten in ihren Schützengräben entdeckten und zeigten keine Gnade: »Die Weißen fangen, die Nigger töten«

lautete ihr Motto. Schon bald floh Ferreros Division völlig aufgerieben in die eigenen Schützengräben zurück. Über die Hälfte der Soldaten war tot oder verwundet.

Oberst Pleasants hatte mittlerweile jegliche Etikette vergessen und schrie Burnside an, seine Befehlshaber seien nichts als ein Haufen Feiglinge. Grant stimmte dem zu und meinte, das Fiasko sei »die traurigste Angelegenheit, die ich in diesem Krieg gesehen habe«. Es blieb das Problem, wie die 10.000 Soldaten, die im Krater festsaßen, gerettet werden könnten. Aber Burnside wurde die Entscheidung aus den Händen genommen, als die Konföderierten ihre Truppen für einen Gegenangriff zusammenzogen und den Krater räumten, wobei sie Hunderte töteten und Tausende gefangennahmen.

Grant hatte jetzt genug gesehen: Das IX. Korps benötigte einen neuen Befehlshaber. Burnside wurde ein verlängerter Urlaub gewährt, und er trat in den Ruhestand. Später ging er in die Politik. Leslie wurde mit Fug und Recht vor ein Kriegsgericht gestellt und wegen Trunkenheit und Feigheit verurteilt. Nur Ferrero konnte seltsamerweise der Strafe entgehen. So endete eine der am brillantesten geplanten Operationen des Bürgerkriegs in Bitterkeit und mit gegenseitigen Vorwürfen.

Die Schlacht von Custozza (1866)

Im Krieg des Jahres 1866 kämpfte Österreich gegen ein italienisch-preußisches Militärbündnis. Vielleicht war der Teil des Krieges, der sich in Böhmen zwischen den schwerfälligen Armeen Preußens und Österreichs abspielte, wagnerianisch angehaucht. Seine südliche Front aber mit ihrem stolzen Ensemble italienischer Generäle, die wohlklingende Namen trugen und in der idyllischen Umgebung des Gardasees Hanswurstiaden aufführten, hatte unzweifelhaft etwas von der *opera buffa* an sich. In bester Komödienmanier tauchen General Lamarmora und König Viktor Emanuel II. in zahlreichen Verkleidungen auf, stürzen alle, auch sich selbst, in heilloses Durcheinander und verwandeln ernste Angelegenheiten in eine Farce.

Die 175.000 Mann starke italienische Armee verfolgte das Ziel, die Provinz Venetien zu erobern, wo 75.000 Österreicher unter dem Kommando von Erzherzog Albert mehr schlecht als recht die Stellung hielten. Auf dem Papier sah die Aufgabe nicht besonders schwierig aus, aber die Italiener brachten es fertig, Probleme zu schaffen, wo es gar keine gab. Zunächst einmal herrschte Verwirrung darüber, wer eigentlich der Befehlshaber sei. Der Hauptteil der Armee – 100.000 Mann –, der den Mincio überqueren sollte, wurde nominell von General Lamarmora befehligt. Da aber König Viktor Emanuel die Armee begleitete, war es für General Lamarmora unmöglich, die Befehlshoheit wirklich wahrzunehmen. Die zweite Armee von 75.000 Mann sollte den Po überqueren und wurde von General Cialdini befehligt. Aber war Cialdini Lamarmora untergeordnet? Und Lamarmora wiederum dem König? Und wußte Viktor Emanuel überhaupt, wovon er redete?

Hatten schon die Hauptbeteiligten keine Antwort auf diese Fragen, so kann man sich vorstellen, welchen Schwierigkeiten ihre Untergebenen gegenüberstanden. Von Anbeginn fehlte es den Italienern an Koordination, und das sollte schwerwiegende Folgen haben. Verschlimmert wurde die Lage noch dadurch, daß die beiden Armeen keinen telegraphischen Kontakt miteinander hatten. So wußte die linke Hand oftmals stundenlang nicht, was die rechte tat.

War den Italienern schon durchaus unklar, was sie nach dem Angriff tun sollten, so hatten sie erst recht keinen Gedanken daran verschwendet, was die Österreicher unternehmen würden. Der König und Lamarmora schienen die Armee des Erzherzogs für etwas Statisches zu halten, ähnlich einer Festung, um die sie ihre Manöver ganz nach Belieben herumführen konnten. Die Wirklichkeit sah nicht ganz so aus. Der Erzherzog war ein fähiger Befehlshaber, der das Gelände sorgfältig studiert und eine starke, in sich schlüssige Strategie entworfen hatte. Als die italienischen Truppen vorrückten – seltsamerweise ohne Späher, und die Kavallerieregimenter überdies in der Nachhut placiert –, führten die Österreicher bei Custozza einen Überraschungsangriff durch. Lamarmora wurde völlig überrumpelt, denn seine Stabsoffiziere hatten noch nicht einmal den Fluß überquert. Die meisten seiner zwölf Divisionen waren nicht gefechtsbereit, und der österreichische Flankenangriff brachte die gesamte italienische Armee in Unordnung. Lamarmora verlor jetzt den

Kopf, und anstatt den Versuch zu unternehmen, ein provisorisches Hauptquartier zu errichten, galoppierte er auf dem Schlachtfeld herum, suchte einzelne Befehlshaber auf und gab nur abschnittsweise Befehle. Einmal ritt er sogar 20 Meilen weit, um sich mit seinem Stab am jenseitigen Flußufer über Vorkehrungen zum Rückzug zu beraten. Währenddessen tobte die Schlacht ohne Führung auf italienischer Seite unvermindert weiter.

Um die Sache noch zu verschlimmern, schlug der König nun sein eigenes Hauptquartier auf und gab eigene Befehle aus, die denen von Lamarmora widersprachen. Einige italienische Historiker vertreten die Auffassung, der König sei den ganzen Tag an der Front gewesen, in Wahrheit jedoch verließ er das Schlachtfeld, nachdem er so viel Schaden wie möglich angerichtet hatte, und verbrachte den Rest des Tages in 20 Meilen Entfernung auf der anderen Seite des Flusses.

Die Schlacht wurde in Italien als »eine der blutigsten in der neueren Geschichte« bezeichnet, aber diese Einschätzung entspringt reiner Phantasie. Die Italiener verzeichneten Verluste von etwa 3500 Mann, davon 725 Tote; die Österreicher lagen etwas darüber. Durch blinde Panik jedoch gelang es den italienischen Generälen, die Niederlage in eine Katastrophe zu verwandeln. Die Österreicher waren zunächst damit zufrieden, den italienischen Vormarsch aufgehalten zu haben und gingen davon aus, daß die Kampfhandlungen am nächsten Tag fortgesetzt würden. Aber die Kampfmoral der Italiener war jetzt in sich zusammengefallen, und die Generäle sahen sich außerstande, sie wiederherzustellen. Wohin Lamarmora und der König auch blickten, überall trafen sie auf Chaos und Verwirrung, und aus Mangel an Erfahrung wähnten sie, eine viel schlimmere Niederlage erlitten zu haben, als es in Wirklichkeit der Fall war. Weil sie eine Verfolgung durch österreichische Truppen befürchteten, konnten sie nur an den sofortigen Rückzug denken und zerstörten die Brücken über den Mincio.

Cialdini, der auf Neuigkeiten von Lamarmora hinsichtlich der Überquerung des Mincio wartete, empfing eine Anzahl Telegramme vom König, deren Inhalt immer düsterer wurde. Eines sprach davon, daß die Armee »ungeheure Verluste« erlitten habe, ein späteres erwähnte eine »irreparable Katastrophe« und die Notwendigkeit, den Rückzug anzutreten, um »die Hauptstadt« – Turin – »zu schützen«. Zwar kann der König nicht für die anfänglich begangenen Fehler verantwortlich gemacht werden, sicher aber für die Art und Weise, mit der er eine Armee, die eine Schlappe erlitten hatte, in einen geschlagenen Haufen verwandelte, der nur noch an Flucht dachte. Cialdini sah keine andere Möglichkeit, als die Pläne für die Überquerung des Po ad acta zu legen und sich zurückzuziehen. Schließlich könnten die Österreicher jetzt eine andere Front aufmachen und ihn angreifen. Da war Rückzug am sichersten. Cialdini gab dem König die Schuld für das Desaster, und nur das Protokoll verbot ihm, sich auch öffentlich so

»Viktor Emanuel war ein unverbesserlicher Prahlhans ..., der glaubte, für das Kriegshandwerk brauche man lediglich Mut, von dem er mehr besitze als irgend jemand sonst.« Ein Kommentator über Viktor Emanuel II. von Italien, 1866.

In der Schlacht von Custozza konnte die zahlenmäßig überlegene italienische Armee keinen Sieg über die Österreicher davontragen, weil der angebliche Mut des Befehlshabers das Chaos in seinen Befehlen nicht wettmachen konnte.

zu äußern. Später beschrieb er seinen Monarchen als jemanden, »der niemals weiß, worum es eigentlich geht...« und als »völlig unwissend und unfähig«. Ein anderer Kommentator hielt Viktor Emanuel für einen »unverbesserlichen Prahlhans ..., der glaubte, für das Kriegshandwerk brauche man lediglich Mut, von dem er mehr besitze als irgend jemand sonst. ... Er hielt sich für einen großen Krieger.« Sicher muß sich Viktor Emanuel seine Einmischungen und seine zerstörerischen Telegramme vorhalten lassen, Zweifel melden sich aber auch im Hinblick auf die Kompetenz von Lamarmora und Cialdini, die beide wegen eines einzigen Rückschlags in Panik gerieten. Sie verloren die Nerven und waren für die schmähliche Niederlage der italienischen Armee in viel höherem Maße verantwortlich als die einfachen Soldaten, die bei Custozza kämpften.

Kapitel 3:
Sich etwas vorgaukeln

Die Impulsiven

In der Kriegführung ist Mut allzuoft als geeignete Alternative zu sorgfältig vorausschauender Planung betrachtet worden. Unter dem Einfluß der Anschauungen von Oberst Grandmaison ging man in Frankreich vor dem Ersten Weltkrieg davon aus, daß der Mut eines französischen Soldaten die deutsche Überlegenheit in bezug auf Truppenstärke, Bewaffnung und Logistik wettmachen könne. Die über ganz Frankreich verstreuten Kriegerdenkmäler bezeugen, wie falsch diese Annahme gewesen ist. Doch finden sich die spektakulärsten Beispiele für Impulsivität weniger im 20. Jahrhundert als im Mittelalter.

Robert von Artois

Der 7. Kreuzzug unter dem französischen König Ludwig IX. – Ludwig der Heilige – zeigt uns das Beispiel eines Befehlshabers, der sich falsche Vorstellungen macht. Sein Handeln basierte auf einer völlig fehlerhaften oder, wie in diesem Falle, unangemessenen Einschätzung der militärischen Lage. Nachdem er die in der Nilmündung gelegene Küstenstadt Damiette eingenommen hatte, führte Ludwig die Kreuzzugsarmee flußaufwärts zur Stadt Mansurah, wo die ägyptische Armee lagerte und einen Kanal verteidigte, den Ludwig überqueren mußte. Seine Pioniere versuchten, einen Damm zu bauen, doch als ihnen dies gelungen war, zerstörten die Muslime ihn gleich wieder mit von Katapulten und Belagerungsmaschinen. Zwei Monate lang mühten sich die Kreuzfahrer ab, um eine Möglichkeit zur Überquerung des Kanals zu entdecken, bis sie etwa vier Meilen vom feindlichen Lager entfernt eine Furt fanden, die für ihre Kavallerie geeignet war. Hatten sie den Kanal erst bewältigt, konnten die Ritter das ägyptische Lager angreifen und die Belagerungsmaschinen zerstören. Ludwig wußte, daß er mit dieser unerforschten Furt ein kalkuliertes Risiko einging, aber er war der Auffassung, daß ohne die Vollendung des Damms der Kreuzzug abgebrochen werden müsse.

Die Durchquerung der Furt erforderte außerordentliche Disziplin. Kein Reiter durfte seine Position in der Kolonne verlassen,

»Der Sieg soll mit der Brust unserer Infanteriesoldaten errungen werden.«
Oberst Pedoya, August 1914.

Dieses erschreckende Zitat – erschreckend, weil es buchstäblich der Wahrheit entspricht – spiegelte den damaligen Glauben Frankreichs an die Wirksamkeit von Großoffensiven, eine Haltung, die zu den massiven französischen Verlusten vom August 1914 beitrug.

99

und auch die Vorhut mußte warten, bis die ganze Streitmacht den Kanal durchquert hatte. Allerdings hätte Ludwig nicht unbedingt seinen Bruder, Robert von Artois, an die Spitze der Vorhut stellen sollen. Disziplin nämlich gehörte nicht zu Roberts Stärken – und Gehorsam ebensowenig. Nachdem der Kanal sicher durchquert war, sichtete Robert eine Gruppe von 300 arabischen Reitern und entschloß sich, Jagd auf sie zu machen. Einige Ritter aus seiner Gruppe erinnerten ihn an die Weisungen seines Bruders, aber Robert hatte offensichtlich den Kopf verloren und griff den Feind so ungestüm an, daß er und seine Männer das ägyptische Lager erreichten, ehe dort Alarm geschlagen werden konnte. Hier war also gleich die Rechtfertigung! Sein Bruder wollte das Lager zerstören – Robert war fest entschlossen, dieses Ziel auf eigene Faust zu verwirklichen. Hätte er nun gewartet, bis die übrige Armee ihn und seine Mitstreiter einholte, wäre er vielleicht sogar in der Lage gewesen, seine tollkühne Mißachtung von Befehlen zu rechtfertigen. Er beging jedoch den gravierenden Fehler, anzunehmen, daß die geflohenen Ägypter zu den besten Kräften gehörten, die die ägyptische Armee aufbieten konnte. In dem Bestreben, den ganzen Ruhm für sich allein zu gewinnen, befahl er seiner Division, die nahegelegene Stadt Mansurah anzugreifen.

Nicht alle seine Gefährten waren ähnlich impulsiv wie Robert. Der englische Ritter Wilhelm von Salisbury, Großmeister der Templer, wollte ihn überreden, auf seinen Bruder zu warten, aber Robert verspottete ihn und nannte ihn einen Feigling. Das war eine Beleidigung, die kein Ritter hinnehmen konnte, und so schloß sich Wilhelm ingrimmig den Kreuzfahrern an, als sie in die engen Gassen von Mansurah hineinritten. Hier waren die Ritter den Muslimen, die sie von den Dächern aus mit Backsteinen und Dachziegeln bewarfen, auf Gedeih und Verderb ausgeliefert. Unterdessen war der Hauptteil der ägyptischen Armee, die bisher noch gar nicht ins Kampfgeschen eingegriffen hatte, in die Stadt eingerückt und hatte den Kreuzfahrern den Rückzug abgeschnitten. Nur wenige entkamen, und Robert wurde, zusammen mit Wilhelm von Salisbury und mehr als dreihundert Rittern, getötet. So hatte König Ludwig durch die Impulsivität seines Bruders mit einem einzigen Schlag ein Drittel seiner Kavallerie verloren.

Die Quellen von Cresson

Viele Niederlagen, die die Kreuzfahrer im Heiligen Land erlitten, lassen sich auf ihre Verachtung für die Muslime zurückführen. Ein wirklich sehr krasses Beispiel bietet das Verhalten des Großmeisters der Tempelritter, Gerhard von Ridfort, bei den Quellen von Cresson im Jahre 1187. Gerhard reiste im diplomatischen Auftrag mit einigen Begleitern nach Tiberias. Als er vernahm, daß sich in der Nähe eine aus 7000 bewaffneten Reitern bestehende Sarazenenarmee befände, die von Saladins General Kukburi angeführt wurde, sammelte er so viele christliche Soldaten um sich, wie er in der kurzen Zeit auftreiben konnte. Mit gerade einmal 140 Rittern und 300 Fußsoldaten wollte er den nichtsahnenden Kukburi angreifen. Gerhard ließ sich auch von den Einwänden des Großmeisters der Hospitaliter, Roger von Moulins, nicht beirren. Roger wies vergeblich auf die Übermacht des Gegners hin; Gerhard dagegen hielt die Überlegenheit der christlichen Ritter für so groß, daß der Sieg gewiß sei. Sein eigener Stellvertreter, Jakob von Mailly, seines Zeichens Marschall der Tempelritter, empfahl vernünftigerweise den Rückzug, aber Gerhard bezichtigte ihn der Feigheit und warf ihm vor, er würde sein blondes Haupt zu sehr lieben, um dessen Verlust zu riskieren. Jakob konterte mit der Bemerkung, er werde als tapferer Krieger in der Schlacht sterben, Gerhard aber wie ein Verräter fliehen – eine Vorhersage, die sich als treffend erweisen sollte. Gerhard war derart impulsiv, daß er die Sarazenen angriff, ohne auf seine Fußsoldaten zu warten, die mithin in der Schlacht keine Rolle spielten. Die Ritter wurden eingekesselt und dann massakriert. Unter den Toten befanden sich auch Jakob von Mailly und Roger von Moulins, während Gerhard mit zwei anderen Templern entkam. Und als wolle er das Sprichwort bestätigen, daß ein Narr ein Narr bleibt, sollte Gerhard im selben Jahr in der ungleich wichtigeren und katastrophaleren Schlacht von Hattin eine ähnlich unheilvolle Rolle spielen.

»Wir werden immer deshalb gewinnen, weil wir Mumm haben: und wenn dies auch nicht der alleinige Grund für den Sieg ist, so doch der wesentliche und der einzige, der für den Erfolg unabdingbar ist.«
Major Douglas Haig, 1896.

Dies frühe Zitat ist bezeichnend für Haigs Meinung, Schlachten könnten mit Mut allein gewonnen werden. In Frankreich und Deutschland dachte man wissenschaftlicher.

Nikopolis

Auf einem der letzten Kreuzzüge fand 1396 die Schlacht von Nikopolis statt. Hier verbanden die französischen Ritter Impulsivität mit der Verachtung für ihre ungarischen Verbündeten wie auch für ihre türkischen Gegner, die Ottomanen. Dieser ohnehin schon sehr starke Cocktail wurde noch mit einer gehörigen Dosis Arroganz angereichert, die die Ritter ungehorsam und tollkühn machte. Damit waren alle Zutaten für eine militärische Katastrophe erster Güte vorhanden.

Die anmaßende Arroganz der Franzosen war so groß, daß sie von sich behaupteten: »Und stürzte auch der Himmel ein, wir würden ihn auf den Spitzen unserer Lanzen in der Höhe halten«. Da sie ihren Gegner und dessen Taktik für zweitklassig hielten, dienten ihnen ihre Vorurteile und vorgefaßten Meinungen als Richtschnur des Handelns. Wenn König Sigismund von Ungarn Vorsicht empfahl, hielten sie das für eine Beleidigung ihres Mutes. Und als er die Absicht äußerte, ihnen zum Schutz leichte Infanterie vorauszuschicken, um den Weg für ihren Angriff freizumachen, erklärten sie, sie seien nicht so weit gereist, nur um einem Haufen von Bauern in die Schlacht zu folgen. Der französische Führer, der Graf von Eu, sprach für alle: »Wer uns in die Nachhut stellt, entehrt uns und gibt uns allgemeiner Verachtung preis.«

Am Tag der Schlacht versuchte Sigismund ein letztes Mal, seine Verbündeten zur Vernunft zu bringen, aber sie erwiderten, er versuche lediglich, sie um ihren Ruhm zu bringen. Derart unüberlegt führte der Graf von Eu seine Ritter in den Kampf gegen die Türken. Wie Sigismund vorhergesagt hatte, wurde die Wucht des französischen Angriffs zum Teil durch die leichte Infanterie abgemildert, mit der die Türken den Hauptteil ihrer Armee abschirmten. Dennoch erzielten die Franzosen einen Durchbruch und schalteten danach eine Reihe mit Bogenschützen aus. Im sicheren Gefühl, daß alles zum besten stünde, legten die Franzosen eine kleine Pause ein. Da sie aber von der Taktik der Türken keinen blassen Schimmer hatten, konnten sie nicht ahnen, daß bislang nur die türkische Vorhut durchbrochen worden war. Denn jetzt fegte der Hauptteil der türkischen Kavallerie durch die Reihen der Franzosen. Einige wurden getötet, andere gefangengenommen. Sigismund kommentierte später die Niederlage so: »Wir verloren die Schlacht durch den Stolz und die Eitelkeit der Franzosen. Hätten sie auf mich gehört, wären wir stark genug gewesen, um gegen den Feind zu bestehen.«

Die Furchtsamen

Keine Entscheidung zu treffen kann unter Umständen genau so gefährlich sein wie eine falsche. Wenn ein Befehlshaber aus Angst, einen Fehler zu machen, die Dinge einfach treiben läßt, macht er mit Sicherheit gerade solch einen Fehler. Es hat Generäle gegeben, deren Denken so von der Furcht vor Verantwortung beherrscht war, daß sie die Schlacht bereits verloren hatten, noch ehe der Feind den ersten Schuß abgefeuert hatte. Ein solcher Mann war der österreichische General Karl Freiherr von Leiberich Mack.

»Der glücklose General Mack«

Macks Spezialität war die Planung von Feldzügen, nicht ihre Durchführung. Wären ihm die genauen Einzelheiten der Strategie, mit der Napoleon ihn bei Ulm einkreiste, bekannt gewesen, hätte er sich trotz der Niederlage wohl geehrt gefühlt, die Zielscheibe dieser mit äußerster Kunstfertigkeit ausgeführten Manöver gewesen zu sein. Während Napoleon Geschwindigkeit, Heimlichkeit und das Gewicht zahlenmäßiger Überlegenheit einsetzte, verlor sich der Österreicher in bürokratischen Details und seinen Phantasievorstellungen, in denen die Engländer wie durch Zauberei via Boulogne in Frankreich einmarschiert waren, während Napoleon, verfolgt von einer rächenden Britannia, nach Deutschland floh. Der unleugbare Beweis für diese sonderbare Einschätzung der Lage war der Bericht eines österreichischen Spions, der in einer französischen Dorfkneipe ein Gespräch belauscht hatte.

In gewisser Weise schien Napoleons meisterhafter Feldzug Mack gar nicht zu berühren, denn er blieb die ganze Zeit über enttäuschend passiv. Obgleich er und der Erzherzog Ferdinand von Österreich am Oberlauf der Donau ein Heer von 70.000 Mann befehligten, taten sie kaum mehr, als in die Falle zu tappen, die Napoleon für sie aufgestellt hatte. Macks Verhalten bei Ulm ist mit dem eines Kaninchens verglichen worden, das von einer Schlange bedroht wird. In Verbindung mit den vorrückenden Truppen von General Kutusow hätte die vereinigte österreichisch-russische Armee zu einer echten Bedrohung für Frankreich werden können. Das konnte Napoleon nicht zulassen und so setzte er alles daran, Mack zu besiegen, bevor die Russen das Kampfgebiet erreichen sollten.

Macks Entscheidung, seine Truppen in Ulm zusammenzuziehen, spielte Napoleon direkt in die Hände. Zudem verabsäumte er es, die heranrückenden französischen Kolonnen auszuspähen, so daß nichts getan wurde, um die gegnerische Strategie zu unterlaufen. Als die Hoffnung auf eine englische Invasion dahinschwand, wurden die Beziehungen zwischen Mack und dem Erzherzog gespannter. Ferdinand bestand darauf, eine der französischen Kolonnen anzugreifen oder wenigstens die Donauübergänge zu verteidigen, um die Franzosen aufzuhalten und den Russen Zeit zu geben, zu den Österreichern aufzuschließen. Aber Macks Furchtsamkeit hinderte ihn daran, etwas Entscheidendes in Angriff zu nehmen. Darüber war sogar Napoleon erstaunt, denn er hatte angenommen, Mack würde versuchen, sich aus der Falle herauszukämpfen. Schließlich unternahm Ferdinand einige halbherzige Ausbruchsversuche, schaffte es aber nicht einmal mit 25.000 Mann, eine einzelne Division von 4000 Soldaten unter Führung von General Dupont bei Haslach zu besiegen. Zu Ferdinands großem Ärger beorderte der völlig mutlose Mack seine Truppen nach Ulm zurück und bestand darauf, sie so massiert in der Stadt zu belassen. Der Erzherzog wußte jedoch, daß sie verloren waren, wenn sie jetzt keinen Ausbruchsversuch unternahmen. Aber weil Mack nicht umzustimmen war, wagte Ferdinand allein mit 6000 Mann Kavallerie einen Ausfall und überließ den General seinem Schicksal. Doch auch diesmal kamen die Österreicher nicht weit. Sie wurden von Marschall Murat verfolgt, der nicht nur den Erzherzog, sondern auch zwei weitere österreichische Divisionen und damit insgesamt 26.000 Soldaten gefangennahm.

Der in Ulm zurückgebliebene Mack war verzweifelt. In der vergeblichen Hoffnung, die Russen würden noch rechtzeitig kommen, um ihn zu retten, ersuchte er die Franzosen um einen Waffenstillstand. Den gewährte Napoleon ihm gerne, denn er wußte, daß Kutusow noch 100 Meilen entfernt war. Aber als ihn die Nachricht von Ferdinands Gefangennahme durch Murat erreichte, brach Macks Widerstand völlig zusammen, und fünf Tage vor dem Ablauf der Frist ließ er die weiße Fahne hissen. Er trat Napoleon mit den Worten »Sire, hier ist der glücklose General Mack« gegenüber. Mit ihm kapitulierten 27.000 Soldaten, die den eindrucksvollen Fischzug von Murat noch vergrößerten. So hatte Napoleon praktisch ohne eigene Verluste die stärkste aller österreichischen Armeen, die im Dritten Koalitionskrieg gegen ihn ins Feld geschickt wurde, vollständig besiegt, und nicht einmal ein zwanzigstel der Soldaten in der Grande Armée mußte einen gezielten Schuß abgeben. Macks Tragödie bestand darin, daß er Angst vor dem Versagen hatte und schließlich versagte, ohne etwas unternommen zu haben – für einen Befehlshaber ein unentschuldbares Vergehen. Er wurde in Österreich vor ein Kriegsgericht gestellt und zum Tode durch Erschießen verurteilt. Der Kaiser begnadigte ihn jedoch zu zehn Jahren Gefängnis.

An der französischen Küste ausgesetzt

Manchmal ist eine Aufgabe für einen Mann allein zu groß, oder zumindest glaubt er selbst das. So erging es dem 70-jährigen britischen General Thomas Bligh 1757, während des Siebenjährigen Krieges. Er spielte den Sündenbock für eine Reihe von verpatzten Angriffen an der französischen Küste, die Premierminister Pitt, der erste Earl von Chatham, sich ausgedacht hatte. Statt Friedrich den

Großen mit Truppen auf dem Kontinent zu unterstützen, meinte Chatham, er könne französische Truppen durch überfallartige Angriffe auf französische Küstenstädte binden. Diese Angriffe endeten oft als Farce, bisweilen auch als Tragödie. Ein Versuch des Herzogs von Marlborough – einem Enkel des großen ersten Herzogs –, Truppen aus St. Malo zu evakuieren, endete mit einer Demütigung: Er konnte zwar seine Leute retten, doch ließ er das Tafelsilber zurück. Ein gefälliger französischer Befehlshaber gab dem Herzog sein Silber zurück, nachdem er sich vom endgültigen Abzug der Briten überzeugt hatte.

Den ersten Angriff führte Bligh im August 1757 auf Cherbourg. Er nahm den Hafen ein, brannte die französischen Schiffe nieder und erbeutete bronzene Kanonen, die im Triumphzug durch London geführt wurden. Sein zweiter Ausflug, der ihn nach St. Malo führte, verlief indes ganz anders. Nachdem seine Truppen auf französischem Boden gelandet waren, kam ein Sturm auf, der die Flotte zwang, einige Meilen küstenabwärts in der Nähe von St. Cast Schutz zu suchen. Bligh war nun von seinem Beförderungsmittel abgeschnitten und schien nicht recht zu wissen, was er jetzt tun solle. Die ersten französischen Truppen tauchten auf, und es gab bereits verschiedene kleine Zusammenstöße. Bligh befahl seinen Männern, in Richtung St. Cast zu marschieren, damit sie sich dort wieder einschiffen könnten. Doch zunächst mußte er den Equernon überqueren. Unzweifelhaft war Bligh eine Landratte, denn er schlug vor, diese Operation bei Flut durchzuführen. Da sich dies als unmöglich erwies, setzte er sich einfach hin und wartete einige Stunden, bis die Ebbe einsetzte und seine Leute den Fluß durchwaten konnten. Dabei standen sie jedoch unter heftigem Beschuß durch eine ständig wachsende Zahl französischer Soldaten. Statt nun seine Truppen – etwa 10.000 Mann – zu formieren und die Franzosen zurückzudrängen, um Zeit zu gewinnen, blieb Bligh tatenlos und unternahm auch nichts, als bewaffnete Bauern seine Streitkräfte einzukreisen begannen. Schließlich erklärte er, es sei zu spät, um sich noch einzuschiffen, und schlug das Lager auf. Unterdessen tauchten immer neue französische Verbände auf, und weitere 10.000 Mann konnten jederzeit aus Brest eintreffen.

Am nächsten Morgen setzte Bligh seinen Marsch nach St. Cast fort, aber nun verschlechterte sich die Disziplin der britischen Truppen. Statt ihnen Vertrauen einzuflößen, ließ Bligh durchblicken, daß er Angst davor habe, in eine Falle zu geraten. Der Flotte schickte er eine Nachricht, daß die Truppen früh am nächsten Morgen auf die Schiffe zurückkehren würden. Man sollte nun annehmen, Bligh hätte möglichst unbemerkt zu entkommen versucht, anstatt die ganze Umgegend mit einem geräuschvollen morgendlichen Weckritual aufzustören. Obwohl Eile geboten war, marschierte Bligh seine Soldaten Kolonne um Kolonne ab und verzögerte damit die Wiedereinschiffung um mehrere Stunden. Aber nun wandte sich das Schicksal gegen ihn. Die große französische Streitmacht traf aus Brest ein und griff die auf dem Rückzug befindlichen britischen Soldaten an, als sie ihre Boote bestiegen. Schließlich sah sich die Gardebrigade unter General Drury zum Gegenangriff auf die Franzosen gezwungen, damit die Einschiffung weitergehen konnte. Aber das Opfer war umsonst, denn die französische Artillerie schoß einen Großteil der Boote zu Kleinholz, wobei einige Soldaten ertranken, während andere ihre Ausrüstung verloren. Zum Schluß wurde die Garde von den Franzosen überrannt und Drury zusammen mit mehr als 750 Offizieren und Soldaten getötet.

Bligh, der als äußerst gutmütig galt und sich großer Beliebtheit erfreute, war den Härten eines Landemanövers offensichtlich nicht gewachsen. Er scheute den Kampf selbst dann noch, als er am Tag der Wiedereinschiffung französischen Truppen gegenüberstand, die ihm an Stärke ebenbürtig waren. Lord Ligonier, der Oberkommandierende der Briten, war über Blighs Furchtsamkeit und den Untergang der Garde entsetzt. Zwar entging Bligh dem Kriegsgericht, aber seine Laufbahn war ruiniert. Seine letzte Demütigung mußte er erdulden, als er König Georg II. seine Aufwartung machen wollte, der Monarch ihn aber vollkommen ignorierte. Damit war aber nicht nur Blighs Karriere am Ende, sondern auch Chathams Überfall-Strategie, die ihrer Zeit um einige Jahre voraus war und für die andere Männer benötigt wurden als der freundliche Thomas Bligh.

Pinkertons Privatdetektei

Wer wegen ausgezeichneter Leistungen hohes Ansehen genießt, ohne es jemals unter Beweis stellen zu müssen, ist wahrhaft glücklich zu nennen. Genau das war die beneidenswerte Position des »Schrecklichen McC«, wie die Konföderierten im amerikanischen Bürgerkrieg George McClellan, einen General der Unionstruppen, boshaft nannten. »McC« war geradezu das Musterbild eines modernen Generalmajors. Er sah blendend aus, hatte den bestgekleideten Stab aller Generäle diesseits und jenseits der Front, und seine Manöver besaßen – zumindest auf dem Papier – napoleonische Größe und Weitsicht. Unglücklicherweise hatte McClellan Angst, seinen Ruf aufs Spiel zu setzen, indem er seine Pläne in der Wirklichkeit erprobte. Er war dermaßen vorsichtig, daß Präsident Lincoln ihn als »Standmotor« und seine gesamte Potomac-Armee als »George McClellans Leibwache« bezeichnete. Lincoln benötigte einen kämpferischen General, der ihm Siege bescheren könnte, aber McClellan zog es vor, theoretische Schlachten zu schlagen, und so waren seine Erfolge rein hypothetischer Natur. Seine Überschätzung der gegnerischen Stärke wirkte ansteckend und führte bei einigen Befehlshabern der Unionstruppen zu einem Minderwertigkeitskomplex, wenn sie so legendären Namen wie Robert E. Lee, Stonewall Jackson oder Jeb Stuart begegneten. Zu Beginn seines Kommandos hatte McClellan sich einmal selbst hinters Licht geführt, als er glaubte, die Konföderierten hielten Munsons Hill besetzt, bis er entdeckte, daß die Geschütze, die ihn in Bann geschlagen hatten, nur schwarz angemalte Holzklötze gewesen waren.

McClellan hatte eine ungewöhnliche Neigung für Geheimdienste. Da er mit dem, was die Armee ihm bieten konnte, nicht zufrieden war, beschäftigte er Pinkertons Privatdetektei, um Informationen über den Feind zu bekommen. Als Privatagentur jedoch hielt man es bei Pinkerton mit der Devise, den Kunden zufriedenzustellen, indem man ihm das sagt, was er hören möchte, statt ihm einem objektiv wahren Bericht zu übermitteln. McClellan wollte hören, daß ihm die Konföderierten zahlenmäßig weit überlegen seien, weil ihm dies zum Vorwand dienen konnte, alle Unternehmungen zu verschieben. Aus Unfähigkeit oder Absicht übermittelte Pinkerton McClellan ungenaue und überhöhte Zahlen. So konnte »Napoleon Jr.« sich noch weiter in sein Gehäuse zurückziehen.

Im August 1861 teilte McClellan Lincoln mit, daß die Rebellen viermal so stark seien wie seine Truppen. Im März 1862 machte Pinkerton aus den 40.000 Soldaten von General Lee 80.000. Im Juni 1862 wurden McClellans 100.000 Mann von McGruders 23.000 Soldaten aufgehalten, was ihn nicht daran hinderte, Lincoln zu berichten, daß »die Schurken verdammt stark sind«. Im Oktober 1862 schätzte er Lees Armee auf 150.000 Mann. Damit hätte der Befehlshaber der Konföderierten die stärkste Streitkraft des gesamten Bürgerkriegs besessen. In scharfem Kontrast dazu stand der in Harper's Weekly erschienene Bericht eines französischen Militärkorrespondenten, dem zufolge die Rebellen lediglich aus 60.000 »zerlumpten, dreckigen und halbverhungerten« Soldaten bestünden.

Einmal jedoch hielt »Napoleon Jr.« tatsächlich den gesamten Schlachtplan der Konföderierten in der Hand, der um einige aus-

»Meine Pläne sind perfekt. Mag Gott General Lee gnädig sein, ich bin es nicht.«
General Joseph Hooker vor der Schlacht von Charlottesville, Mai 1863.

Hookers Pläne brachen in sich zusammen. Lee und Jackson hatten ihre eigenen Pläne ausgeheckt und brachten »Fighting Joe« eine vernichtende Niederlage bei.

rangierte Zigarren gewickelt war. Dies ermutigte ihn dazu, General Lee bei Antietam Creek anzugreifen, aber wieder machte seine Furchtsamkeit alles zunichte. Weil er, um sich gegen eine Niederlage abzusichern, ein ganzes Korps zurückhielt, vergab er die Chance, einen entscheidenden Sieg zu erringen. Nun wurde es Lincoln zuviel. McClellan mußte gehen, und Lincoln begab sich auf die Suche nach einem kampfesmutigeren Mann. Unglücklicherweise mußten Lincoln und die Unionstruppen einige noch gefährlichere Stümper als McClellan erdulden, bis mit Ulysses S. Grant der Richtige gefunden wurde.

Die Selbstgerechten

»Ich glaube, daß die Verteidigungsanlagen, die Sie errichten wollen, schlecht für die Moral der Truppen und der Zivilisten sind.«
Generalleutnant Arthur Percival, Singapur, Dezember 1941.

Entscheidungen eines Befehlshabers, die auf Gemeinplätzen über die angeblichen nationalen Eigenschaften seines Gegners beruhen, können kaum treffsicher sein. Klischees über andere Nationalitäten sind das Produkt persönlicher oder nationaler Vorurteile und besitzen keinerlei objektive Gültigkeit.

Eigentore in Singapur

Singapur war als Festung geplant und mit seewärts gerichteten Kanonen bestückt worden. Ein Angriff auf die malaiische Halbinsel wurde nicht erwartet. Als der Befehlshaber darauf hingewiesen wurde, daß er keine landeinwärts gerichteten Verteidigungsanlagen habe, weigerte er sich, solche Vorrichtungen zu bauen und sagte, damit würden die Menschen in Singapur das Vertrauen in die Behörden verlieren. So trafen die Japaner bei ihrer Eroberung von Malaya und Singapur nirgendwo auf wirksame Abwehrlinien.

Die Vorstellung, alle Japaner seien klein, schwächlich, hätten schlechte Augen und könnten nur minderwertige Kopien westlicher Produkte entwerfen, hat die Briten dazu verleitet, sie als Gegner zu unterschätzen. Diese Überheblichkeit hat vor dem Fall von Singapur 1942 dazu geführt, daß die Verteidigung der Insel auf ziemlich selbstgefällige Weise vernachlässigt wurde, was schließlich ins Verderben führte. Im Dezember 1940 beschrieb Fliegergeneral Brooke-Popham einige japanische Kriegsgefangene, die er in China gesehen hatte, auf diese Weise: »Durch den Stacheldraht hindurch konnte ich mir ein genaues Bild von einigen Untermenschen in schmutzigen grauen Uniformen machen, bei denen es sich, wie mir gesagt wurde, um japanische Soldaten handelte. Wenn diese den Durchschnitt der japanischen Armee darstellen, dürfte es nicht schwerfallen, sie mit Nahrung und Unterkünften zu versorgen, aber daß sie eine intelligente Streitmacht bilden sollen, kann ich mir nicht vorstellen.« Der selbe Mann meinte, als ihm der Vorschlag unterbreitet wurde, Singapurs Luftabwehr im Hinblick auf Japans moderne Luftwaffe zu verstärken: »Wir können hier prima mit den Buffaloes auskommen. Sie sind für Malaya gut genug.« Tatsächlich wurde die britische Luftwaffe, die nur mit veralteten amerikanischen Flugzeugen vom Typ Brewster Buffalo ausgerüstet war, von den modernen Kampfflugzeugen und der Taktik der Japaner völlig überrascht.

Am Boden standen die Dinge kaum besser. Ein britischer Bataillonskommandant, der seine Truppen inspizierte, fragte: »Meinen Sie nicht, daß sie einen besseren Feind als die Japaner verdient haben?« Ein anderer Offizier aus einem berühmten britischen Regiment vertrat die Ansicht: »Ich hoffe, ... daß wir in Malaya nicht zu stark werden, weil die Japaner sonst vielleicht niemals eine Landung wagen.« Als dann das seegestützte japanische Kampfflugzeug namens Zerosen die veralteten britischen Jäger vom Himmel holte, die für einen Krieg gegen Japan angeblich gut genug sein sollten, war der Kulturschock groß. Viele nahmen an, diese Flugzeuge würden von Deutschen gebaut und geflogen. Aber der Traum von der weißen Vorherrschaft empfing den Todesstoß, als herauskam, daß die Einnahme der Garnison in Singapur mit etwa 120.000 britischen Soldaten einer japanischen Streitkraft gelungen war, deren Umfang bestenfalls ein Drittel der britischen Truppenstärke betrug.

Die Herero-Kriege

Auch in den diversen Kolonialkriegen des Westens ist der Gegner immer wieder falsch eingeschätzt worden, weil die Weißen sich für die überlegene Rasse hielten. Dies führte zu einer ganzen Reihe von militärischen Schlappen. Selbst die sonst so kompetenten Deutschen waren vor den Fallgruben des Ethnozentrismus nicht sicher. 1904–05 führten die Deutschen in Südwestafrika einen Krieg gegen die Hereros, in dem sie immer wieder Rückschläge erlitten, weil sie ihre Gegner nicht ernst nahmen und ihre Taktik den dort herrschenden Bedingungen nicht anpaßten.

Viele deutsche Soldaten betrachteten den Krieg als gute Möglichkeit, zu Ruhm zu gelangen und vielleicht eine Auszeichnung zu bekommen. Die aus Deutschland eintreffenden Verstärkungstruppen, von den Hereros »Kinder« genannt, waren auf die Schwierigkeiten eines Wüstenkriegs überhaupt nicht vorbereitet. Die Offiziere, von denen viele ihre Verbindungen nach ganz oben genutzt hatten, um diese Chance zu bekommen, nahmen den eigentlichen Krieg auf die leichte Schulter. Sie brachten kistenweise Champagner, ihre Lieblingszigarren und Jagdgewehre mit. Zweifellos erhofften sie sich so etwas wie einen exotischen Urlaub, der vom Krieg möglichst wenig gestört werden sollte. Die Realität

»Durch den Stacheldraht hindurch konnte ich mir ein genaues Bild von einigen Untermenschen in schmutzigen grauen Uniformen machen, bei denen es sich, wie mir gesagt wurde, um japanische Soldaten handelte. Wenn diese den Durchschnitt der japanischen Armee darstellen, dürfte es nicht schwerfallen, sie mit Nahrung und Unterkünften zu versorgen, aber daß sie eine intelligente Streitmacht bilden sollen, kann ich mir nicht vorstellen.«
Fliegergeneral Brooke-Popham, 1940.

Überheblichkeit und Rassismus haben Heerführer immer wieder ihre Gegner unterschätzen lassen. Im Krieg gegen die Japaner sollte sich der Hochmut der Briten bitter rächen.

aber wirkte schrecklich ernüchternd. In einer Wüstenlandschaft mit schlechten Straßen warfen ihre modernen Waffen Transportprobleme auf, die man in Berlin nicht vorhergesehen hatte. Ein Maschinengewehr braucht Munition, die mehrere hundert Kilogramm wiegt; Artilleriegranaten sind noch schwerer. Wie konnte man diese unverzichtbaren Dinge im Land umhertransportieren, um sie gegen einen äußerst schnellen und beweglichen Gegner einzusetzen? Darüber hinaus erwies es sich als unmöglich, die Telegraphenleitungen wirksam zu schützen, so daß die Deutschen auf Heliographen zurückgreifen mußten. Die Dinge liefen nicht so einfach wie zunächst gedacht.

Das Schicksal von Major Glasenapps Kolonne beleuchtet die Probleme, die den Deutschen im Kampf gegen einen geschickten und schwer faßbaren Feind erwuchsen. Glasenapps Truppe bestand ausschließlich aus Soldaten, die gerade frisch in den Kolonien angekommen waren. Allein dies hätte ihn zur Vorsicht veranlassen müssen, aber Glasenapp legte keinen Wert auf Zurückhaltung, wenn ihm Ruhm und Ehre winkten. Er war fest entschlossen, die Tetjo-Hereros zu jagen, die sich, wie er hörte, nahe der Stadt Gobabis aufhielten. Glasenapp, der sich unbedingt einen Namen machen wollte, hetzte seine Rekruten unter extremen Bedingungen – bei großer Hitze und knappen Wasservorräten – zur Jagd auf die Stammeskrieger. Selbst durch Tagesmärsche von 20 Meilen konnten die Deutschen die Hereros nicht zum Kampf stellen. Als Glasenapp schließlich gezwungen war, bei Onjatu Rast zu machen, um seinen Männern eine Pause zu gönnen, hörte er von Spähern, daß die Hereros nur ein paar Stunden Vorsprung besäßen. Als die Deutschen wieder aufbrachen, trafen sie auf eine große Viehherde, die nur von einigen Herero-Hirten bewacht wurde. Glasenapp beschlagnahmte die Herde, aber als sie weiterritten, nahm die von den Tieren aufgewirbelte Staubwolke ihnen die Sicht, und sie verloren den Weg. Sie waren eine Zeitlang durch dichten Busch geritten, als sie, ohne an die Möglichkeit eines Hinterhalts zu denken, in einiger Unordnung auf eine Lichtung gelangten. Die Hereros warteten schon auf sie und eröffneten sofort von der anderen Seite der Lichtung das Feuer. Die Deutschen formierten sich zu einer nicht sehr geschlossenen Linie und feuerten Breitseiten in den Busch, wobei sie ebensoviel Erfolg hatten wie Braddocks Soldaten 1755 am Monongahela. Das deutsche Maschinengewehr zerfetzte Bäume und Büsche, erzielte sonst aber keine Wirkung, und die Hereros schossen einfach jeden nieder, der es zu bedienen versuchte. Schließlich mußte Glasenapp den Kampf abbrechen und sich seinerseits in den Busch zurückziehen. Die

110

Deutschen hatten 26 Tote zu beklagen und mußten viele Verwundete mitnehmen, während die Hereros gar keine Verluste hatten und einfach im Busch untertauchten, um ihren Guerillakrieg fortzusetzen.

Man sollte vielleicht hinzufügen, daß die von den Deutschen gegen die Hereros schließlich betriebene Unterdrückungspolitik mehr oder weniger auf Völkermord hinauslief.

Die Unsicheren

Viele Offiziere, denen ein Kommando angeboten wurde, haben sich außerstande gefühlt, eine solche Aufgabe zu bewältigen. Oft haben sie den Posten trotzdem mehr oder weniger freiwillig übernommen und versucht, das Beste daraus zu machen. Dieser Mangel an Selbstvertrauen scheint in der Armee der Habsburger unter Kaiser Franz Josef am ausgeprägtesten gewesen zu sein. Die Österreicher wurden im Krieg gegen Frankreich 1859 und im entscheidenden Krieg gegen Preußen 1866 von Befehlshabern gebeutelt, die sich vor der Verantwortung fürchteten und sich ihr Handeln von der Angst diktieren ließen. Das Ergebnis waren zwei ebenso schreckliche wie vermeidbare Niederlagen.

Im Zweifel lieber nichts tun

1859 kämpfte Kaiser Napoleon III. zusammen mit dem italienischen Königreich Piemont gegen die Österreicher um die Vorherrschaft in der Lombardei. Die Gewichte waren ungefähr gleich verteilt, wobei die Österreicher vor allem im logistischen Bereich leichte Vorteile genossen. Unglücklicherweise hatte der österreichische Befehlshaber, Graf Gyulai, noch nie zuvor ein Feldkommando innegehabt und bat am Vorabend des Feldzugs vergeblich darum, von seinem Posten entbunden zu werden.

Als es zwischen den französisch-piemontesischen Verbündeten und den Österreichern zu ersten Kampfhandlungen kam, besaß Gyulai gute Chancen, die beiden Armeen des Gegners am Zusammenschluß zu hindern und jede einzeln zu schlagen. Da seine Armee doppelt so stark war wie die der Italiener, hätte er sofort gegen ihre Hauptstadt, Turin, vorrücken und dabei das Flachland zwischen der Stadt und dem Ticino durchqueren müssen. Kaiser Franz Josef befahl ihm zu handeln, aber Gyulai rührte sich nicht.

Gegen Gyulais fünf Armeekorps und eine Division Kavallerie konnten die Italiener nur fünf Divisionen und eine Kavalleriebrigade aufbieten. Alles deutete auf einen überwältigenden Sieg der Österreicher hin. Die Stimmung unter den österreichischen Soldaten war gut, denn ihre Armee hatte gegen die Italiener einige für ihr Selbstvertrauen wichtige Schlachten gewonnen, darunter erst kürzlich die von Custozza und Novara (1848-49). Nun mußte der Befehlshaber nur noch entschlossen handeln. Gyulai begnügte sich jedoch damit, auf der österreichischen Seite des Ticino auf und ab zu marschieren, um dann den Fluß langsam zu durchqueren und schließlich wieder innezuhalten, ohne irgendetwas erreicht zu haben. Aber nun änderte sich das Wetter, und ein für die Jahreszeit ungewöhnlich heftiger Regen verwandelte das ganze Gelände in einen Sumpf. Dies gab Gyulai eine Entschuldigung für sein langsames Vorrücken. Plötzlich aber stoppte er zu jedermanns Erstaunen den Vormarsch ganz und beorderte die Truppen an den Ausgangspunkt auf dem anderen Ufer des Ticino zurück.

Als die österreichische Armee bei einem Zusammenstoß mit den Franzosen weniger glimpflich davonkam, geriet Gyulai wegen des Rückschlags in Panik, zog seine Truppen fast aus der gesamten Lombardei einschließlich Mailands ab und zog sich 100 Meilen weit zurück. Die Niederlage von Magenta wuchs dadurch in eine ungeheure Dimension, denn nun war in ganz Italien das Nationalgefühl geweckt und die österreichische Kampfmoral zerstört. Nun übernahm Kaiser Franz Josef selbst das Kommando, und Gyulai akzeptierte seine Entlassung mit Freude. Der Offizier, der ihm die Entscheidung des Kaisers überbrachte, berichtete, Gyulai sei »in glänzender Stimmung« gewesen. »Für ihn ist das kein Grund zur Trauer. Er hat all seine Bequemlichkeiten, gutes Essen, Kartenspiel nach Tisch. Er lud mich zum Abendessen ein, aber ich entschuldigte mich. ... In diesem Hauptquartier dreht sich mir den Magen um, und ich könnte weinen.«

Nach den Niederlagen gegen die Franzosen in Italien 1859 und dem Verlust der Lombardei griff im österreichischen Kommando ein »tiefes seelisches Unbehagen« um sich, so als ob man erwartete, jede Schlacht schon vor dem ersten Schuß verloren zu haben. Der Wunsch, Verantwortung zu vermeiden, verband sich mit Trägheit und einer Art Todessehnsucht. 1860 versuchte General Degenfeld-Schönburg seine Berufung zum Kriegsminister zu verweigern, während Henikstein 1864 erklärte, er habe nicht die richtigen Eigenschaften für einen Stabschef. »Ich bin nicht der Mann für diesen wichtigen Posten«, erklärte er. »Mir fehlt die Befähigung, das Wissen und insofern das notwendige Selbstver-

trauen.« Er wurde gegen seinen Wunsch berufen und stellte seine
Unfähigkeit während des Feldzugs von 1866 unter Beweis.

Ein Ritter ohne Furcht und Tadel

Der einzige Habsburger General, der aus dem Krieg von 1859 mit
gesteigertem Ruhm hervorging, war der aus Ungarn stammende
Ludwig Ritter von Benedek. Er war bei seinen Soldaten sehr beliebt und wurde als General respektiert. Man nannte ihn in Österreich den »Bayard der Armee« – nach dem französischen »Ritter
ohne Furcht und Tadel« Seigneur de Bayard, der im 16. Jahrhundert gelebt hatte –, sowie den »rastlosen und unermüdlichen Benedek«. Aber er kannte seine Grenzen besser als andere. Als Korpskommandant war er ausgezeichnet, aber eine Armee von
150.000 bis 200.000 Mann zu führen, lag jenseits seiner Fähigkeiten. Er mußte immer sehen, was gerade geschah und direkt darauf reagieren können; eine Schlacht anhand von Karten im voraus zu planen war nicht seine Sache. Daß er 1866 zum
Oberbefehlshaber ernannt wurde, schien ganz selbstverständlich
zu sein, sollte sich aber für Österreichs Sache im Kampf gegen
Preußen als unheilvoll erweisen. Benedek nahm die Beförderung
nur zögernd an und schien die Energie und Triebkraft, für die er
berühmt geworden war, zu verlieren. Obwohl erst 62 Jahre alt, war
er sehr anfällig für Krankheiten und fürchtete, seine Gesundheit
würde längeren Feldzügen nicht standhalten. Es gefiel ihm auch
gar nicht, daß er sein Kommando von Italien, wo er sich sehr wohl
gefühlt hatte, nach Mitteleuropa verlegen mußte. »Ich muß also
jetzt die Geographie Preußens studieren! Was weiß ich von der
Schwarzen Elster oder der Spree? Warum soll ich mich in meinem
Alter noch damit beschäftigen?«

Zudem hatte Benedek allen Grund, die Fähigkeit mancher Spezialisten in seinem Stab mit kritischen Augen zu betrachten. Als
ein gewisser Oberstleutnant Beck eine geographische Untersuchung über Mitteldeutschland vorbereitete, bat er einen seiner
Vorgesetzten um die Karten, die dieser Offizier während eines
Deutschlandaufenthalts gesammelt haben sollte. Der Offizier aber,
der seine Zeit lieber in Spielkasinos zugebracht hatte als Vermes-
sungen vorzunehmen, schlug ihm vor, doch einfach in einem Ba-
edeker nachzusehen.

Benedek schien unter der Last der Verantwortung in die Knie zu
gehen. Zwei Stabschefs auszuwählen, wo einer die Regel war,
zeugte von Konfusion und Unentschlossenheit. Die beiden Auser-
wählten, Krismanic und Henikstein, paßten nicht zueinander und

ihre Zusammenarbeit war dementsprechend. Keiner von beiden war beliebt oder für seine Effizienz bekannt. Ein Offizierskollege schrieb einmal: »Mein überkluger, aber fauler Freund Krismanic und mein ungelehrter Freund Heniksteim, der für seinen Posten so geeignet ist, wie ich es für das Komponieren einer Oper bin, scheinen einen Bock geschossen zu haben.« Krismanic war konservativ und übermäßig ängstlich, und Henikstein war 1866 so zynisch, daß er noch vor Beginn des Feldzugs Benedek empfahl, Österreich solle vor allem daran denken, Wien zu befestigen, wenn der Rückzug sich als notwendig erweisen sollte.

Die Furchtsamkeit und der Pessimismus dieser beiden trübsinnigen Berater entmutigte den sonst so kühnen und selbstsicheren Benedek. Die Niederlage schien in der Luft zu liegen. Bei der Schlacht von Königgrätz setzte Benedek angesichts der preußischen Armee, die mit zwei getrennten Marschsäulen gegen seine Verteidigungsstellung in den Hügeln nordwestlich der Stadt vorrückte, auf eine rein passive Strategie. Der preußische Befehlshaber, Moltke, war mit der Teilung seiner Streitkräfte ein enormes Risiko eingegangen, aber sein Vertrauen in die Fähigkeit seiner Kommandierenden, ihre Angriffe zu koordinieren, war gerechtfertigt. Hätte Benedek jedoch eine der beiden heranrückenden Armeen mit voller Kraft angegriffen, hätten die Österreicher zweifellos einen triumphalen Sieg errungen. Die Chancen, den Vorteil wettzumachen, den die Preußen durch ihr Zündnadelgewehr besaßen, standen zwei zu eins. Ironischerweise schien Benedek erst in der brillant organisierten Absetzungbewegung der geschlagenen österreichischen Armee nach Königgrätz sein Selbstvertrauen wiedergefunden zu haben.

Die Schlacht von Pliska (811)

Khan Krum von Bulgarien war Kaiser Nikephorus I. wegen seiner häufigen Raubzüge auf byzantinischem Territorium schon lange ein Dorn im Auge. 811 entschloß er sich, der bulgarischen Bedrohung ein für alle Mal ein Ende zu bereiten. Er stellte eine Armee von 70.000 Mann auf die Beine, zu der auch die Elite der byzantinischen Ritterschaft gehörte. Überall glitzerten die farbenfrohen Rüstungen der hochrangigen Höflinge Konstantinopels, denn Nikephorus hielt es für besser, all jene auf den Feldzug mitzunehmen, die gegen ihn in seiner Abwesenheit eine Verschwörung anzetteln könnten. Mit ihm zog sein Sohn Stauricius sowie die ganze Tagmata – das stehende Heer von Byzanz –, dazu Einheiten aus Thrakien und Kleinasien. Diese Armee war in jeder Einheit stark und eignete sich besonders gut zur Belagerung befestigter Städte. Der Bevölkerung von Konstantinopel, die ihrem Abmarsch zusah, schien es, als könne nichts ihrer furchteinflößenden Kraft widerstehen.

Der bulgarische Khan war zutiefst erschrocken, als er von der Streitmacht erfuhr, mit der der Kaiser gegen ihn vorgehen wollte, und bat sofort um Frieden. Aber Nikephorus wollte nach all den Mühen, die es ihn gekostet hatte, eine solche Armee auf die Beine zu stellen, sein Heer nicht auflösen, solange Krum noch eine Bedrohung darstellte. Selbst als die Bulgaren in Panik gerieten, und Krum seine Truppen in den Norden verlegte, marschierte Nikephorus unaufhaltsam auf Pliska zu, die Hauptstadt des Khans. Die byzantinischen Truppen fielen in die wehrlos daliegende Stadt ein, die vorwiegend aus Holzhäusern bestand, brannten Krums Palast nieder und töteten mehr als 12.000 Einwohner. Krum hatte weitere Truppen nach Pliska beordert, um die Stadt zu retten, aber Nikephorus zerstörte diese Streitkräfte so vollständig, als hätten sie niemals existiert. Die byzantinischen Truppen, beladen mit Beute aus dem Schatz des Khans, hatten in Bulgarien noch nie einen so leichten und erfolgreichen Feldzug durchgeführt. Als die Neuigkeiten über den bisherigen Verlauf in Konstantinopel eintrafen, frohlockten die Menschen und glaubten, daß Nikephorus göttliche Unterstützung bei seinen Unternehmungen genieße.

Nun hatte Nikephorus zwar Krums Hauptstadt, aber noch nicht seine Armee zerstört; gerade dies aber war von entscheidender Bedeutung, wenn der Feldzug dauerhaften Wert haben sollte. In den Bergen nördlich von Pliska hob Krum frische Truppen aus, indem er awarische Söldner anheuerte und sogar Frauen bewaffnen ließ. Die Byzantiner hatten noch viel zu tun.

Da Krum wußte, daß er eine offene Feldschlacht gegen die byzantinische Armee nicht überstehen würde, entschied er sich, seine Vertrautheit mit dem Gelände zu nutzen, um Nikephorus eine Falle zu stellen. Dessen bisheriger Erfolg könnte, so dachte er, ihn sorglos und allzu siegessicher gemacht haben, und darin sollte er recht behalten. Nikephorus war mittlerweile davon überzeugt, daß sein Marsch durch Bulgarien eher eine Prozession sei und begann die normalen Vorsichtsmaßnahmen, wie etwa die Entsendung von Spähern, zu vernachlässigen. So marschierte denn seine Armee in einem engen Tal nördlich von Pliska in eine von Krums Fallen. Nichts Böses ahnend bewegte sich die riesige Streitmacht vorwärts, bis Reiter von der Vorhut Nikephorus mit der Nachricht überraschten, der Talausgang sei durch Holzpalisaden abgeriegelt worden. Noch bevor der Rückzug angeordnet werden konnte, erschienen Reiter von der Nachhut, die berichteten, bulgarische Truppen seien im Taleingang aufgetaucht und hätten alle byzantinischen Versuche, sie an der Errichtung einer weiteren Holzpalisade von enormer Stärke zu hindern, abgewehrt. Die Byzantiner saßen in der Falle.

Nun warteten alle auf eine Entscheidung des Kaisers. Die Byzantiner waren den Bulgaren zahlenmäßig weit überlegen, aber in der Enge des Talkessels konnte Nikephorus seine gepanzerte Reiterei nicht vorteilhaft einsetzen. Ein Entkommen war ebenfalls unmöglich, denn zu beiden Seiten stiegen die Hänge steil empor. Die einzige Alternative bestand darin, sich ungeachtet möglicher hoher Verluste den Ausweg durch eine der Palisaden zu erzwingen. Angesichts dieses Dilemmas verlor Nikephorus vollkommen das Selbstvertrauen und hatte keine bessere Idee, als das Lager aufzuschlagen. Seine Generäle flehten ihn an, sofort einen Angriff zu starten, bevor seine Truppen die Zwangslage bemerken und in Panik geraten würden, aber Nikephorus lehnte ab. Und auch als die Offiziere seinen Sohn Stauricius dazu brachten, ein vernünftiges Wort mit dem Kaiser zu reden, weigerte dieser sich, irgend etwas zu tun und sagte: »Selbst wenn uns Flügel wüchsen, könnten wir der Vernichtung nicht entgehen.«

Zwei Tage lang lagerten Nikephorus und seine Armee im Tal, ohne einen Versuch zu unternehmen, die Palisaden niederzureißen, obwohl sie mit Belagerungswaffen ausgerüstet waren. Der Kaiser hatte sich in sein Schicksal ergeben und die Kontrolle über die Ereignisse fast vollständig fahren lassen. Er zog es vor, zu warten und zu sehen, was geschehen würde. Genau darauf hatte Krum gehofft. In der dritten Nacht befahl er seinen Soldaten, auf ihre Schilde zu schlagen und den byzantinischen Truppen zuzurufen, daß ihre Lage hoffnungslos sei. Nachdem er den Feind auf diese Weise demoralisiert hatte, entschloß sich Krum, zum Angriff überzugehen. Ohne Vorwarnung stürzten sich die Bulgaren von den Hügeln herab auf das Lager der Tagmata und die Zelte des Herrschers. Die Byzantiner waren völlig überrascht und wurden schnell überwältigt. Mit Nikephorus selbst starb im Kampf der erste römische Kaiser seit Valens in der Schlacht von Adrianopel 378.

In ihrer Panik gerieten viele byzantinische Soldaten in ein morastiges Flußbett, wo sie ertranken oder von den Bulgaren umgebracht wurden. Schließlich war das Flußbett so voller Leichen, daß Tausende es auf den Körpern ihrer Kameraden überquerten. Aber wer den Morast hinter sich brachte, mußte immer noch mit der Palisade fertig werden. Einige Byzantiner erklommen die Barriere, nur um sich auf der anderen Seite in einer Fallgrube zu Tode zu stürzen. Andere setzten das Holz in Brand und ritten durch die Flammen hindurch, wobei sie ebenfalls in die Fallgrube gerieten. Als die Palisaden heruntergebrannt waren, konnten die kläglichen Reste von Nikephorus' großer Armee entkommen, wobei sie immer noch von den triumphierenden Bulgaren verfolgt wurden.

Im kaiserlichen Lager war die gesamte Elite des byzantinischen Militärsystems ausgelöscht worden. Sein Vater war tot, aber Stauricius hatte wenig Zeit, über seine Ernennung zum Kaiser zu sinnieren. Schwer verwundet konnten er und seine Wachen sich ihren Weg freikämpfen und entkommen.

Stauricius starb jedoch ein halbes Jahr später an den Folgen seiner Verletzungen. Nikephorus wurde der Kopf abgehackt und zum Vergnügen von Krums Armee ein paar Tage lang auf einer Stange zur Schau gestellt. Aber der Khan hatte eine gewichtigere Verwendung für dies Symbol seines Sieges. Der Schädel wurde versilbert und diente Krum als Trinkgefäß.

Als die Nachricht von der Niederlage in Konstantinopel eintraf, waren die Leute starr vor Staunen. Wie konnte ein solches Unheil nach einem so erfolgreichen Feldzug geschehen? Für viele Menschen war dies ein Zeichen, daß Gott Nikephorus seine Gunst entzogen hatte. Andere deuteten es als Strafe für Überheblichkeit: Nikephorus war zu groß, zu erfolgreich – und zu sorglos geworden.

Als nun die Byzantiner von Krums gräßlichem Geschmack bei der Wahl seiner Trinkgefäße hörten, konnten sie diese Erniedrigung nicht ertragen. Das Reich sann auf Rache. Im folgenden Jahr hörte Michael, der Nachfolger des früh verstorbenen Stauricius, von zwei aus Bulgarien geflohenen Christen, Krum plane einen Einfall in byzantinisches Gebiet. An der Spitze einer großen Armee marschierte Michael daraufhin nach Mersinicia, wo Krum sein Lager aufgeschlagen hatte. Fünfzehn Tage lang lagerten die beiden Armeen nur einige Meilen voneinander entfernt. Keine von beiden wagte es, mit dem Angriff zu beginnen, obwohl die Byzantiner den Bulgaren um das Zehnfache überlegen gewesen sein sollen. Michael widerstand allen Versuchen seiner Offiziere, ihn zu einem Angriff zu überreden, so groß war seine Furcht, er könne wie Nikephorus in eine Falle gelockt werden. Schließlich gelang es dem Befehlshaber des linken Flügel, Johannes Apakles, Michael zum Angriff zu bewegen, solange noch eine Chance bestünde. Als Johannes seine Truppen vorwärts bewegte, machten die Bulgaren sofort kehrt und flohen. Dadurch ermutigt, ging Johannes in der Erwartung, dabei von der übrigen Armee unterstützt zu werden, zum Angriff über. Aber auch sie war geflohen und hatte den linken Flügel völlig im Stich gelassen. Nun machte Krums Armee erneut kehrt, umzingelte Johannes' Truppen und vernichtete sie. Angesichts dieser Katastrophe floh Michael nach Konstantinopel zurück. Er war einem Verrat innerhalb seiner eigenen Armee zum Opfer gefallen. Hätte er schneller gehandelt, wäre ihm der Sieg zugefallen, aber indem er die Sache mehr als zwei Wochen lang verschleppte, gab er Krum die Gelegenheit, mit abtrünnigen Offizieren der byzantinischen Armee ein Abkommen zu treffen. Als er in der Hauptstadt ankam, wurde Michael gezwungen, die Krone an einen seiner Generäle, Leo den Armenier, zu übergeben. Leo war der Anführer der abtrünnigen Offiziere gewesen, und er hatte die Flucht der byzantinischen Armee in die Wege geleitet.

Die Schlacht von Trenton (1776)

Johann Gottlieb Rall, Oberst eines der hessischen Regimenter, die die Briten im amerikanischen Unabhängigkeitskrieg als Söldnertruppen einsetzten, war ein verwegener, trinkfreudiger Menschenschinder. Als Berufssoldat hätte er es nicht zulassen dürfen, daß persönliche Vorurteile sein Urteilsvermögen beeinträchtigten, aber er haßte nun einmal Rebellen. Er verstand ihre Beweggründe nicht, und er respektierte sie auch nicht als Kämpfer. Im Dezember 1776, als Rall Befehlshaber in Trenton, New Jersey, war, sollte ihn seine Geringschätzung des amerikanischen Soldaten nicht nur das Leben kosten, sondern die amerikanische Revolution in einem Augenblick wiederbeleben, in dem nach einer Reihe schwerer Niederlagen nur noch wenige, ja vielleicht nicht einmal mehr George Washington selbst, an ihren Sieg glaubten.

Rall lehnte es prinzipiell ab, Ratschläge anzunehmen. Er schätzte die Lage entsprechend seinem begrenzten Wahrnehmungsvermögen ein und hielt dann unbeirrbar an seiner einmal gewonnenen Einsicht fest. Als seine Unteroffiziere ihm den Rat gaben, Trenton zu befestigen, schnaubte er nur verächtlich, er brauche keine Erdwälle gegen solche Männer wie die Amerikaner; das Bajonett werde schon ausreichen. Ralls Selbstvertrauen äußerte sich darin, daß er niemals auf andere hörte, niemals die Position seiner Wachtposten überprüfte, oder sich um das Wohlergehen seiner Soldaten kümmerte. Wenn seine Männer exerzierten und marschierten und die Kapelle spielte, war Johann Rall rundherum glücklich, denn er konnte sich unterdessen vergnügen. Er zechte mit seinen Freunden bis in die frühen Morgenstunden, stand spät auf und ließ seine Soldaten im Schnee paradieren, während er in aller Ruhe sein Bad nahm.

Nun war Ralls Selbstvertrauen aber nur oberflächlich stark ausgeprägt. Unter dem dünnen Firniß des harten Soldaten verbarg sich ein sorgenvoller Mann. Überall um Trenton herum, so hörte er, seien Rebellenstoßtrupps unterwegs. Das machte ihn nervös, er fühlte sich wie auf dem Präsentierteller, eine Zielscheibe für Angriffe. Aber vor seinen Leuten konnte er solche Schwächen nicht zeigen, und die Stadt zu befestigen, hätte ja den Schluß nahegelegt, Johann Rall ließe sich aus der Fassung bringen – eine undenkbare Vorstellung. Am bitterkalten, verschneiten Abend des ersten Weihnachtstages erhielt Rall den Brief eines amerikanischen Königstreuen, der ihn vor einem baldigen Angriff warnte. Aber Rall war mit Trinken und Kartenspielen beschäftigt und steckte den Brief ungelesen in die Tasche. Das war ein verhängnisvoller Fehler.

Im Dezember 1776 ebbte der Aufstand in den amerikanischen Kolonien langsam ab. Niederlagen bei Fort Washington und Fort Lee hatten George Washington veranlaßt, New York zu verlassen und sich nach Pennsylvanien zurückzuziehen, um Philadelphia, die

Hauptstadt der Rebellen, zu schützen. Da der britische Befehlshaber, Sir William Howe, annahm, es würde während des harten amerikanischen Winters keine weiteren Gefechte geben, schickte er seine Truppen ins Winterquartier. Washington wußte jedoch, daß er noch einen Sieg benötigte, um das Vertrauen in die Sache der Aufständischen wiederherzustellen. Er faßte also den Entschluß, den teilweise zugefrorenen Delaware zu überqueren und die von den 1400 hessischen Soldaten des Oberst Rall gehaltene Stadt Trenton anzugreifen. Mit einer Streitkraft von 2400 Mann überquerte er den Fluß und nahm im Morgengrauen des 26. Dezember 1776 die hessische Garnison in Trenton im Handstreich.

Dieser Coup konnte den Amerikanern gelingen, weil Ralls Stellvertreter, Major von Dechow, die reguläre Morgenpatrouille wegen der eisigen Kälte hatte ausfallen lassen. Die hessischen Posten standen mit dem Rücken zum bitter kalten Nordwind und wurden von Feinden überrascht, die sie gar nicht wahrgenommen hatten. Die übrigen erfuhren von dem Angriff überhaupt erst, als ein Offizier Schüsse hörte und daraufhin die Morgenpatrouille kontrollieren wollte, die indes gemütlich am warmen Ofen saß. Schnell eilte er davon, um an Ralls Tür zu klopfen, aber der Oberst lag noch im Bett und wollte sich nicht hetzen lassen. Er jagte den Offizier zum Teufel. Bevor die in aller Hast sich versammelnden Hessen, noch ganz benebelt von ihrer Weihnachtsfeier, reagieren konnten, wurden sie von amerikanischen Kanonen mit Streufeuer belegt. Der arme Rall, der jetzt endlich das warme Bett verließ, schien verwirrt darüber, sich auf einmal von Amerikanern umzingelt zu sehen. In aller Eile rief er die Regimenter zu den Fahnen und beorderte auch das für ihn außerordentlich wichtige Musikkorps, um seine Soldaten zum Gegenangriff zu formieren. Zum Klang von Signalhorn, Pfeife und Trommel rückten die Hessen, manche nur halbbekleidet, in geordneten Linien gegen die Amerikaner vor, die sie reihenweise niederschossen. Schon bald löste sich die Schlachtordnung der Hessen auf, und die Soldaten flohen zu einer Brücke, die noch in hessischer Hand war. Rall, jetzt zu Pferde, schrie Befehle und schwenkte sein Schwert über dem Kopf, wurde aber dann von einer Kugel getroffen und durch den Blutverlust gleich viel kleinlauter. Er konnte gerade noch den Rückzug befehlen, bevor er in Ohnmacht fiel. Er sollte es nicht mehr erleben, wie seine Regimentsfahne zusammen mit fast tausend seiner Männer in die Hände der von ihm törichterweise so unterschätzten Amerikaner fiel. Die amerikanischen Verluste betrugen nicht mehr als fünf Tote und Verwundete.

General Howe war schockiert. Er konnte nicht glauben, daß »drei traditionsreiche Regimenter eines Volkes, das den Krieg zu seinem Beruf gemacht hat, ihre Waffen vor einer zerlumpten und undisziplinierten Miliz niederlegen«. Rall war offensichtlich nicht der einzige Offizier auf britischer Seite, dem der nötige Respekt vor seinem Gegner fehlte. Es sollten noch weitere sechs Jahre Kampf und Krieg ins Land gehen, bis sie diese Lektion gelernt hatten. Washingtons Erfolg bei Trenton und Ralls Versagen gab den Amerikanern die Chance, sie ihnen zu erteilen.

Die Schlacht von Majuba Hill (1881)

General Sir George Pomeroy Colley war einer der brillantesten Offiziere, die im 19. Jahrhundert die Kriegsakademie der Armee absolvierten. Tatsächlich benötigte er für die zweijährige Ausbildung weniger als die Hälfte der Zeit und erzielte die besten Noten, die jemals vergeben wurden. Er war belesen, sprachbegabt, ein talentierter Maler und ein bemerkenswerter Ingenieur und Wissenschaftler. Er hatte an Kämpfen im Chinakrieg von 1860 teilgenommen, in Indien als Oberst und in Südafrika als Stabschef von Generalleutnant Sir Garnet Wolseley gedient. 1880 verschafften seine administrativen Fähigkeiten ihm den Posten eines Gouverneurs von Natal und eines Hohen Kommissars für Südostafrika. Mit 46 Jahren war er der hellste Stern in der britischen Armee. Was ihm jedoch in den letzten beiden Monaten seines Lebens zustieß, reichte aus, um die Errungenschaften eines ganzen Lebens zunichte zu machen.

Man muß dazu sagen, daß Colley von seinen Untergebenen nicht besonders gut informiert wurde. Im ersten Burenkrieg gab Oberst Lanyon, seit 1879 für den Transvaal als Verwaltungsoffizier zuständig, Colley eine völlig falsche Einschätzung der militärischen Stärke der Buren:

»Ich denke, wir brauchen nicht viel mehr zu tun als zu zeigen, daß wir bereit sind. Wir können uns zurücklehnen und die Dinge sich selbst regeln lassen. ... Die Buren sind unfähig zu einer gemeinsamen militärischen Operation, und sie sind Mordsfeiglinge, darum wird alles, was sie tun, keinen Schuß Pulver wert sein.«

Lanyons Kardinalfehler, die Unterschätzung des Feindes, sollte sich auf Colley übertragen. Die Briten hatten lediglich 1760 Mann, um ihre Vorherrschaft im Transvaal geltend zu machen. Wenn die Buren erst einmal ihre Unabhängigkeit erklärten, wären sie eindeutig überlegen. Am 20. Dezember 1880 fand eine »Schlacht« bei Bronker's Spruit statt. Eine Kolonne von 264 Soldaten aus dem 94. Regiment wurde von einem eintausend Mann starken Burenkommando aufgehalten, das sich an den Abhängen verschanzt und die Briten von allen Seiten im Visier hatte. Die Buren forderten die Briten höflich auf, umzukehren und gaben ihrem Befehlshaber, Oberstleutnant Anstruther, zwei Minuten Bedenkzeit. Obwohl er sich in einer völlig hoffnungslosen Lage befand, entschied sich Anstruther für das Gefecht, und so wurde die Kolonne dezimiert: auf britischer Seite gab es 77 Tote und über einhundert Verwundete. Die Scharfschützen der Buren leisteten Erstaunliches: ein Soldat wurde 18 mal getroffen und jeden britischen Offizier hatte es zumindest einmal erwischt.

Die Buren versammelten nun zweitausend Mann bei Laing's Nek, von wo aus sie die Straße, die von Natal in den Transvaal führt, kontrollieren konnten. Sie trotzten allen britischen Versuchen, diesen strategischen Punkt zu erobern. Im Januar 1881 entschied sich Colley, mit eintausend Soldaten nach Transvaal einzumarschieren – eine wirklich erstaunliche Entscheidung, wenn man bedenkt, daß der Gegner doppelt so stark war und sich in einem ihm völlig vertrauten Gelände verschanzt hatte. Colley folgte offensichtlich Lanyons präziser Einschätzung der burischen Kriegskünste. So gab es für ihn unvermeidlich ein böses Erwachen. Tatsächlich mußte seine Infanterie bei der Schlacht von Laing's Nek einen steilen Hügel erklimmen, um die Stellungen der Buren mit vorgehaltenem Bajonett zu stürmen. Aber als die Soldaten oben ankamen, waren sie erschöpft; viele ließen sich zu Boden fallen, um eine Verschnaufpause zu bekommen, wurden aber von zwei Seiten durch zielgenaues Gewehrfeuer unter Beschuß genommen. Die britischen Verluste betrugen 160 Tote und Verwundete bei 480 am Kampf beteiligten Soldaten, die Buren verloren nur 41 Mann. Jetzt gab Colley zu, daß er die Buren unterschätzt hatte. Aber würde er aus seinen Fehlern lernen?

Zunächst einmal war er fest entschlossen, diese Niederlage nicht ungerächt zu lassen. Außerdem saß ihm seine außerordentlich ehrgeizige Frau im Nacken. Er müsse, so drängte sie ihn, entschlossen handeln, ehe es Friedensverhandlungen gebe. Ein Sieg mußte her, um seinen Ruf wiederherzustellen. »Eine weitere Niederlage wäre für Colley das Aus«, schrieb damals ein Offizier.

Obwohl die Buren bei Laing's Nek eine starke Stellung hielten, konnte Colley erkennen, daß der unter dem Namen »Majuba Hill« bekannte zweitausend Meter hohe Berg das Burenlager überragte. Der Majuba war so hoch, daß die Buren nicht daran gedacht hatten, seinen Gipfel zu besetzen. Sie müßten Laing's Nek räumen, wenn es Colley gelänge, mit seinen Männern den Berg zu erklimmen. Am 26. Februar führte er eine Truppe von mehr als 500 britischen Soldaten in einem Nachtmarsch auf den Gipfel des Majuba Hill. Jeder Mann war schwer beladen mit zusätzlicher Munition und einem Dreitagesvorrat an Nahrung und Wasser. Nach einer schwierigen Kletterpartie bemerkte Colley zu seiner größten Zufriedenheit, daß der Gipfel tatsächlich nicht besetzt war. Vielleicht ließ sein Hochgefühl ihn alle Vorsicht vergessen, denn von jetzt an ging alles schief, und das war nicht zuletzt seine Schuld.

Das Burenlager war nur zweieinhalb Kilometer vom Gipfel entfernt, und die Möglichkeit, von hier aus auf den Feind hinabsehen zu können, schien Colley und seine Männer allzu siegessicher zu machen. Der Überraschungseffekt ist allerdings ein großer Vorteil, auf den man niemals verzichten darf, und Colley muß sich den Vorwurf gefallen lassen, nicht eingeschritten zu sein, als ganze Gruppen von

»Ich denke, wir brauchen nicht viel mehr zu tun als zu zeigen, daß wir bereit sind. Wir können uns zurücklehnen und die Dinge sich selbst regeln lassen. ... Die Buren sind unfähig zu einer gemeinsamen militärischen Operation, und sie sind Mordsfeiglinge, darum wird alles, was sie tun, keinen Schuß Pulver wert sein.«
Oberst Lanyon, 1879.

Die arrogante Fehleinschätzung der Kampfkraft und -moral der Buren durch Oberst Lanyon kostete einen der brillantesten Offiziere der britischen Armee im 19. Jahrhundert, General Colley, und unzähligen seiner Soldaten das Leben.

Highlanders den Buren wie Urlauber oder Schulausflügler zujohlten und hinunterwinkten. Die Buren eröffneten sofort das Feuer auf die winzigen Gestalten und landeten sogar einen Treffer – eine erstaunliche Leistung bei einer Entfernung von mehr als zweitausend Metern. Von Colleys erhöhter Position aus schienen die ameisengleichen Aktivitäten im Lager der Buren nur das Vorspiel zu einer Evakuierung zu sein. Vielleicht hinderte diese Annahme Colley daran, den grundlegenden Instruktionen zu folgen und auf dem Gipfel Schützengräben ausheben zu lassen. Vielleicht glaubte er nicht, daß die Buren das gleiche tun würden wie er, nämlich den Berg zu erklimmen. Als Unteroffiziere ihn fragten, ob er Gräben ausgehoben haben wolle, antwortete Colley nur, dazu bestehe keine Notwendigkeit. Sodann entschloß er sich, ein Nickerchen zu machen.

Seine Selbstzufriedenheit wäre schnell verflogen, wenn er vernommen hätte, was im Lager der Buren vor sich ging. Hunderte von Männern meldeten sich freiwillig, um den Berg zu erklimmen und die Briten davonzujagen. Viele wurden abgewiesen; nur 180 erfahrene Scharfschützen – zumeist junge Farmerssöhne – durften den Aufstieg wagen. Während eintausend burische Schützen mit einem Sperrfeuer die britischen Köpfe unten hielten, begann die Angriffstruppe mit dem Aufstieg. Das Sperrfeuer wurde von einem britischen Offizier mit den Worten »die Buren vergeuden Munition« gemeldet.

Der junge Ian Hamilton, der 1915 den katastrophalen britischen Feldzug in Gallipoli befehligen sollte, rannte zu Colley, um ihn davon in Kenntnis zu setzen, daß einhundert Buren den Gipfel erreicht hätten, aber der General ließ sich dadurch nicht aus der Ruhe bringen. Selbst die Nachricht, daß zweihundert, dann gar 300 Buren aufgetaucht seien, schien ihn nicht zu interessieren. Als Hamilton zum vierten Mal mit einer noch übertriebeneren Zahl zu Colley eilte, war dieser wieder eingeschlafen. Tatsächlich hatte der hysterische Hamilton Colley den völlig falschen Eindruck vermittelt, es finde ein Handgemenge statt. Die Buren, von denen einige kaum älter als vierzehn Jahre waren, hatten nicht die Absicht, mit einer dreifachen Übermacht erwachsener Männer zu kämpfen. Statt dessen blieben sie in Deckung und schossen die Highlander nieder als wären sie Freiwild für den Kochtopf.

Endlich erkannte Colley die Gefahr und weckte seine Reservetruppen, die ebenfalls geschlafen hatten und nur halb bekleidet waren. Sie bildeten eine Schützenlinie und feuerten eine ziemlich ungenaue Salve, die weit am Ziel vorbeiging. Die Buren, die sich zu Boden geworfen hatten, bevor die Briten feuerten, standen nun auf und schossen zwanzig Rotröcke nieder. Jetzt gerieten viele britische Soldaten in Panik, und einige begannen, den Berg hinunterzukriechen. Während Colley Ruhe bewahrte und seine Leute zu sammeln suchte, wurde er aus kurzer Distanz in den Kopf geschossen und getötet. Der Schütze soll ein zwölf Jahre alter Junge gewesen sein. Danach brach ein äußerst unschönes Chaos aus; die Soldaten ergaben sich oder flohen in panischer Eile.

So hatte eine Gruppe von Jungen und Freischärlern, deren militärische Qualitäten man ignoriert hatte, und die zu Beginn des Feldzugs als »Mordsfeiglinge« bezeichnet worden waren, 554 Soldaten unter dem brillantesten Befehlshaber der britischen Armee in die Flucht geschlagen. Die britischen Verluste beliefen sich auf 93 Tote, 133 Verwundete und 58 Gefangene. Die Buren verzeichneten einen Toten und fünf Verwundete. Viele teilten Queen Victorias Gefühle, als sie bemerkte: »Armer Sir George...«

Das Massaker von Amritsar (1919)

Nach dem Ersten Weltkrieg forcierte die indische Unabhängigkeitsbewegung ihren Kampf und ging zu Gewalttaten gegen europäische Zivilpersonen über, die an den Beginn des großen indischen Aufstands (der »Mutiny«) von 1857 erinnerten. Einer der Unruheherde war die Stadt Amritsar im Punjab. Im April 1919 wurde Brigadegeneral Dyer dort hingeschickt, um die Ordnung wiederherzustellen. Was folgte, war ein militärischer Kardinalfehler mit Todesfolgen – mitten im Frieden.

General Dyer ist bisweilen als rassistischer Killer dargestellt worden, der unschuldige Menschen tötete, aber das ist eine irreführende Sichtweise. Dyer war lediglich genauso voreingenommen wie viele Angehörige britischer Dienststellen in Indien, bei denen die Erinnerung an den Aufstand lebendig geblieben war. Sie unterstützten Dyer in jeder Hinsicht, manche hielten ihn sogar für zu nachsichtig. Dyer war einfach der Mann an der »Speerspitze«, der die Tötungsaktionen durchführte, während andere in Regierungsgebäuden oder gutausgestatteten Klubs saßen und schriftliche Befehle ausgaben. Das britische Establishment ängstigte sich vor der wachsenden Gewalt im Punjab und glaubte, nur ein zäher Haudegen könne die Lage bereinigen. Da war Dyer genau der Richtige, obwohl man bedenken sollte, daß die ersten Anzeichen der Arteriosklerose, an der er sterben sollte, ihm bereits ziemliche Schmerzen verursachten. Fügt man dann noch sein hitziges Temperament hinzu und würzt das Ganze mit dem heißesten Sommer seit Jahren, so hat man die für eine Tragödie notwendigen Zutaten.

Als Dyer mit britischen, indischen und Gurkha-Truppen, die insgesamt etwas mehr als tausend Mann umfaßten, in Amritsar eintraf, gab ihm der stellvertretende Regierungskommissar einen vollständigen Bericht über die Angriffe auf europäische Zivilpersonen. Dabei ging es vor allem um die Missionarin Miss Sherwood, die von einem mordlüsternen Mob übel zugerichtet worden war. Man kann sich vorstellen, wie dem kühnen Engländer in dieser Ära imperialen Stolzes das Blut vor Empörung kochte, wenn er daran denken mußte, welch unwürdige Behandlung diese weiße Frau hatte erdulden müssen. Der Regierungskommissar hatte offiziell bekanntgemacht, daß auf Versammlungen von mehr als vier Indern geschossen werden würde, und Dyer erhielt einen Befehl vom Vizekönig höchstpersönlich, der besagte, daß bei eventuellem Einsatz von Truppen ein Exempel statuiert werden solle. Dyer war klar, welche Schlußfolgerungen diese Botschaft des Vizekönigs nahelegte. Er mußte dies Exempel in Amritsar statuieren, um die Entschlossenheit Großbritanniens zu zeigen, die Bürgerunruhen in ganz Indien ein für alle Mal zu beseitigen.

Die Wogen der Gefühle schlugen auf indischer Seite ebenso hoch wie auf britischer. Dyer hatte die Bekanntmachung des Regierungskommissars in der ganzen Stadt verlesen lassen, aber die Reaktionen waren nicht so kooperativ, wie er es sich erhofft hatte. Die Menge war keineswegs eingeschüchtert, sondern antwortete mit höhnischem Lachen und schrie, der Raj sei tot und die Briten sollten Indien verlassen. Im Jallianwala Bagh, einem etwa viertausend Quadratmeter großen, von Häusern und Mauern umgebenen Areal, sollte unter freiem Himmel eine Versammlung stattfinden. Das war, wie die Inder wußten, ein Akt des offenen Widerstands. Man hatte sie gewarnt, daß die Briten auf solche Versammlungen das Feuer eröffnen würden, dennoch hatten sich am Nachmittag mindestens fünftausend Menschen eingefunden, um Rednern zuzuhören.

Die britische Reaktion war von äußerster Wut, wenn nicht gar Hysterie geprägt. Ein britischer Stabs-arzt schlug vor, die Versammlung aus der Luft zu bombardieren. Der Vizegouverneur des Punjab stellte Amritsar unter Kriegsrecht, und Dyer machte sich auf, um mit der Menge im Jallianwala Bagh fertig zu werden. Er nahm eine ziemlich kleine Infanterieeinheit mit, 25 Sikhs und 65 Gurkhas, von denen nur die Hälfte mit Gewehren bewaffnet war. Mit diesen Soldaten und begleitet von zwei Panzerwagen fuhr er zur Versammlung. Der Eingang in den Bagh war sehr eng, und so ließ man die Wagen zurück. Die Soldaten marschierten durch eine Gasse hindurch direkt in die Arena. Ohne zu zögern befahl Dyer seinen Männern, das Feuer zu eröffnen. Zuerst herrschte erschrockenes Schweigen, dann rief jemand: »Das sind nur Platzpatronen!« Aber es war richtige Munition, und als das Blut zu fließen begann, gerieten die Menschen in Panik, schrien und suchten nach einem Fluchtweg. Aber alles war versperrt und hinaus konnte man nur dort, wo Dyer mit seinen Soldaten hereingekommen war. Die Soldaten feuerten wahllos in die Menge, und wenn ihre Magazine leer waren, luden sie erneut durch und schossen weiter. Die ganze Aktion dauerte etwa zehn Minuten, während derer 1650 Schüsse abgegeben wurden, von denen wahrscheinlich nicht einer daneben ging, so dichtgedrängt standen die Menschen zusammen. Zwar behauptete Dyer, er habe keine Frauen oder Kinder bemerkt, doch dürften sich mehr als genug unter den Opfern befunden haben. Obwohl es 379 Tote und mehr als tausend Verwundete gab, machten die

Briten keinerlei Anstalten, irgend jemandem zu helfen, sondern marschierten den selben Weg zurück, den sie gekommen waren. Dyer plagten keine Zweifel an der Richtigkeit seines Handelns, und seine Entscheidung wurde vom Vizegouverneur ohne Zögern gebilligt. Bei den Briten galt Dyer als Held und wurde für sein moderates Vorgehen gelobt.

Bis hierher konnte Dyer behaupten, er befolge lediglich Befehle – schließlich ist das ja immer und überall das Losungswort von Lagerkommandanten und Armeeschlächtern gewesen. Aber nun warf er alle Zurückhaltung über Bord und ließ seiner Verachtung, die er gegen die Inder empfand, freien Lauf. Er ordnete an, daß ein Inder sich zu verbeugen habe, wenn er einen Europäer treffe. Wer dem nicht Folge leiste, werde auf der Stelle ausgepeitscht. Fahrräder und ähnliche Transportmöglichkeiten wurden beschlagnahmt. In einem perversen Versuch, indischen Intellektuellen wie Gandhi oder Nehru einen Schlag zu versetzen, befahl Dyer 93 indischen Rechtsanwälten, als Kulis zu arbeiten und zwang sie, öffentlichen Auspeitschungen beizuwohnen.

Man muß sich fragen, ob Dyers geistiges Gleichgewicht während dieser Zeit intakt war, auch wenn er in seiner Vorgehensweise durch die rassistischen Vorurteile der anderen Europäer in Amritsar bestärkt wurde. Hinsichtlich des Angriffs auf die Missionarin erließ Dyer den Befehl, jeder Inder, der die Straße benutzen wolle, in der der Angriff stattgefunden habe, müsse sie auf Händen und Füßen

hinunterkriechen, anderenfalls werde er unverzüglich ausgepeitscht. Eine ganze Welle von Auspeitschungen überschwemmte den Punjab und gipfelte in einem außerordentlichen Vorkommnis: In Kasur wurden alle Teilnehmer einer Hochzeitsfeier ausgepeitscht, weil sie die Sperrstunde übertreten hatten.

Als man in England von diesen Ereignissen erfuhr, reagierte man schockiert. Winston Churchill klagte Dyer im Parlament wegen dieses »unerhörten Vorgangs« an. Unverzüglich wurde das Hunter-Komitee beauftragt, das »Massaker von Amritsar« (unter diesem Namen war es einer erschrockenen Welt bekannt geworden) zu untersuchen. Kein anderes Ereignis hätte es vermocht, die öffentliche Meinung in Indien einem solchen Klärungsprozeß auszusetzen. Nach sechs Wochen veröffentlichte das Hunter-Komitee seinen Bericht, in dem Dyer die Schuld an dem Massaker zugewiesen wird. Er habe ohne Warnung auf die Menschenmenge so lange schießen lassen, bis seine Munitionsvorräte erschöpft gewesen seien. Dyer wurde von seinem Kommando entbunden und nach England zurückbeordert. Zur ewigen Schande des britischen Volkes wurde Dyer zu Hause jedoch wie ein Held empfangen. Eine öffentliche Spendenaktion erbrachte 25.000 Pfund und machte ihn zum reichen Mann.

Sollte Dyers Aktion dem Zweck dienen, die britische Vorherrschaft in Indien wiederherzustellen und zu befestigen, so war ihr keine anhaltende Wirkung beschieden. Auf lange Sicht erwies sie sich vielmehr als gravierender Fehler, weil sie die Inder davon überzeugte, daß es mit den Briten keine Rassengleichheit in Indien geben könne und folglich die politische Unabhängigkeit angestrebt werden müsse. Es ist nur dem überragenden Vorbild Gandhi zu verdanken, daß die Unabhängigkeitsbewegung in der Zeit vor dem Zweiten Weltkrieg noch relativ friedlich blieb.

Die Schlacht von Dien Bien Phu (1954)

Die französische Niederlage in der Schlacht von Dien Bien Phu war das Ergebnis militärischer Arroganz: Die französischen Befehlshaber glaubten, ihre Überlegenheit über die nationale Befreiungsbewegung der Vietminh, die für die Unabhängigkeit Vietnams kämpften, sei so vollkommen, daß sie ihren Feind besiegen könnten, nachdem sie ihm zuvor jeden erdenklichen Vorteil verschafft hatten. Ein amerikanischer Berater erklärte den Franzosen: »Die Vietminh haben keine Fahrzeuge und keine Flugzeuge. Wie können sie da beweglich sein?« Diese Verachtung gegenüber einem asiatischen Gegner war typisch für den Ethnozentrismus jener Befehlshaber, die ihre Ausbildung in den Militärakademien von Westeuropa und Amerika erhielten, statt die harte Schule des Guerillakampfes in den Dschungeln von Indochina zu durchlaufen.

General Salan, der die französischen Truppen in Vietnam befehligte, hatte den Befehlshaber der Vietminh, General Vo Nguyen Giap als »Unteroffizier, der gerade lernt, mit Regimentern umzugehen« bezeichnet. Es kann kaum überraschen, daß General Henri Navarre, der 1953 zum Nachfolger Salans ernannt wurde, seinen Gegner mit ebenso großer Verachtung traktierte und ihn für einen Bauern und militärischen Amateur hielt. Navarre glaubte nicht, daß Giap genügend Truppen zusammenbekäme, um die Franzosen zu besiegen, ganz zu schweigen von der für die Soldaten notwendigen Ausrüstung und Verpflegung. Wenn Giap mit den Franzosen einen offenen Schlagabtausch riskierte, würde er zermalmt werden. In jedem Falle stand die Überlegenheit der französischen Artillerie und Luftwaffe außer Zweifel. Was die Franzosen von der Vietminh-Artillerie hielten, verdeutlicht Navarres Bemerkung: »Sie werden wohl so ein bis zwei Kanonen haben, aber die Granaten explodieren meist gar nicht. Es ist eine Farce.« Aber all diese Annahmen Navarres sollten sich als falsch erweisen, und die Folgen waren für ihn wie für Frankreich alles andere als erfreulich.

Navarres Entschluß, bei Dien Bien Phu eine Entscheidungsschlacht auszutragen, beruhte von vornherein auf einem falschen Verständnis der Politik seiner Regierung. 1953 hatte sich die strategische Lage im Fernen Osten gewandelt. Nach Stalins Tod versuchten die Sowjets, bessere Beziehungen zum Westen aufzubauen und wollten dies durch die Beendigung des Koreakrieges und der Konflikte in Indochina erreichen. Zudem konnte Rotchina nach dem Ende des Koreaakriegs die Vietminh-Bewegung in viel größerem Maßstab als bisher unterstützen. Diese beiden Faktoren ließen es Frankreichs Außenpolitik angeraten erscheinen, die Lage in Indochina zu beruhigen. Dadurch aber wurde Navarres Plan, einen vollständigen Sieg zu erringen, hinfällig. In Frankreich war man der Kämpfe überdrüssig, und die französischen Politiker hatten keine Lust, einen Konflikt auszuweiten, der das Risiko einer chinesischen Intervention mit sich bringen konnte. Navarre war also zum Befehlshaber ernannt worden, um die Situation im Vorfeld einer vertraglich geregelten Beilegung des Konflikts zu stabilisieren; er sollte keinesfalls in einem »Schlagabtausch« alles auf eine Karte setzen.

Aber Navarre hatte schon begonnen, sich von der Situation »ein Bild zu machen«, das mit seinen eigenen Vorurteilen übereinstimmte, jedoch nicht auf Tatsachen beruhte. Nachdem er Dien Bien Phu als geeigneten Ort vorgeschlagen hatte, um gegen Giap zu kämpfen, wies ihn sein Stellvertreter, General Cogny, darauf hin, daß dieser Kampfplatz für die französischen Truppen zum »Fleischwolf« werden könne. Navarre verwarf solche negativen Einschätzungen und bestand darauf, eine französische Streitmacht bei Dien Bien Phu zu konzentrieren, um General Giap zum Angriff zu zwingen. Aber er hätte erkennen müssen, daß die logistische Realität etwas anders

aussah. Bei Dien Bien Phu war die französische Armee nämlich völlig auf sich gestellt und konnte nur aus der Luft versorgt werden. Das Hügelgelände rund um den französischen Stützpunkt würde von Vietminh-Truppen besetzt sein, die aus dem Norden ohne Schwierigkeiten Nachschub erhalten konnten. Zudem machte sich Navarre völlig falsche Vorstellungen davon, was eine Guerilla-Armee zu transportieren imstande war. Giaps Soldaten setzten nicht nur eine Unzahl von Bauern ein, deren aus französischen Vorkriegsbeständen stammende Peugeot-Fahrräder an die 500 Pfund Gewicht tragen konnten, sondern auch alle möglichen anderen Transportmittel auf Rädern, sowie Menschen und Tiere. Dadurch konnten sie eine Streitkraft von 50.000 Soldaten versorgen, die den Franzosen um das Vierfache überlegen war. Erst als der Feldzug seinen Fortgang nahm, begann Navarre zu erkennen, daß er 13.000 Franzosen in eine Falle geschickt hatte, aus der sie nicht einmal durch die Luft entfliehen konnten. Die tiefhängenden Wolken machten das Fliegen gefährlich, und die Artillerie der Vietminh kontrollierte aus ihren Schützengräben heraus den schmalen französischen Luftkorridor, der dadurch nahezu unbenutzbar wurde. Das Gelände, das auf den fehlerhaften französischen Karten so geeignet ausgesehen hatte, entpuppte sich als von dichtem Buschwerk bedeckt, in dem sich die gepanzerten Fahrzeuge verfingen und damit nutzlos wurden. Verschärft wurden die Probleme durch Regenfälle, die den Bo-

Technische Überlegenheit muß nicht notwendig zum Sieg über eine Guerillaarmee führen. Die »Beweglichkeit« und Klugheit ihrer Gegener bekamen die Franzosen deutlich in Dien Bien Phu zu spüren. Auch den Amerikanern sollte ihr Mobilitätsvorteil später vornehmlich auf der Flucht nützen.

den so aufweichten, daß die Panzer im Schlamm steckenblieben und nicht einsatzfähig waren.

Im Laufe des Monats November 1953 verlegte Giap 33 Infanteriebataillone und sechs Artillerieregimenter in die Nähe von Dien Bien Phu. Mit bemerkenswertem Geschick tarnten die Kanoniere der Vietminh ihre Geschütze und gruben sie ein, um sie vor Luftangriffen zu sichern. Unter diesen Umständen hatte sich Navarre als Befehlshaber für einen belagerten Stützpunkt exakt die falschen Leute ausgesucht. Der brillante Kavallerist Oberst Christian Marie Ferdinand de Castries wurde ausgewählt, weil er geschickt mit Panzern zu operieren verstand, die die Franzosen allerdings gar nicht einsetzen konnten, während sein Stellvertreter, der arrogante, einarmige Befehlshaber der Artillerie, Charles Piroth, Navarre leichtfertig versicherte, es werde »kein Vietminh-Geschütz mehr als drei Schüsse abgeben, bevor meine Artillerie es zerstört«. Später sollte Piroth, gedemütigt durch sein Versagen gegenüber der Vietminh-Artillerie, eine Handgranate entsichern und sich in seinem Quartier umbringen.

Navarre hatte voller Selbstvertrauen Cogny und de Castries erzählt, Giap werde die gleiche Angriffstaktik – den Einsatz von »Menschenwellen« – benutzen, die 1951 am Roten Fluß zum Desaster geführt hatte. Damals hatten die Franzosen die Vietminh massakriert, jetzt würden sie es wieder tun. Aber Giap hatte aus seinen Fehlern gelernt. Und er hörte nicht mehr so viel auf seine chinesischen Berater, die solche Frontalangriffe bevorzugten. Giap hatte sich dazu entschlossen, den französischen Verteidigern von Dien Bien Phu langsam die Luft abzudrehen. Drei Monate lang bot er durch seine Weigerung anzugreifen allen französischen Prophezeiungen die Stirn. Aber während der ganzen Zeit bauten seine Soldaten um den französischen Stützpunkt herum Tunnel und Gräben, die hunderte von Meilen lang waren. Zugleich gruben sie ihre Artillerie ein und sicherten die Nachschubwege. Gegen die französische Streitmacht von 7000 Mann Kampftruppen und 6000 Nichtkombattanten bot Giap 50.000 Mann Angriffstruppen und weitere 20.000 Mann zur Bewachung seiner Nachschublinien auf. Giap wußte sehr wohl, daß bei Verschlechterung der Wetterbedingungen – schwere Wolken und Regenfälle – die Abhängigkeit der französischen Truppen von der Luftversorgung eine Schlinge war, die sich mit jedem Tag enger zusammenziehen würde.

Am Ende sind die französischen Profis vom Professionalismus des Mannes, den sie so sehr verachteten, erledigt worden. Giap und die Vietminh gingen mit methodisch-sorgfältigen Planungen gegen die französische Arroganz und Schnoddrigkeit vor. (Die drei um die Hauptbasis gruppierten Artilleriestützpunkte, die im übrigen zu weit auseinander lagen, um sich gegenseitig unterstützen zu können, waren nach den letzten Liebschaften des Befehlshabers benannt worden und hießen Béatrice, Gabrielle und Isabelle.) Bevor der Angriff auf die Hauptbasis begann, wurden die beiden nördlichen Artilleriestütz-punkte eingenommen. Damit war es den Truppen der Vietminh ge-lungen, sich sehr nahe an die be-drohten Verteidiger heranzuarbei-ten. Als die militärische Lage sich verschlechterte, begann die Suche nach Sündenböcken. Die Bezie-hungen zwischen Navarre und Co-gny hatten einen Punkt erreicht, an dem die beiden einander nicht begegnen konnten, ohne sich ge-genseitig Schläge anzudrohen. Die einzige Hoffnung bestand jetzt darin, daß die Vereinigten Staaten direkten schweren Luftangriffen auf die Schützengräben der Viet-minh zustimmen würden. Es wur-de sogar der Einsatz von Atom-waffen in Betracht gezogen. Aber die Amerikaner entschieden schließlich, es sei »der falsche Krieg zur falschen Zeit«. Jetzt waren die Verteidiger endgültig dem Unter-gang geweiht. Am 7. Mai 1954 überrannten die Vietminh die fran-zösischen Stellungen und nahmen Dien Bien Phu ein. Damit war der Krieg in Indochina praktisch been-det.

Dien Bien Phu kann mit einiger Berechtigung als »Navarres Wahn« bezeichnet werden. Allerdings muß man zu seiner Entlastung dar-an erinnern, daß seine Ansichten von einer ganzen Generation eu-ropäischer und amerikanischer Be-fehlshaber geteilt wurden. Aber sie alle mußten in Korea und später in Laos und Vietnam lernen, wie töricht es ist, das Können und die Kraft von Guerillakämpfern zu un-terschätzen.

Kapitel 4: Die Taktiken der Niederlage

Die Konservativen

Weigert man sich, aus den Kriegen der Vergangenheit zu lernen, ist man dazu verdammt, die unheilbringenden Fehler der Vergangenheit zu wiederholen – und dennoch ist der Konservatismus im Militärwesen die Ursache vieler Fehlschläge gewesen. Ihr konservativer Charakter ließ die Militärs allzuoft an traditionellen Werten wie Ehre, Pflicht, Treue und Mut festhalten und annehmen, daß sich traditionelle Methoden wie der Einsatz des Bajonetts oder der Kavallerieangriff unter allen denkbaren Umständen als verläßlich erweisen. Aber die Kriegstechnologie hat sich unabhängig von den Wünschen und Bedürfnissen der Generäle weiterentwickelt, und wer immer diese Tatsache ignorierte und den taktischen Vorstellungen eines vergangenen Zeitalters folgte, ist gewöhnlich gescheitert.

Den mittelalterlichen Ritterstand, das Urbild der konservativ geprägten Kriegstaktik, traf zu Beginn des 14. Jahrhunderts, als der gesellschaftlich unter ihm stehende und mit Verachtung gestrafte Fußsoldat sich auf einmal als der Stärkere erwies, ein entscheidender Schlag. In einer Reihe von europaweit ausgetragenen Schlachten, von Courtrai 1302 bis Bannockburn 1314 und Morgarten 1315, zeigte sich das gleiche Bild: Wer die neuen Taktiken nicht übernahm, ging unter. Aber die Ritterschaft Frankreichs, der an Zahl und Pracht keine andere in Europa gleichkam, wollte diese Botschaft nicht hören. Darum erlitt sie 1346 bei Crécy ihre endgültige Niederlage.

Englische Lektionen

In der Schlacht von Crécy bestand die englische Armee von Eduard III. aus 12.000 Soldaten, umfaßte 8000 Bogenschützen und hatte eine ausgezeichnete Verteidigungsposition entlang einer Hügelkette bezogen. Die französische Armee, angeführt von König Philipp VI. höchstselbst und verstärkt durch deutsche, böhmische und spanische Ritter, stellte ein eindrucksvolles Spektrum des europäischen Rittertums dar. Drei Könige ritten mit Philipp in die

»Es ist ein unumstößliches Gesetz, daß das Gewehr , so effizient es auch sein möge, die Schnelligkeit eines Pferdes, die elektrisierende Wirkung eines Angriffs und den Schrecken eines blanken Schwertes nicht ersetzen kann.« Aus einem Ausbildungshandbuch der britischen Kavallerie, 1907.

Ungeachtet der britischen Erfahrungen im zweiten Burenkrieg von 1899 bis 1902 und der Beweise, die der russisch-japanische Krieg von 1904/05 für die Wirksamkeit des modernen Gewehrfeuers lieferte, gingen britische Militärtheoretiker weiterhin davon aus, daß in jeder kriegerischen Auseinandersetzung die Kavallerie die Hauptrolle spielen müsse.

Schlacht: der römisch-deutsche Kaiser Karl IV., Jaime II. von Mallorca und Johann von Luxemburg, der blinde König von Böhmen, der angekettet zwischen zwei Rittern in den Kampf zog. So viele berühmte Adlige waren dabei, daß es schwierig gewesen sein muß, die großen, vielleicht 12.000 Mann umfassenden Reitereiabteilungen in eine bestimmte Ordnung zu bringen. Es war sicher eines der größten Aufgebote, das jemals an einer mittelalterlichen Schlacht teilgenommen hat und übertraf die zweitausend Ritter von Bannockburn und die eintausendfünfhundert von Hattin bei weitem. Wie in anderen Schlachten des Mittelalters traten die Ritter mit äußerstem Stolz, großer Arroganz und egozentrischer Überheblichkeit auf. Um das Beste aus ihnen herauszuholen, bedurfte es schon eines Generals von ungewöhnlichen Fähigkeiten. Philipp von Frankreich besaß sie nicht, dafür aber Eduard III.

Der Tag war schon vorgerückt, als die Streitkräfte der Franzosen in die Sichtweite der englischen Stellungen gelangten. An ihrer Spitze marschierte eine aus 5000 Genueser Armbrustschützen bestehende Streitmacht. Es handelte sich um äußerst tüchtige Söldner, die sehr gut zu kämpfen verstanden, wenn sie entsprechend geführt wurden. Aber die Überheblichkeit der französischen Adligen ließ sie mit Verachtung auf diese fremdländischen Fußsoldaten herabblicken, und obwohl die Genueser schon achtzehn Stunden lang marschiert und ihre Bogensehnen feucht geworden waren, wurden sie in den Kampf getrieben. Die Franzosen griffen vorne an und schoben und drängten von hinten nach, als befänden sie sich in einem engen Korridor. Sie waren am Morgen in zehn getrennt marschierenden Divisionen aufgebrochen, aber mittlerweile hatten alle aufgeschlossen, und so sahen die Engländer, wie sich zu ihren Füßen eine einzige wogende Masse von Männern und Pferden ausbreitete.

Anscheinend hatte Philipp seinen Kriegern befohlen, das Lager aufzuschlagen, aber niemand nahm davon Notiz. Soldaten schrien in verschiedenen Sprachen durcheinander, während die Bevölkerung die Straßen in der Umgebung verstopfte und rief: »Tötet! Tötet!« Es muß sich angehört haben wie beim Turmbau zu Babel. Der Chronist Froissart schrieb, daß keiner, der nicht dort gewesen sei, sich dies Durcheinander vorstellen könne.

Ob es König Philipp nun gefiel oder nicht: Die Schlacht begann, als die Genueser Armbrustschützen vorrückten und eine Salve auf die Engländer abfeuerten. Doch die Salve fiel zu kurz, und sie rückten noch weiter vor. Aber bevor sie erneut schießen konnten, wurden sie von einem Hagel englischer Pfeile getroffen. So etwas hatten sie noch nie zuvor erlebt, und sie gerieten in Panik. Als sie zu entkommen versuchten, wurden sie von der ersten Reihe der französischen Ritter, die der Herzog von Alençon befehligte, niedergeritten. Das brachte ihre Reihen noch stärker durcheinander. Bevor sie überhaupt Stoßkraft entwickeln konnten, wurden sie von den englischen Pfeilschützen eingedeckt, die bis ins 19. Jahrhundert hinein in dem Ruf standen, die Infanterie mit der konzentriertesten Feuerkraft zu sein. Jede Minute gingen auf die französischen Ritter an die 60.000 Pfeile nieder. So ist es nicht erstaunlich, daß keiner aus der ersten Reihe die englischen Stellungen erreichte. Doch obgleich das Schlachtfeld mit toten Soldaten und Pferden übersät war, ritt auch die zweite Linie der Ritter direkt in den tödlichen Strudel hinein und wurde ebenso niedergeschossen, unter ihnen auch der blinde König von Böhmen.

Während des gesamten Kampfes, in dem fünfzehn Angriffe nacheinander vorgetragen wurden, machten die französischen Ritter nicht einmal den Versuch, die Flügel des englischen Heeres zu umgehen oder die Langbogenschützen anzugreifen. Ihr einziges Ziel schien darin zu bestehen, die englischen Ritter, die ihre Pferde noch gar nicht bestiegen hatten, in eine Schlacht zwischen Gleichen zu verwickeln. Wieder und wieder stieß ein neuer Frontalangriff einfach mit den Überresten des vorhergehenden zusammen, wie Wellen, die ans Ufer schlagen. Kein einziger der französischen Befehlshaber dachte taktisch. Sie folgten einem Muster, dem schon ihre Vorfahren jahrhundertelang durch dick und dünn gefolgt waren. Hier kam es schließlich ganz dick. Die französischen Verluste waren gewaltig, wobei nur die Zahlen für den hohen und niederen Adel verzeichnet wurden: 1542 Gefallene, die Elite der französischen Ritterschaft. Eine solche Schlacht sollte es bis Agincourt nicht mehr geben, wo die französischen Ritter 1415 ein ganz ähnliches Schicksal erlitten.

Französische Lektionen

Die Franzosen sollten 1450 bei Formigny und 1453 bei Castillon ihre Revanche für Crécy bekommen. Da die Engländer ihre erfolgreiche Waffe, den Langbogen, nicht aufgeben wollten, unterlagen sie der Vernichtungskraft der neuen französischen Artillerie. Als im 16. Jahrhundert die Handfeuerwaffen in der Kriegführung Verwendung fanden, wirkte Englands obsessives Festhalten an Bogengeschützen allmählich seltsam archaisch.

Die andere wichtige Rolle in der zweifachen militärischen Revolution des 14. Jahrhunderts spielten die schweizerischen Pikeniere. 1315 triumphierten sie bei Morgarten über die österreichischen Ritter und dienten während des 15. Jahrhunderts überall in Europa als Söldner. Aber auch sie versäumten es, sich neuen Gegebenheiten anzupassen, und verschwanden in der Versenkung. Wie die Engländer waren sie zu konservativ, um zu bemerken, daß das einst Revolutionäre mittlerweile überholt war. 1522 bei Bicocca sollten sie die gleiche bittere Lektion erteilt bekommen wie die Engländer bei Castillon. Da sie sich für unbesiegbar hielten und es ablehnten, auf die Unterstützung ihrer französischen Verbündeten zu warten, griffen 8000 Schweizer Pikeniere eine starke spanische Stellung an, die durch Hecken und Gräben gesichert und mit Musketieren und Pikenieren besetzt war. Unbeeindruckt sprangen die Schweizer in einen tiefen Graben vor der spanischen Stellung, um sich gewaltsam einen Weg auf die andere Seite zu bahnen. Sie wurden von den gegnerischen Pikenieren niedergehalten und von den Musketieren in Stücke geschossen. Dreitausend von ihnen starben im Graben, bevor sie den Rückzug antreten konnten.

General Braddock

Konservatives Denken kann so manchen Befehlshaber in der Vorstellung bestärken, daß die Taktik, die er in einer Situation so erfolgreich angewandt hat, auch in einer gänzlich anderen Lage notwendig zum Erfolg führen müsse. Diesen Fehler beging General Edward Braddock 1755 bei seinem verhängnisvollen Feldzug in Nordamerika. Braddock war kein Narr, aber er hielt sich mit pedantischer Genauigkeit an seine militärischen Handbücher und Vorschriften. Seine französischen Gegner hatten allerdings schon herausgefunden, daß sich die Kampfbedingungen im amerikanischen Urwald sehr von denen in Europa unterschieden. Folglich hatten sie sich ihnen angepaßt und ihre unbequemen Uniformen gegen indianische Kleidun und Mokassins eingetauscht. Sie hatten auch gelernt, daß man in der Wildnis am besten kämpft, indem man hinter Bäumen Deckung sucht und das Gelände ausnutzt, um einen Hinterhalt zu legen. Braddock und seine Soldaten wußten von all dem gar nichts. Bevor der General England verließ, hatte ihm der Herzog von Cumberland eingeschärft, daß Disziplin die grundlegende militärische Tugend sei. Wer das vergesse, schlage allen militärischen Gepflogenheiten ins Gesicht. Die Briten sollten erst allmählich begreifen, daß man im Kampf gegen Freischärler und Indianer flexibel sein muß.

Im Juni 1755 marschierte Braddock von Fort Cumberland ab, um das französische Fort Duquesne zu belagern. Es ging sehr langsam voran, denn die Straße, auf der sie vorrückten, mußte von ihnen selbst erst noch gebaut werden. Die großen dunklen Wälder um den Ohio versetzten die unwissenden Soldaten aus England und Irland in Angst und Schrecken. Sie hatten wilde Geschichten über die Grausamkeit der Indianer gehört und waren psychologisch schon halbwegs geschlagen, ehe sie den Feind überhaupt erreicht hatten. Braddock aber kam nur im Schneckentempo voran, weil er unterwegs gewissermaßen jeden Maulwurfshügel einebnen und über jeden Bach eine Brücke bauen ließ. Die Franzosen konnten dem Vormarsch der britischen Kolonne in Richtung auf den Monongahela ohne Schwierigkeiten folgen, und Braddock unternahm keinen Versuch, seinen Vormarsch zu verbergen. Obwohl zahlenmäßig stark unterlegen, entschlossen sich die Franzosen, nicht im Fort zu warten, sondern mit ihren indianischen Verbündeten vorzurücken und Braddock in einen Hinterhalt zu locken. Der britische General war sich dieser Möglichkeit bewußt und hatte eine Vorhut losgeschickt, die nach allen möglichen Fallen Ausschau halten sollte. Doch als er dem Fort näher kam, und ein Hinterhalt immer unwahrscheinlicher schien, wurde er sorglos. Vielleicht hatten es die Franzosen mit der Angst bekommen und würden sich kampflos zurückziehen.

Tatsächlich aber waren die Franzosen gerade dabei, ihren geplanten Hinterhalt vorzubereiten, als die Briten über sie stolperten. Braddocks Vorhut unter Oberst Gage traf auf eine merkwürdige Figur, die ihnen geradewegs entgegen kam. Sie war wie ein Indianer gekleidet, trug um den Hals aber den Ringkragen eines französischen Offiziers. Das war Hauptmann Beaujeu, der die Franzosen und Indiander befehligte. Er reagierte schnell und scheuchte seine Männer auf die Bäume. Gage formierte seine Truppe und feuerte drei ohrenbetäubende Salven ab. Aber seine Leute wurden einer nach dem anderen von dem unsichtbaren Feind niedergestreckt. Nun schoß Gage mit Kanonen in den Wald, bewirkte aber nichts. Als indianisches Kriegsgeschrei ertönte, geriet die britische Flankendeckung in Panik und verließ den Schutz der Bäume, um auf der Lichtung niedergeschossen zu werden. Jetzt kam die ganze britische Kolonne in Unordnung. Die Vorhut zog sich zurück, die Nachhut rückte vor, und so entstand mitten auf der Lichtung ein Gedränge wie beim Rugby. Die Hälfte der britischen Verluste entstand dadurch, daß die Soldaten in der Nachhut ihre eigenen Kollegen aus den vorderen Reihen umlegten. Mit großem Mut sprengte Braddock auf seinem Pferd einher und bellte Befehle. Da er ein weißes Taschentuch um seinen Hut gebunden hatte, bot er den Heckenschützen ein deutliches Ziel. Doch schien sein Leben unter einem Glücksstern zu stehen, denn ihm

»Das nächste Mal wissen wir, wie wir mit ihnen umzugehen haben.«
General Braddock, 1755, auf seinem Sterbebett zu George Washington.

General Braddock war überaus konservativ in seinem Denken. Das machte es ihm unmöglich, seine auf europäischen Schlachtfeldern entwickelte und erfolgreich angewandte Taktik an die Bedingungen des Kampfes in der nordamerikanischen Wildnis anzupassen. Erst auf dem Sterbelager wurden ihm seine Fehler im Kampf gegen Indianer und Franzosen bewußt – die nötigen Konsequenzen daraus aber nicht in allen Teilen der Armee gezogen.

wurden vier Pferde unterm Leib weggeschossen, während er selbst unverletzt blieb. Ein Offizier aus Virginia, der mehr Initiative zeigte als alle anderen, befahl seinen Soldaten, hinter einem umgestürzten Baum in Deckung zu gehen. Das jedoch hielten britische Offiziere für den Versuch einer Desertion und eröffneten tatsächlich das Feuer auf ihre Kameraden. Als Braddock sah, daß einige seiner Rotröcke hinter Bäumen Schutz suchen, prügelte er sie mit seinem Säbel ins offene Gelände zurück. Die Briten wurden gezwungen, in Reih und Glied anzutreten als wären sie auf dem Exerzierplatz. Dabei erlitten sie natürlich beträchtliche Verluste. Das Massaker wäre weitergegangen, hätte nicht die fünfte Kugel Braddocks Pferd verfehlt und statt dessen die Lunge des Generals getroffen. Als ihr Befehlshaber tödlich verwundet dalag und mit ihm 60 von 86 Offizieren, wandten sich die Überreste der Kolonne zur Flucht. George Washington, der sein ganzes Leben mit Braddock zusammengearbeitet hatte und den widerspenstigen General gern davon überzeugt hätte, sich den Gegebenheiten besser anzupassen, half bei der Organisierung des Rückzugs. Braddock hatte 45 Jahre lang militärische Erfahrungen in Europa sammeln können, war aber außerstande, die Schlacht mit einer diesen besonderen Umständen entsprechenden Taktik zu führen. Den Tod vor Augen, sagte er zu Washington: »Das nächste Mal wissen wir, wie wir mit ihnen umzugehen haben.« Man hätte ihm da gerne zugestimmt, gäbe es nicht das nächste Beispiel.

Ticonderoga

Braddock erwies sich als unfähig, weil er zu konservativ war. General James Abercromby war nicht nur konservativ, sondern dazu noch dumm. Nur drei Jahre nach der vernichtenden Niederlage am Monongahela marschierte Abercromby mit einer starken Streitmacht von 16.000 Mann, bestehend aus britischen und kolonialen Truppen, zum Angriff auf die französische Festung am Ticonderoga. Sein Gegner war Luis Joseph, Marquis de Montcalm, einer der fähigsten französischen Befehlshaber, der lediglich 3600 Mann unter sich hatte. Montcalm befahl, die Bäume vor dem Fort zu fällen, um daraus eine mächtige, gut drei Meter hohe Brustwehr zu bauen. Dann bedeckte er die Anmarschwege zum Fort mit großen Mengen Zweigen und abgehackten Baumkronen. Als Abercromby mit seinen Truppen das Fort erreichte, sah er so viele Angriffsmöglichkeiten, daß die Wahl zur Qual wurde. Die Idee eines Flügelangriffs auf ungeschützte Teile des Forts verwarf er als zu einfach, Artilleriebeschuß von den Hügeln oberhalb der französischen Stellung erschien ihm als zu naheliegend und die Brustwehr mit Kanonen in Stücke zu schießen als zu plump. Also ließ er seine Kanonen bei den Booten und befahl seiner Infanterie, beim Angriff die von den Franzosen als Sperren ausgelegten Dornbüsche, Äste und Kronen zu überqueren. Vielleicht hielt er dies für eine sportliche Art, Chancengleichheit herzustellen. Nachdem er seinen Plan für das Massaker fertiggestellt hatte, zog sich Abercromby vom Schlachtfeld zurück und wartete in einer zwei Meilen entfernten Sägemühle den weiteren Verlauf der Ereignisse ab.

Seine Offiziere stellten ihre Truppen in makellosen Reihen auf und befahlen ihnen, durch das Gewirr von Bäumen und Ästen vorzurücken. Die französischen Truppen, die durch Schießscharten in der Brustwehr zielten, waren für sie unsichtbar. Mit dem Schwert in der Hand versuchten Highlander, die französischen Verteidigungsanlagen zu erklimmen, wurden aber niedergeschlagen oder mit dem Bajonett erstochen. Der absurde Kampf dauerte fünf Stunden, während derer Abercromby aus der Distanz heraus »Vorrücken und angreifen« befahl. Andere Möglichkeiten als der Frontalangriff wurden nicht in Erwägung gezogen. Alles in allem erlitten die Briten allein aufgrund der hartnäckigen Dummheit ihres Befehlshabers zweitausend Mann Verluste. Sein Glaube an die Überlegenheit britischer Truppen, die in steter Ordnung vorrücken, war hier völlig fehl am Platz. Vielleicht hat General Braddock sich ein bißchen im Grab gewälzt.

New Orleans

Wellingtons Veteranen von der iberischen Halbinsel genießen in Militärkreisen mit Recht hohes Ansehen, weil sie zu den zähesten und standhaftesten Kämpfern ihrer Zeit gehörten. Aber unter dem falschen Befehlshaber konnten auch diesen Elitetruppen versagen. Die Geschichte ihres Einsatzes unter Wellingtons Schwager, Sir Edward Pakenham, 1815 in New Orleans ist eine weitere Bestätigung der Tatsache, daß Braddocks letzte Worte alles andere als hellseherisch waren. Pakenham hatte neben Wellington in einigen der größten Schlachten des Eisernen Herzogs gekämpft, dabei aber kaum mehr über das Führen einer Armee gelernt als das Pferd, auf dem er saß. Selbst Wellington hatte Pakenham als »kein allzugroßes Genie« bezeichnet, und das in einer Armee, die sich rühmen konnte, Helden wie Sir William Erskine und »Black Jack« Slade in ihren Reihen zu haben.

Viele der unter Pakenhams Kommando stehenden Spanienveteranen glaubten, sie würden nach sieben Jahren Dienst unter

Wellington nach England zurückkehren, um dort aus der Armee entlassen zu werden. Statt dessen fanden sie sich zu ihrer großen Enttäuschung in der Neuen Welt wieder, um dort zu kämpfen, und dies muß eine Rolle gespielt haben, als sie wieder in ein Gefecht gerieten. Hinzu kam, daß die britische Artillerie kaum noch Munition besaß, so daß Soldaten vom 7. Füsilierregiment und vom 43. Infanterieregiment mit Kanonenkugeln im Tornister an die Front wanken mußten, was die allgemeine Stimmung nicht gehoben haben dürfte.

Obwohl der Krieg zwischen Großbritannien und den Vereinigten Staaten durch den »Ewigen Frieden« von Gent offiziell beendet worden war, schien niemand Pakenham oder den amerikanischen General Andrew Jackson davon unterrichtet zu haben, so daß die entscheidende Schlacht des Krieges noch ausgefochten werden mußte. Jackson verteidigte mit etwa 5000 Mann eine Stellung bei New Orleans. Seine Truppen gehörten nicht zur allerersten Kategorie, sondern waren aus aktiven Soldaten, Milizionären, freiwilligen Zivilisten, Freibeutern und Piraten, ja sogar befreiten Sklaven zusammengewürfelt. Beim Kampf Mann gegen Mann hätten sie gegen Pakenhams britische Rotröcke nicht bestehen können. Aber Jackson hatte nicht die Absicht, das von ihnen zu verlangen. Er suchte eine starke Verteidigungsstellung aus, die zwischen einem Sumpf zur Linken und einem Fluß zur Rechten lag, und lud die Briten ein, seine Front auf einer Breite von weniger als eintausend Metern anzugreifen. Die Front wurde von 5000 Musketen geschützt, so daß ein Frontalangriff einem Selbstmordkommando gleichkam.

Pakenham aber war der Ansicht, daß gleichmäßig vorrückende Truppen Jacksons Stellung mit Hilfe des Bajonetts einnehmen könnten (wenn ein Befehlshaber zu diesem Schluß kommt, ist das für gewöhnlich der Anfang vom Ende). Als die Rotröcke vorrückten – und damit einen ebenso eindrucksvollen Anblick boten wie am Ticonderoga – wurden sie von einem vernichtenden Feuer getroffen. Pakenhams erste Reihe wurde in die Flucht geschlagen. Aber das störte ihn nicht; er schloß daraus vielmehr, er müsse nur die zweite Reihe persönlich führen, um ein anderes Ergebnis zu erzielen. Aber diese Annahme war falsch, und er fiel. Gegen die britischen Verluste von 2100 Mann fielen die acht getöteten und dreizehn verwundeten amerikanischen Soldaten fast gar nicht ins Gewicht. Für die Amerikaner war es keine Schlacht, sondern eher eine Schießübung gewesen. Für die Briten war es eine Lektion, die zu lernen sie sich hartnäckig weigerten, weshalb sie dann auch die Konsequenzen tragen mußten.

Wie man die Kampfbedingungen verschlechtert

Feldmarschall Haigs Entscheidung, 1917 in Flandern während der Sommer- und Herbstmonate eine Offensive in Gang zu setzen, war an sich noch keine militärische Fehlplanung. Es gab dafür gute strategische Gründe, aber Haig vergaß, den möglichen Auswirkungen des niedrig gelegenen und überschwemmungsanfälligen Terrains sowie den Regenvorhersagen des Wetteramtes die nötige Aufmerksamkeit zu schenken. Um das Ganze noch zu verschlimmern, faßte Haig einen Entschluß, durch den das Terrain in völlig unwegsames Gelände verwandelt werden sollte. Er wollte nämlich die deutschen Stellungen mit dem größten Artilleriesperrfeuer zerstören, das dieser Krieg bis dahin gesehen hatte. Dabei war er darauf hingewiesen worden, daß das flandrische Entwässerungssystem auf einem empfindlichen Gleichgewicht zwischen menschlichem Geschick und den Kräften der Natur beruhte. Bevor Haig die Entscheidung fällte, mit der Schlacht um die Anhöhen bei Passchendaele zu beginnen, hatten ihn viele Personen sowie die zuständige belgische Departementverwaltung davor gewarnt, die Landschaft um Ypern mit Artilleriebeschuß zu belegen, weil sie sich dann in Morast verwandeln würde. Jahrhunderte harter Arbeit waren nötig gewesen, diesen Boden den Marschen abzuringen. Ein paar Tage menschlichen Wahns sollten all das zunichte machen.

Haig wollte auf die Warnungen nicht hören, und so trägt er die Schuld an den nun folgenden Ereignissen. Am 22. Juli 1917 begannen 3091 britische Geschütze, darunter 1000 schwere Mörser und Haubitzen, das gesamte Gelände mit 4,25 Millionen Granaten zu belegen. Luftaufnahmen, die nach dem Beschuß gemacht wurden, zeigen ein Bild unglaublicher Verwüstung, als ob ein Teil der Mondoberfläche einem konzentrierten Meteoritenbeschuß ausgesetzt gewesen wäre. Auf jeden Quadratmeter Boden waren fast fünf Tonnen hochexplosiven Sprengstoffs gefallen. Dadurch brach das Entwässerungssystem zusammen, und heftige Regenfälle verwandelten das Gelände in Sumpf und Morast. Damit war Haig aber noch nicht zufrieden. Er befahl Hunderttausenden von Soldaten, zu Fuß in so tiefem Schlamm zu kämpfen, daß pro Monat 90 Mann ertranken. Er ordnete einen Angriff nach dem anderen auf die deutschen Stellungen an, die in den verbleibenden trockenen Hügelrücken eingegraben waren, so daß die Deutschen aus sicherem Halt heraus auf britische Truppen feuern konnten,

»Wir dürfen nicht vergessen, daß wir es mit Menschen aus Fleisch, Blut und Nerven zu tun haben.«
Feldmarschall Douglas Haig, 1903.

Haigs ebenso simple wie treffende Einsicht ist in höheren Militärkreisen sicherlich nie selbstverständlich gewesen. 1916 an der Somme und 1917 bei Passchendaele aber scheint sogar Haig sie vergessen und wieder mit dem Geist seiner Kollegen gleichgezogen zu haben.

Im Stellungskrieg der Westfront wurden Offensiven durch Dauerbeschuß der Artillerie vorbereitet. Das aber verwandelte den Boden teilweise in so tiefen Morast, daß weder für die eigene Infanterie noch für die eigenen Panzer ein Durchkommen war. Feldmarschall Haig ließ auf diese Weise in Flandern 1917 seine eigenen Truppen buchstäblich im Schlamm versinken.

die durch hüfthohen Schlamm vorwärts wateten. Derweil saßen Haig und sein Stab sicher in einem meilenweit von der Front entfernten Schloß, wo sie ihr Hauptquartier errichtet hatten. Dort steckten sie Fähnchen in Landkarten und wußten von den konkreten Kampfbedingungen überhaupt nichts, weil sie sich nicht darum scherten, wie es an der Front aussah. Solche Generalität spottet jeder Beschreibung.

Der Marsch durch den Schlamm

Der Schlamm ist keines Generals Freund. Doch verglichen mit den Schrecken von Flandern hinterläßt General Ambrose Burnsides »Schlamm-Marsch« nach der Schlacht von Fredericksburg 1862 den erfrischenden Eindruck der Farce, der für immer mit diesem Befehlshaber verbunden sein wird. Nach der Schlächterei bei Marye's Heights schlugen Burnsides Soldaten am anderen Ufer des Rappahannock ihr Lager auf, um ein trostloses, nasses Weihnachtsfest unter offenem Himmel zu begehen. Um die Jahreswende war das Wetter dann trocken und ließ Burnside nach einem neuen Übergang suchen. Am 20. Januar 1863 bewegte er sich mit seiner Armee am Flußufer entlang, als der Himmel seine Schleusen erneut öffnete und die ganze Gegend in ein einziges Schlammloch verwandelte. Als die Unionssoldaten durch den Morast wateten, versanken die Geschütze, um nie wieder aufzutauchen, und die Gepäckpferde mußten mit Seilen aus dem Schlamm herausgezogen werden. Das Marschtempo betrug im Durchschnitt eine Meile am Tag. Unterdessen war General Lee auf der anderen Seite des Flusses dabei, jeden Übergangspunkt zu befestigen. Die Konföderierten lachten über das Ungemach der Unionssoldaten. Sie hielten Schilder hoch, auf denen stand: »Hier entlang nach Richmond« oder boten ironisch ihre Unterstützung an: »He, Yankees, sollen wir rüberkommen und euch helfen, eine Brücke zu bauen?« Burnside war wütend. Als er die von den eigenen Truppen kontrollierte Furt erreichte, war er entschlossen, einen zweiten Übergang à la Fredericksburg zu wagen, aber seine Generäle hielten ihn davon ab. Für diesen Augenblick zumindest war Ambrose E. Burnside, der die Kampfmoral seiner Truppen untergraben hatte, am Ende der Fahnenstange angelangt. Burnsides Divisionskommandeure setzten den nachdenklichen Lincoln unter Druck, so daß er den alten Backenbart »Side-burns« vom Kommando der Unionsarmee entband.

Morgarten

Mehr als 600 Jahre früher wurde einem österreichischen Befehlshaber in den Schweizer Bergen das Leben ähnlich schwer gemacht. Der Herzog von Österreich, Leopold I., versuchte mit einer starken Streitmacht von 2000 Rittern und 7000 Mann Fußvolk einen Aufstand der Bergbevölkerung in den Schweizer Urkantonen zu unterdrücken. Er sollte bei Morgarten zu Schaden kommen, weil er mangelhafte Erkundungen betrieben und den Versuch unternommen hatte, eine Schlacht ausgerechnet da auszutragen, wo das Gelände für seine schwer gepanzerten Ritter am ungeeignetsten war. Daß er seine Ritter einsetzte, um die Armee an den Hängen eines Berges hochzuführen, war ein besonders gravierender Fehler. Als der Pfad enger wurde, erhob sich zur Rechten der Soldaten die nackte Felswand, zur Linken fiel der Berg steil zum Egrisee hin ab – keine beneidenswerte Lage für Reiter, die sich den beweglichen Fußsoldaten der Schweizer Berge gegenübersahen. Dann bemerkte Leopold, daß der Weg vor ihnen durch einen Wall aus Steinen und Felsblöcken versperrt war, hinter dem eine kleine Wache aus Schweizer Soldaten die Stellung hielt. Der Hauptteil der Schweizer Streitmacht, etwa 2000 Mann, versteckte sich in den bewaldeten Hügeln oberhalb des gewundenen Pfades, auf dem die Österreicher vorrückten. Als die österreichische Vorhut versuchte, die Schweizer Verteidiger an der Barrikade in ein Gefecht zu verwickeln, drängte die übrige Armee weiter nach vorne, was auf dem engen Pfad zu einigem Durcheinander führte. Plötzlich wurden Felsblöcke und Steine von den weiter oben gelegenen Abhängen hinuntergerollt, was viele Reiter und Pferde der Österreicher aus dem Gleichgewicht brachte und über den Rand des Abhangs in den See stürzen ließ. Zum Klang von Hörnern fegten die Hellebardiere, die den Hauptteil der Schweizer Streitmacht bildeten, die Abhänge herab, um die Österreicher von der Seite her anzugreifen. Von allen Seiten umzingelt wurden die hilflosen Ritter abgeschlachtet oder schreiend über den Rand des Abhangs auf die Felsen und in das tiefblaue Wasser des Egrisees getrieben. Für die Ritter an der Spitze der Armee gab es kein Entkommen; die Mehrzahl von ihnen wurde niedergemacht. Leopold, dessen erbärmliche Führerschaft zu dieser Katastrophe geführt hatte, wurde eilends zurück- und in Sicherheit gebracht. Dieser Triumph war für die Schweizer Pikeniere und Hellebardiere nur der Anfang. Sie wurden nach und nach zur herausragenden Infanterie ihrer Zeit und sollten die Schlachtfelder Europas fast zwei Jahrhunderte lang beherrschen.

Die Schlacht am Trasimenischen See

Die Taktik, mit der Hannibal im Jahre 217 v. Chr. den römischen Konsul Flaminius am Trasimenischen See in den Hinterhalt lockte, ähnelt jener, mit der die Schweizer ihren Sieg bei Morgarten errangen. Allerdings profitierten die Sieger in beiden Fällen vom mangelnden taktischen Geschick ihrer Gegner und dabei vor allem von deren unzureichender Erkundung des Geländes. Hannibal wollte die ihn verfolgende römische Armee am Ufer des Sees in die Falle locken, indem er den Talausgang versperrte. Er besetzte die rund um den See aufragenden, bewaldeten Hügel mit seinen iberischen und afrikanischen Truppen und wartete ab. Auch der dichte Nebel, der vom Wasser aufstieg und seine in den Hügeln lauernde Armee einhüllte, ist keine Entschuldigung dafür, daß es Flaminius nicht gelang, eine so große Streitmacht aufzuspüren. Statt das Gelände zu erkunden, trieb er seine Truppen eilig ins Tal hinein und die Uferstraße entlang, ohne zu ahnen, daß Hannibal ihn erwartete. Der Nebel war so dicht, daß die Römer kaum die Hand vor Augen sehen konnten, und dennoch haben sie offensichtlich keinerlei Vorkehrungen gegen einen gerade unter diesen Umständen möglichen Hinterhalt getroffen. Als Hannibal das Zeichen zum Angriff gab, stürmten seine Soldaten die Hügel hinab und trieben die Römer in den See, wo viele von ihnen ertranken. Insgesamt wurden fast vier Legionen vernichtet.

Krieg im Nebel

Der Nebel, dem Flaminius zum Opfer fiel, führte immerhin nicht zu einem solchen Durcheinander wie bei der Lancaster-Armee in der Schlacht von Barnet 1471. Hier verwechselten die Soldaten des Grafen von Warwick im dichten Morgennebel den silbernen Stern – das Zeichen ihres Verbündeten, des Grafen von Oxford – mit der »Sonne von York«, dem Emblem Eduards IV., der die Truppen von York befehligte. Warwicks Männer griffen sofort ihre Verbündeten an, und es gab ein völliges Durcheinander. Die Schlacht ging verloren, Warwick wurde getötet.

Bei der Schlacht von Philiphaugh, die 1645 während des englischen Bürgerkriegs stattfand, mußte der Marquis von Montrose, ein ansonsten kühner und brillanter Befehlshaber, eine Niederlage einstecken, weil er die Auswirkungen des frühen Morgennebels nicht bedacht hatte. Sein Lager befand sich in der Nähe von Selkirk in tiefgelegenem Gelände; offenbar wollte er sich die Mühe sparen, das Wasser aus dem nahegelegenen Fluß heranholen zu müssen. Da es aber September war, hüllte dichter Morgennebel sein ganzes Lager ein, so daß die von den Hügeln kommende Parlamentsarmee David Leslies ihn vollständig überraschen konnte. Die schlechte Sicht machte es Montrose unmöglich, seine Armee in Stellung zu bringen, um den Angriff abzuwehren. Sein Lager wurde einfach überrannt.

Der Winterkrieg

Während des so genannten »Winterkriegs« 1940 zwischen Finnland und der Sowjetunion begingen die Sowjets schwerwiegende Fehler, weil sie dem Charakter des Landes, das den Kriegsschauplatz bildete, keine Beachtung schenkten und zudem den Feind unterschätzten. Ihr Glaube an die moderne Technologie – Panzer, Flugzeuge, motorisierte Truppen – sowie ihre Verachtung für die Einfachheit der finnischen Methoden führte zu erniedrigenden und kostspieligen Niederlagen. Die Sowjets versuchten es mit der Taktik des »Blitzkriegs«, die die Deutschen gegen Polen angewendet hatten, aber sie vergaßen, daß sie es mit den winterlichen Wäldern Finnlands zu tun hatten und nicht mit den weiten polnischen Ebenen. Hier war der mit Molotow-Cocktails und Skiern ausgerüstete finnische Einzelkämpfer ein ernstzunehmender Gegner für die sowjetischen Streitkräfte, deren motorisierte Fahrzeuge unter den arktischen Bedingungen einfach einfroren. Die meisten der modernen sowjetischen Waffen versagten den Dienst und mußten umkonstruiert werden.

Die Sowjets merkten bald, daß sie auf diesen Krieg schlecht vorbereitet waren. Das kalte Wetter machte nicht nur die Waffen, sondern auch die Panzer und Lastwagen unbrauchbar. Um die Männer am Leben zu erhalten, wurden sehr viel größere Nahrungsvorräte benötigt, was wiederum das Transportsystem über alle Maßen belastete. Die medizinische Versorgung entsprach der Situation in keiner Weise, und die meisten verwundeten Sowjetsoldaten erfroren innerhalb weniger Minuten. Die Temperaturen waren so niedrig, daß ein Finne, dem sechsmal in die Brust geschossen worden war, in die Krankenbaracke gehen und sich behandeln lassen konnte, weil das Blut nur langsam aus den Wunden floß. Im Gegensatz zu den vielen Schichten von Kleidungsstücken, die die Finnen am Körper trugen, waren die sowjetischen Uniformröcke in der extremen Kälte nahezu nutzlos. Viele sowjetische Soldaten konnten noch nicht einmal im Zelt schlafen, sondern mußten, um zu überleben, provisorische Unterstände in den vereisten Boden hacken. Mit der Temperatur sank auch die

Kampfmoral der Truppen. Politische Kommissare, gegen deren Befehle die Offiziere kein Einspruchsrecht besaßen, sorgten dafür, daß sich die Einheiten auch bei hoffnungsloser Lage nicht ergaben. Den Soldaten wurde gedroht, daß ihre Familien in der Heimat zu leiden hätten, wenn sie sich ergäben, und daß sie selbst von den barbarischen Finnen gefoltert würden. Angesichts dessen zogen viele Soldaten, darunter auch Offiziere, den Selbstmord vor.

Zwanzig sowjetische Divisionen bildeten die Speerspitze des Angriffs auf die nördliche Wildnis Finnlands. Die Infanterie hatte vom Ausladebahnhof bei Murmansk einen Marsch von über 200 Meilen hinter sich gebracht; Tausende waren bereits wegen schwerer Erfrierungen ausgefallen. Da geeignete Zelte fehlten, scharten sich die Männer die ganze Nacht um ein prasselndes Feuer, damit sie nicht erfroren. Daß die Sowjets sich im Vorwege so wenig damit auseinandersetzten, was sie in Finnland erwarten würde, ist mehr als nur erstaunlich. Sie glaubten, ihre Panzer und Lastwagen auf den finnischen Straßen einsetzen zu können, trafen dann aber auf drei Meter hohe Schneeverwehungen. An manchen Stellen hatte sich – eine Laune der Natur – der Boden unter dem Schnee erwärmt und erwies sich beim Betreten als morastig. Während sie so am Tage durch den Schnee hindurch im fürchterlichsten Schlamm versanken, erstarrten sie im Nachtfrost zu Stein. Ihre Fahrzeuge konnten die Straßen nur passieren, wenn eine 200 Mann starke Gruppe von Infanteristen mit schweren Stiefeln vorwegging, um den Schnee plattzustampfen. Wenn man bedenkt, daß eine sowjetische Division sich über eine Länge von 20 bis 25 Meilen erstrecken konnte, wobei ihr Marschtempo durch den hohen Schnee der Geschwindigkeit einer Schnecke gleichkam, kann man sich vorstellen, wie groß die Fehlkalkulation gewesen sein muß, die sich die Sowjets leisteten, als sie Finnland mitten im Winter und mit schwerer Ausrüstung angriffen.

Die Verluste der Sowjets übersteigen jegliches Fassungsvermögen. Nikita Chruschtschow zufolge starben über eine Million Soldaten der Roten Armee, während die Finnen 25.000 Tote zu beklagen hatten. Hinzu kamen erhebliche Materialverluste der Sowjets: 1000 Flugzeuge, 2300 Panzer und gepanzerte Fahrzeuge sowie große Mengen an Munition, Transportmitteln und Pferden gingen verloren. Diese wenig beeindruckende militärische Leistung verleitete Hitler zu der Annahme, er habe bei einer Invasion Rußlands nichts weiter zu befürchten. Aber die Sowjets zogen ihre Schlußfolgerungen aus dieser bitteren Lektion und ersetzten die verlorene Ausrüstung durch weitaus besseres Material wie etwa den ausgezeichneten Panzer T-34, eine kriegsentscheidende Waffe.

Schlechte Aussichten...

Im Krieg«, sagte Napoleon, »sind die einfachsten Operationen die besten, und das Geheimnis des Erfolgs liegt in einfachen Manövern sowie in Maßnahmen, die man ergreift, um sich vor Überraschungen zu schützen.« Während der gesamten Militärgeschichte gehörte es zu den grundlegenden strategischen Erfordernissen, Informationen über den Feind zu sammeln und seine Stellungen auszukundschaften. Jeder Operationsplan, stamme er von einem assyrischen König, einem römischen Konsul, einem byzantinischen General oder einem modernen Befehlshaber, muß auf genauen Berichten der Aufklärungseinheiten beruhen. Zudem werden durch solche Aufklärungsarbeit Überraschungsangriffe des Feindes verhindert, während die eigenen Chancen für ein überraschendes Vorgehen sich verbessern. Jeder Befehlshaber, der es unterläßt, die Stellung seines Feindes auszukundschaften, verwundet sich selbst, oftmals mit tödlichen Folgen.

Überrumpelt

Um 1066 genoß der norwegische König Harald Hardrada einen unangefochtenen Ruf als geschickter Befehlshaber und größter lebender Krieger der Wikinger. Eine lange Laufbahn in der byzantinischen Warägergarde hatte ihm der Kampf gegen unterschiedlichste Feinde einen unvergleichlichen Schatz an Kampferfahrungen eingebracht. Doch kam ihn der einzige schwere Fehler in seiner Laufbahn teuer zu stehen, denn er kostete ihn das Leben und führte zur Zerstörung seiner Armee. Nach seinem erfolgreichen Kampf gegen die nordenglische fyrd (Miliz) bei Fulford im Jahre 1066 ließ seine Wachsamkeit für einen Moment nach, wodurch sein Rivale, Harold Godwinson, ihn vier Tage später an der Brücke von Stamford überrumpeln konnte. In der festen Überzeugung, Harolds an der Südküste lagernde Armee würde dort noch auf die Ankunft der Normannen warten, hatte Hardrada seine Leute auf Wiesen beiderseits des Derwent unweit von York kampieren lassen. Das Wetter war für Ende September ungewöhnlich heiß, so daß viele Wikinger ihre Rüstung abgelegt hatten und badeten oder in der Sonne faulenzten. Godwinson jedoch war mit einem Gewaltmarsch von London aus herangerückt, und als er keine Wikingerposten entdeckte, fegte er über die Wiesen hinweg und überrumpelte Hardrada. Die Wikinger hatten sich noch nicht einmal durch die herannahenden Staubwolken und die dahinter im Sonnenlicht glitzernden Speerspitzen und Rüstungen stören lassen, weil sie glaubten, es handle sich lediglich um eine Abteilung von Norwegern, die vom Ankerplatz der Flotte herankäme. Die Wikinger am Westufer des Derwent waren schnell überrannt, die wenigsten hatten ihre Waffen griffbereit oder waren in der Lage, ihre Rüstung anzulegen. Zwar wurde die Brücke durch einen einzelnen berserkerhaft kämpfenden Wikinger heldenhaft verteidigt, aber schon bald gelangten die Angelsachsen ans Ostufer, wo es Hardrada immerhin noch gelungen war, seine Krieger zu einer einzigen Wand aus Schilden zu formieren. Hier war der Kampf lang und blutig, aber das Ergebnis stand eigentlich von vornherein fest. Seine frühen Verluste ließen Hardrada kaum noch eine Chance, und er wurde zusammen mit den meisten Kriegern seiner Armee getötet. Sie alle waren die Opfer eines grundlegenden Fehlers, begangen von einem ansonsten großen Feldherrn.

Unangenehme Überraschungen...

Verschiedene militärische Fehlschläge in der neueren Geschichte, die Berühmtheit erlangten, sind durch mangelhafte Aufklärung zustande gekommen. Selbst Napoleon war dagegen nicht immun. Sein erster militärischer Rückschlag kam, als es ihm nicht gelang, die österreichischen Truppen von Erzherzog Karl bei Aspern-Essling 1809 auszumachen. Während des Italienkrieges von 1859 und des Deutsch-Französischen Krieges von 1870/71 war das Niveau der Feindaufklärung so niedrig, daß es häufig zu Schlachten kam, in denen Regimenter und Divisionen ohne ordentliche Anweisungen seitens der jeweiligen Befehlshaber einfach mehr oder weniger zufällig aufeinander stießen.

In den frühen Jahren der amerikanischen Republik erlitten zwei Super-Stümper in Gestalt der Generäle Harmar und St. Clair völlig vermeidbare Niederlagen, die ihnen die Indianer bereiteten. Im Juni 1790 führte Harmar eine bunt zusammengewürfelte Truppe, die nur zu einem Fünftel aus aktiven Soldaten bestand, durch indianisches Gebiet. Statt seine Streitmacht zu bündeln, spaltete er sie in viele Gruppchen auf, die sich planlos über das ganze Gebiet verstreuten um zu plündern. Da die üblichen Vorsichtsmaßnah-

»Im Krieg sind die einfachsten Operationen die besten, und das Geheimnis des Erfolgs liegt in einfachen Manövern sowie in Maßnahmen, die man ergreift, um sich vor Überraschungen zu schützen.« Napoleon Bonaparte

Eine Maßnahme, sich vor Überraschungen zu schützen, ist etwa das Auskundschaften des Feindes. Zu allen Zeiten wurde diese einfache Maßnahme immer wieder vernachlässigt, meist aus dem Gefühl der Sicherheit und Überlegenheit heraus. Der von ihm gegeißelte strategische Fehler passierte Napoleon sogar einmal selbst, im Jahre 1809.

men ausblieben, gerieten zwei Abteilungen in einen Hinterhalt und wurden ausradiert, so daß Harmar gezwungen war, sich eilends nach Cincinnati zurückzuziehen. General St. Clair marschierte im September 1791 mit zweitausend Soldaten ab, um zu sehen, ob er die Sache besser machen könne. Doch war er einerseits gesundheitlich stark gehandicapt und mußte wegen Rheumatismus, Asthma und Koliken ständig das Bett hüten, während er andererseits die Gründe für Harmars Versagen völlig falsch interpretiert hatte und glaubte, er dürfe seine Streitmacht überhaupt nicht aufteilen. Er sandte also nicht einmal Kundschafter aus, sondern drang mit seiner Kolonne ohne weitere Aufklärung in das Gebiet der Indianer ein. Am 3. November schlichen sich im Quellgebiet des Wabash 1100 Indianer unbemerkt an sein Lager heran, um es kurz vor der Morgendämmerung zu überfallen. Sie töteten 637 Soldaten und verwundeten viele weitere. Irgendwie schaffte es St. Clair, mit der Hälfte seiner Streitmacht nach Cincinnati zurückzukehren. Doch die Lektion war eindeutig: Mit Amateuren gegen die Indianer zu kämpfen war schon gefährlich genug, aber der Verzicht auf das Auskundschaften kam dem Selbstmord gleich.

In den Kolonialkriegen erwies es sich als unbedingt notwendig, ein wirksames Netz von Spähern und Kundschaftern gegen einen technologisch primitiven, aber äußerst beweglichen Feind zu besitzen. Bei Isandhlwana 1879 konnte eine Zuluarmee von 20.000 Kriegern unentdeckt bleiben, bis sie ein fast völlig unvorbereitetes Lager überfiel; hier hatte Lord Chelmsford keine richtige Feindaufklärung betrieben. Weil der italienische Befehlshaber Baratieri 1896 bei Adua den gräßlichen Fehler beging, die zahlenmäßig überlegene äthiopische Armee nicht auszumachen, wurden seine vier getrennt marschierenden Kolonnen überrumpelt und eine nach der anderen überwältigt. Oberst Armstrong Custer verstieß bei der Schlacht am Little Big Horn gegen nahezu alle Grundsätze militärischer Strategie und Taktik. Er führte einen schlecht vorbereiteten Angriff gegen einen weit überlegenen Feind und wurde mit seinem gesamten Kommando vernichtet.

Zu Beginn des amerikanischen Bürgerkriegs führte Unionsgeneral Robert C. Shenck einen Stoßtrupp durch eine Gegend in Virginia, ohne Kundschafter oder eine Vorhut auszusenden. Er stolperte in die Falle der Konföderierten, wollte seinen Fehler aber nicht zugeben, sondern behauptete, man habe aus »getarnten Batterien« – d.h. versteckter Artillerie – auf ihn gefeuert. Tatsächlich hatten die Konföderierten neben ihrer Infanterie nur noch zwei Feldkanonen dabei. Damit aber ließ sich Shencks Niederlage nicht begründen, und so erfand er, um sein Gesicht zu wahren, jene versteckten Geschützbatterien, die auf einigermaßen unfaire Weise zu seinem Untergang das Entscheidende beigetragen hätten. Shencks erfindungsreiche Entschuldigung machte ihn zum unwissentlichen Begründer eines einflußreichen Mythos. Wie die Geschichten über das Ungeheuer vom Loch Ness oder die kleinen grünen Männchen vom Mars verbreitete sich die Mär von den »getarnten Batterien« derartig schnell, daß sie bald in die Seele eines jeden Befehlshabers der Unionstruppen vorgedrungen war. Bei der ersten Schlacht von Bull Run erkor General McDowell das Losungswort »Vorsicht« zur Tagesparole. Schon bald saß jeder Kolonne der Unionstruppen vor dem, was sie ganz unerwartet treffen könnte, die Angst im Nacken. Ohne es zu ahnen und durch ein einfaches Versäumnis des Feindes hatten die Konföderierten einen psychologischen Vorteil gegenüber dem Norden erlangt, den sie erst zwei Jahre später, nach Gettysburg, verlieren sollten.

Im Kreuz und Quer der Linien

Die Kommunikation zwischen einem Befehlshaber und seinen Untergebenen während einer Schlacht ist so wichtig, daß man meinen sollte, ihr werde absoluter Vorrang eingeräumt. Trotzdem war es der Zusammenbruch der Kommunikation, der die Niederlage der Unionsarmee unter General Rosecrans in der Schlacht von Chickamauga während des amerikanischen Bürgerkriegs herbeiführte.

»Wie ein kopfloses Huhn«

Am 20. September 1863 hatten sich die Truppen von Konföderiertengeneral Braxton Bragg und Unionsgeneral William S. Rosecrans in einem verworrenen Kampf ineinander verbissen. Der erste Tag der Schlacht hatte keine Entscheidung gebracht, und ein nervöser Rosecrans befürchtete, daß sein linker Flügel unter George Thomas zusammenbrechen könnte. Um ihn zu unterstützen, wollte er Truppen aus dem Zentrum dorthin verlegen. Er vergaß jedoch, den Befehlshaber des Zentrums, General McCook, davon zu unterrichten und gab General Wood, einem Divisionskommandeur, den direkten Befehl, seine Truppen nach links zu verlagern. In der Hitze des Gefechts hielt Rosecrans Woods Division fälschlicherweise für eine Reserveeinheit hinter McCooks Frontlinie.

Tatsächlich aber befand sich Woods Division an vorderster Front, und ihr Abzug sollte ein gähnendes Loch in die Kampflinien reißen. Rosecrans erkannte das nicht und diktierte seinem Adjutanten, Major Bond, eine kurze Anweisung, die dieser Wood überreichen sollte. Die Anweisung war ebenso kurz wie irreführend: »An General Wood, Der befehlshabende General weist Sie an, schnellstens zu Reynolds aufzuschließen und ihn zu unterstützen, Bond.«

Als Wood den Zettel erhielt, war er aufs äußerste erstaunt. Zwischen seiner Division und der von Reynolds kämpfte noch eine weitere Division unter General Brannan, die die Front auf einer Länge von 500 Metern absicherte. Sollte er seine Soldaten wirklich von der Front abziehen, um hinter dem Rücken von Brannans Leuten zu Reynolds aufzuschließen? Da der Befehl dies besagte, fühlte Woods sich verpflichtet, ihm Folge zu leisten. Das Resultat ließ sich leicht vorhersagen: Direkt gegenüber den Konföderiertentruppen von General Longstreet verschwand die Frontlinie der Unionstruppen auf einer Länge von rund 500 Metern.

Als aufgeregte Offiziere Longstreet davon berichteten, handelte er äußerst schnell. Er befahl seiner eigenen Division, durch die Lücke anzugreifen und verstärkte sie durch sechs weitere Divisionen mit insgesamt 30.000 Mann. Die Konföderierten schwärmten fächerförmig nach allen Seiten aus, rollten die Unionstruppen von hinten auf und spalteten die gegnerische Armee in zwei Teile. Rosecrans' rechter Flügel brach zusammen und wurde vom Schlachtfeld getrieben. Seine Artillerie und sein Gepäckzug fielen den Konföderierten in die Hände, und Rosecrans selbst floh den ganzen Weg zurück nach Chattanooga. Ob es seine Schuld war oder die des Adjutanten, ist weniger wichtig als die Tatsache, daß Wood einem Befehl gehorchen mußte, der für seinen Befehlshaber die Niederlage bedeutete. Zwar hielt George Thomas die linke Seite der Unionsarmee zusammen und verdiente sich den Spitznamen »Fels von Chickamauga«, aber das konnte Rosecrans' Karriere auch nicht mehr retten. Als Befehlshaber hatte er die Nerven verloren und Präsident Lincoln zufolge »wie ein kopfloses Huhn« gehandelt.

Uneindeutige Befehle

Dem Drama von Rosecrans' verwirrendem Brief ebenbürtig ist die noch berühmtere Note, die Lord Raglan dem Befehlshaber der Kavallerie, Lord Lucan, in der Schlacht von Balaklawa 1854 schickte. Die Nachricht von Raglan war der unmittelbare Anlaß für den

»Das ist großartig, aber es ist kein Krieg«.
General Bosquet, 1854.

Uneindeutige Befehle schickten Lord Lucan in einen selbstmörderischen Angriff, bei dem er und seine gesamte Brigade von der feindlichen Artillerie umgemäht wurden. Die Briten haben den Kommentar General Bosquets als Kompliment für ihre stoische Haltung im Angesicht des Todes aufgefaßt, dabei aber die Fortsetzung unterschlagen, in der der Franzose die Perspektiven zurechtrückte – »es ist Wahnsinn«.

Angriff der Leichten Brigade – den vielleicht berühmtesten militärischen Rohrkrepierer aller Zeiten.

Der russische Oberbefehlshaber auf der Krim, Fürst Mentschikow, hatte direkten Befehl aus St. Petersburg erhalten, Sewastopol durch einen Angriff auf den britischen Stützpunkt bei Balaklawa zu entlasten. Am 25. Oktober griff er den Hafen mit vollem Einsatz an. Die Briten leisteten auf unnachahmliche Art Widerstand, verwandelten Niederlagen in Siege, Rückschläge in Triumphe und ergänzten die Kriegskunst durch Schuljungenstreiche. Das 93. Highlander-Regiment schuf die Legende von der »dünnen roten, mit Stahl beschlagenen Linie«. Die Schwere Kavalleriebrigade führte einen der größten und wirksamsten Angriffe des 19. Jahrhunderts durch, der sofort in Vergessenheit geriet. Die Leichte Brigade führte einen der am schlechtesten organisierten Angriffe der gesamten Militärgeschichte durch und blieb unvergessen. Es war eine merkwürdige Schlacht.

Was Lord Raglan, der Oberkommandierende des britischen Heeres, in seiner Botschaft an Lord Lucan meinte, war kaum vereinbar mit dem, was Lucan aus ihr herauslas. Darin spiegelt sich zum einen die Verwirrung der ins Kampfgeschehen verstrickten Männer, zum anderen aber auch ihre je unterschiedliche Position und das davon abhängige Blickfeld. Die erste Botschaft lautete: »Die Kavallerie soll vorrücken und jede Möglichkeit nutzen, um die Höhen zurückzuerobern. Unterstützung durch die Infanterie, die Befehl hat, an zwei Fronten vorzurücken.« Als Lucan diese Note erhielt, war er verunsichert und tat 45 Minuten lang gar nichts. Meinte Raglan, er solle auf die Ankunft der Infanterie warten, bevor er irgend etwas in Gang setzte? Und wenn ja, wo blieb dann die Infanterie?

Von seinem Aussichtspunkt aus konnte Lord Raglan sehen, daß seine Befehle nicht befolgt wurden. General Scarletts Schwere Brigade hatte den Feind in Unordnung gebracht. Warum hatte die Leichte Brigade den Angriff nicht verstärkt und die Russen aus ihren Bollwerken vertrieben? Warum in aller Welt saß Lucan untätig herum? Als alle auf den Fortgang der Ereignisse warteten, begannen die Russen, einige der erbeuteten britischen Geschütze fortzuschaffen. Das war für Lord Raglan zu viel. Er diktierte General Airey einen weiteren Befehl. Der General kritzelte die Worte auf ein Stück Papier, das er dann einem Adjutanten, Hauptmann Nolan, übergab. Es ist zweifelhaft, ob diese Botschaft besser zu verstehen war als die vorige: »Lord Raglan verlangt, daß die Kavallerie schnellstens an die Front vorrückt – folgt dem Feind und hindert ihn daran, die Kanonen wegzutragen. Berittene Artillerie kann begleiten. Französische Kavallerie auf eurer Linken. Unverzüglich. Airey.«

Hauptmann Nolan, ein namhafter Reiter und Hitzkopf, gab seinem Pferd die Sporen und preschte hügelabwärts. Als er davonritt, hörte er noch, wie Raglan ihm nachrief:»Sagen Sie Lord Lucan, die Kavallerie soll unverzüglich angreifen!« Aber Lucan war selbst dann noch unsicher, als Nolan auf dem sofortigen Angriff bestand. In der Ebene war die Lage für ihn viel weniger klar als für Lord Raglan auf dem Hügel. Welche Kanonen meinte Raglan? Daraufhin gestikulierte Nolan wild:»Da ist Ihr Feind! Dort sind Ihre Kanonen!« Aber Lucan konnte immer noch keine Russen mit Kanonen im Schlepptau erkennen. Unerklärlich bleibt, warum er niemanden auf einen höhergelegenen Aussichtspunkt schickte, um seine Zielobjekte zu identifizieren. Dieser Fehler führte ins Verderben. Die einzigen Geschütze, die er wirklich sehen konnte, befanden sich am anderen Ende des Nordtals, wo die russische Kavallerie sich massiert hatte. Er nahm also an, daß es sich dabei um die Geschütze handelte, von denen Raglan gesprochen hatte. Lucan wies talabwärts auf die russischen Geschütze und befahl Lord Cardigan, die Leichte Brigade zum Angriff zu führen. Beide wußten, daß dies reiner Selbstmord war, aber sie meinten, dem Befehl gehorchen zu müssen. Strahlend im Glanz der goldenen Litzen führte Lord Cardigan an der Spitze seiner in Cherryhosen gekleideten Soldaten seine 673 Mann starke Brigade in die Schlacht. Nolan hatte darauf bestanden, ihn zu begleiten. Er übernahm sofort die Führung und ritt – sehr zum Ärger Seiner Lordschaft – vor Cardigan einher. Aber Nolan starb auch als erster, die Brust von Granatsplittern zerfetzt. Der französische General Bosquet, der das Unternehmen von einer Anhöhe aus verfolgte, murmelte die unsterblich gewordenen Worte:»Das ist großartig, aber es ist kein Krieg«. Die Briten haben das mit Stolz als Kompliment aufgefaßt, dabei aber die Fortsetzung unterschlagen, in der der Franzose die Perspektiven zurechtrückt – »es ist Wahnsinn«.

Manöverkritik gab es danach reichlich. Raglans Urteil erhellt aus seiner Bemerkung gegenüber Lucan:»Sie haben die Leichte Brigade verloren!« Vielleicht hatte er recht, aber in der Hitze der Schlacht bleibt wenig Zeit, einen offenkundig verwirrenden Befehl eines Kommandanten zu interpretieren. Ein untergeordneter Offizier muß schlicht und ergreifend die Anweisungen befolgen, die er bekommen zu haben glaubt. Wenn die Folgen verheerend sind, bleibt die Schuld am Befehlshaber hängen, dessen Anweisungen in diesem Fall zu unklar waren, um nicht eine zweite Deutung zuzulassen.

Die Schlacht von Beneventum (275 v.Chr.)

In der Schlacht von Malplaquet 1709 erlitten der Herzog von Marlborough und Prinz Eugen Verluste in Höhe von 24.000 Mann gegenüber nur 12.000 Mann auf Seiten der Franzosen und betrachteten sich trotzdem als Sieger. Es war das klassische Beispiel für einen Pyrrhussieg. Aber wer war Pyrrhus, und warum ist er heute noch bekannt dafür, Schlachten gewonnen zu haben, die andere als Niederlagen betrachten würden? Pyrrhus lebte im dritten Jahrhundert v. Chr. Er war König des griechischen Staates Epirus und der bedeutendste Feldherr nach Alexander dem Großen. Er verband die mazedonische Phalanxtechnik mit dem Einsatz von Kriegselefanten, so wie es die Nachfolger Alexanders gelernt hatten. Im Jahre 280 wurde er von den griechischen Stadtstaaten in Süditalien gegen die drohende Eroberung durch die Römer zu Hilfe gerufen. Im Kampf gegen diese römischen Barbaren – dafür hielt Pyrrhus sie offensichtlich – spielte er die klassische griechische Kriegstaktik gegen das im Entstehen begriffene Legionärssystem der frühen römischen Republik aus. Es sollte ein faszinierender Kampf werden.

Im Verlauf der nächsten fünf Jahre gewann Pyrrhus gegen die Römer eine Schlacht nach der anderen. Aber jede war härter als die vorhergehende, und ihm wurde klar, daß er es mit einer ganz besonderen Art von Barbaren zu tun hatte: Die Römer lernten aus jedem Rückschlag und kämpften beim nächsten Mal um so stärker. Nach der Schlacht von Asculum fiel das geflügelte Wort: »Noch ein solcher Sieg, und wir sind verloren«. Er konnte die kampferprobten Truppen, die er in diesem Zermürbungskrieg verlor, nicht ersetzen, wohingegen die Römer über unbegrenzten Nachschub an Soldaten zu verfügen schienen. Als jedoch das Verderben nahte, war es nicht nur das Ergebnis römischer Überlegenheit und Entschlossenheit, sondern erwuchs aus Fehlern, die Pyrrhus sein Leben lang bedauern sollte.

Der erste Fehler bestand darin, daß er zu viel Vertrauen in seine Elefanten setzte, die in ihrer Glanzzeit eine für seinen Gegner schwer einzuschätzende Waffe gewesen waren. Als die Römer den riesigen Tiere zum ersten Mal begegneten, waren sie hilflos vor Schreck, aber in späteren Schlachten entwickelten sie Taktiken, um mit ihnen fertig zu werden. Zudem waren Elefanten im Gefechtseinsatz unberechenbar. Gerieten sie in Panik, konnten sie die eigenen Reihen niedertrampeln, wie es den Persern im Kampf gegen Alexander widerfahren war. Sparsam eingesetzt war der Elefant eine hervorragende Verstärkung, doch bei zu häufigem Einsatz verlor sich der Schockeffekt, und seine Wirkung konnte ins Gegenteil umschlagen.

Der zweite Fehler war, daß Pyrrhus einen Nachtmarsch plante. Solche Aktionen gehörten schon immer zu den härtesten Militärmanövern und zeitigten zudem in der alten Welt selten Erfolge. Schlug ein solcher Marsch fehl, waren die Verluste oft hoch.

Bei Beneventum war Pyrrhus verzweifelt darum bemüht, das Zusammentreffen zweier römischer Armeen zu verhindern, die zusammen sein Heer zahlenmäßig übertrafen. Er entschied sich dafür, sie einzeln zu bekämpfen und begann mit der Streitmacht des Konsuls Manius Cunius. Er hoffte, der Nachtmarsch würde es seinen Truppen ermöglichen, das römische Lager im Morgengrauen von der Rückseite her zu überfallen. Er wählte eine Eliteeinheit von Kriegern für den Marsch aus, der durch einen Wald und einen steilen Abhang auf eine Anhöhe führte. Bevor er die Truppen auf den Marsch schickte, hatte Pyrrhus einen unerfreulichen Traum, in dem ihm alle seine Zähne ausfielen und sein Mund sich mit Blut füllte. Wie Nikias vor Syrakus gab Pyrrhus »wohl etwas zu viel auf Prophetenrei« und hielt den Traum für ein Vorzeichen kommenden Unheils. Er versuchte, die Befehle für den Nachtmarsch zurückzuziehen, aber seine Generäle erklärten ihm, es sei viel zu spät, um den Plan noch zu ändern. Der Marsch begann.

Die Truppen verschwanden in der Dunkelheit. Sie hatten ihre besten Elefanten dabei und wurden von Männern mit Fackeln geführt, denn die Nacht war überaus dunkel. Unglücklicherweise war die Entfernung falsch berechnet worden, und so erloschen alle Fackeln, bevor die Soldaten den Wald durchmessen hatten. Nun verirrten sie sich und fanden den Weg zur Anhöhe erst, als es hell wurde. Doch wurden sie von den Römern ohne Schwierigkeiten aufgespürt, angegriffen und schon bald vernichtend geschlagen. Nun wandte sich Manius Cunius dem Hauptteil der feindlichen Armee zu. In der jetzt folgenden Schlacht wurde Pyrrhus' Phalanx zerstört, weil ein junger Elefant, durch Speere verwundet und zur Raserei gebracht, über das Schlachtfeld lief und seine Mutter suchte. Weitere Niederlagen gegen die Römer wollte Pyrrhus nicht auskosten und zog sich aus Italien zurück, um das Land, wie er sagte, Rom und Karthago als Schlachtfeld zu überlassen.

Die Schlacht im Teutoburger Wald (9 n.Chr.)

Der Befehlshaber, der den Gegner nicht auf wirksame Weise auskundschaftet und sich von ihm, noch dazu auf einem Marsch durch unwegsames Gelände, überrumpeln läßt, ist an seinem Schaden selbst schuld. Dem römischen Historiker Velleius Paterculus zufolge war es hauptsächlich »ein Gefühl der Sicherheit«, aus dem heraus Publius Quintilius Varus es zuließ, daß er mit seinen drei Legionen im Teutoburger Wald in einen Hinterhalt geriet, den die Cherusker unter Arminius im Jahre 9 n. Chr. für ihn vorbereitet hatten. Varus war arrogant und dumm – eine Mischung, die im allgemeinen schnurstracks ins militärische Verderben führt.

Varus war zuvor Statthalter in Syrien gewesen und »mit der Muße des Lagerlebens vertrauter als mit dem aktiven Kriegsdienst«. Er war weitläufig mit Kaiser Augustus verwandt und hatte etwas von einem Höfling, dem der notwendige Antrieb fehlt, um solche ungestümen Völkerschaften wie die germanischen Stämme zu regieren. Er beging den Kardinalfehler, die Germanen zu behandeln, als wären sie Sklaven Roms und in ihrem Charakter so passiv wie die gebildeteren und romanisierten Syrer. Er lockerte die Disziplin der Legionen, vernachlässigte militärische Übungen und Manöver.

Im September des Jahres 9 wurde die Ruhe durch Berichte über kleinere Stammeserhebungen unterbrochen. Auf seinem Weg ins Winterlager entschloß sich Varus daher, durch das sich zwischen Weser und Ems erstreckende Gebiet der Aufständischen zu marschieren und die Ordnung wieder herzustellen. Da er die Aufstände als rein lokale Störungen betrachtete, traf er keine Vorkehrungen, um seine Truppen auf einen Kampf einzustellen und gestattete den Soldaten auch, ihre Familien mitzunehmen. Tatsächlich aber marschierte Varus in eine Falle, die Arminius, ein Sohn des Oberhaupts der Cherusker, ihm gestellt hatte. Arminius war ein »Rasender«, der den Römern fanatischen Haß entgegenbrachte.

Arminius wußte, daß niemand so leicht in einen Hinterhalt gelockt werden kann, wie ein Feldherr, der sich vollkommen sicher fühlt. Er selbst hatte den Aufstand so geplant, daß Varus bei seiner Expedition zuerst durch das Gebiet der den Römern freundlich gesonnenen Cherusker hindurch mußte. Im tiefsten Wald sollten die römischen Kolonnen dann von den germanischen Horden unter Arminius angegriffen werden. Zwar enthüllte sein Onkel, der den jungen Neffen haßte, Varus diesen Plan, aber der römische Feldherr wies die Behauptungen als Produkt innerfamiliärer Konkurrenzverhältnisse zurück und überprüfte die Angaben nicht weiter.

Im Frühherbst machte sich Varus mit drei Legionen sowie einer langen Kolonne von Packwagen und einem umfangreichen Troß auf den Weg. Zu seiner Überraschung wurde er von Arminius und einer cheruskischen Eskorte begleitet. Vielleicht sollten damit alle Befürchtungen der Römer hinsichtlich seiner Loyalität beseitigt werden. Alles ging gut, bis plötzlich, tief im Teutoburger Wald, Arminius mitsamt seiner Eskorte verschwand. Dann gab es Nachrichten von der Kolonnenspitze, daß kleinere Soldatengruppen angegriffen worden seien. Inmitten der Sümpfe und der unsicheren Pfade des Waldes war Varus in eine Notlage geraten. Zudem verwandelte ein plötzlicher Regensturm alle Wege in tiefen Morast, und der starke Wind riß die Äste von den Bäumen, die auf die Truppen niederkrachten und die Soldaten erschreckten. Vielleicht trug die düstere Atmosphäre das ihre dazu bei, die Römer weiter zu entmutigen.

Plötzlich griffen die Cherusker und ihre Verbündeten die Kolonne auf ihrer ganzen Länge an und schleuderten Wurfspieße in die Reihen der Legionäre. Diese konnten sich nicht zum Gefecht formieren und so wurde aus dem Kampf ein chaotisches Handgemenge, bei dem die überlegene Taktik der Römer nicht zum Einsatz kam. Nachdem er die ersten Angriffswellen der Germanen abgewehrt hatte, errichtete Varus ein befestigtes Lager und verbrannte seine Wagen, die angesichts der morastigen Wege nutzlos geworden waren. Am nächsten Tag fochten die Römer gegen fortwährende Angriffe, aber im strömenden Regen konnten die Bogenschützen ihre Waffen nicht benutzen, während die Schilde der Legionäre aufweichten und zu schwer zum Tragen wurden. Arminius spürte, daß der Sieg in der Luft lag und rückte zum Endkampf vor. Weil sie Angst davor hatten, lebendig in die Hände der Feinde zu fallen, brachten Varus und seine Offiziere sich um, während ein paar Einheiten der Kavallerie es schafften, sich den Weg freizuhauen. Der Hauptteil der Kolonne aber – Soldaten, Frauen und Kinder – wurde entweder im Wald abgeschlachtet oder gefangengenommen, um den germanischen Göttern geopfert zu werden. Die grauenerregenden Überreste dieser Opferungen, die später von Germanicus, dem Enkel des Kaisers Augustus, gefunden wurden, drehten selbst den hartgesottensten seiner römischen Soldaten den Magen um.

Als Augustus von der Niederlage erfuhr, geriet er in Panik und erwartete jeden Moment, Germanen über das Forum marschieren zu sehen. In späterer Zeit würden die Römer, mittlerweile an Niederlagen gewöhnt, solche Vorkommnisse mit kühlerem Verstand betrachten. Zwar dauerte es nicht lange, bis Germanicus an den Rhein zurückkehrte, um die Stämme für ihre Untat zu bestrafen. Aber die Dinge hatten sich geändert. Dank der sorglosen Dummheit von Quintilius Varus konnte Roms Ansehen nördlich des Rheins nie wieder völlig hergestellt werden.

Die Schlacht von Bannockburn (1314)

Unter den englischen Königen genießt Eduard II. einen wenig beneidenswerten Ruf. In zweifacher Hinsicht aber überragt er die anderen Herrscher des Mittelalters: Er starb den widerwärtigsten Tod von allen, und er erlitt die schwerste Niederlage, die je ein englischer Monarch seit König Harold bei Hastings einstecken mußte. Der Sieg von Robert Bruce bei Bannockburn machte das Werk von Eduards Vater, dem großen König Eduard I. (auch »Schottenhammer« genannt) zunichte und sicherte Schottland die Unabhängigkeit.

Und doch hätte alles ganz anders laufen können. Eduard II. verfügte über die weitaus größere Anzahl von Männern und taktischen Optionen. Er hatte eine starke englische Armee mit nach Schottland gebracht, die er alsbald in eine Lage manövrierte, in der sie keinen Handlungsspielraum mehr hatte. Seine potentiell kampfentscheidenden Bogenschützen aber beließ er nahezu ungenutzt in der Nachhut, um schließlich noch die Dummheit zu begehen, das Schlachtfeld vor dem Ende des Kampfes zu verlassen, woraufhin der Rest seiner Armee aufgab und floh. Es war ein groteskes Beispiel dafür, wie man eine mittelalterliche Armee nicht führen, kontrollieren und motivieren sollte. Als Eduard im Jahre 1314 zu seiner Expedition aufbrach, verfolgte er vordergründig das Ziel, das von den Schotten belagerte Schloß Stirling zu entsetzen. Der eigentliche Grund war jedoch ein anderer: Eduard wollte Schottland endgültig seine Herrschaft aufzwingen. Da er aber bei seinen eigenen Lehnsleuten unbeliebt war, wurde er nur von drei seiner Grafen unterstützt, während so mächtige Männer wie der Herzog von Lancaster und die Grafen von Warwick, Arundel, Surrey, Oxford und Norfolk sich weigerten, mehr als die unbedingt erforderliche Mindestzahl an berittenen Truppen zu entsenden. Mehr noch als ihre Ritter hätte Eduard indes ihren militärischen Rat gebraucht. Immerhin waren die englischen Pairs in großer Zahl vertreten, darunter so erfahrene Krieger wie Aymer de Valence, der zweimal in offener Feldschlacht gegen Bruce gekämpft hatte, und Sir Giles d'Argentan, der den ungewöhnlichen Titel »drittbester Ritter seiner Zeit« trug. Eduards gesamte Streitmacht umfaßte wahrscheinlich über 2000 Ritter, 15.000 Mann Infanterie und eine große Anzahl von Bogenschützen.

Gegen diese imposante Macht, die in der Tat für eine Epoche mit schwierigen und primitiven logistischen Möglichkeiten überaus umfangreich war, konnte Bruce gerade eben 6000 Fußsoldaten und vielleicht 500 Berittene aufbieten. Doch verglichen mit den schottischen Pikenieren, die kampferprobt und gut ausgebildet waren, und unter Feldherren, denen sie vertrauten, für eine Sache kämpften, die sie liebten, war das englische Aufgebot nicht von allererster Qualität. Zum wirklichen Härtetest sollte der Kampf zwischen den schottischen Pikenier-Truppen (den *schiltrons*) und den englischen Rittern werden.

Eduard I. führte – wie später Eduard III. und der Schwarze Prinz – die taktische Kunst vor, Bogenschützen in Verbindung mit bewaffneten Soldaten zum Einsatz zu bringen. Obwohl diese Taktik erst in der Anfangszeit des Hundertjährigen Krieges zur Perfektion reifte, begriffen die schottischen Führer, welche Gefahr von den englischen Bogenschützen ausging. Es ist insofern schwer zu verstehen, warum Eduard II. wider alle Erfahrung und Vernunft den Bogenschützen die Rolle von passiven Beobachtern zuwies. Vielleicht war er nicht Manns genug, seine impulsiven Ritter im Zaum zu halten, so daß ihr Hochmut ihn auf die gleiche Weise um den Sieg brachte wie es den französischen Feldherren 30 Jahre später bei Crécy widerfuhr.

Die Schlacht von Bannockburn wurde auf einem für schwere Kavallerie ungeeigneten Gelände ausgefochten. Eduards Entscheidung, auf einem niedrig gelegenen, von Sumpflöchern und Tümpeln übersäten Terrain nahe einer den Gezeiten ausgesetzten Flußmündung zu kämpfen, war widersinnig, verstieß gegen alle Regeln mittelalterlicher Kriegsführung. Vielleicht lag das Problem darin, daß er versprochen hatte, Stirling innerhalb einer bestimmten Frist zu befreien, und seinen Gegner so geringschätzte, daß er meinte, sich ihm gegenüber alle möglichen Freiheiten herausnehmen zu können. Doch indem er den Ort der Schlacht bei Bannockburn akzeptierte, gestattete er Bruce, die Bedingungen zu diktieren, unter denen die Begegnung stattfinden würde. Und diese Bedingungen waren für die Schotten sehr viel günstiger als für seine eigene Armee. Selbst der Kommandant von Schloß Stirling, Sir Philip Moubray, der unter starkem Schutz das englische Lager besucht hatte, riet Eduard, lieber abzuwarten und zu sehen, was die Schotten vorhätten, statt Bruce in den Sümpfen anzugreifen. Der Rat war klug, aber Eduard wollte nicht auf ihn hören. Sein Stolz verbot ihm, kehrtzumachen, wenn er der Schotten erst einmal angesichtig geworden war.

Die Stimmung im schottischen Lager war ruhig. Bruce hatte seine Armee in vier »Schlachtreihen« aufgeteilt. Die ersten drei wurden von seinem Bruder Eduard Bruce, vom Grafen von Moray und von Sir James Douglas befehligt, während die rückwärtige »Schlachtreihe« unter seinem eigenen Kommando stand. Jede »Schlachtreihe« bestand aus 1000 bis 1500 Pikenieren, die fast in der Art einer griechischen Phalanx zusammen kämpften. Eine derartige Formation wäre für die englischen Ritter allein schon eine harte Nuß, die sie mit Hilfe von Bogenschützen aber hätten knacken können. Diese nämlich würden die feindlichen Reihen ausdünnen, so daß die Reiter blitzschnell in die entstandenen Lücken vorstoßen könnten. Die Gefahr, die von den Bogenschützen ausging, bereitete Robert Bruce solche Sorgen, daß er seiner aus 500 Mann bestehenden leichten Reiterei unter Sir Robert Keith befahl, die Schützen anzugreifen, sobald sie auftauchten. Er hätte in dieser Hinsicht unbesorgt sein können, denn an Bogenschützen dachten die englischen Ritter zuallerletzt. Sie wetteiferten miteinander um Ehre, Ruhm und Rang.

Eduard II. war nicht nur ein militärischer Versager, sondern auch ein schlechter Menschenkenner. Bei der Wahl des Kommandanten der Vorhut hatte er die unglücklichste Hand bewiesen, die sich denken läßt. Ungeachtet der Tatsache, daß Humphrey de Bohun, Graf von Hereford, durch erbliches Recht Konnetabel von England und zudem ein erbitterter Rivale der Familie Clare war, entschied sich Eduard, für die Dauer der Schlacht den Grafen von Gloucester, Gilbert de Clare, zum Konnetabel zu ernennen. Für den alten und erfahrenen Haudegen Humphrey war Gilbert nur ein junger Emporkömmling, der eine Lektion verdient hatte. Als die englische Armee Schloß Stirling erreichte, hatten diese beiden Adligen mit ihrem Streit das Heer des Königs bereits ins Chaos gestürzt.

Der Tag war schon fortgeschritten, aber die Ritter keinesfalls zu müde, um Eduards Befehlen den Gehorsam zu verweigern. Als Hereford und Gloucester die aufmarschierten Schotten in der Ferne erblickten, griffen sie mit all ihren Rittern an, wobei jeder der beiden versuchte, als erster dort zu sein. Dieser plötzliche Ansturm muß die Schotten überrascht haben, denn Bruce beging beinahe einen tödlichen Fehler, wofür er später von seinen Lords herbe Kritik einstecken durfte. Er ritt alleine seinen Soldaten voran, als plötzlich Herefords Neffe, Sir Henry de Bohun, seine Lanze einlegte und ihn direkt angriff. Hier, so dachte Sir Henry, konnte er sich einen Namen machen und den Feldzug mit einem Schlag entscheiden. Es war eine großartige Begegnung, aber sie dauerte nicht lange. Bruce duckte sich vor de Bohuns Lanze zur Seite weg und versetzte dem jungen Ritter einen so heftigen Schlag mit seiner Streitaxt, daß er dessen Helm und Haupt spaltete. Die hochgestimmten Schotten sahen dies als gutes Omen an und jubelten ihrem König zu, als er vom Gefecht zurückkehrte. Er aber hielt nur noch den Axtstiel in der Hand und beklagte den Verlust seiner Lieblingswaffe.

Während dieser Angriff auf Bruce erfolglos blieb, hatte sich eine andere englische Kavalleriedivision unter Clifford und Beaumont nach Norden gewandt, um die schottische Armee zu umgehen und Schloß Stirling zu erreichen. Dabei mußte sie an der St. Ninians-Kirche vorbeireiten, wo Moray seine »Schlachtreihe« postiert hatte,

um die Engländer an ihrem Vorhaben zu hindern. Als er die Pikeniere der Schotten heranrücken sah, forderte Sir Thomas Grey Beaumont auf, haltzumachen. Wie so oft in mittelalterlichen Gefechten, nahte auch hier das Unheil, weil ein Ritter seinen Mut bezweifelt wähnte und daraufhin alle Vernunft in den Wind schlug. Beaumont erklärte, Grey könne fliehen, wenn er wolle, woraufhin Sir Thomas und sein Gefolge wie wild in die Pikenierformation hineinsprengten und von Speeren durchbohrt wurden. Tatsächlich sollte dies die entscheidende Auseinandersetzung der ganzen Schlacht sein, was zu diesem Zeitpunkt jedoch noch keine der beiden Seiten wissen konnte. Morays Pikeniere waren ganz auf sich allein gestellt und befanden sich noch nicht einmal in der Nähe eines Sumpfes oder Waldes, um ihre Flanken zu schützen. Trotzdem gelang es den Engländern nicht, die Formation aufzubrechen, denn dazu fehlten ihnen die Bogenschützen. Schließlich konnten Morays Soldaten die englischen Ritter zurückdrängen und sich eine Atempause verschaffen. Der Graf von Moray aber hatte gezeigt, daß die englischen Ritter allein nichts auszurichten vermochten. Sollten die Engländer ihre Taktik nicht grundlegend verändern, würden die Schotten am nächsten Tag zweifellos einen großen Sieg erringen.

Die Kampfmoral im englischen Lager war mittlerweile stark gesunken. Eduard, in düsterer Stimmung, beging prompt den nächsten Fehler, indem er seinen Rittern befahl, den Bannock Burn zu überqueren und ihr Lager auf der anderen Seite aufzuschlagen. Der Boden war aber so morastig, daß aus einem nahegelegenen Dorf Tische und Türen geholt werden mußten, damit die Pferde nicht einsanken. Die Infanterie, die während des ganzen Feldzugs mit Nichtachtung gestraft worden war, suchte Trost im Trunk. Die meisten Engländer konnten in der Nacht nicht richtig schlafen, weil sie jeden Augenblick den Angriff der Schotten erwarteten. Merkwürdigerweise war jedoch deren Selbstvertrauen keineswegs so groß wie die Engländer vielleicht vermuteten. Nachdem er dem englischen König einen Warnschuß verpaßt hatte, dachte Bruce eher daran, seine Truppen zurückzuziehen und einen Guerillakrieg zu führen, anstatt alles auf die Karte einer Entscheidungsschlacht zu setzen. Möglicherweise hat die Nachricht von der Desertion eines englischen Ritters – Sir Alexander Seton – ihn davon überzeugt, daß der englische Kampfgeist gebrochen sei, und er doch am nächsten Tag die Schlacht beginnen sollte.

In der Morgendämmerung versuchten die englischen Ritter, sich zu formieren, um gegen einen schottischen Angriff gewappnet zu sein. Aber sie fanden nirgendwo festen Boden unter den Füßen, und die provisorischen, aus Türen und Tischen bestehenden Wege konnten nur ein Pferd zur Zeit tragen. Nachdem sie den Fluß an etlichen Furten überquert hatten, traten sie endlich auf einigermaßen festen Boden, doch war die Front dort sehr schmal. Hier griffen die Schotten an. Man sollte meinen, daß kein normaler Mensch auf die Idee käme, bei einer so begrenzten Front, wo die Pferde noch nicht einmal in Trab verfallen konnten, schwere Kavallerie einzusetzen. Doch die Engländer entschlossen sich, die Schlacht genau an dieser Stelle zu schlagen. Da ihre Pferde immer verwundbar waren, konnten die Engländer dem massiven Einsatz von Pikenieren nichts entgegensetzen.

Erst jetzt, mit großer Verspätung, wurden die Bogenschützen herangeführt, um die schottischen Truppen zu beschießen. Die Pikeniere, die keine Fluchtmöglichkeit besaßen, fielen reihenweise. Hätte Eduard seine Bogenschützen gleich von Beginn an in dieser Weise eingesetzt und sie von seinen Rittern schützen lassen, wäre die Schlacht wohl anders ausgegangen. Da die Bogenschützen jetzt aber in einer exponierten Stellung und ohne weiteren Schutz kämpften, wurden sie von Sir Robert Keiths leichter Kavallerie hinweggefegt. Nun war Eduard mit seinem Latein am Ende, und Sir Giles d'Argentan führte mit 500 Rittern den König aus der Schlacht und brachte ihn in Sicherheit. Danach wollte Sir Giles unter Beweis stellen, daß er zu Recht als Dritter plaziert worden war. Er ritt auf das Schlachtfeld zurück und starb durch die Pikeniere der Schotten.

Als die englische Armee den König fliehen sah, brach sie völlig auseinander. Als aber die Ritter zurückgedrängt wurden, bemerkten viele mit großem Schrecken, daß es keinen wirklichen Fluchtweg gab. Vor ihnen drohten die schottischen Piken, hinter ihnen der tückische Morast des Bannock Burn und auf ihren Flanken sumpfiges Gelände oder die Mündung des Forth mit ihrem Gezeitenwechsel. Panik breitete sich aus, und Ritter, Bogenschützen und Infanterie flohen in alle Richtungen, wobei viele im tiefen Wasser des Bannock Burn ertranken. Die siegestrunkenen Schotten plünderten das englische Lager, wobei Eduard sein Wappenschild, sein Siegel und seine ganze persönliche Habe verlor. Seit der Schlacht von Hastings war kein englischer König mehr so vollständig besiegt worden. Aber sein Sohn, Eduard III., sollte in der Schlacht von Halidon Hill 1333 gegen die Schotten zeigen, daß die richtigen Werkzeuge in den richtigen Händen zum richtigen Ergebnis führen. Eduard II. war vielleicht nicht der Weichling mit den weiblichen Zügen, als den Marlowe ihn porträtiert, aber als Befehlshaber war er eine Katastrophe.

Die Schlacht an der Gelben Furt (1598)

Im Elisabethanischen Zeitalter lebten die in Irland stationierten englischen Truppen oftmals isoliert in kleinen Garnisonen und waren so von der Unterstützung durch ihre Kameraden in Dublin abgeschnitten. Um diesen Garnisonen Vorräte und Verstärkung zukommen zu lassen, mußte häufig fast die gesamte Armee als Eskorte eingesetzt werden. Das war Wasser auf die Mühlen taktisch versierter irischer Führer, zu denen vor allem Hugh O'Neill, Graf von Tyrone, zählte. Er und andere unternahmen immer wieder den Versuch, die Engländer dorthin zu locken, wo das Gelände für die irische Kriegstaktik geeignet war. So wirkte es sich für die Engländer auf gefährliche Weise zum Nachteil aus, kleine Stützpunkte mitten in der Wildnis zu erbauen, denn auf dem Marsch dorthin konnten sie leicht angegriffen werden. Ein solches Fort hatte Thomas Lord Burgh 1597 am Blackwater-Fluß errichtet. Er betrachtete den Stützpunkt als »Schandfleck für Tyrone mitten in dessen eigenem Land« und als Schlüssel zum Sieg der Engländer über den rebellischen Grafen. Aber hier irrte sich Burgh, der möglicherweise etwas wir im Kopf war und ganz sicher am »irischen Fieber« zugrundeging. Tatsächlich war die Wahl dieses Standortes ein verhängnisvoller strategischer Fehler, der zu einer der schwersten englischen Niederlagen gegen die Iren führen sollte.

Burghs Plänen zufolge sollte das Fort ein Symbol englischer Stärke werden, tatsächlich aber handelte es sich um ein recht kümmerliches Bauwerk, eine rohe, von Erdwällen umgebene Konstruktion, bemannt von 150 Soldaten unter Hauptmann Thomas Williams. Die Lebensbedingungen im Fort waren primitiv, und Williams mußte oft genug gegen O'Neills Leute kämpfen, um frisches Wasser aus dem nahegelegenen Fluß oder Feuerholz holen zu können. In militärischer Hinsicht war das Fort eindeutig eine Belastung, doch ein Truppenabzug hätte Gesichtsverlust bedeutet, und den zu riskieren waren die Engländer nicht bereit. Auf der anderen Seite sah O'Neill keine Veranlassung, das Fort einzunehmen, denn dadurch würde er seinen Köder verlieren, mit dessen Hilfe er die englische Armee ins Unglück zu stürzen gedachte.

Im Winter 1597-98 hatte Williams große Schwierigkeiten, das Fort zu halten, denn ein Teil der Erdwälle war durch eine Überflutung fortgespült worden. Außerdem wurden die Vorräte knapp. Es mußte also eine Expedition starten, um das Fort mit neuem Proviant zu versorgen. Als Leiter war Sir Henry Bagenal auserkoren worden, O'Neills Schwager und erbittertster Feind. Am besten hätte man das Fort wahrscheinlich aufgegeben, aber für Königin und Kronrat war es ein Symbol geworden und mußte unbedingt gehalten werden.

Bagenal marschierte von Armagh aus nach Fort Blackwater. Er hatte 300 berittene Soldaten und 4000 Mann Infanterie dabei, darunter 1500 frisch Rekrutierte, die gerade eben aus England angekommen waren, armselige Burschen, die bei der erstbesten Gelegenheit Waffen und Uniform verkauften und desertierten. Bagenal war mit den irischen Kriegstaktiken vertraut und wußte, daß es auf dem Weg zum Fort zu Gefechten kommen würde. Am wichtigsten war es, die »großen Pfützen« und das Sumpfgebiet zu umgehen, wo ein irischer Angriff tödlich enden konnte. Seine Kolonne erstreckte sich über eine Meile Länge, und seine Infanterie

war in sechs Regimenter zu je 500 Mann aufgeteilt, die in etwa einhundert Schritt Abstand voneinander marschierten. O'Neill erwartete ihn schon mit 5000 Mann und eröffnete ein seitliches Störfeuer auf die englische Kolonne. Die Rekruten, die kein Geschützfeuer kannten, reagierten panisch, und die Abstände zwischen den Regimentern wurden immer größer. Schon bald waren sie durch Hügel und Baumgruppen voneinander getrennt.

Die englische Armee hatte sich in drei Abteilungen aufgespalten, von denen jede mit den Iren in heftige Gefechte verwickelt war. Die englischen Soldaten verloren den Kopf und stolperten über Kornfelder davon, um schließlich in Moorlöcher zu fallen. Alles lief ganz nach O'Neills Plan. Die Schlacht fand auf dem von ihm vorbereiteten Terrain statt, dort, wo er Gruben hatte ausheben lassen, um die englische Kavallerie zu bekämpfen. Das Haupthindernis, dem sich die Engländer auf ihrem Weg nach Fort Blackwater gegenüber sahen, war ein sehr langer Graben, »gefüllt mit Wasser und Dornensträuchern« (einige sagten, er wäre fast eine Meile lang gewesen) und an beiden Seiten von Sumpfgelände umgeben. Die Engländer konnten dies Hindernis unmöglich bewältigen, während sie zugleich von den Iren unter Feuer genommen wurden.

Als Bagenal versuchte, seine Soldaten zu sammeln, hob er für einen Moment sein Visier und wurde in den Kopf geschossen. Damit blieb es Thomas Wingfield überlassen, den Rückzug nach Armagh zu organisieren. Im Durcheinander des Gefechts verloren die Engländer 25 Offiziere und 800 Soldaten; dazu kamen noch 400 Verwundete. Etwa 300 Soldaten liefen zu den Iren über. In England empfing man die Neuigkeiten mit Entsetzen, denn es war die bislang schlimmste Niederlage gegen die Iren. Die Königin wollte wissen, wie das habe geschehen können. Ihr Befehlshaber in Irland, der Graf von Ormond, gab Bagenal die Schuld, weil er seine Regimenter in zu großem Abstand habe marschieren lassen. Andere verwiesen auf die Feigheit der Rekruten, von denen viele schon beim ersten Schuß geflohen seien und Waffen und Harnisch weggeworfen hätten. Aber das alles ging am Wesentlichen vorbei. Ausgelöst wurde das Unheil durch die Notwendigkeit, Fort Blackwater zu verteidigen. Für ein Symbol ohne strategischen Wert war das Risiko zu groß gewesen. Das einzig Positive an der mißlichen Geschichte war die Tatsache, daß Hauptmann Williams das Fort evakuieren mußte, weil es keine Vorräte mehr gab. Ihm sollte keine Verantwortlichkeit zugewiesen werden. Der Fehler liegt bei denen, die das Fort erbauen ließen.

Kapitel 5: Die Schlächter

Feldherrliche Fehltritte

Von einem Gemetzel – der sinnlosen Opferung von Soldaten – wird oft im Hinblick auf die Schützengräben des Ersten Weltkriegs gesprochen. Doch sind auch so bedeutende Feldherren wie Napoleon und Friedrich der Große nicht davor zurückgeschreckt, ihre Soldaten in großem Umfang in Kriegen und Schlachten zu verheizen. Napoleon bekannte einmal: »Einen Menschen wie mich kümmert das Leben von einer Million Soldaten herzlich wenig.« So viele waren es denn wohl auch, die in den Kriegen des Korsen ihr Leben lassen mußten. Sein maßloser Ehrgeiz forderte einen hohen Tribut. Das war bei Friedrich dem Großen, dessen hochfliegende Ziele und pausenlose Feldzüge seine Untertanen ähnlich teuer zu stehen kamen, kaum anders. Viele seiner Generäle scheinen die Haltung des Alten Fritz, sich um Verluste nicht weiter zu kümmern, geteilt zu haben.

> »Einen Menschen wie mich kümmert das Leben von einer Million Soldaten herzlich wenig.«
> Napoleon Bonaparte.

> Verachtung und Zynismus prägen oft die Haltung der Heerführer gegenüber den »einfachen« Soldaten. Wird diese Haltung zur Tugend erklärt, entsteht der Schlächter.

Kanonenfutter

1760, zur Zeit des Siebenjährigen Krieges, fand die Schlacht von Liegnitz statt. Zwar konnte Friedrich II. die Schlacht letztlich gewinnen, aber er machte einen so furchtbaren Fehler, daß ihm der Sieg teuer zu stehen kam. Er war mit 44.000 Soldaten den 53.000 seines Gegners deutlich unterlegen und hatte seine Armee zweigeteilt; den einen Teil kommandierte er selbst, den anderen Feldmarschall Ziethen. Als er Kanonendonner vernahm, der vom Wind herübergeweht wurde, glaubte er, Ziethen sei schon ohne seine Unterstützung in den Kampf gezogen. Tatsächlich handelte es sich nur um ein Vorgeplänkel, aber Friedrich geriet in Panik und rief: »Mein Gott, Ziethen greift schon an und wir hängen noch meilenweit zurück! Wie soll das enden? Meine Infanterie ist immer noch nicht dort!« Er stoppte seinen Vormarsch und schickte zehn Grenadierbataillone aus dem schützenden Wald direkt gegen das Zentrum der österreichischen Armee. Da sie ohne jegliche Unterstützung in den Kampf zogen, wurden sie niedergemäht, wobei 5000 Soldaten in einer halben Stunde fielen. Dieses Gemetzel erreichte bereits die Größenordnung der Westfront-Massaker des Ersten Weltkriegs. Zwar wurde dank Ziethens Entschlossenheit die

Schlacht noch gewonnen, aber insgesamt waren Friedrichs Verluste von 16.670 Mann bei einer Gesamtstreitmacht von 44.000 proportional höher als in all seinen anderen Schlachten.

1757 aber, bei Kolin, führten Friedrichs Fehler zu einer vernichtenden Niederlage. So unsinnig und roh war das Gemetzel, daß ein moderner Historiker, Christopher Duffy, die Ansicht vertrat, die Schlacht »sei für die preußische Armee das gewesen, was der Angriff der Leichten Brigade für die Briten im 19. Jahrhundert bedeutete«. Friedrich war wiederum zahlenmäßig unterlegen, diesmal mit 35.000 gegen 53.000 Österreicher unter Marschall Daun, die, von Batterien schwerer Kanonen geschützt, auf der Anhöhe zwischen Kolin und Chotzewitz Stellung bezogen hatten. Allen Einwänden des Prinzen Moritz von Anhalt-Dessau zum Trotz, gab Friedrich seinen neun Bataillonen den selbstmörderischen Befehl zum Frontalangriff auf die Anhöhe. Als die Preußen hügelan marschierten, fuhren die Kanonenkugeln der Österreicher wie Sensen durch ihre Reihen, und schon bald waren 65 Prozent der Soldaten gefallen. Friedrichs Verluste beliefen sich bei Kolin auf 10.000 Tote und Verwundete sowie 5000 Gefangene.

Es ist lehrreich, sich einmal die Verluste zu vergegenwärtigen, die Friedrichs Feldzüge im Siebenjährigen Krieg mit sich brachten. Preußen, seiner Bevölkerung nach der kleinste Staat von allen an diesem Krieg beteiligten, hatte über 180.000 Kriegstote und 62.000 Kriegsgefangene zu beklagen. Ein Regiment verlor fast 4.500 Mann, das heißt, es war praktisch mehr als dreimal vollständig vernichtet worden. Während dieser Jahre sank die Gesamtbevölkerung Preußens um eine halbe Million. Mit dem Leben von Menschen ging Friedrich der Große wahrhaft verschwenderisch um.

Napoleons Beinhaus

Wir haben bereits erwähnt, daß Napoleon mit zunehmendem Alter immer kränker wurde, bis schließlich auch sein militärisches Urteilsvermögen unter seinem schlechten Gesundheitszustand litt. Nach 1807 war er zunehmend bereit, nackte Gewalt anzuwenden, um einen Durchbruch zu erzielen. Ein hervorragendes Beispiel dafür findet sich in der erbitterten Schlacht von Wagram 1809. Weil Napoleon am ersten Gefechtstag keinen entscheidenden Vorteil erkämpfen konnte, benutzte er schließlich eine »Rammbock«-Taktik: Er ließ Marschall Macdonalds Korps von 8000 Mann zu einer riesigen Kolonne in der Form eines hohlen Rechtecks aufmarschieren und befahl dann den Durchbruch durch die österreichischen Linien. Damit boten Macdonalds Soldaten den österreichischen Kanonenbatterien ein kaum zu verfehlendes Ziel. Napoleon versuchte, sich den Durchbruch mit dem Leben seiner Soldaten zu »erkaufen«, statt ihn sich durch taktisches Geschick zu verdienen. Macdonalds Verluste waren enorm hoch – mehr als 80 Prozent Tote und Verwundete –, und der Durchbruchsversuch schlug fehl. Napoleon hatte die Kontrolle über die Situation in einem Maße verloren, daß er tatsächlich General Wrede mit dem beispiellosen Befehl: »Tun Sie, was Ihnen richtig erscheint« ins Getümmel schickte, um Macdonald aus seiner verzweifelten Lage zu befreien. Wie sich dann herausstellte, war das Martyrium von Macdonalds Soldaten völlig überflüssig gewesen. Auf beiden Flügeln hatten die Marschälle Davout und Masséna die österreichischen Linien durchbrochen. Aber der Erfolg hatte auf Messers Schneide gestanden.

1807 bei Heilsberg schienen auf französischer Seite alle gleichermaßen einen schlechten Tag erwischt zu haben. Napoleon war fest entschlossen, die Russen unter General Bennigsen ein für alle Mal zu schlagen und hatte seine Taktik ohne Berücksichtigung der feindlichen Stellungen festgelegt. Das aber sollte böse Folgen haben. Der ungestüme Marschall Murat wurde mitsamt den Reservetruppen der Kavallerie von der russischen Reiterei hinweggefegt. Als General Savary ihm zu Hilfe kam und die Situation rettete, wurde er zum Dank von Murat als Feigling beschimpft. Er wünschte, entgegnete Savary, der Marschall würde weniger Mut und mehr Verstand an den Tag legen. Marschall Soults Taktik, seine Divisionen ohne Rücksicht auf Verluste frontal gegen die russischen Stellungen angehen zu lassen, war für die beherzten, aber taktisch weniger geschickten Russen ein gefundenes Fressen. Napoleons Angriffe gegen eine zahlenmäßig überlegene Armee in starker Position blieben fruchtlos. Aber statt den Angriff abzublasen, schickte er immer mehr Soldaten in den zermürbenden Kampf, der im Zentrum tobte. Als Lannes mit frischen Divisionen heranrückte, hätte das die Lage verbessern sollen, aber Napoleon erlaubte es dem starrköpfigen Marschall, seine Truppen bei einem verheerenden Nachtangriff sinnlos zu opfern. Er verlor 2000 Mann, ohne irgend etwas zu erreichen. Insgesamt verlor Napoleon bei Heilsberg in einer der taktisch dürftigsten Schlachten seiner gesamten Kriegslaufbahn mehr als 10.000 Soldaten, weil ihm nichts weiter einfiel als auf Zermürbung zu setzen, und das gegenüber einem Gegner, der diese Art der Auseinandersetzung geradezu suchte.

Es überrascht nicht, daß ein Befehlshaber im Dauerstreß der Feldzüge bisweilen seine Geduld verliert. Aber solche Ausfälle können böse Folgen zeitigen, wie die ansonsten unbedeutende Schlacht von Somosierra zeigt, die Napoleon 1808 in Spanien schlug. Sein Vormarsch auf Madrid wurde von den Truppen des Generals San Juan aufgehalten. Bei vielen spanischen Soldaten handelte es sich um Bauern, die gerade erst rekrutiert worden waren und für Napoleons Berufsheer keinen ernstzunehmenden Gegner darstellten. Aber San Juan hatte sich in schwer einzunehmender Stellung auf einer Paßhöhe verschanzt, über die der Weg zur spanischen Hauptstadt führte. Napoleon wollte dem Gegner seine abgrundtiefe Verachtung offenbar deutlich zeigen. Obwohl er Infanterie in die Hügel geschickt hatte, die sich zur spanischen Position hinaufarbeitete, fehlte ihm die Geduld, ihren Eingriff ins Kampfgeschehen abzuwarten. Mit plötzlicher Gereiztheit befahl er dem Befehlshaber seiner Leibeskorte, dem Obersten der polnischen Leichten Brigade, die spanischen Stellungen anzugreifen. Hier finden wir eine frühe Version des Angriffs der Leichten Brigade – 87 Reiter, die ohne weitere Unterstützung gegen eine Vielzahl spanischer Geschütze geschickt werden. Nach ein paar Salven war schon die Hälfte der Angreifer gefallen und die Überlebenden gingen in Deckung. Aber das konnte Napoleon nicht zulassen. Er schickte ihnen einen Boten mit der Nachricht: »Meine Garde wird sich nicht durch Bauern und Straßenräuber aufhalten lassen.« So mußten die bedauernswerten Polen ihren Angriff fortsetzen. 60 von ihnen wurden niedergeschossen, der Rest drang nicht mehr bis zu den spanischen Linien vor. Napoleon hat diese Verluste, vielleicht aus Scham, vielleicht aus anderen Gründen, in seinem Frontbericht unerwähnt gelassen. Die Schlacht wurde schließlich mit einer konventionelleren Taktik gewonnen.

Picketts Angriff

Wiewohl die amerikanischen Bürgerkriegsgeneräle Ulysses S. Grant und Robert E. Lee alles andere als unfähig waren, haben auch sie gelegentlich das Leben ihrer Soldaten ohne Sinn und Notwendigkeit geopfert. 1863 bei Gettysburg befahl Lee General Longstreet einen massiven Frontalangriff auf die Stellung der Unionstruppen bei Cemetery Ridge. Obwohl sein Untergebener ihn darauf hinwies, daß das Zielobjekt unmöglich eingenommen werden könne, nahm Lee den Befehl nicht zurück, weil er »glaubte, seine Männer seien unbesiegbar«. Es folgte ein heldenmütiger, aber aussichtsloser Angriff von 15.000 Soldaten der Konföderierten unter General Pickett, der über ein mehr als tausend Meter breites offenes Feld gegen Infanterie in Schützengräben und massierte

Artillerie auf dem Höhenzug Cemetery Ridge geführt wurde. Long-street war außer sich: »Ich konnte sehen, wie verzweifelt und hoffnungslos der Angriff war und was für ein hoffnungsloses Gemetzel er hervorrufen würde.« Picketts Angriff ist zu einem amerikanischen Epos geworden, aber es war auch ein Wendepunkt des Krieges und ein auf tragische Weise verschwenderischer Umgang mit den besten Kräften der Konföderierten. Von den 15.000 Soldaten kehrte die Hälfte nicht zurück, und Picketts eigene Division erlitt Verluste in Höhe von fast 70 Prozent, darunter drei Brigadeführer und alle dreizehn Obersten. Lee war Manns genug, die Schuld auf sich zu nehmen. Er hatte an Durchfall gelitten, was sein Urteilsvermögen getrübt haben mag. Das gleiche ließe sich natürlich von General Grant und seinem Wutanfall sagen, der ein Jahr später bei Cold Harbor eine Rolle spielen sollte.

Wie Lee in Gettysburg beging hier Grant den Fehler, Kampfgeist und -moral seiner Truppen zu hoch einzuschätzen. Am 3. Juni 1864 hatte er das endlose Aufreiben seiner Truppen in den Grabenkämpfen vor Cold Harbor endgültig satt, und ihm riß der Geduldsfaden. In einem heftigen Wortwechsel mit den anderen Befehlshabern schwor er, er werde die Verteidigung der Rebellen mit nackter Gewalt durchbrechen, und zwar noch an diesem Tag. Sofort befahl er einen Frontalangriff auf die Linien der Konföderierten. Aber seine Soldaten wußten, daß sie eine Situation erwartete, die genauso gefährlich war wie der Angriff von Marye's Heights bei Fredericksburg. Einen Tag lang dauerten die Frontalangriffe, bei denen die Unionstruppen 7000 Mann verloren, die meisten davon in den ersten zehn Minuten eines Angriffs. Es war fast schon ein Vorgeschmack auf den 1. Juli 1916, den ersten Tag der Schlacht an der Somme. Einer von Grants Obersten schrieb später: »Die Führerschaft, die der General an den Tag legt, erfüllt mich mit Abscheu. Vielfach sind unsere Männer sinnlos und brutal geopfert worden.«

Blutige Stümper

Bis jetzt haben wir uns nur mit der gelegentlichen und bald darauf schon bedauerten Maßlosigkeit großer Feldherren beschäftigt. Darüber hinaus aber hat es genug Schlächter gegeben, die nicht einmal das Recht haben, als fähige Generäle betrachtet zu werden, und die ihre eigenen Soldaten dermaßen ver-

»Sie können mit einem Spazierstock über den Hügelrücken schlendern, Gewehre aber brauchen Sie nicht. Wenn Sie nach Thiepval kommen, werden Sie sehen, daß die Deutschen alle tot sind. Da hat nicht einmal eine Ratte überlebt.«
Ein Brigadegeneral bei einer Truppenansprache am 1. Juli 1916 an der Somme.

Die Deutschen waren nicht tot. Sie hatten sich während des britischen Bombardements in tiefgelegenen Betonbunkern verschanzt. Als das Feuer eingestellt wurde, kamen sie hervor, um ihre Maschinengewehrstellungen zu besetzen und die vorrückende britische Infanterie niederzuschießen. Einige britische Offiziere näherten sich mit Spazierstöcken, andere mit Regenschirmen, einige kickten sogar Fußbälle vor sich her. Sie wurden ebenso niedergeschossen. Über die Verluste der Ratten wird nichts vermeldet, sie sollen jedoch gering gewesen sein.

achteten, daß sie sie sinnlos opferten, ohne auch nur mit der Wimper zu zucken.

Die Belagerung von Plevna

Während der Belagerung von Plevna im Russisch-Türkischen Krieg von 1878 wurde die türkische Stadt von General Osman Pascha mit 22.000 Soldaten und 58 Kanonen verteidigt. Am 30. Juli 1878 starteten die russischen Generäle Krudener und Schakowsky einen massiven Angriff, an dem 35.000 Infanteristen beteiligt waren, die von 170 Kanonen unterstützt wurden. Die Generäle hatten damit einen reinen Frontalangriff gegen gut konstruierte Verteidigungsanlagen befohlen, ohne die türkischen Stellungen vorher überhaupt ausgekundschaftet zu haben. Ein Bataillon nach dem anderen marschierte in einen Maelstrom von Kugeln und Granaten. Die Russen wurden vollständig zurückgeschlagen und verloren an einem einzigen Tag 7300 Mann. Ein britischer Beobachter schrieb:

»Von Vorgeplänkeln schienen sie nichts zu halten. Dichtgeschlossene Reihen Infanterie – drei Bataillone, glaube ich – erklommen in fester Schlachtordnung das letzte Grabenufer und rückten in einer Linie direkt gegen das Bollwerk vor. Es war ein reiner Frontalangriff. Kaum waren sie aufgetaucht, ertönte schon das Signal ›Feuer frei!‹ Von drei Seiten heftig beschossen, kam der Feind zum Stillstand. Die Überlebenden strömten zurück und wurden von einer zweiten Angriffswelle verschluckt, die inzwischen nach vorne geworfen worden war. Eine dritte folgte in kurzem Abstand ... Die russischen Angriffswellen fluteten auf dem Abhang vor und zurück wie die Wogen in einem stürmischen Ozean.«

Innerhalb von drei Wochen hatten die Russen 27.500 Soldaten gegen einen Gegner verloren, der für seine Schießkünste keineswegs berühmt war.

Kamikaze

Im russisch-japanischen Krieg von 1904-05 setzte der japanische Befehlshaber, General Nogi, während der Belagerung von Port Arthur an der chinesischen Küste bei Angriffen »Menschenwellen« ein. Die patriotische Leidenschaft der japanischen Soldaten ließ sie voller Eifer und Begeisterung Opfer bringen, die die Unfähigkeit ihres Befehlshabers verbargen. Nicht alle Generalskollegen von Nogi befürworteten seinen Plan, auf die mächtige Festung von

Port Arthur einen Frontalangriff zu wagen. Doch ihr Vorschlag, den Angriff zu verschieben, wurde von dem verärgerten Nogi verworfen. Man hatte ihm gesagt, daß der Tod von 10.000 Soldaten ein niedriger Preis für den Erfolg sei, doch bevor Port Arthur fiel, waren schon sechsmal soviel japanische Soldaten geopfert worden.

Schon mit dem Beginn von Nogis Großangriff am 19. August 1904 trat die fehlerhafte Vorbereitung zu Tage. Was die höchst mangelhafte japanische Aufklärung an den Außenmauern der Stadt für Häuser mit Glasfenstern gehalten hatte, waren in Wirklichkeit schwere Befestigungsanlagen aus Stahl und Beton. Als der Angriff zurückgeschlagen worden war, hatten die Japaner Verluste in Höhe von 16.000 Mann erlitten, und das alles nur wegen Nogis wahnwitziger Idee, Port Arthur könne einfach durch einen Infanterieangriff eingenommen werden.

Hunter-Bunter

Der Gallipoli-Feldzug von 1915 bietet viele Beispiele für die von unfähigen britischen Generälen befohlene sinnlose Opferung von Soldaten. Der berüchtigtste war Generalmajor A.G. Hunter-Weston. Die Historiker nannten ihn »Schlächter von Hellas«, und seine Soldaten gaben ihm den Spitznamen »Hunter-Bunter«, weil sein beträchtlicher Körperumfang sie an den fetten Komiker Billy Bunter erinnerte. Außerhalb des Schlachtfeldes soll Hunter-Weston ein ganz bezaubernder Mensch gewesen sein, doch sobald er Kriegslärm vernahm, verwandelte er sich in einen herzlosen Schlächter. Als Befehlshaber der 29. Division – einer britischen Elitetruppe – bemerkte er: »Verluste? Was gehen mich Verluste an?« Ein anderes Mal meinte er zu einem Offizier, dessen Brigade soeben mehr als 1300 Soldaten verloren hatte, er sei froh darüber, »die jungen Hunde an Blut gewöhnt zu haben«. Vor der Landung bei Kap Hellas im April 1915 hatte er seinen Truppen Mut gemacht, indem er ihnen erzählte, sie hätten »schwere Verluste durch Kugeln, Granaten, Minen und Ertrinken zu erwarten«. Als sie an Land waren, teilte er ihnen mit: »Jeder Mann soll eher auf seinem Posten sterben als sich zurückzuziehen.« Und dies, obwohl die geschwächten Türken schon dabei waren, vor den massiven Truppenanlandungen der Briten das Feld zu räumen. Bevor er unter dem Druck der Verantwortung zusammenbrach, startete Hunter-Weston noch eine Reihe von Angriffen auf die Hügel von Achi Baba und Krithia, die drei ganze Divisionen verschlangen. Von Überraschungsangriffen in der Morgen- oder Abenddämmerung hielt er gar nichts. Er war

»Die Männer sind in bester Stimmung. Einige haben gesagt, daß sie noch nie zuvor für die nächste Operation so genaue Anweisungen und Informationen erhalten hätten. Nie zuvor ist der Stacheldraht so sorgfältig durchtrennt und die Artillerie so gründlich vorbereitet worden.«
General Douglas Haig, 1. Juli 1916.

An vielen Stellen war der Stacheldraht nicht durchtrennt worden. Die Artillerie versagte. Tausende von Leben gingen verloren, weil die Soldaten den Stacheldraht nicht überwinden konnten und keine Schneidgeräte bei sich hatten. Andernorts konzentrierten die Deutschen ihre gesamte Feuerkraft auf die Stellen, wo der Draht durchtrennt war, weil sie wußten, daß die Briten dort entlang mußten.

vielmehr ganz besessen von der Idee, frontal und am hellichten Tag anzugreifen, was ein Maximum an Verlusten sicherstellte.

Russell's Top

Der Film *Gallipoli* hat den australischen Angriff bei Russell's Top am 7. August 1915 während des Feldzugs gegen die Türken im Ersten Weltkrieg unsterblich gemacht. 600 Mann der australischen Leichten Reiterbrigade wurden in vier Wellen zum Angriff auf einen von den Türken besetzten Hügel mit dem Namen Baby 700 nahe Lone Pine geschickt. Der Hügel war durch Schützengräben und Maschinengewehre gesichert. Aus unerklärlichen Gründen wurde das Sperrfeuer von den Kanonenbooten, das die Türken vor dem Angriff in der Deckung halten sollte, sieben Minuten früher als vereinbart beendet. Die Australier waren sich nicht sicher, ob sie sofort angreifen oder warten sollten. Sie befürchteten, im ersten Fall könnten die Kanonenboote wieder mit dem Feuer beginnen. Also warteten sie die sieben Minuten ab und gaben so den türkischen Verteidigern Gelegenheit, sich auf ihr Kommen einzustellen.

Als die erste Welle von 150 Soldaten zum Sturmangriff ansetzte, empfing sie aus einer Entfernung von nicht einmal 60 Metern ein dichter Kugelhagel. Die wenigsten Soldaten schafften auch nur die Hälfte des Wegs und die ganze Reihe wurde ausgelöscht. Zwei Minuten später stand die zweite Reihe bereit, obwohl die Soldaten sehen konnten, was mit der ersten geschehen war. Auch sie wurden innerhalb weniger Sekunden niedergemäht. Unter Marschall Todd bereitete sich schon die dritte Welle auf ihren Angriff vor. Todd wies auf die Aussichtslosigkeit dieses Tuns hin, und seine Bedenken wurden Oberst Antill übermittelt. Aber Antill war das Gerücht zu Ohren gekommen, daß irgendwo in den türkischen Schützengräben eine australische Fahne flattere. Also befahl er Todd nunmehr, den ebenso mutigen wie fiktiven Australiern, die die türkischen Linien erreicht hatten, zu Hilfe zu kommen. Nun ging auch die dritte Welle zum Angriff über und wurde ausradiert. Die vierte beschwerte sich ebenfalls über die Unlösbarkeit der Aufgabe und wurde von Antill ohne weitere Erklärung in den Tod geschickt. Bei den vier Angriffen wurden 232 Soldaten getötet und über 200 verwundet, nur weil kein Offizier den Mut besaß, das sinnlose Massaker zu beenden.

»Nie zuvor so sorgfältig durchtrennt...«

Am Ende unserer Beispiele für militärische Maßlosigkeit wollen wir den schwärzesten Tag betrachten, den die Geschichte der britischen – und vielleicht jeder anderen – Armee zu verzeichnen hat. Es handelt sich um den 1. Juli 1916, den ersten Tag der Somme-Schlacht. Bei Anbruch der Nacht zählten die Briten 57.470 Tote und Verwundete. 120.000 Soldaten hatten die Schützengräben am Morgen verlassen, 21.000 starben, die meisten davon in den ersten dreißig Minuten des Angriffs. Von nicht weniger als 12 Divisionen verlor jede einzelne mehr als 3000 Mann, und das 1. Hampshire-Regiment wurde praktisch ausgelöscht. Hier war keiner übriggeblieben, der am Abend über das Geschehen hätte berichten können. Das 10. West-York-Regiment wurde in weniger als einer Minute vernichtet. Viele Männer von Hunter-Westons 29. Division erwischte es auf offenem Feld, wo der Stacheldraht keineswegs zerschnitten war. Sie wurden nach Belieben vom MG-Feuer niedergemäht.

Den für den Angriff ausgewählten Soldaten war versprochen worden, daß der Stacheldraht durch das gewaltige Artilleriebombardement zerstört sei und die Deutschen, auf die sie treffen würden, tot wären. Während einige Offiziere nur mit Spazierstöcken oder Schirmen bewaffnet ihre Männer anführten, kickten andere, wie Hauptmann Wilfred Nevill vom East Surrey-Regiment, Fußbälle in Richtung der deutschen Linien und stürmten hinterdrein. Die Deutschen aber hatten sich während des Bombardements in tiefen Betonbunkern verschanzt und hatten ihre Plätze in den Schützengräben wieder eingenommen, bevor die Briten das Niemandsland durchquert hatten. Trotz des heftigen Beschusses war der Stacheldraht im großen und ganzen heil geblieben, und die wenigen Stellen, an denen er durchtrennt worden war, hatten die Deutschen in weiser Voraussicht mit Maschinengewehren gesichert. Als Hunter-Weston, der das VIII. Korps befehligte, seinen Männern versicherte, der Stacheldraht sei weggesprengt worden, konnten viele von ihnen sehen, daß er noch intakt war und ihr Befehlshaber ihnen direkt ins Gesicht log.

Hunter-Westons Befehl, die schwere Artillerie solle zehn Minuten und die Feldartillerie zwei Minuten vor dem Sturmangriff ihr Sperrfeuer einstellen, war die unmittelbare Ursache dafür, daß die britischen Verluste an diesem Tag so hoch ausfielen. Die Artillerie hätte so lange feuern müssen, bis die britischen Soldaten ihre Schützengräben verlassen hatten. Statt dessen konnten die Deut-

»Sie rückten Reihe um Reihe vor, gekleidet wie zur Parade, und nicht einer drückte sich davor, durch das schwere Sperrfeuer zu marschieren oder dem Maschinengewehrfeuer ins Auge zu blicken, das sie schließlich ausradierte. ... Nie zuvor habe ich ... eine derart prächtige Entfaltung von Tapferkeit, Disziplin und Entschlossenheit gesehen. Die Berichte, die ich von den wenigen Überlebenden dieses wunderbaren Vormarsches erhielt, bestätigen, was ich sah, ... daß es kaum einem unserer Männer gelang, zur deutschen Front vorzustoßen.«
Brigadegeneral Rees, kommandierender General der 94. Infanteriebrigade der 31. Division,
1. Juli 1916.

Der »wunderbare Vormarsch« war ein vollständiges Desaster; die »prächtige Tapferkeit« umsonst. Die Männer hatten überhaupt keine Chance. Die Verluste betrugen nahezu 100 Prozent.

schen in aller Ruhe feststellen, daß ein Angriff stattfinden würde und hatten genügend Zeit, ihre Bunker zu verlassen und ihre Maschinengewehre in Stellung zu bringen. Allein diese Stümperei von Hunter-Weston bescherte dem VIII. Korps 14.000 Tote und Verwundete. Trotzdem war General Haig so schlecht informiert, daß er behauptete, »nur wenige aus dem VIII. Korps« hätten »ihre Schützengräben verlassen«. Hunter-Weston, der sehr wohl wußte, was für einen Fehler er begangen hatte, setzte nun in aller Eile Generalstabschef Robertson davon in Kenntnis, daß die Artillerie ihn bös im Stich gelassen habe, weil sie den Stacheldraht nicht durchtrennt und das Sperrfeuer zu früh eingestellt hatte.

Haigs »Großoffensive« – so nannte er das Geschehen an der Somme – verebbte schließlich in jenem Zermürbungskrieg, der für die Westfront zwischen 1915 und 1917 so typisch war. Aber dieser eine Tag, der 1. Juli 1916, wird für die britische Armee immer der »schwarze Tag« bleiben – sehr im Widerspruch zu Haigs genereller Einschätzung: »Die allgemeine Lage war aussichtsreich.«

Die Schlacht von Fredericksburg (1862)

Hätten Laurel und Hardy je einen Horrorfilm gedreht, wäre es der fette und grinsende Ollie gewesen, der Ambrose Burnside als Helden einer Schlachthausszene gespielt hätte. Drehort für diese Szene: Marye's Heights, die Anhöhe hinter Fredericksburg, am 13. Dezember 1862. Hier leistete sich Burnside die gräßlichste Stümperei des amerikanischen Bürgerkriegs – und niemand lachte.

Als Präsident Lincoln endlich mit dem unbeweglichen McClellan die Geduld verlor und statt seiner Ambrose Burnside zum Befehlshaber der Armee ernannte, beging er einen großen Fehler, und jeder wußte es, auch Burnside. Burnside versuchte alles, um Lincoln von seinem Vorhaben abzubringen. Er beschwor ihn: »Ich möchte das Kommando nicht übernehmen. Ich

bin nicht dafür geeignet, eine so große Armee zu befehligen.« Aber Lincoln beharrte auf seiner Entscheidung, sodaß Burnside schließlich nachgab und mit seinen Offizieren sogar mit Champagner feierte. Der Präsident wollte Taten sehen, und Burnside war fest entschlossen, sie ihm, koste es, was es wolle, zu liefern.

Seine Armee war jetzt 113.000 Mann stark und somit den 80.000 Soldaten von General Lee überlegen. Das wollte Burnside unbedingt ausnutzen. Er befahl seinen Offizieren, die Überquerung des Rappahannock gegenüber von Fredericksburg vorzubereiten. Eine schlechtere Wahl hätte er kaum treffen können, denn an dieser Stelle ist der Fluß im Winter breit, tief und reißend. Hinter Fredericksburg erhebt sich ein hoher Hügelrücken. Für die Artillerie der

Unionstruppen war er zu weit entfernt, den Truppen der Konföderierten bot er jedoch eine glänzende Verteidigungsposition, denn von ihm aus konnte man alle Furten des Flusses gut überschauen. Robert E. Lee, der General der Konföderierten, hatte diese Höhen denn auch massiv mit Truppen besetzt, obwohl er nicht im Ernst daran glaubte, daß Burnside gerade hier den Fluß überqueren werde. Aber genau das hatte Burnside vor, mußte damit indes fünf Tage warten, weil es Schwierigkeiten bei der Beschaffung von Pontonbrücken gegeben hatte. Es wäre für alle Beteiligten besser gewesen, wenn diese Brücken niemals angekommen wären.

Nun aber waren sie da, und Burnside konnte den Fluß überqueren. Als er jedoch erfuhr, daß die Konföderierten die Höhen hinter Fredericksburg besetzt hielten, überfiel ihn Unschlüssigkeit. Die Verantwortung begann ihm Angst zu machen, und er wälzte sich mehrere Nächte lang schlaflos hin und her, ohne sich dazu durchringen zu können, den Befehl für die Überquerung zu geben. In der Nacht des 12. Dezember wanderte er, ein moderner Heinrich V. vor der Schlacht von Agincourt, ruhelos in seinem Lager auf und ab. Irgendwann kam ihm die selbstmörderische Idee, einen Frontalangriff gegen die Konföderierten zu wagen, die vom fähigsten General der damaligen Zeit befehligt wurden. Er mußte dafür nur einen Fluß voller Treibeis überqueren und gegen massiv befestigte Verteidigungsstellungen auf einem gefährlich steilen Hügel vorrücken.

Als die Unionssoldaten von diesem Plan erfuhren, war ihre Reaktion ebenso bitter wie realistisch. Tausende schrieben ihren Namen, den ihrer Familie und ihre Anschrift auf ihre Taschentücher und nähten sie vor dem Angriff auf ihre Uniformröcke, damit ihre Leichen später identifiziert werden könnten. Andere schrieben Abschiedsbriefe an ihre Eltern und Ehefrauen, in denen sie deutlich machten, daß das Unternehmen hoffnungslos sei und sie von Glück sagen könnten, wenn sie den Angriff überlebten.

Nachdem die Pontonbrücken in Stellung gebracht worden waren, überquerten die Unionstruppen den Fluß in zwei starken Divisionen. Franklin sollte mit 50.000 Soldaten unterhalb von Fredericksburg gegen »Stonewall« Jackson vorrücken, während Sumners und Hookers Männern die wenig beneidenswerte Aufgabe zufiel, Longstreets Streitkräfte auf Marye's Heights anzugreifen. Als ein Artillerieoffizier der Konföderierten über die offenen Felder blickte, die die Yankees überqueren mußten, bevor sie die Anhöhe erreichten, faßte er die Lage mit der Bemerkung zusammen: »Wenn wir das Feuer eröffnen, kann da unten nicht mal ein Huhn überleben.« Das war angesichts von 300 gefechtsbereiten Kanonen nicht übertrieben.

Auf Marye's Heights hielten Longstreets Soldaten eine der denkbar stärksten Verteidigungspositionen. Hinter einer 800 Meter langen Steinmauer standen vier Reihen von Soldaten aus Georgia und North Carolina, die so schnell hintereinanderweg feuerten, daß sie fast schon die Wirkung eines Maschinengewehrs erzielten. Wieder und wieder stürmten die Unionstruppen gegen den Hügel an, nur um von Kugeln durchsiebt zu Boden zu fallen. 6000 Soldaten der Union fielen auf diesem schmalen, nur fünf Meilen breiten Teil des Schlachtfeldes. Burnside, der das Geschehen durch ein Fernglas verfolgte, fiel nichts besseres ein, als immer neue Angriffe zu befehlen. Fünfzehnmal scheiterte der Versuch, Marye's Heights zu erobern, dann rief Hooker seine Leute von sich aus zurück. Bitter sagte er zu Burnside: »Als ich sah, daß ich genau so viel Männer verloren hatte, wie mein Befehl es mir vorschrieb, habe ich den Angriff abgebrochen.«

Mittlerweile war Burnside das Lachen vergangen. Schäumend vor Wut beschimpfte er seine Generäle als »feiges Gesindel« und seine Soldaten, von denen bereits 15.000 tot oder verwundet auf den Feldern jenseits des Flusses lagen, als »Diebe« und »Hasenfüße«. Einen weiteren Entschluß faßte er noch. Er wollte an der Spitze seines alten IX. Korps den Hügel hinaufreiten. Als seine Generäle ihn davon abhielten, brach er in Tränen aus und stöhnte: »Die Männer, ach die armen Männer.«

Am anderen Flußufer waren die Konföderierten vor Freude außer sich. »Stonewall« Jackson entwarf einen derart eigenartigen Plan, daß selbst Burnside länger über ihn nachgedacht hätte. Er schlug einen Nachtangriff vor, bei dem Lees gesamte Armee den Fluß durch-schwimmen und Burnsides schwer dezimierte Armee überraschen würde. Die Soldaten sollten sich dabei splitternackt ausziehen, damit sie in der Dunkelheit von den Unionstruppen zu unterscheiden wären. Zum Glück war Lee zu prüde oder besaß zuviel gesunden Menschenverstand, um solche verrückten Kasperreien mitten in einer verschneiten Dezembernacht mitzumachen. Die Folgen der Schlacht von Fredericksburg ließen nicht auf sich warten. Als Burnside eine weitere Flußüberquerung mit anschließendem Frontalangriff vorschlug, meuterten die Befehlshaber der Korps und Divisionen. Hooker wies warnend darauf hin, er könne nicht garantieren, daß seine Truppen einem solchen Befehl Folge leisten würden. Er wurde daraufhin von Burnside sofort entlassen und schickte einen seiner Offiziere zu Lincoln, um sich zu beschweren. Daraufhin suchte Burnside Präsident Lincoln persönlich auf, um Hooker der Feigheit zu bezichtigen. Angesichts der Vorgänge bei Fredericksburg fragte sich Lincoln, wie teuer es werden würde, wenn Burnside auf seinem Posten bliebe. Er brauchte nicht lange, um eine Antwort zu finden. Burnside wurde entlassen, Hooker trat an seine Stelle.

Wer aber trägt die Schuld an dem Desaster von Fredericksburg? Burnside hat seine Verantwortung nie geleugnet, aber er hatte den Präsidenten rechtzeitig gewarnt, daß er der Aufgabe nicht gewachsen sein würde. Wenn man es genauer betrachtet, landet der Schwarze Peter bei Lincoln.

Die Schlacht von Gravelotte-St. Privat (1870)

General Friedrich von Steinmetz, ein Schüler Marschall Blüchers, war einer der unorthodoxesten Offiziere in der preußischen Armee von 1870. Noch mit 74 Jahren ein überzeugter Rebell, trug er eine den Dienstvorschriften nicht entsprechende Kappe aus schwarzem Öltuch auf seinem weißen Haar. Er hatte in vorherigen Kriegen, vor allem 1866 gegen die Österreicher, blutige Erfolge gefeiert und sich niemals allzu viele Gedanken über Verluste gemacht. Man mußte ihn, wie ein früherer Befehlshaber schrieb, »unter Kontrolle halten«. Mit zunehmendem Alter wurde sein Verhalten gewalttsamer und unvorhersehbarer, was auch mit dem Tod seiner geliebten einzigen Tochter im Jahre 1854 zusammenhing. Offenbar litt er für den Rest seines Lebens unter Visionen, in denen das Kind ihm erschien. Diese Erinnerungen an einen großen Verlust machten aus ihm eine wilde und getriebene Persönlichkeit, die mit ihren Vorgesetzten oft im Streit lag und Einmischung von Zivilisten mit Verachtung strafte. Um 1870 war er so störrisch geworden, daß er es unerträglich fand, den Befehlen des preußischen Oberkommandierenden, General Helmuth von Moltke, Folge zu leisten. Durch diese Insubordinaton erlitten seine Truppen bei Spicheren schwere Verluste, und bei Gravelotte wäre es ihm in der entscheidenden Schlacht gegen die Franzosen fast gelungen, den schon sicher scheinenden Sieg noch in eine Niederlage zu verwandeln.

Steinmetz befehligte zu diesem Zeitpunkt die Erste Armee. Am 6. August 1870 griff er ein französisches Korps, das eine Anhöhe bei Spicheren besetzt hielt, frontal an. Aber gegen die gut ausgebauten Stellungen der Franzosen zogen seine Soldaten den kürzeren und wurden zu Tausenden niedergeschossen. Den Preußen blieb nur deshalb eine schwere und unnötige Niederlage erspart, weil alle preußischen Befehlshaber, die sich in der Nähe aufhielten, Steinmetz zu Hilfe eilten. Aber es war ein Pyrrhussieg, denn die Verluste der Preußen fielen doppelt so hoch aus wie die der Franzosen. Moltke war wütend auf Steinmetz, aber der alte Mann wollte sich keinerlei Kritik anhören. Als er seine Truppen gegen Gravelotte vorrücken ließ, war er fest entschlossen, den Krieg auf seine Art zu führen. Was 1813 gut genug war, um Napoleon aus Deutschland zu vertreiben, würde doch wohl ausreichen, um 1870 diesen Möchtegernkaiser Napoleon III. zu schlagen.

Die Schlacht von Gravelotte-St. Privat am 18. August 1870 war ein echtes Kräftemessen zwischen der französischen und der preußischen Armee. Beide Seiten fieberten dem Aufeinandertreffen entgegen. Auf dem sieben Meilen breiten Schlachtfeld bezogen mehr als 300.000 Soldaten und 1200 Geschütze Stellung. Viele Befehlshaber zeigten sich an diesem Tag ihrer Verantwortung nicht gewachsen, keiner jedoch trieb es so schlimm wie Steinmetz. Moltke hatte ihm den Befehl erteilt, mit seiner Ersten Armee auf dem südlichen Ende der französischen Front einen Angriff gegen den äußersten rechten Flügel zu führen, um Frossards II. und Leboeufs III. Korps zu fesseln. Die entscheidende Rolle war der Zweiten Armee unter Prinz Friedrich Karl zugedacht. Sie sollte die linke Flanke der französischen Armee zwischen Amanvillers und St. Privat umgehen. Allerdings ging diesmal bei den Preußen beinahe alles schief.

Steinmetz hatte nämlich gar keine Lust, den Feind lediglich hinzuhalten und startete unter Mißachtung seines Befehls eine Reihe von massiven Angriffen auf die steile Anhöhe vor ihm. Obwohl Moltke Goebens VIII. Korps der Befehlsgewalt von Steinmetz definitiv entzogen hatte, ließ der alte Mann sich nicht davon abhalten, Goeben durch einen Hohlweg zwischen dichten Wäldern und steilen Abhängen zum Angriff auf den Hügel zu hetzen. Die Franzosen konzentrierten ihre Feuerkraft auf diese schmale Front und schossen Goebens Truppen nieder. Nur ein Korps verheizt zu haben, genügte Steinmetz aber noch lange nicht. Er befahl nun dem VII. Korps mitsamt der ganzen Artillerie und dazu noch der Ersten Kavalleriedivision, sich durch den Hohlweg und über die traurigen Überreste von Goebens Truppen hinweg durchzukämpfen. Das Resultat kam einem Massaker gleich. Als sich die Kavallerie vor dem massierten französischen Artillerie- und Gewehrfeuer zurückzog, brach der gesamte Frontabschnitt, den Steinmetz hatte halten sollen, zusam-

men. Nun konnten die Franzosen ungehindert vom Hügel herabstürmen und die Erste Armee der Deutschen vernichten. Leboeuf bat Marschall Bazaine händeringend um den Befehl zu einem solchen Angriff, aber der Marschall wurde mit dem enormen Verantwortungsdruck, der auf ihm lastete, nicht fertig. Jetzt, da ein Befehl von ihm vielleicht genügt hätte, um das Blatt zu Frankreichs Gunsten zu wenden, beschäftigte er sich damit, eine Geschützbatterie, die seine linke Flanke schützen sollte, auf dem Mont St. Quentin in Stellung zu bringen. Da aber die Preußen geschlagen zurückströmten, hatte Bazaine »seinen Posten im Angesicht des Feindes verlassen«.

Auf dem linken Flügel des preußischen Heeres, bei St. Privat, zeigte Prinz Friedrich Karl die Vorsicht, die Steinmetz gefehlt hatte. Allerdings sollte seine sorgfältige Zusammenstellung von Truppenkontingenten durch eine außergewöhnliche Operation des Prinzen August von Württemberg ruiniert werden. Unerklärlicherweise und ganz auf eigene Faust befahl der Prinz, der die aus 30.000 Mann Infanterie bestehende Eliteeinheit des Preußischen Gardekorps unter sich hatte, seinen Soldaten einen Frontalangriff ohne Artillerieschutz auf die französischen Stellungen bei St. Privat. General von Pape wies ihn zwar darauf hin, daß die feindlichen Stellungen noch völlig intakt seien, doch entgegnete Prinz August lediglich, er solle gehorchen und mit dem Angriff beginnen. Geführt von ihren berittenen Offizieren marschierten die

Garden im Schulterschluß und in makelloser Schlachtordnung hügelan. So schwer war der Beschuß aus den französischen Chassepot-Gewehren, daß Überlebende davon sprachen, sie seien mit gesenktem Kopf wie durch einen Schnee- oder Hagelsturm vorwärtsmarschiert. Keiner kam näher als 600 Meter an die französischen Stellungen heran, und das Gardekorps verlor 8000 Mann innerhalb von zwanzig Minuten. Selbst Steinmetz hat nie ein Massaker dieser Größenordnung zustandegebracht.

Nur den mangelnden Führungsqualitäten von Marschall Bazaine verdankten es die Preußen, daß nicht die Franzosen diese große Schlacht gewannen. Ihr Rückzug ließ in den Preußen kein Siegesgefühl hochkommen, hatten sie doch mitansehen müssen, wie die besten Truppen ihrer Armee von Stümpern und Pfuschern geopfert wurden. Die preußischen Verluste waren mit 20.163 Mann sehr viel höher als die der Franzosen, die etwas mehr als 12.000 Tote und Verwundete zu beklagen hatten. König Wilhelm I. trauerte um sein Gardekorps, während Bismarck gegen die Schlächterei von Steinmetz wütete. Wohl selten hat eine siegreiche Armee Fehler à la Steinmetz und Prinz August begangen. Steinmetz mußte seine Armeelaufbahn beenden. Er wurde seines Postens enthoben und als Verwalter in das Großherzogtum Posen (und damit zugleich in den Ruhestand) geschickt. Das war, so hoffte man, weit genug vom militärisch sensiblen Bereich entfernt.

Die Schlacht von Loos (1915)

Das britische Oberkommando wollte weder zu dem Zeitpunkt, noch an dem Ort, an dem die Schlacht von Loos stattfand, eine Schlacht schlagen. Sie gehört darum auch zu den vermutlich sinnlosesten Angriffen des ganzen Ersten Weltkriegs – und dabei gibt es unglaublich viele Mitbewerber um diese zweifelhafte Auszeichnung. Der britische Befehlshaber, Feldmarschall French, hatte sich für einen Angriff bei Loos im September 1915 hauptsächlich deshalb entschieden, weil der Kriegsminister, Lord Kitchener, die französischen Pläne für einen Angriff auf das von den Deutschen gehaltene Städtchen Noyon Salient unterstützen zu müssen glaubte. So wurden denn sechs britische Divisionen auserkoren, um zwischen den Schlackebergen und Zechendörfern eines Kohlereviers einen Angriff gegen einen Feind zu wagen, der das Terrain genau kannte und jede Bewegung seines Gegners beobachten konnte. Dem Angriff sollte die Freisetzung von Chlorgas vorausgehen, was nicht als Ergänzung zu einem Artilleriebeschuß, sondern als Ersatz für schwere Geschütze gedacht war.

Am 25. September um sechs Uhr morgens warteten 75.000 Soldaten auf das Signal zum Angriff. Auch die Männer an den Gasbehältern warteten auf das für sie vorgesehene Zeichen. Aber würde der Wind

Obwohl Grant kein Offizier war, zeigen seine Bemerkungen, wie weit die britischen Truppen von der Vorstellung des »Fairplay« durchdrungen waren. Die britischen Befehlshaber fanden es viel fairer, dem Gegner ein Bajonett in den Bauch zu rammen als ihn mit Gas zu ersticken. Die Deutschen hatten da weniger Skrupel und standen den britischen Versuchen, den Krieg auf eine Art Spiel zu reduzieren, kritisch gegenüber.

auch in die richtige Richtung blasen? Könnte das Gas nicht den vorrückenden britischen Truppen ins Gesicht wehen? Die Entscheidung lag bei General Douglas Haig, der an einem leichten Asthma-Anfall litt. Mit neun Minuten Verspätung, die Wetterbedingungen hatten sich nicht merklich verbessert, gab er den Befehl, die Gashähne aufzudrehen. Grüne und gelbe Rauchwolken quollen in Schwaden hervor und trieben träge bis zur Mitte des Niemandslands, wo sie eine undurchdringliche, tief herabhängende Wand bildeten. Immerhin waren die Gaswolken nicht zurückgetrieben worden. Als jedoch die britischen Truppen zum Sturmangriff übergingen, verloren sie sich bald in einem undurchdringlichen Nebel aus Chlorgas. Unter diesen Umständen waren die Anweisungen, die sie vor dem Angriff erhalten hatten, nahezu nutzlos. In einigen Gebieten wurden die Ziele erreicht, in anderen gab es Fehlschläge.

Gegen Mittag des ersten Tages war Haig davon überzeugt, daß er seine Reserven einsetzen müsse. Er forderte daher French auf, General Hakings XI. Korps mit frischen »New Army«-Divisionen aus England in Marsch zu setzen. French war bei der Vorstellung, so unerfahrene Soldaten zur Unterstützung eines schwierigen Angriffs einzusetzen, überhaupt nicht glücklich, aber Haig meinte: »Mit der Begeisterung der Unerfahrenen werden sie sich schon einen Weg durch die deutschen Linien bahnen.« Diese Rücksichtslosigkeit gegenüber den Soldaten wurde nur noch von Haigs Perfidie überboten,

als er Haking versicherte, seine Männer würden einen bereits besiegten Feind verfolgen und nur eingesetzt, weil die Deutschen einen vernichtenden Schlag hätten hinnehmen müssen. Tatsächlich sollten Hakings Divisionen das Versagen vom Vormittag ausbügeln. Die Deutschen hatten keinen Schlag einstecken müssen, sich nicht zurückgezogen und waren ganz sicher nicht besiegt worden.

Innerhalb kürzester Frist wurden die 21. und die 24. Division an die Front beordert, wo sie erst bei Anbruch der Nacht ankamen. Sie waren nun 18 Stunden lang im strömenden Regen marschiert und hatten nichts gegessen. Ihre Offiziere besaßen weder ordentliche Landkarten noch genaue Kenntnisse vom Operationsgebiet. An einem Kontrollpunkt außerhalb von Béthune wurde die 72. Brigade von einem Militärpolizisten gestoppt, weil ihr Befehlshaber für das Zielgebiet keinen Paß besaß.

War der Angriff des ersten Tages noch von einer Art Artilleriebombardement und durch den Einsatz von Giftgas eröffnet worden, so mußten die beiden Divisionen am 26. September ohne jegliche Unterstützung vorrücken. Und weil ja die Landkarten fehlten, wußten sie auch nicht so genau, wo ihre Zielobjekte eigentlich lagen. Bei Dunkelheit und strömendem Regen mußten sie alte Schützengräben oftmals auf einem einzigen Brett überqueren, und man zeigte ihnen Orientierungspunkte wie z.B. die Höhe 70. Vielleicht war es besser, daß sie nicht sehen konnten, wohin sie geschickt wurden. Ihre Zielobjekte waren nämlich äußerst gut verteidigte und durch intakten Stacheldraht gesicherte Schützengräben. Der Angriff der beiden Divisionen stand von Anbeginn unter einem unheilvollen Stern.

Der Angriff begann am 26. September um 11 Uhr morgens. In geschlossener Formation, die berittenen Offiziere an der Spitze, begannen sie langsam durch das Niemandsland hindurch vorzurücken. Die Deutschen waren über diesen Anblick sehr erstaunt. Noch nie hatten sie so kompakte Massen von Soldaten gegen Maschinengewehre anrücken sehen. Die Briten marschierten in zehn Reihen zu je eintausend Mann. Damit besaßen die deutschen MG-Schützen leichtere Ziele als bei den heimatlichen Manöverübungen. Die Gewehrschützen stiegen sogar aus den Schützengräben auf die Brustwehr und stießen bei jeder Kugel, die traf, Triumphgeschrei aus. Als die britischen Soldaten den Stacheldraht erreichten, der sechs Meter tief und über einen Meter hoch war, versuchten sie ihn mit kleinen Zangen aufzuschneiden, die für diese Aufgabe völlig ungeeignet waren. Andere rissen mit ihren Händen am Draht herum oder liefen hin und her, um einen Durchlaß zu finden. Aber was sie auch taten, das Resultat blieb sich gleich: Sie wurden zu Tausenden niedergeschossen. Das Massaker war so grauenhaft, daß viele Deutsche aufhörten zu schießen, als die traurigen Überbleibsel der beiden Divisionen sich auf ihre eigenen Linien zurückzogen. Mit 10.000 Soldaten und Offizieren hatte der Angriff begonnen. Als er zu Ende war, zählte man die Verluste: 7861 Soldaten und 385 Offiziere. Die Deutschen hatten überhaupt keine Verluste zu verzeichnen. Das ist die vielleicht größte Diskrepanz in der gesamten Militärgeschichte. Der Wahnsinn von Loos war ein düsterer Vorläufer noch größerer Schlächtereien, die 1916 an der Somme und 1917 bei Passchendaele angerichtet wurden.

Kapitel 6: Nackt in die Schlacht

Todschick gekleidet

Seit es sie gibt, haben Militäruniformen vielen unterschiedlichen Zwecken gedient. Mit ihrer Hilfe konnte man die eigenen Leute vom Feind unterscheiden, den jeweiligen Trägern Stolz auf ihre Einheit oder ihr Land einflößen oder sogar die Überlegenheit über den Gegner betonen. Daß Uniformen den eigentlichen militärischen Aufgaben dienen oder den Umweltbedingungen angepaßt sein sollten, war dabei bis vor kurzem weitaus weniger wichtig. Folglich sind Soldaten in die Schlacht geschickt worden, deren Uniformen nicht nur kriegsuntauglich waren, sondern für den Feind sogar noch eine Orientierungshilfe darstellten. Im 18. und 19. Jahrhundert trugen die Soldaten der britischen Armee auf ihren roten Uniformröcken weiße Streifen, was den Heckenschützen den perfekten Herzschuß ermöglichte, während die silbernen Abzeichen auf den Helmen der Hessen im amerikanischen Unabhängigkeitskrieg eine ideale Zielscheibe für Kopfschüsse waren. Bei Gallipoli trugen die britischen Truppen weiße Armbinden, um sich nachts identifizieren zu können. Am Strand boten sie damit den türkischen Scharfschützen ein ausgezeichnetes Ziel. Uniformen, die im Winter warm und im Sommer kühl halten, die strapazierfähig und zugleich nicht allzu auffällig sind, wurden erst vor kurzem zur Regel.

Le pantalon rouge

Im Jahrzehnt vor 1914 hatten die meisten europäischen Armeen erste Schritte hin zu weniger auffälligen Uniformen unternommen. Die Briten machten es mit ihrer Khaki-Kleidung vor, während die Deutschen auf Feldgrau setzten. Die Franzosen erkannten als letzte die Bedeutung dieser Veränderungen. Für sie gehörten die roten Kappen und Hosen sowie die blauen Jacken und Mäntel ihrer Uniform zum Wesen des gallischen Kriegers. Während der Balkankriege 1912-13 erkannte der französische Kriegsminister Adolphe Méssimy den Vorteil, den zurückhaltende, mit dem Hintergrund verschmelzende Farben bei Uniformen bieten, und er entschied, daß die französische Armee in Zukunft solche Uniformen tragen solle. Aber in Frankreich reagierte man auf dies Ansinnen mit heftiger Ablehnung und beschuldigte Méssimy, er wolle die französischen Soldaten in »schmutzige und schimpfliche« Farben kleiden. Er wies seinerseits darauf hin, es gehe ihm nur darum, den Soldaten möglichst das Leben zu bewahren, denn angesichts der zunehmenden Reichweite von Gewehren waren unauffällige Uniformen von größter Bedeutung. Aber die französischen Zeitungen prangerten ihn an und behaupteten, wer alles abschaffen wolle, »was farbenfroh ist und dem Soldaten sein lebendiges Ansehen verleiht, der verstößt gegen den französischen Geschmack und die Funktion des Militärs«. Ein ehemaliger Minister, Alphonse Etienne, erklärte: »Die roten Hosen abschaffen? Niemals! Le pantalon rouge, c'est la France!« Méssimy sah, daß er sich nicht würde durchsetzen können, und schrieb mit Erbitterung: »Diese blinde und kindische Anhänglichkeit an die sichtbarste aller Farben wird grausame Folgen zeitigen.« Die Franzosen bestanden sogar darauf, ihre weichen Kopfbedeckungen zu behalten und machten sich über die Pickelhauben der Deutschen lustig, die das Leben tausender deutscher Soldaten gerettet haben.

Während der Schlacht an der Marne 1914 trat die Unvernunft der Franzosen in mehr als einer Hinsicht deutlich zu Tage. Das 246. Regiment mußte an einem klaren, sonnigen Tag eine schutzlose Ebene überqueren. Gegen den hellgelben Hintergrund der Felder stachen die französischen Uniformen so deutlich ab, daß die etwa eineinhalb Kilometer entfernten Deutschen von diesem Anblick fast geblendet wurden. Da die Franzosen überdies eine Regimentsfahne entrollt hatten, während ihre Kapelle neben der Truppe einhermarschierte und aufspielte, waren sie überhaupt nicht zu verfehlen und so wurde das Regiment folgerichtig fast völlig ausradiert. Um alles noch schlimmer zu machen, wurden die Überlebenden von ihrer eigenen Artillerie mit Granaten beschossen. Der schwarze August des Jahres 1914 zeigte, wie berechtigt Méssimys Warnungen gewesen waren: Die Franzosen erlitten Verluste von 206.515 Mann. Aber auch daraus lernten sie noch nichts. Eliteregimenter wie die Zuaven und die Spahis (Infanterie- und Kavallerieregimente, die im Rahmen der französischen Kolonialerfahrungen in Algerien aufgestellt wurden) trugen außerordentlich farbenfrohe Uniformen, während die schimmernden Brustpanzer und die ausladenden Helmbüsche aus Pferdehaar, mit denen die Kürassiere prunkten, dem Feind nützliche Zielpunkte boten. Einige andere Armeen waren ähnlich dumm: Die belgische Kavallerie von 1914 trug grüne Uniformröcke und purpurrote Reithosen, während die österreichischen Reiter gelbe Hosen besaßen. Zur gleichen Zeit konnte man die Offiziere der österreichisch-ungarischen Armee leicht an ihren gelben Schärpen und ihren leuchtenden Schwertscheiden erkennen. Darum wurden sie auch zur Hauptzielscheibe für serbische und russische Scharfschützen, und während der ersten vier Monate des Krieges wurden 3168 Offiziere getötet und 7781 verwundet. Das war ein Drittel aller Offiziere der Armee.

Unbequeme Uniformen

Farbe war ein Aspekt, aber wie stand es mit der Bequemlichkeit? Im 18. Jahrhundert hatte sich eine äußerst rigide Militärdisziplin durchgesetzt und die Uniformen waren so unpraktisch wie zu keiner anderen Zeit. Die Soldaten trugen Kniebundhosen, die so eng anlagen, daß das Bücken fast unmöglich wurde und so eine aufrechte Haltung und ein mechanisch wirkender Gang erzwungen wurden. Die hohen, wie eine Mitra geformten Hüte der hessischen Infanteristen im amerikanischen Unabhängigkeitskrieg blieben ständig an niedrigen Ästen hängen und boten amerikanischen Scharfschützen ein erstklassiges Ziel. Der zu jener Zeit weit verbreitete lederne Halskragen hielt den Kopf aufrecht, schnitt aber in den Nacken und das Kinn ein. Gamaschen hatten viele Reihen winzig kleiner Knöpfe, die alle durch die entsprechenden Knopflöcher gezwängt werden mußten, was viel Zeit kostete. Das Kopfhaar wurde zurückgekämmt und zu einem Zopf zusammengebunden, der bisweilen so straff saß, daß man die Augen nicht schließen konnte. Vorschriftsmäßig mußten die Schläfen mit einer bestimmten Anzahl von Locken verziert werden, und manch einer blieb die ganze Nacht wach, um sich für die Parade am nächsten Tag fein zu machen. Eine so unbequeme und einengende Tracht wird der Kampfmoral auf dem Schlachtfeld wohl kaum zuträglich gewesen sein. Als Ausdruck strikter Disziplin mag der perfekte Sitz der Kleidung auf europäischen Schlachtfeldern vielleicht gerechtfertigt gewesen sein, aber in den Urwäldern von Nordamerika wurden solche Uniformen zum echten Hindernis. Die Franzosen paßten sich hier schnell den Gegebenheiten an, die Engländer brauchten dazu sehr viel mehr Zeit. Die roten Uniformröcke von Braddocks Infanterie am Monongahela boten den Indianern ein leichtes Ziel. Und wenn einige unternehmungslustige Rotröcke einmal ihre Reihen verließen, um hinter Bäumen oder umgestürzten Stämmen Deckung zu suchen, wurden sie von ihren Offizieren ins Glied zurückgeprügelt, damit sie dort nach europäischer Art stehen und sterben konnten.

Als die Zeiten für Friedrich den Großen hart und die Stoffpreise hoch waren, wurden die preußischen Uniformröcke mit einem Minimum an Materialaufwand genäht. Dadurch saßen die Jacken so eng, daß die Revers bei kaltem Wetter nicht übereinandergeknöpft werden konnten. Bei feuchtem Wetter wiederum liefen die Uniformen ein und behinderten den Blutkreislauf auf unzumutbare Weise. Zu Beginn des Siebenjährigen Krieges war Friedrich der Große der Ansicht, er könne es sich nicht leisten, seine immens gewachsenen Armeen mit Mänteln auszustatten, also mußten die Soldaten im Winter frieren.

Stiefel & Co.

Napoleon wird die Bemerkung zugeschrieben, eine Armee marschiere mit ihrem Magen, aber die Soldaten der Konföderierten, die unter marschierfreudigen Generälen wie »Stonewall« Jackson dienten, wußten, daß ein gutes Paar Stiefel ebenso wichtig war wie ein Gewehr. Einige Historiker sind sogar so weit gegangen, die Niederlage der Konföderation auch der fehlenden Versorgung der Truppen mit angemessener Fußbekleidung zuzuschreiben. Mit außerordentlichem Interesse liest man, daß Gouverneur Vance von North Carolina zu einer Zeit, da bei Truppen aus anderen Staaten der Konföderation Mangel herrschte, 92.000 Uniformen sowie große Mengen an Wolldecken und Schuhleder hortete. Die 42 Textilfabriken von North Carolina produzierten zweimal so viel wie alle anderen Staaten der Konföderation zusammengenommen, weil man aber fest an die einzelstaatlichen Rechte glaubte, versorgte man kurzsichtigerweise nur die »Söhne des eigenen Landes«. In der Schlacht von Shiloh von 1862, trugen 60 Prozent der konföderierten Soldaten Uniformen, die sie von Unionstruppen erbeutet hatten. Das war gefährlich, denn es konnte leicht zu verwechslungsbedingten Verlusten führen.

Das Hauptproblem aber blieb der Schuhmangel. Die Strategie von Robert E. Lee beruhte auf den schnellen Flankenmärschen seiner Generalskollegen Jackson, A.P. Hill und Longstreet. Dadurch wurden Schuhe und Stiefel mit enormer Geschwindigkeit ruiniert, und obwohl schon bei der ersten Schlacht von Bull Run 1861 Nachschub aus Europa angefordert wurde, fehlten nach wenigen Monaten 40.000 Paare. Viele Soldaten der Konföderierten mußten während des Marsches zurückgelassen oder vom Kampf ausgeschlossen werden, weil sie kein Schuhwerk hatten. Bei Antietam

1862 nahm die Knappheit solche Ausmaße an, daß der damit verbundene Ausfall von Truppen Lee einen Sieg gekostet haben soll. Die Kriegsbehörden mußten zweitausend Soldaten aus der Armee zum Herstellen von Schuhen abordnen, doch auch ein Jahr später, in der Schlacht von Gettysburg, konnten Tausende von Soldaten aus Mangel an ordentlicher Fußbekleidung nicht am Kampfgeschehen teilnehmen. Besonders schlecht erging es Hoods Truppen in Tennessee; einmal mußten 25 Prozent der Soldaten bei Frost, Schnee und Eisregen barfuß marschieren. Der Mangel war so dramatisch, daß die Männer in den Stiefeln schlafen mußten, damit sie ihnen nicht gestohlen wurden. Die Unionstruppen wiederum hatten zwar genug Schuhe, aber von minderer Qualität. Unternehmen aus dem Norden lieferten Schuhe, deren Form für den linken und rechten Fuß gleich war. Die Soldaten sollten sie einlaufen. Viele bekamen wunde Füße und mußten hinter der Marschkolonne zurückbleiben.

Während des Krimkrieges führte die Versorgung der britischen Armee mit Schuhen zu einem Skandal. Im naßkalten Krimwinter trugen die Soldaten im allgemeinen mehr als nur ein Paar Socken, und weil das feuchte Wetter ihre Füße anschwellen ließ, paßten nur wenige von den zur Verfügung stehenden Stiefeln. Die Intendantur hielt Stiefel in bestimmten Größen bereit, hatte aber nicht bedacht, daß bei feuchtem Wetter wegen der geschwollenen Füße andere Größen benötigt wurden. So mußten die Soldaten häufig Stiefel tragen, die so klein waren, »daß selbst Frauen sie kaum hätten anziehen können«. Obwohl die Briten die Leichenfledderei und Grabräuberei ihrer türkischen Verbündeten zunächst mit Abscheu beobachtet hatten, verloren sie ihre Skrupel spätestens, als ihre eigenen Sachen zu zerfallen begannen. Der spätere Sir Evelyn Wood, damals noch Seeoffiziersanwärter, zahlte einem Matrosen zehn Schillinge, damit er ihm ein paar russische Stiefel von einem Friedhof bringe. Er war mit denen, die er bekam, hochzufrieden. Viele Offiziere zogen erbeutete russische Stiefel den britischen vor, die so miserabel verarbeitet waren, daß »die Sohlen nach einer Woche bereits abfielen«. Die kostensparende Produktionsweise der Lieferfirmen führte dazu, daß die Stiefel bei Märschen durch Dreck und Nässe entzweigingen. An einem Februartag marschierte das 55. Regiment »durch eine schwarze Schlammwüste« und versank im Morast. Als die Soldaten ihre Füße wieder aus dem sumpfigen Boden befreien wollten, entstand unter den Schuhen ein derartiger Unterdruck, daß die Stiefelsohlen vom Oberleder weggesogen wurden. Wahrscheinlich mußten die Männer ihre Stiefel wegwerfen und auf Socken an die Front marschieren.

Während des Russlandfeldzugs im 2. Weltkrieg schreckten die Deutschen vor kaum etwas zurück, um sich mit wintertauglichem Schuhwerk zu versorgen, wie diese grausige Anekdote zeigt:

»Wir hatten jetzt die Gelegenheit, unsere Leute mit zusätzlicher Winterkleidung auszustatten. Kageneck gab den Befehl, die 73 toten Russen ins Dorf zu tragen und ihnen die mit Filz gefütterten Stiefel und die Winterkleidung auszuziehen. Aber die Körper waren steifgefroren, und die unbezahlbaren Stiefel saßen an den Beinen der Russen fest. ›Sägt ihnen die Beine ab‹, befahl Kageneck. Die Männer hackten den Toten die Beine unterhalb des Knies ab und steckten sie mitsamt den Stiefeln in den Ofen. Nach zehn bis fünfzehn Minuten waren die Beine soweit aufgetaut, daß die lebenswichtigen Stiefel abgestreift werden konnten.«

1914 wiederum fehlten den russischen Truppen Stiefel, und sie marschierten barfuß oder in Holzschuhen über die vom Herbstregen aufgeweichten Straßen. Selbst im Zweiten Weltkrieg war das Problem der Fußbekleidung noch nicht zufriedenstellend gelöst. Während der Operation Barbarossa 1941 hatten die in der deutschen Armee dienenden italienischen Truppenkontingente Schuhe aus Pappe erhalten, obwohl in den italienischen Geschäften noch teure Luxusledertstiefel zu bekommen waren. Was mit den Pappschuhen im russischen Winter passierte, kann man sich vorstellen. Auch die Deutschen klagten über ihr Schuhwerk und meinten, ihre Stiefel seien schlechter als die ihrer sowjetischen Gegner. Die folgende Anekdote zeigt, wie verzweifelt die Deutschen dieses Problem zu lösen suchten:

»Wir hatten jetzt die Gelegenheit, unsere Leute mit zusätzlicher Winterkleidung auszustatten. Kageneck gab den Befehl, die 73 toten Russen ins Dorf zu tragen und ihnen die mit Filz gefütterten Stiefel und die Winterkleidung auszuziehen. Aber die Körper waren steifgefroren, und die unbezahlbaren Stiefel saßen an den Beinen der Russen fest. ›Sägt ihnen die Beine ab‹, befahl Kageneck. Die Männer hackten den Toten die Beine unterhalb des Knies ab und steckten sie mitsamt den Stiefeln in den Ofen. Nach zehn bis fünfzehn Minuten waren die Beine soweit aufgetaut, daß die lebenswichtigen Stiefel abgestreift werden konnten.«

Zieh' Dich warm an ...

Der Krimkrieg kannte noch andere Skandale. Dazu gehört die Unfähigkeit der Intendantur, die britischen Soldaten mit Decken und angemessener Kleidung zu versorgen. Die Probleme begannen schon mit der Landung der britischen Truppen. Da eiligst gegen Sewastopol vorgerückt werden sollte, befahl man den Soldaten, ihre Tornister an Bord der Transportschiffe zu lassen. In diesen Tornistern befand sich üblicherweise auch Kleidung zum Wechseln, und als die Schiffe gleich wieder ablegten, um erst nach sechs Wochen wieder aufzutauchen, blieben den Soldaten nur die Kleider, die sie am Leib trugen. Als die Transportschiffe zurückkamen, waren die an Bord verbliebenen Tornister auch noch geplündert worden.

Unter den harten Bedingungen des Schützengrabenlebens während der Belagerung von Sewastopol war die Kleidung der einfachen Soldaten bald ruiniert und die Verwundeten auf der Krankenstation bei Scutari befanden sich in schlechtem Zustand, waren schlammverkrustet und verlaust. Tag für Tag hatten sie ihre durchnäßten Sachen tragen müssen. Sie schliefen in ihren Mantel gewickelt mit einer einzigen Decke auf dem feuchten und durchweichten Zeltboden, der gegen die aufsteigende Feuchtigkeit überhaupt keinen Schutz bot.

Als man in Großbritannien von der Notlage der Truppen erfuhr, wurden eilends große Mengen an warmer Kleidung auf die Krim geschickt. Aber das Transportschiff – die Prince – sank am 14. November und riß 40.000 Mäntel und Stiefel für fast die gesamte Armee mit in die Tiefe, so daß die Soldaten im Dezember umso schlimmer dastanden. Ironischerweise wurden mit jedem Schiff immer mehr Teppiche geliefert, deren Zahl bis Januar auf 25.000 gestiegen war. Doch obwohl sie ebensogut wie Decken Kälte und Feuchtigkeit abhalten konnten, wurden nur 800 an die Soldaten ausgegeben, und niemand besaß die Phantasie oder Initiative, weitere anzufordern. Außerdem hatte man noch Tausende von Strohsäcken herbeigeschafft, um die Soldaten vor der Bodenfeuchtigkeit zu schützen, aber diese wurden erst gar nicht ausgegeben, weil das zum Ausstopfen notwendige Stroh fehlte.

Ende November 1854 waren 12.000 Mäntel glücklich in Balaklawa angekommen, doch blieben ausgerechnet in den Monaten Dezember und Januar, wo viele Soldaten an Unterkühlung starben, mehr als 9000 Mäntel im Vorratslager, weil die von der Queen besiegelten Armeevorschriften besagten, daß Soldaten nur alle drei Jahre einen Mantel erhalten dürften. Wer ihn – auf dem Marsch oder in der Schlacht – verloren hatte, mußte eben warten. So starben die Soldaten letztlich nicht durch russische Kugeln, an Krankheiten oder der Winterkälte, sondern am Amtsschimmel.

Florescus Finesse

In der Geschichte der rumänischen Armee nimmt General Ion Emaoil Florescu eine besondere Stellung ein. Wo andere Generäle ein Auge für Verteidigungsanlagen oder strategisch vorteilhafte Landschaftsformationen besitzen, hatte Florescu ein Gespür für die Haute Couture, das einem Pariser Modezaren, der gerade über den Entwürfen für seine Frühjahrskollektion brütet, alle Ehre gemacht hätte.

In der Zeit vor dem Ersten Weltkrieg war Florescu besessen von Uniformen, Rangabzeichen und Medaillen. Er nahm unglaubliche Mühen auf sich, um Mitglied der Ehrenlegion zu werden. Allerdings legte er zu diesem Zweck nicht etwa eine militärische Mutprobe im Dienste der französischen Nation ab, sondern belästigte auf Empfängen französische Botschafter. Für Florescu mußte eine Armee glanzvoll daherkommen, da die Uniform die gesellschaftliche Bedeutung des Soldaten widerspiegelte. Als Befehlshaber der rumänischen Armee entfaltete er eine fast orgiastische Pracht an Regimentsfahnen, Abzeichen und Erinnerungsplaketten, die die Soldaten sich an ihre Uniform heften konnten. Ja, Florescu übernahm sogar die Entwürfe für die Uniformen höchstpersönlich: Mäntel, Epauletten und Kopfbedeckungen mußten seinem persönlichen Geschmack entsprechen. Zusammen mit dem Tagesbefehl wurden Bekleidungsvorschriften erlassen, so daß seine Soldaten eher Mannequins als Kämpfern glichen. Für Techniker, Bierbrauer, Transportarbeiter und alle möglichen anderen Truppenhilfskräfte wurden spezielle Uniformen entworfen. Unter den höheren Offizieren war es üblich, Make-up aufzulegen, was den Fußtruppen und Unteroffizieren allerdings verboten war. Denn Florescu legte großen Wert auf die feinen Unterschiede.

Florescus Armee wurde die farbenprächtigste in ganz Europa – und möglicherweise auch die unfähigste. Als Rumänien an der Seite der Entente in den Ersten Weltkrieg eintrat, waren die Russen der gutgekleideten Rumänen bald überdrüssig, die sich ihnen in großer Anzahl ergeben wollten, weil sie sie für feindliche Truppen hielten. Nachdem die Russen sie aufgeklärt hatten, machten sich die Rumänen auf die Suche nach Deutschen und Österreichern, um sich nun denen ergeben zu können.

Leere Mägen

Da der Krieg zu den anstrengendsten Tätigkeiten der Menschheit gehört, ist die körperliche Verfassung der Männer, die zum Kämpfen und Marschieren, zum Ausheben von Schützengräben und zu Schanzarbeiten abkommandiert werden, von größter Bedeutung. Ohne die richtigen Lebensmittel nimmt die Leistungsfähigkeit der Soldaten ab, und ihre Gesundheit wird geschädigt. Das alles scheint so offensichtlich, daß es kaum der Erwähnung bedarf. Aber im Krimkrieg wurden viele Männer nicht angemessen verpflegt, obwohl sie sich mit Schwierigkeiten herumschlagen mußten, die in der britischen Militärgeschichte ihresgleichen suchen.

Die Ration eines Strafgefangenen

Im März 1855 wurden Sir John McNeill und Oberst Alexander Tulloch auf die Krim entsandt, um dort die Ernährungsprobleme der britischen Armee zu untersuchen. Ihr Bericht ließ das britische Volk aus seiner behaglichen Ruhe aufschrecken. Auf der Krankenstation bei Scutari erfuhren sie, daß die dort eingelieferten Soldaten an Krankheiten litten, die auf mangelhafte Ernährung zurückzuführen waren. Verglichen mit den Franzosen waren die für britische Truppen geltenden Speisepläne primitiv. Im Winter, so wurde McNeill und Tulloch gesagt, bekämen die britischen Soldaten Pökelfleisch und Zwieback mit einem »völlig unzureichenden Anteil an Gemüse«. Auch damals schon war allgemein bekannt, daß die Gesundheit der Soldaten gefährdet sei, wenn sie ohne Frischfleisch, Gemüse und frisch gebackenes Brot auskommen müßten.

Die beiden Regierungskommissare kamen zu dem Schluß, daß »zwischen dem 1. Oktober 1854 und dem 30. April 1855 die Todesfälle ... sich auf etwa 35 Prozent der Durchschnittstärke der auf der Krim befindlichen Armee beliefen ...«, wobei diese extrem hohe Sterblichkeit nicht auf ein besonders ungünstiges Klima, sondern auf Überarbeitung, fehlenden Schutz vor Nässe und Kälte, unzureichende Ernährung, unzureichende Bekleidung im Winter sowie unzureichenden Schutz vor schlechtem Wetter zurückzuführen ist...«. Etwas mußte geschehen – und zwar schnell.

McNeill und Tulloch hatten die Ernährung der Soldaten im Hinblick auf Quantität und Qualität begutachtet. Oftmals bekamen die Soldaten nur halbe Rationen, bisweilen, wie etwa Oberst Bells Männer am Weihnachtstag des Jahres 1854, auch gar kein Essen. Daraufhin legte sich der Oberst mit einem Intendanturbeamten an, der nach einigem Hin und Her einige Portionen Frischfleisch ausgeben ließ, doch war es zu der Zeit schon dunkel, und die Soldaten hatten kein Feuer oder andere Möglichkeiten der Fleischzubereitung. Auf jeden Fall, so stellten die beiden Kommissare fest, besitzen Pökelfleisch und Zwieback zuwenig Nährwert für Männer, die so lange und unter solchen Bedingungen existieren müssen. Viele konnten noch nicht einmal Pökelfleisch zu sich nehmen, weil sie davon Durchfall bekamen. Infolgedessen wurden große Mengen davon weggeworfen, von manchen Regimentern einige hundert Pfund am Tag. Zudem erhielten die Soldaten auch dann Pökelfleisch, wenn Frischfleisch vorhanden war, weil der Generalintendant behauptete, frisches Fleisch sei schwierig zu verteilen.

»Zwischen dem 1. Oktober 1854 und dem 30. April 1855 beliefen sich die Todesfälle ... auf etwa 35 Prozent der Durchschnittstärke der auf der Krim befindlichen Armee ...«, wobei diese extrem hohe Sterblichkeit nicht auf ein besonders ungünstiges Klima, sondern auf Überarbeitung, fehlenden Schutz vor Nässe und Kälte, unzureichende Ernährung, unzureichende Bekleidung im Winter sowie unzureichenden Schutz vor schlechtem Wetter zurückzuführen ist...«. Sir John McNeill, Oberst Alexander Tulloch, 1855.

Im Krimkrieg waren Englands Verluste durch »Feindeinwirkung« erheblich geringer als die Verluste durch »Freundeinwirkung« – das Versagen der eigenen Logistik.

Langjährige Erfahrung hat gezeigt, daß ein Übermaß an Pökelfleisch die Skorbutgefahr erhöht. Weil aber die Verpflegungsstelle mit Frischfleisch und frisch gebackenem Brot mehr Arbeit gehabt hätte als mit der Verteilung von Pökelfleisch und Zwiebacktüten, mußten Tausende unnötig leiden. Oberst Tulloch verglich Gewicht und Nährwert der Tagesration eines britischen Matrosen und eines hessischen Soldaten mit den Zahlen, die für einen britischen Soldaten auf der Krim errechnet wurden. Danach betrug das Nährgewicht der Ration des Matrosen 800 Gramm, der Hesse kam auf 935 Gramm, der Krimsoldat nur auf magere 666.8 Gramm. Außerdem war das Pökelfleisch des Krimsoldaten weniger nahrhaft als frisches Fleisch, wofern er es nicht ohnehin wegwarf, weil er davon Darmkatarrh bekam und sich lieber von Rum und Zwieback ernährte. Im Grunde war es ein Wunder, daß die Soldaten überhaupt weiterlebten. Selbst der Insasse eines schottischen Gefängnisses, der zudem nicht der Unbill des Wetters ausgesetzt war, kam auf 713 Gramm inklusive Brot, Gemüse, Fisch und Milch. Mithin war der britische Soldat schlechter dran als ein Gefängnisinsasse.

Die Intendantur aber schien nichts auf die Reihe zu bekommen. Am 4. November 1854 wurden 150 Tonnen Gemüse an Bord der *Harbinger* in Richtung Krim geschickt. Aber das Schiff hatte den Bosporus ohne korrekte Papiere verlassen, und bei der Ankunft in Balaklawa konnte der Kapitän niemanden finden, der die Frachtpapiere beglaubigen wollte. Während die Hafenbeamten sich wegen Rechnungen und Lieferscheinen in den Haaren lagen, verfaulte das Gemüse und wurde schließlich über Bord geworfen oder von umherstreifenden Banden französischer Infanteristen aufgegessen. Nichts von der Ladung der *Harbinger* erreichte die britischen Truppen an der Front. Von November bis März gab es nicht nur zu wenig Frischfleisch, um die Armee gesund zu halten, der Mangel an Gemüse war sogar so schlimm, daß die meisten Soldaten pro Monat nur zwei Kartoffeln und eine Zwiebel zugeteilt bekamen. Als sich die Armee in Bulgarien aufhielt, hatte Lord Raglan verfügt, daß pro Tag und Soldat etwa 60 Gramm Reis ausgegeben würden, weil viele an Verdauungsstörungen litten. Aber sein Befehl wurde mit dem 15. November ungültig und ihn zu erneuern fiel niemandem ein. Die Intendantur behauptete, es sei zwar Reis vorhanden, doch gebe es keine Möglichkeit, ihn zu den Truppen zu schaffen. Unerfindlich bleibt, warum sich die Männer ihren Reis nicht selber holen konnten, der doch das einzig verfügbare Gemüse gegen Skorbut war.

Leider wußte Lord Raglan von alldem nichts, sonst hätte er dafür gesorgt, daß in Balaklawa und Scutari Reis, Kartoffeln, Erbsen und schottische Gerste zu haben waren, die der Gesundheit der Soldaten zuträglicher und nicht schwerer zu transportieren gewesen wären als Pökelfleisch und Zwieback. Aber die Intendantur hatte Lord Raglan klargemacht, daß es nicht ihre Aufgabe sei, die Soldaten mit Gemüse zu versorgen, weil dies »nach militärischen Gepflogenheiten« in den Verantwortungsbereich der Männer selbst falle.

Skorbut

Einen der schlimmsten Fehler, den sich Generalintendant Filder leistete, betraf die Ausgabe von Zitronensaft. Seit einem Jahrhundert war bekannt, daß der Skorbut, der Schiffsbesatzungen auf langen Fahrten befiel, durch die Einnahme von Zitrusfrüchten verhindert werden konnte. Zur Zeit des Krimkriegs galt dies längst als eiserne Regel, und die Tatsache, daß trotzdem so viele britische Soldaten vom Skorbut befallen wurden, war eine nationale Schande. Am 10. Dezember erreichte die *Esk* den Hafen von Balaklawa, an Bord 278 Behälter mit fast 10.000 Litern Zitronensaft, die an alle Truppenteile ausgegeben werden sollten. In den vorangegangenen Monaten hatte man von der Marine geringe Mengen erhalten, um den Skorbut bei Kranken heilen zu können, aber gegen die schnelle Ausbreitung der Krankheit im britischen Feldlager war nichts unternommen worden. Trotzdem blieb die Ladung Zitronensaft vom 10. Dezember bis zur ersten Februarwoche unberührt an Bord der *Esk*, obwohl Filder von ihr wußte. Er aber behauptete, es sei nicht seine Aufgabe, der Armee die Ankunft zu melden.

McNeill und Tulloch berichteten ferner, daß die Truppen bis April 1855 kein Brot bekommen hatten, sondern mit Zwieback auskommen mußten. Das war für die vom Skorbut Befallenen besonders hart, weil sie aufgrund der Zahnfleischentzündung den Zwieback nur unter großen Schmerzen zu sich nehmen konnten. Offenbar konnte man Brot in Balaklawa aus privaten Quellen beziehen, aber zu einem Preis, der jenseits der Möglichkeiten des einfachen Soldaten lag. Die Franzosen hatten Bäckereien eingerichtet und versorgten ihre eigenen Soldaten mit frischem Brot. Das hätten auch die Briten tun können, wenn nur irgend jemand die Sache in die Hand genommen hätte – besonders schwierig wäre das nicht gewesen, denn es gab genügend Bäcker in den Regimentern.

Grüner Kaffee

Von allen Problemen, denen die britischen Soldaten im Krimkrieg gegenüberstanden, rief die Ausgabe von grünem Kaffee die größten Verunsicherungen hervor. Auch daran trägt Generalintendant Filder die Schuld. Er forderte, die Kaffeebohnen sollten ungeröstet auf die Krim geschickt werden, weil sie so auf der Reise weniger anfällig für Feuchtigkeit und Schimmel wären. Das Ergebnis war vorhersehbar. Da die Soldaten keinerlei Möglichkeit besaßen, die Bohnen zu rösten und zu mahlen, tranken sie oftmals ein fauliges Gebräu, das, so meinten ihre Stabsärzte, ihrer Gesundheit schadete. Der Befehlshaber des 1. Regiments kommentierte:

»Es wurde eine Ration von rohen grünen Kaffeebeeren ausgegeben, ein Hohn in all diesem Elend. Es gibt nichts, um den Kaffee zu rösten, nichts, um ihn zu mahlen, kein Feuer, keinen Zucker; vielleicht sollen wir ihn essen wie die Pferde ihren Hafer, sonst wüßte ich nicht, was die Männer damit machen können, wofern sie nicht das einzig Vernünftige eben gerade getan haben, nämlich das Zeug in den Dreck zu kippen!«

Mangel an Erfindungsgeist jedenfalls kann man den Soldaten nicht vorwerfen. Einige nahmen Kanonenkugeln und leere Granatenhülsen, um die Kaffeebohnen zu mahlen, während andere ihr getrocknetes Fleisch in Streifen schnitten und als Brennstoff benutzten, um ihren Kaffee zu rösten. Ironischerweise lagerten in den Vorratsschuppen von Balaklawa an die 2700 Pfund Tee, die man dort vergessen hatte, und die darum auch nicht an die Soldaten verteilt wurden.

Schieb' s auf die Waffen

Soldaten oder Flieger sollten sich darauf verlassen können, zu wissen, daß die Waffen, die sie in die Schlacht mitnehmen, im Ernstfall auch wirklich funktionstüchtig sind. Immerhin müssen sie ihr Leben mit diesen Waffen verteidigen, und sie können ihren Auftrag nur dann erfolgreich erledigen, wenn die Waffen im Angesicht des Feindes ihren Dienst tun. Aber nicht immer hat das, worauf die Soldaten ihr Vertrauen setzten, sich auf dem Schlachtfeld als vertrauenswürdig erwiesen.

192

Bomben, Panzer und Musketen

Weil die von der britischen Luftwaffe im Zweiten Weltkrieg über Deutschland abgeworfenen Bomben äußerst unzuverlässig funktionierten, riskierte die Hälfte der Flugzeugbesatzungen ihr Leben für nichts und wieder nichts. Sie hätten ebenso gut Konservendosen abwerfen können. Amtliche Berichte räumen ein, daß ein Drittel aller Bomben mittlerer Sprengkraft beim Aufprall zerbrach und nicht explodierte. Bei den mit hoher Sprengkraft versehenen Minenbomben sah es sogar noch ungünstiger aus. Wenn man noch hinzufügt, daß nur einer von zehn Bombern tatsächlich bis auf fünf Meilen an sein Zielobjekt herankam, daß seine Bomben beim Abwurf sich nach dem Zufallsprinzip über ein Gebiet von 190 Quadratkilometern verteilten und nur in 50 Prozent aller Fälle explodierten, muß man die Kompetenz des britischen Bomberkommandos wohl in Zweifel ziehen. Es ist kaum bekannt, daß während der Bombenangriffe von 1940-41 mehr britische Flieger starben als deutsche Zivilisten.

Ehe Politiker eine Krise soweit verschärfen, bis man am Rande eines Krieges steht, sollten sie sichergehen, daß sie die nötigen Soldaten und Waffen haben, um ihre Ziele durchsetzen zu können. 1956 entschloß sich die konservative Regierung von Großbritannien unter Sir Anthony Eden, auf die Nationalisierung des Suezkanals durch Ägyptens Staatspräsident Nasser mit einem militärischen Angriff zu reagieren. Aber Edens Überzeugung, Großbritannien sei bestens gerüstet, um in der Kanalzone eine Landung mit Amphibienfahrzeugen durchzuführen, entsprach nicht den Tatsachen. Viele britische Waffensysteme waren überaltert oder bei einem Gefecht in der Wüste von bestenfalls zweifelhaftem Nutzen. Die Panzerabwehrkanone BAT war nur unter tropischen Bedingungen getestet worden, und da man den Verdacht hegte, sie könne in einer rein aus Sand bestehenden Umgebung nicht funktionieren, ließ man sie zu Hause. Auch die Gefechtstüchtigkeit der FN-Selbstladegewehre wurde in Zweifel gezogen, und so mußte die Infanterie zu Gewehren greifen, die zu Beginn des Zweiten Weltkriegs produziert worden waren. Für eine Seemacht, die im Ruf steht, auf den Krieg zur See und auf Landungsoperationen besonders gut eingestellt zu sein, war es ein Schock zu erfahren, daß Großbritannien kaum Landungsboote für den Panzer besaß. Einige, die für einen solchen Notfall »eingemottet« worden waren, stellten sich bei einer Inspektion als völlig unbrauchbar heraus, während andere als Vergnügungsdampfer und Fähren Dienst taten. Die britischen Vorbereitungen gerieten vollends in die Nähe der Farce, als deutlich wurde, daß die Armee nicht genügend Tieflader besaß, um die schweren Centurion-Panzer nach Southhampton zu bringen. So gelangten die meisten Panzer in den riesigen Möbelwagen der Speditionsfirma Pickford's an ihren Bestimmungsort. Es dauerte vier Wochen, bis alle 93 Panzer von Tidworth nach Southampton gebracht worden waren.

Die ägyptischen Panzer, die 1967 im Krieg gegen Israel eingesetzt wurden, stammten aus der Sowjetunion. Dummerweise waren sie nicht umgerüstet worden, so daß die ägyptischen Panzerbesatzungen erst in der kochenden Hitze der Wüste herausfanden, daß ihre Fahrzeuge zwar Heizkörper für den russischen Winter, aber keine Klimaanlagen besaßen.

Unter Friedrich dem Großen war die für eiserne Disziplin und perfekten Drill berühmte preußische Armee mit einigen der untauglichsten Waffen ausgerüstet, die es im 18. Jahrhundert gab. Ein besonderer Übeltäter war die Infanteriemuskete. Ihr über einen Meter langer Lauf verlieh der Mündung inklusive Bajonett und Ladestock ein Gewicht von eineinhalb Kilogramm. Da man bei einem solchen Mündungsgewicht unweigerlich zu niedrig zu schießen tendiert, war es um die preußischen Scharfschützen schlecht bestellt. Selbst bei Schießübungen trafen die wenigsten etwas anderes als das Untergestell von Zielscheiben, die meisten schossen sogar in den Boden. Darüber hinaus wurden beim Exerzieren die Gewehrschäfte ständig in den Boden gerammt, wobei sie splitterten, und der eiserne Gewehrlauf wurde für Paraden so oft poliert, daß das Metall irgendwann völlig abgenutzt war. Aber auch Offiziere und Unteroffiziere waren nicht besser dran: Sie mußten Spontons – fast zweieinhalb Meter lange Halbpiken – mit sich führen, die einfach nur hinderlich waren und daher oft von den Dienern getragen wurden. Noch schlimmer waren die drei Meter langen Halbpiken der Unteroffiziere, die so schwer waren, daß sie kaum noch getragen werden konnten.

Das Zündnadelgewehr

Selten ist der Unterschied zwischen geeigneten und ungeeigneten Waffen so deutlich zu Tage getreten wie bei der Schlacht von Königgrätz 1866. Hier errang das preußische Zündnadelgewehr (der sog. Hinterlader) einen Sieg über das österreichische Lorenz-Gewehr, den die preußische Kriegstaktik allein kaum zustande gebracht hätte.

194

Die Österreicher hätten ihre Truppen ebenfalls mit Zündnadel-
gewehren ausstatten können. Sie hatten diese Neuentwicklung
1851 getestet, aber als zu kostenintensiv abgelehnt. Sie behaupteten, die Feuergeschwindigkeit würde die Soldaten möglicherweise zur Verschwendung von Munition verleiten. Zudem war Kaiser
Franz Josef nach den Niederlagen, die er 1859 gegen die Franzosen bei Magenta und Solferino hatte hinnehmen müssen, zu der
Überzeugung gekommen, daß der König aller Waffen das Bajonett
sei. Infolgedessen wandten die Österreicher ein Verfahren an, das
unter dem Namen »Stoßtaktik« bekannt wurde. Hier stand der direkte Angriff und das Handgemenge mit dem Feind im Vorder-
grund, bei dem es auf konzentrierte Feuerkraft oder zielgenaue
Weitschüsse nicht ankam. Während des österreichisch-preußi-
schen Kriegs gegen Dänemark 1864 wandten die Österreicher diese Taktik zum ersten Mal an und verdienten sich mit ihrer Tapferkeit und ihrer Bereitschaft, hohe Verluste hinzunehmen, die
Bewunderung ihrer damaligen preußischen Verbündeten. Bei Königgrätz jedoch sollten die Österreicher für diese Taktik einen überaus hohen Preis bezahlen.

Es gab noch einen weiteren Grund – und einen sehr viel weniger entschuldbaren als die überholten Militärtheorien eines abso-
lutistischen Monarchen –, aus dem die Österreicher mit einer min-
derwertigen Waffe in die Schlacht geschickt wurden. Die für die
Herstellung der Lorenz-Gewehre zuständige Wiener Waffenfabrik
besaß das Monopol für die österreichische Waffenfabrikation. Man
hatte dort gerade teure neue Maschinen angeschafft, um die Produktion der Lorenz-Gewehre auf 1000 Stück pro Tag zu steigern
und war von der Vorstellung, ein neues Gewehr produzieren zu
sollen, natürlich alles andere als begeistert. Erst in den allerletz-
ten Wochen vor Kriegsbeginn besannen sich die österreichischen
Militärbehörden eines besseren. Sie wußten, daß die Preußen ihnen mit ihren Gewehren überlegen waren und unternahmen verzweifelte Anstrengungen, um im Ausland Hinterlader zu kaufen.
Sie wandten sich zu diesem Zweck an die Vereinigten Staaten und
Belgien, aber die erste Lieferung von 5000 modernen Remington-
Gewehren traf erst ein, als der Krieg sich seinem Ende näherte.

Der Krieg zwischen Preußen und Österreich 1866 begann mit einem Sieg der Österreicher bei Trautenau. Doch zeigte bereits dieser Erfolg den grundlegenden Nachteil der Stoßtaktik: Die sieg-
reichen Österreicher hatten weit höhere Verluste zu vermelden als
die unterlegenen Preußen. Als die Hauptarmeen bei Königgrätz
aufeinanderstießen, war es zu spät, um noch etwas zu ändern. Der
Triumph des Zündnadelgewehrs bedeutete für Österreich die Nie-

»Obwohl das Zündna-
delgewehr Schnellfeuer
erlaubt, solange es kei-
ne Ladehemmung gibt,
stellt es doch keinen
wirklichen Fortschritt
dar, weil Schnellfeuer
nur den Munitionsvor-
rat aufzehrt.«
Feldzeugmeister Augu-
stin, 1851.

Die Österreicher lehn-
ten die Einführung des
Schnellfeuergewehrs
ab. Die Preußen führ-
ten es 1866 ein. Dieser
Unterschied war bei
der Schlacht von Kö-
niggrätz kriegsent-
scheidend.

derlage und Verluste von 40.000 Mann, während Preußen nicht nur eine Schlacht gewann, sondern die Vorherrschaft in Deutschland errang.

Eindrucksvolle Torheiten

Während der Renaissance wechselte die Militärtechnologie des öfteren in die Bereiche der Phantasie hinüber. Künstler, Bildhauer und Erfinder schwelgten in den Möglichkeiten, die ihnen die Feldherren des 16. Jahrhunderts eröffneten. Diese nämlich verlangten immer ausgeklügeltere – zumeist völlig unpraktikable – Zerstörungswerkzeuge. Eine erstaunliche Waffe entwarf Antonio della Scala. Sein *Ribaudo* war eine Art Maschinengewehr mit 144 schußfertig geladenen Gewehrläufen, von denen jeweils 12 gleichzeitig feuern konnten. Der *Ribaudo* wäre sicherlich eine tödliche Waffe gewesen, doch war er so schwer, daß er von vier kräftigen Pferden gezogen werden mußte. Man weiß nicht, ob er jemals in einer Schlacht zum Einsatz kam, weil die Zeit nicht ausreichte, um ihn in Stellung zu bringen. In seiner Unbeholfenheit ähnelte er den außergewöhnlichen Kriegsschiffen der hellenistischen Epoche, die sich vom Zweiruderer über den Dreiruderer (die Trireme) bis hin zum Fünfruderer entwickelten und schließlich so schwer und unübersichtlich wurden, daß es jeder Beschreibung spottet. Die ganz großen Schiffe hatten mehrere Decks und glichen mit ihren unzähligen Rudern Insekten aus einem Horrorfilm. Aufgrund der enormen Wasserverdrängung kippten sie manchmal einfach um oder sanken schon beim Stapellauf.

Hat noch jemand eine Überraschung auf Lager?

Das Fehlen von Munition kann ebenso tödliche Folgen haben wie das Fehlen der richtigen Waffen. Drei Beispiele aus britischen Kolonialfeldzügen zeigen, was alles passieren kann, wenn die Munitionsvorräte nicht hinreichend kontrolliert werden.

Charles Brandon, der Verwalter der britischen Vorratslager bei Cape Coast in Westafrika 1824, trägt die Verantwortung für das Schicksal einer britischen Streitmacht unter Sir Charles Macarthy. Dessen Soldaten wurden in der Nähe des Dorfes Bonsaso von einer Armee angegriffen, die aus 10.000 grimmigen Stammeskriegern der Asante bestand. Macarthy hatte versucht, sie zu vertreiben, indem er »God save the King« spielen ließ, was sich jedoch als nicht ausreichend erwiesen hatte. Die britischen Rotröcke waren zahlenmäßig stark unterlegen und hatten sich im Karree aufgestellt, um die Angriffe der Asante-Krieger abzuwehren. Es war heiß und staubig, und im Eifer des Gefechts begann den Soldaten die Munition auszugehen. Macarthy befahl Brandon, auf die Kisten mit Reservemunition zurückzugreifen, die er gerade von der Küste mitgebracht hatte. Als die Asante bereits näherrückten, um die Briten zu massakrieren, waren die Kisten endlich aufgebrochen und zeigten ihren Inhalt. Er bestand aus Zwieback! Macarthy blies zum Rückzug, aber sein Lager wurde von den Asante überrannt, die die meisten Rotröcke töteten, darunter den unglücklichen General, dem sie den Kopf abschlugen und auf einen Speer steckten. Später wurde sein Schädel vom Häuptling der Asante als Trinkgefäß benutzt.

Als die Briten 1885 eine Expedition in den Sudan schickten, die dem in Khartum belagerten General Gordon zu Hilfe eilen sollte, griffen die Derwische eine britische Einheit bei Abu Klea an. Erstaunlicherweise gelang es ihnen, die britische Gefechtsordnung zu durchbrechen. Während des Gefechts wurden die Reservemunitionskisten geöffnet, von denen eine bis zum Rand mit Goldsovereigns zur Bestechung friedlicher Stämme gefüllt war. Obwohl rundherum die Schlacht tobte, überfiel einige Soldaten die Gier, und sie wollten sich die Taschen lieber mit den Münzen vollstopfen als mit Patronen für ihre Lee-Metford-Gewehre.

1879 fand bei Isandhlwana die Schlacht zwischen britischen Truppen und Zulustreitkräften statt, wobei die Rotröcke mit lediglich 40-50 Patronen pro Soldat starteten. Das Feuergefecht war jedoch so heftig, daß es bald zu Munitionsknappheit kam. Die Offiziere waren darüber zunächst nicht weiter besorgt, denn sie wußten, daß in den Waggons noch reichliche Reserven lagerten. Sie schickten einige Soldaten nach hinten, damit sie frische Munition zur Frontlinie bringen konnten. Die Reservemunition des Regiments war in schwere Holzkisten verpackt worden, die mit Kupferbändern und jeweils neun Schrauben gesichert waren. Die beiden Quartiermeister besaßen zwar Schraubenzieher, aber einige Schrauben waren verrostet und schwer zu lockern. Außerdem erlaubten es die Vorschriften nicht, mehr als eine Kiste zur Zeit zu öffnen, weil über jede Patrone Rechenschaft abgelegt werden mußte. Als die Standortreiterei von Natal Munition haben wollte, wurde ihr diese vom Quartiermeister des 24. Regiments verweigert, und sie mußten sich anderweitig welche besorgen.

Leutnant Smith-Dorrien bemerkte, daß das britische Feuer überall schwächer wurde und sammelte einige Soldaten, um noch mehr Kisten zu öffnen. Aber es gab keine weiteren Schraubenzieher. Also hackten sie die Kisten mit Äxten und Bajonetten auf, bis das Holz splitterte. Schließlich schaufelte Smith-Dorrien Patronen in die Helme der Soldaten, bis einer der Regimentsquartiermeister ihm Einhalt gebot, weil er nicht die erforderlichen Papiere vorweisen konnte. Während die Zulus die Rotröcke reihenweise erledigten, regierte im Munitionswaggon der Amtsschimmel. Die britischen Gewehre schwiegen mittlerweile, und die Soldaten verließen fluchtartig ihre Stellungen, weil sie ohne Patronen nichts ausrichten konnten. Jetzt fielen 20.000 Zulus über die vorgerückten Kavallerieeinheiten her und drangen bis ins Lager vor. Panik breitete sich aus, und die organisierte Verteidigung brach zusammen. Das britische Lager wurde von den Zulus überrannt und die meisten Soldaten massakriert.

Vorbeimarsch der Kranken

Immer schon sind zu Kriegszeiten mehr Soldaten an Krankheiten gestorben als in der Schlacht. Wo Menschen in großer Zahl versammelt und, oftmals ohne angemessene Ernährung und Kleidung, großen körperlichen Strapazen ausgesetzt werden, finden Krankheiten unvermeidlich einen guten Nährboden. Darüberhinaus aber haben Befehlshaber in vielen Fällen nicht die notwendigen und für sie möglichen Maßnahmen ergriffen, um Verluste durch Krankheiten zu vermeiden. Viele Probleme entsprangen einfacher Nachlässigkeit, etwa als Tausende von britischen und französischen Soldaten, die im 18. Jahrhundert in Westindien Dienst taten, dem Gelbfieber erlagen. Und obwohl die Medizin im 19. Jahrhundert beträchtliche Fortschritte gemacht hatte, war die Behandlung, die die britische Armee im Krimkrieg ihren Verwundeten und Kranken zuteil werden ließ, jämmerlich unangemessen. Im Mesopotamien-Feldzug, der während des Ersten Weltkriegs stattfand, war die medizinische Versorgung beinahe mittelalterlich. Der Vorwurf der Unfähigkeit trifft nicht nur die »Schlächter«, die ihre Soldaten im Krieg verheizten, sondern auch all jene, die einfachste medizinische Vorsorgemaßnahmen vernachlässigt und damit sinnloses Leiden heraufbeschworen haben.

Das Zeitalter der Aufklärung

Unter Friedrich dem Großen gab es in der preußischen Armee so gut wie keine medizinische Versorgung. Ein verwundeter Soldat war für die Armee eine Last und wurde kaum beachtet. Nach der Schlacht von Hochkirch 1758 gegen die Österreicher wurden verwundete preußische Soldaten nicht eigens wegtransportiert und mußten sich, so gut es ging, zum Feldlazarett durchschlagen. Verwundete, die noch laufen konnten, sammelten die Schwerverletzten ein und packten sie auf Karren, um ihnen die Kleidung stehlen zu können, wenn sie gestorben waren. Verwundete Soldaten erhielten auch keine Lebensmittelrationen, so daß sie in den umliegenden Dörfern betteln mußten. Wenn sie das Lazarett erreichten, liefen sie Gefahr, ihre persönlichen Habseligkeiten an die Sanitäter zu verlieren. Der Lazarettleiter, ein aktiver Offizier ohne medizinische Kenntnisse, sah es als seine Aufgabe an, die leichter Verwundeten wieder in die Reihen der Armee einzufügen und sich um die anderen, für die es keine Verwendung mehr gab, nicht weiter zu kümmern. Ein preußischer Offizier beschrieb seine Erfahrungen, die er 1757 in einem Krankenhaus in Dresden gemacht hatte:

»Ich war starr vor Entsetzen, als ich die Heimstatt des Elends betrat und an den Wänden übereinandergeschichtet Berge von Leichen sah, deren starre Füße aus dem Stroh herausragten, das man über sie gestreut hatte. ... Ganze Säle waren voll mit Kranken jeglicher Art, die in Schichten übereinander lagen und höchst unzureichend behandelt wurden.«

Während des bayrischen Erbfolgekriegs 1778 kam nur jeder fünfte Soldat, der sich zur Behandlung in ein preußisches Lazarett begab, mit dem Leben davon. Nach der Schlacht von Torgau 1760 bemerkte ein Beobachter:

»Die meisten sterben durch die Kälte. Das ist für die preußische Armee nichts Ungewöhnliches, denn die Lazarette sind so schlecht eingerichtet und stinken so erbärmlich, daß der Soldat, der sich dort hinbegibt, schon bei seiner Ankunft denkt, er sei tot. Es kann nicht überraschen, daß nach einem so grausamen Krieg in den Staaten des preußischen Königs so wenige Invaliden zu sehen sind. Aus sicherer Quelle habe ich erfahren, daß die Lazarettleiter und Sanitätsoffiziere den Befehl hatten, alle Soldaten sterben zu lassen, die so stark verwundet worden waren, daß sie nach ihrer Genesung nicht mehr würden dienen können.«

Die Große Armee

Unter Baron Larrey war die medizinische Versorgung in Napoleons Armee weitaus besser als in jedem anderen europäischen Heer. Obwohl die Pläne für den Rußlandfeldzug von 1812 sorfältiger aus-

»Die meisten sterben durch die Kälte. Das ist für die preußische Armee nichts Ungewöhnliches, denn die Lazarette sind so schlecht eingerichtet und stinken so erbärmlich, daß der Soldat, der sich dort hinbegibt, schon bei seiner Ankunft denkt, er sei tot. Es kann nicht überraschen, daß nach einem so grausamen Krieg in den Staaten des preußischen Königs so wenige Invaliden zu sehen sind. Aus sicherer Quelle habe ich erfahren, daß die Lazarettleiter und Sanitätsoffiziere den Befehl hatten, alle Soldaten sterben zu lassen, die so stark verwundet worden waren, daß sie nach ihrer Genesung nicht mehr würden dienen können.«
Ein Beobachter nach der Schlacht von Torgau, 1760.

gearbeitet worden waren als alle vorhergehenden, übersahen Napoleon und seine Berater jedoch die wichtige Tatsache, daß in Polen und Rußland Typhus weit verbreitet war. Typhus tritt häufig bei Feldzügen auf, weil er durch Läuse übertragen wird, die aufgrund der ungesunden Bedingungen in Militärlagern gut gedeihen. Die polnischen Gegenden, die auf dem Weg der französischen Armee lagen, waren selbst nach damaligen Maßstäben ungewöhnlich schmutzig. Vor 1812 hatte es in der französischen Armee keine Anzeichen für eine Typhusepidemie gegeben, aber in dem ungewöhnlich heißen und trockenen Sommer jenes Jahres verdreckten die Brunnen in Polen, deren Wasser nun mit organischen Stoffen versetzt war. Weil die Armee ständig kleineren Angriffen ausgesetzt war, mußten die Versorgungswagen in der Nachhut der Deckungskolonnen fahren. Folglich dauerte es lange, bis die Lebensmittel die Vorhut erreichten, sofern sie überhaupt dort ankamen. Napoleons Große Armee war über eine Kommandostruktur, die im wesentlichen aus dem 18. Jahrhundert stammte, längst hinausgewachsen.

Als die französische Armee die Memel überquert hatte, begann der Typhus sich auszubreiten. Die Soldaten bekamen hohes Fieber, Hautausschlag und ihre Gesichter verfärbten sich schwarzblau. Ende Juli waren 80.000 Mann an Typhus erkrankt oder gestorben. Auf Anraten seiner Marschälle befahl Napoleon einen zweitägigen Aufenthalt in Smolensk, änderte dann aber seine Meinung und stieß gegen Moskau vor. Das war ein Fehler allererster Güte. Die Krankheit führte in der Armee zu höheren Verlusten als mehrere schwere Schlachten hätten fordern können. Im September war Napoleons Armee auf 160.000, zwei Wochen später auf 130.000 feldtaugliche Soldaten geschrumpft. Als er in Moskau einmarschierte, standen ihm gerade noch 95.000 gesunde Soldaten zur Verfügung. Während die Sommerhitze und der Typhus in Polen und Rußland Napoleon bereits vor der Schlacht bei Borodino besiegt hatten, verwandelte nun der bitterkalte russische Winter die Niederlage in eine Katastrophe. Von Napoleons ursprünglicher Streitmacht von 450.000 Mann sollten zuletzt nur 10.000 so zu Käften kommen, daß sie Waffen tragen konnten. Ohne eine Schlacht zu verlieren, hatte der Kaiser eine der größten Niederlagen der Geschichte erlitten.

Krimkatastrophe

Der Krimkrieg ist mit Recht zu einem Musterbeispiel für die Vernachlässigung jeglicher medizinischen Notwendigkeiten geworden. Ein einziger Blick auf die Bedingungen, die Florence Nightingale im Barracks Hospital von Scutari vorfand, reicht aus, um Großbritanniens militärische Führer wegen Unfähigkeit auf die Anklagebank der Geschichte zu setzen.

Die Haltung der Gesundheitsbehörden auf der Krim wird am besten von Mr. Ward zusammengefaßt. Der Siebzigjährige war Proviantmeister in Scutari und ein Veteran der Walcheren-Expedition, die während der napoleonischen Kriege stattfand. Als er im Dezember 1854 über die Zustände im Barracks Hospital befragt wurde, antwortete er:

»Ich habe alle Spanienfeldzüge mitgemacht. Damals waren die Patienten weitaus weniger komfortabel untergebracht als es hier der Fall ist. ... Im allgemeinen hatten die Kranken damals keine Bettstellen. Selbst als wir aus Walcheren und Corunna in unser Heimatland zurückkehrten, war die Unterbringung der Kranken ungleich weniger komfortabel als hier.«

Was Ward für »komfortabel« hielt, war in Wirklichkeit kaum mehr als ein offener Abwasserkanal, der durch Dreck floß. Das ganze Lazarett war mit Verwundeten überfüllt, die manchmal zwei Wochen lang dahinsiechten, bis sie von einem Arzt untersucht wurden. Der Boden, auf dem die Männer lagen, wurde nicht geschrubbt und bot Ungeziefer aller Art eine Heimstatt. Als ein Kaplan zu Besuch kam, um mit den Verwundeten zu reden, war er hinterher von Läusen übersät. Weil es weder Kissen, noch Decken oder Laken gab, betteten die Soldaten ihren Kopf auf ihre Stiefel und bedeckten sich mit ihren oftmals schlamm- und blutverkrusteten Mänteln. Operationen wurden mitten im Krankensaal durchgeführt, und die Schreie der Männer, denen Arme oder Beine amputiert wurden, müssen für die anderen, die noch nicht an der Reihe waren, schrecklich anzuhören gewesen sein. Florence Nightingale konnte schließlich zumindest erreichen, daß die Operationen durch Stellwände abgeschirmt wurden, aber die Schreie blieben unüberhörbar.

Florence Nightingale schätzte, daß während ihres Aufenthalts im Lazarett mindestens eintausend Männer an Verdauungsproblemen litten, zumeist Durchfall und Ruhr. Es gab jedoch nur zwanzig Nachttöpfe, die die Runde machten, und die Latrinen hatten kein fließendes Wasser, damit der Dreck weggespült werden konnte. Die Zustände waren so unhaltbar geworden, daß der Inhalt der Toiletten überfloß und in einigen Teilen des Lazaretts den Boden fast drei Zentimeter hoch bedeckte. Jedesmal wenn die Verwundeten die Toiletten aufsuchten, mußten sie ohne Schuhe oder Pantoffeln durch diesen Dreck hindurchwaten. Um das zu vermeiden, wurden in den Krankensälen und Korridoren große hölzerne Bottiche aufgestellt, deren Inhalt aber bald die ganze Luft im Lazarett verpestete. Unter solchen Bedingungen litten Männer, die mit einfachen Verwundungen eingeliefert wurden, schon bald an einer ganzen Reihe entsetzlicher Beschwerden. Jeder zweite starb an der Ruhr, und Wunden begannen sehr schnell zu eitern, was eine Amputation notwendig machte, die wiederum selbst oft genug einem Todesurteil gleich kam.

Nach der Schlacht am Alma, im September 1854, schrieb Sanitätsoffizier George Lawson: »Am 20., als die Leichte Brigade Verluste von etwa 1000 Toten und Verwundeten erlitt, gab es weder Transportwagen noch Lampen (außer denen, die persönliches Eigentum der Offiziere waren) – und fast alle Operationen mußten auf dem Boden durchgeführt werden. Ich selbst operierte die armen Kerle den ganzen ersten Tag und einen Großteil des zweiten Tages auf dem Boden, bis endlich eine alte Tür gefunden wurde, die wir zu einem Tisch umfunktionierten ...«

Die Gefühllosigkeit der Sanitäter muß an den damaligen Maßstäben gemessen und vor dem Hintergrund der Notlage des Krieges beurteilt werden. Aber Berichte, die davon erzählen, wie das Hafenbecken von Balaklawa sich mit amputierten Armen und Beinen füllte oder wie die vor dem Lazarett sich türmenden Gliedmaßen von Schweinen gefressen wurden, erfüllen uns auch heute noch mit Grauen.

Selbstgeschlagene Wunden

Die hohe Sterblichkeitsrate unter den preußischen Offizieren im 18. Jahrhundert ist wohl zu einem nicht geringen Teil auf die Infektion durch Geschlechtskrankheiten zurückzuführen, die schon aus kleineren Verletzungen tödliche Wunden machen konnte. Ein Beispiel dafür ist Feldmarschall Seydlitz, der sowohl bei Roßbach 1757 als auch bei Kundersdorf 1759 verwundet wurde. In beiden Fällen wurde seine Genesung dadurch beeinträchtigt, daß er an Syphilis litt.

In der Militärgeschichte spielen die Folgen von Geschlechtskrankheiten – die vermeidbarste Unbill, die einem Soldaten zustoßen kann – eine große Rolle, auch wenn es Statistiken erst für das 20. Jahrhundert gibt. Von der gesamten britischen Armee im Ersten Weltkrieg wurden 416.891 Soldaten mit Geschlechtskrankheiten ins Lazarett eingeliefert – ein Viertel aller nicht gefechtsbedingten Einlieferungen. Wenn man bedenkt, daß die durchschnittliche Verweilzeit im Lazarett pro Patient sechs Wochen betrug, kann man sich leicht vorstellen, welcher Verlust an Kampf-kraft damit verbunden war. 1914 hatten sich die russischen Militärbehörden bei ihren Vorsorgemaßnahmen für Kranke und Verwundete ganz erheblich verschätzt, denn die für Gefechtsver-luste vorgesehene Bettenzahl reichte gerade eben aus, um die an Geschlechtskrankheiten leidenden Soldaten unterzubringen.

Zur Aufrechterhaltung der Kampfkraft haben die Militärbehör-den immer versucht, die Ausbreitung von Geschlechtskrankheiten im Heer zu verhindern. Weil es natürlich unmöglich ist, Millionen junger Männer vom Sexualtrieb zu befreien, sahen manche die einzige Alternative in streng kontrollierten und reglementierten Bordellen, wo die Prostituierten medizinisch untersucht werden konnten. Die Franzosen zeigten sich in dieser Angelegenheit »fort-schrittlicher« als die angelsächsischen Nationen und richteten für ihre Soldaten bereits in den vierziger Jahren des 19. Jahrhunderts Bordelle ein. Während des Indochina-Kriegs wurde zwei Prostitu-ierten für ihre Dienste in einer abgelegenen französischen Garni-son sogar die *Croix de Guerre* verliehen. 1918 bot Präsident Cle-menceau den Amerikanern französische Hilfe bei der Einrichtung legaler Bordelle an, aber sein Vorschlag wurde vom Kriegsmini-ster zurückgewiesen, der meinte, wenn Präsident Wilson davon er-führe, würde er eventuell von einer weiteren militärischen Unter-stützung der Alliierten absehen.

Die britische Armee in Indien war besonders anfällig für Geschlechtskrankheiten. In den dreißiger Jahren des 19. Jahrhun-derts litten jährlich mehr als 30 Prozent der Soldaten an vene-rischen Krankheiten. Während des ganzen Jahrhunderts tobte ein Kampf zwischen den Befürwortern und den Gegnern reglemen-tierter Bordelle. Die einen wollten durch solche Einrichtungen die Ansteckungsgefahr verringern, die anderen sahen darin den Versuch, die Soldaten zur Unzucht zu ermutigen. Als 1870 der Generalquartiermeister Anweisungen an die britischen Offiziere erließ, die gründliche Untersuchung von Regimentsprostituierten vorzunehmen, schrie man in Großbritannien sofort auf, daß »legale Prostitution weder aus gesundheitlichen, noch wirtschaft-lichen oder zweckorientierten Erwägungen heraus gerechtfer-tigt oder entschuldigt werden könne«. Daraufhin stieg die Zahl der eingelieferten Fälle noch weiter an, erreichte 1887 36,1 und im darauffolgenden Jahr 37 Prozent. Für die anglikanischen Bischö-fe jedoch dienten alle auf die Verbesserung der hygienischen und gesundheitlichen Situation zielenden Argumente lediglich der Verbrämung des Lasters. Um 1890 herum waren bereits 50 Pro-zent der weißen Soldaten in der Indien-Armee geschlechtskrank;

viele davon hatte es so schwer erwischt, daß sie ihre militärische Laufbahn beenden mußten und zur Weiterbehandlung nach Hause geschickt wurden. Zwischen 1880 und 1900 wurden mehr als 10.000 Soldaten aus gesundheitlichen Gründen aus der Armee entlassen; einige trugen dauerhafte Schädigungen davon, andere starben sogar. 1903 versuchte Lord Kitchener die Soldaten davon abzubringen, sich mit indischen Frauen einzulassen, indem er sie vor den Folgen warnte. Die Geschlechtskrankheit, so Kitchener, »nimmt erschreckend ekelhafte Formen an. ... Der Erkrankte verliert seine Haare, Haut und Fleisch werden faulig und von krebsartigen Geschwüren zerfressen, die Nase fällt ab, und schließlich erblindet er. ... Auch sein Kehlkopf wird von Geschwüren befallen, so daß er aus dem Hals stinkt.« Aber die sexuellen Alternativen, Masturbation oder Homosexualität, waren in den Augen der viktorianischen Gesellschaft noch schlimmer. Von der Selbstbefriedigung glaubte man, sie ende in Blindheit und Wahnsinn, Homosexualität dagegen führte ins gesellschaftliche Aus.

Während des Zweiten Weltkriegs fügten sich die britischen Behörden ins Unvermeidliche und ließen die Bordelle in Militärgebieten geöffnet, vorausgesetzt daß sich die Mädchen einer regelmäßigen Gesundheitskontrolle unterzogen. In Tripolis gab es für Mannschaften und Offiziere getrennte Häuser; allerdings machte der Generalkaplan den offiziellen Bordellen bald ein Ende, während er die inoffiziellen Häuser in Ruhe ließ. General Montgomery leistete sich in Kairo, später dann in Nordwesteuropa ein Eigentor, als er die kontrollierten Bordelle schließen ließ. Die Folgen waren vorhersehbar und alles andere als günstig. Ein Stabsarzt berichtete: »Innerhalb von drei Wochen waren alle Betten in der vorher fast leeren Abteilung für Geschlechtskranke belegt, ebenso die Betten, mit denen die Veranda vollgestellt wurde.«

An vielen Fronten überstieg die Zahl der Geschlechtskranken nicht nur die aller anderen Krankheitsfälle, sondern sogar die der gefechtsbedingten Verluste. Diese betrugen z.B. während der heftigen Kämpfe im Nahen Osten 1941 3,5 Prozent, während die Todesfälle infolge von Geschlechtskrankheiten bei 4,1 Prozent lagen. In Italien 1945 drifteten die entsprechenden Zahlen noch weiter auseinander: 0,9 Prozent der Soldaten waren im Kampf verwundet worden, 6,8 Prozent hatten sich infiziert. In Burma 1943 zählte man 1,3 Prozent Verwundete und 15,7 Prozent Infizierte. Erstaunliche Ausmaße nahm die Zahl der infizierten schwarzen US-Soldaten 1943 in Tunesien an: 45,1 Prozent litten an Geschlechtskrankheiten.

So ließ sich natürlich kein Krieg führen, und man hätte das Problem vergleichsweise einfach lösen können. Aber die amerikanischen Militärbehörden befürchteten, die öffentliche Meinung daheim könne gereizt reagieren, wenn die Soldaten Kondome erhielten. Also griff man zu einer List. Als die Verpflegungsbehörde eine Lieferung von mehreren Millionen Kondomen bestellte, erklärte man, die Verhütungsmittel aus Gummi sollten die Läufe von Maschinengewehren und anderen automatischen Waffen vor Feuchtigkeit schützen.

Üben, üben ...

Es ist eine Sache, einen Soldaten zu bewaffnen, eine andere aber, ihm den Gebrauch dieser Waffe beizubringen. Beispiele für mangelnde Übung sind in der Militärgeschichte weit verbreitet, aber erst im Zusammenhang mit den Massenarmeen des 19. und 20. Jahrhunderts ist das Problem wirklich virulent geworden. Zu Beginn des amerikanischen Bürgerkriegs war die Ausbildungsqualität der Soldaten auf beiden Seiten nicht besonders gut. Bei der Schlacht von Bull Run 1861 standen sich, genaugenommen, bewaffnete Horden gegenüber. Aber als die Militärtechnologie sich grundlegend änderte, mußten aus begeisterten Amateuren erfahrene Profis gemacht werden. 1861 verwendeten beide Seiten als normale Waffe für die Infanterie einen einschüssigen Vorderlader: die Minie-Flinte mit gezogenem Lauf. Geladen wurde sie mit einer nach dem französischen Erfinder benannten Minie-Kugel des Kalibers 0,58. Ein Scharfschütze – und von denen gab es 1861 einige – konnte damit das Schwarze einer Zielscheibe auf 300 Meter Entfernung treffen und 15 Zentimeter dickes Holz auf 500 Meter Entfernung durchbohren. In den vier Jahren des Bürgerkrieges setzten die Unionstruppen fast eineinhalb Millionen dieser Musketen ein.

Eile ...

1861 mußten die Militärstrategen der Konföderierten und der Union ihre Soldaten möglichst schnell bewaffnen. So versuchten sie, alles zu kaufen, was in Europa an Feuerwaffen verfügbar war. Am weitesten verbreitet war die britische Enfield-Büchse mit gezogenem Lauf; allerdings hatte nicht jede Einheit das Glück, diese Gewehre zu bekommen. Die »Pennsylvania Reserves« z.B. erhielten stattdessen primitive Büchsen mit glattem Lauf vom Kaliber 0,69, die bereits 1837 hergestellt worden waren. Der Leiter der Heeres-artillerie der Unionstruppen war der Ansicht, daß undisziplinierte Soldaten keine mehrschüssigen Hinterlader erhalten sollten, weil sie sonst wild in der Gegend herumfeuern und Munition ver-schwenden würden. Hätten sie nur einen Schuß und müßten dann wieder nachladen, würden sie nicht so leichtfertig mit den Patro-nen umgehen. Mit dieser Meinung lag er natürlich völlig falsch. Weil Vorderlader im Stehen, also in einer gefährlichen Position ge-laden werden mußten, feuerten die Männer möglichst rasch, um nachladen zu können – wieder und wieder. Wer aber mit einem Hinterlader bewaffnet war und das Selbstvertrauen besaß, sich die Zeit zum Zielen zu nehmen, erreichte von Mal zu Mal bessere Er-gebnisse. Überdies ließen sich die Soldaten von Expertenmeinun-gen nicht beirren. Viele sparten ihren Sold, um sich privat einen Henrystutzen (ein 16-schüssiges Repetiergewehr) oder eine Spen-cer (ein 7-schüssiges Repetiergewehr) zu besorgen.

Unabhängig von der Qualität der Waffen hing die Kampffähig-keit eines Regiments von der Ausbildung ab, die die Männer an der Waffe erhielten. Werden Truppen erst ausgebildet, wenn der Krieg schon im Gange ist, gibt es immer die Neigung, die Solda-ten an die Front zu schicken, ehe sie wirklich fertig sind. Die Aus-bildung ist dann zumeist nicht sinnvoll aufgebaut. So war es auch im amerikanischen Bürgerkrieg. Bei Shiloh 1862 stellte ein frisch ausgebildetes Regiment erst nach Kampfbeginn fest, daß ihnen nicht gezeigt worden war, wie sie mit den an sie ausgegebenen Waffen umgehen sollten. So mußten mitten im Kampfgetümmel Veteranen aus einem anderen Regiment geholt werden, um einen Schnellkurs zu veranstalten. Noch bei Gettysburg 1863 konnten General Meades Offiziere 37.000 Gewehre einsammeln, die auf dem Schlachtfeld weggeworfen worden waren. Mehr als ein Drit-tel davon war mit mehr als einer Patrone geladen worden, man-che sogar mit sechs. Offenbar hatten viele Soldaten nicht begrif-fen, daß sie ein Zündhütchen unter den Hahn legen mußten, weil sie sonst den Abzug ganz umsonst betätigten und im Schlachten-lärm noch nichteinmal mitbekamen, daß sie gar nicht feuerten. Meade fand diese Beweise für mangelhafte Ausbildung an der Waffe so alarmierend, daß er befahl, in der ganzen Potomac-Ar-mee ab sofort Schießunterricht zu erteilen.

... mit Weile

Im Ersten Weltkrieg funktionierte die russische »Dampfwalze«, die in Deutschland und Österreich solchen Schrecken hervorrief, oftmals weder mit Dampf noch mit Druck. Verwaltungsfehler sorgten dafür, daß viele russische Soldaten ohne Gewehr an die Front geschickt wurden. Sie erhielten die Anweisung, geduldig im Schützengraben zu warten, bis einer ihrer Kameraden getötet wurde und sie dessen Gewehr übernehmen konnten. 1915 mußten einige Abschnitte der russischen Zwölften Armee von der Front abgezogen werden, weil sie mit ihrem japanischen Gewehren nicht zurechtkamen. Da es in der Armee viele ungebildete Bauern gab, die von der modernen Welt gar nichts wußten, kam es immer wieder zu Zwischenfällen. So wurden z.B. russische Flugzeuge oftmals von der eigenen Seite beschossen, weil die russischen Soldaten bäuerlicher Herkunft glaubten, so großartige Dinge wie Flugzeuge könnten nur von den Deutschen erfunden worden sein. Und wenn der Telegrafendienst nicht funktionierte, konnte es daran liegen, daß die russischen Soldaten auf der Suche nach Feuerholz einfach die Telegrafenmasten gekappt hatten.

In der Schlacht von Wilson's Creek im August 1861 gaben General Siegels deutsche Freiwillige eine eindrucksvolle Vorstellung ihrer unzureichenden Ausbildung. Nachdem ihr erster Angriff erfolgreich verlaufen war, durchsuchten die ausgehungerten Deutschen das Lager der Konföderierten nach Beute und ließen sich nieder, um das Frühstück zu vertilgen, das die vertriebenen Rebellen zurückgelassen hatten. Sie schlugen alle Vorsichtsmaßnahmen in den Wind und konzentrierten sich auf das Schweinefleisch mit Bohnen, bis die Konföderierten, von ihren Befehlshabern neu formiert, in das Lager stürmten, um ihre Lebensmittel zurückzuerobern.

Desertion

Desertion – die Flucht vor oder während der Schlacht – ist häufig das Ergebnis mangelhafter Ausbildung. Auch wenn sie in den Regimentsgeschichten oder den Memoiren bedeutender Feldherren keine große Rolle spielt, hat sie den Verlauf von mehr Schlachten beeinflußt, als viele zuzugeben bereit sind.

Während des Siebenjährigen Krieges schrieb ein preußischer Offizier: »Meiner Meinung nach liegt der Hauptgrund für die weitverbreitete und überaus häufige Desertion darin, daß die Soldaten Angst davor haben, krank und dann in einem unserer überfüllten

Lazaretts praktisch lebendig begraben zu werden.« Woran es auch immer gelegen haben mag, die Desertion nahm in der preußischen Armee zwischen 1756 und 1763 erstaunliche Ausmaße an. Das ruhmreichste Regiment in Friedrichs Armee verlor durch Desertion drei Offiziere, 93 Unteroffiziere, 32 Musiker und 1525 Soldaten. Hinzu kommen noch 130, die Selbstmord begingen und 29, die hingerichtet wurden. Aus deutschen Quellen wissen wir, daß sich bei der Schlacht von Prag 1757 viele von Friedrichs Offizieren und Unteroffizieren, dazu noch einer seiner eigenen Adjutanten während des Gefechts hinter einem Hügel versteckten. Im selben Jahr wimmelten bei Groß-Jägerndorf Büsche und Unterholz nur so von Russen, die sich entschieden hatten, die Schlacht auszusitzen. 1760 bei Torgau vereinigten sich preußische und österreichische Truppen, die sich nicht am Kampf beteiligt hatten, glücklich und zufrieden in der Sicherheit des Waldes, bis die Schlacht entschieden war.

In dieser Hinsicht stellte der Siebenjährige Krieg keine Ausnahme dar, obwohl er ein äußerst blutiger Konflikt war. Einige Beispiele aus dem amerikanischen Bürgerkrieg zeigen, daß Desertion viel weiter verbreitet war, als die Historiker bisher geglaubt haben. Bei der Schlacht von Malvern Hill 1862 traf der Konföderiertengeneral Jubal Early auf ganze Scharen von Soldaten, die vom Schlachtfeld flohen, während andere sich in Gräben herumdrückten oder sich zu Hunderten im Wald versteckten. Im selben Jahr geriet bei Shilton ein auf dem Vormarsch befindliches Tennessee-Regiment plötzlich in Panik und rannte ins Lager zurück, wobei die Soldaten »Rückzug! Rückzug!« riefen. Nachdem ihre Ordnung wiederhergestellt worden war, rückten sie erneut vor, gerieten jedoch beim Klang von Geschützdonner abermals in Panik und flohen, wobei sie das hinter ihnen marschierende Texas-Regiment niedertrampelten und seinen Fahnenträger in den Schlamm warfen. Dadurch kam auch dieses Regiment ins Wanken, und als die Offiziere die Soldaten am Fliehen hindern wollten, wurden sie beschossen. Der ungewöhnlichste Fall von Panik ereignete sich bei Missionary Ridge 1863, als Unionstruppen eine fast senkrecht aufsteigende Anhöhe erklommen und die überlegenen Rebellen vertrieben. General Bragg von den Konföderierten schilderte, was dann geschah: »Es brach eine Panik aus, wie ich sie nie zuvor gesehen habe. Sie schien Offiziere und Mannschaften gleichermaßen zu ergreifen, und jeder schien sich, unabhängig von seinen Aufgaben und seinem Charakter, nur noch um seine eigene Sicherheit zu kümmern.« Die Geschehnisse bei Winchester 1864 kommentierte Stephen Ramseur, General der Konföderierten, wie folgt:

»Meine Männer haben sich schändlich benommen. Sie sind vor dem Feind davongerannt. ... Das ganze Kommando lief in wilder Panik davon. Vergebens versuchte ich, sie zu sammeln, und selbst als die Yankees von einigen Leuten, die ich hinter einer Mauer postiert hatte, in Schach gehalten wurden, rannten sie den ganzen Weg zurück, bis zu den Schanzen bei Winchester – viele warfen ihre Gewehre fort und liefen weiter bis ins sechs Meilen hinter Winchester liegende Newton. Sie haben sich wie Feiglinge benommen, und genau das habe ich ihnen auch gesagt.«

Einige Soldaten nutzten sogar die Order aus, daß Männer ohne Schuhwerk nicht kämpfen müssen – und warfen ihre Stiefel weg, während andere vorgaben, den Verwundeten zu helfen oder ihre Zeit damit verbrachten, Tote und Verwundete vom Feld zu tragen. Das Problem war bei den Unionstruppen ebenso gravierend wie bei den Streitkräften der Konföderierten. Hier hatten sich 1863 bis zu 100.000 Mann dem Kriegsdienst durch Desertion entzogen. Im Februar 1865 desertierten 400 Soldaten aus General Prices Kommando an einem einzigen Tag, und einige Tage später machte sich eine ganze Brigade auf und davon. Als der Süden sich ergab, waren 55 Prozent seiner Soldaten desertiert – eine unglaublich hohe Zahl.

Landkarten

Im Krimkrieg herrschte ein derartiger Mangel an geeigneten Landkarten, daß ein Offizier an seine Mutter in London schrieb: »Sei bitte auch so gut und schicke mir eine Landkarte der Krim mit den Forts usw., da es in Sewastopol keine mehr gibt. Sie werden bei Wylds angeboten. Du kannst die aussuchen, die Du für die beste hältst und sie mir per Post zuschicken.«

Es darf bezweifelt werden, daß die Russen selbst besser dran waren. Vor der Schlacht von Inkerman besaßen die russischen Befehlshaber keine Landkarten und hatten nur eine ungefähre Ahnung von den Stellungen, die sie erobern sollten. Oberst Popow, der zum Stab von Fürst Mentschikow gehörte und dafür sorgen sollte, daß Landkarten zur Verfügung standen, versuchte statt dessen, mit den verschiedenen Befehlshabern vor der Schlacht zu sprechen, erreichte aber nicht alle. Einer von ihnen, General Soimonow, verirrte sich vollständig, weil dichter Nebel herrschte und er das Gelände nicht kannte.

Selbst Friedrich der Große war in dieser Hinsicht sehr sorglos, da er seine Kenntnisse über Terrain und Gelände lieber im Kopf haben wollte. Unglücklicherweise hatte er sich nicht überlegt, wie

»Ich habe irgendwo eine Karte, aber Major von Greise kann sie nicht finden.«
Friedrich der Große, 1757.

Friedrich verließ sich bei der Orientierung im Gelände lieber auf sein Gedächtnis als auf Landkarten. Daß seine Offiziere nicht mit demselben Gedächtnis ausgestattet waren wie er und daher Karten brauchten, berücksichtigte er allerdings nicht immer. In der Schlacht von Kolin 1757 führte Kartenmangel zu einer empfindlichen Niederlage gegen die Österreicher.

er seine Befehlshaber dazu bringen könnte, die Angelegenheit mit seinen Augen zu betrachten. Vor der Schlacht von Kolin 1757 merkte er, daß er keine Landkarten ausgeben konnte. Er versammelte seine Generäle um sich und behauptete, daß sie sich an die Gegend erinnern müßten, da viele von ihnen schon 1742 einmal bei Kolin gewesen seien. »Ich habe irgendwo eine Karte«, gab er zu, »aber Major von Greise kann sie nicht finden.« Bei Kolin fügten ihm die Österreicher unter Marschall Daun eine seiner schwersten Niederlagen zu.

Landkarten stellten auch für die Befehlshaber im amerikanischen Bürgerkrieg ein bemerkenswertes Problem für beide Seiten dar. Zudem sollte man nicht glauben, daß ein auf vertrautem Grund und Boden ausgefochtener Krieg die Dinge einfacher machte als Kampfhandlungen auf unbekanntem Terrain. 1862 führte Henry Halleck, General der Unionstruppen, im Westen Feldzüge mit Hilfe einer Landkarte durch, die er in einem Buchladen erstanden hatte, während im Jahr darauf die Potomac-Armee immer noch keine genauen Karten von Nordvirginia besaß, obwohl sie dort schon seit dem Ausbruch der Feindseligkeiten achtzehn Monate früher in Kampfhandlungen verwickelt war.

Die Expedition nach Cádiz (1625)

Die englischen Seeleute, die 1588 die mächtige spanische Armada zerstört hatten, hätten sich im Grabe umgedreht, wenn sie der englischen Expedition von 1625 gegen die Spanier hätten zusehen müssen. Verglichen mit Männern wie Drake und Hawkins, war Großadmiral Lord George Villiers, der erste Herzog von Buckingham, bestenfalls ein ehrgeiziger Höfling. Von der Seefahrt verstand er nichts. Zwar überließ er das Kommando der Expedition dem militärisch erfahrenen Sir Edward Cecil, aber alle anderen Vertrauenspositionen hatte er mit Freunden und Verwandten besetzt. Bezeichnenderweise hatte keiner von den sechs hohen Kommandanten nennenswerte Erfahrungen mit der Kriegsführungzur See.

Die Flotte, die Villiers zusammenstellte, war den Männern ebenbürtig, die sie kommandieren sollten. Sie bestand aus insgesamt 90 Schiffen, darunter neun aus der königlichen Flotte, die vermutlich schwer bestückt waren, sowie etwa 30 bewaffnete Handelsschiffe. Bei den übrigen aber handelte es sich um Kohlenfrachtschiffe aus Newcastle, die man für die Expedition requiriert hatte. Dazu kamen noch fünfzehn Schiffe der niederländischen Verbündeten unter dem Kommando von Wilhelm von Oranien-Nassau. Auf dem Papier wirkte die Flotte beeindruckend, aber der Schein trog. Einige der englischen Schiffe hatten noch die

Schlacht gegen die Armada mitgemacht; sie waren alt und langsam, ihre Segel verrottet und zerschlissen.

Die Flotte transportierte eine Armee von zehntausend Mann, wobei der Ausdruck »Armee« vielleicht nicht ganz angemessen ist, denn es war eigentlich ein undisziplinierter Haufen von zum Dienst gepreßten Männern, die aus den untersten Schichten der Gesellschaft stammten – unterernährt, nicht ausgebildet und in Lumpen gekleidet. Aber Buckingham besaß offenbar nicht die nötige Klarsicht, um diese Männer als das zu erkennen, was sie waren. Beschwerden seitens der Offiziere über den »miserablen Zustand der Bekleidung« oder die Tatsache, daß viele »nichts besaßen, womit sie ihre Blöße bedecken konnten«, rührten ihn jedenfalls nicht. Als die Bauern von Dorset und Devon, bei denen die Soldaten vor ihrer Einschiffung nach Spanien einquartiert waren, bemerkten, daß diese kein Geld für Lebensmittel hatten, weigerten sie sich, sie zu verpflegen. Nun nahmen die notleidenden Soldaten das Recht in ihre eigenen Hände, töteten auf ihren Streifzügen Schafe und drohten mit Gewaltanwendung, wodurch es zu Krawallen kam. Buckingham blieb nichts anderes übrig, als ihnen ihre Waffen wieder abzunehmen, sodaß nur wenige Soldaten überhaupt an der Waffe ausgebildet wurden.

Der Zustand der Rekruten war erbärmlich. Zeitgenössische Autoren beschrieben sie als »bloße Schatten von Soldaten«, »Galgenvögel«, »ein Haufen armer Hunde« und »der Abschaum unserer Provinzen«. Dem Bericht eines höheren Offiziers zufolge wiesen 200 von 2500 untersuchten Männern körperliche Behinderungen auf, 24 waren ernstlich krank, 26 älter als 60, vier blind, einige geistig zurückgeblieben, andere deformiert oder verstümmelt, darunter einer, der keine Zehen an den Füßen hatte, während bei einem weiteren das eine Bein zwanzig Zentimeter kürzer war als das andere. Und schließlich fand man noch einen Geistlichen sowie einen tobsüchtigen Irren. Hier war das System für die Rekrutierung von Soldaten übel mißbraucht worden. Ein alter blinder Mann war nur deshalb zum Dienst gepreßt worden, weil er gegen den Bruder eines Wachtmeisters ausgesagt hatte, der sich daraufhin rächen wollte. Einen 60 Jahre alten Vater von elf Kindern hatte es aufgrund eines langwierigen Streits mit einem Ratsherrn erwischt. Die Reichen konnten sich oftmals loskaufen, so daß für sie die Armen und Hilflosen auf die Schiffe geschickt wurden.

Die Flotte segelte am 8. Oktober 1625 von Plymouth ab. Man hatte gerade ein paar Meilen zurückgelegt, als eines der königlichen Schiffe, die *Lion*, auch schon Wasser zog wie ein Schwamm und wieder nach Hause geschickt werden mußte. Weitere Probleme sollten folgen, als die Unfähigkeit der Proviant- und Zeugabteilungen zu Tage trat. Viele Schiffe waren unzureichend verproviantiert worden und schon nach drei Tagen auf See mußten die Rationen um ein Viertel gekürzt werden. Zu den leeren Mägen kam dann noch das Wetter, das offensichtlich an der Flotte sein Mütchen kühlen wollte. Schiffe sanken im Sturm und Cecils Flaggschiff, die *Anne Royal*, wurde schwer angeschlagen, als eine ihrer Kanonen sich selbständig machte und über das Deck schlingerte. Schon bald war der Laderaum überflutet, und die *Anne Royal* konnte nur durch ständiges Pumpen über Wasser gehalten werden.

Als der Sturm abflaute, berief Cecil einen Kriegsrat ein, um sich einen Überblick über die Schäden zu verschaffen. Er wird sich von dem, was dann geschah, kaum eine Vorstellung gemacht haben. Die Kapitäne kamen mit echten oder eingebildeten Beschwerden jeglicher Art zu ihm, und der Kommandant eines anderen königlichen Schiffes, der *Dreadnought*, versuchte unter dem Vorwand, sein Schiff sei leck geschlagen, die Flotte in Richtung Heimat zu verlassen. Nur Cecils verzweifelte Bitten konnten den Kommandanten dazu bewegen, bei der Flotte zu bleiben. Des weiteren erfuhr er zu seinem Entsetzen, daß das Schießpulver und die Lebensmittelvorräte naß geworden und das Trinkwasser verdorben sei. Überdies stellten sich viele Waffen als nicht funktionsfähig heraus. Die Büchsen waren schlecht verarbeitet und besaßen keine Zündlöcher, während die mitgenommenen Kugeln nicht zu den Büchsen paßten und die Gußformen für neue Kugeln sich verzogen hatten.

Während des Sturms hatte Cecil die Verbindung zu dem aus etwa 40 Schiffen bestehenden Geschwader des Grafen von Essex verloren.

Das allein war schon beunruhigend genug, aber Cecils Sorgen wuchsen beträchtlich, als vor der spanischen Küste eine große Streitmacht scheinbar feindlicher Schiffe auftauchte. Cecil befahl einigen seiner schnellsten Segler, den fliehenden Feind zu verfolgen. Er hoffte natürlich, auf den Teil der spanischen Schatzflotte zu treffen, die aus Südamerika zurückerwartet wurde. Nach einer harten und aufregenden Jagd mußte man jedoch feststellen, daß der »flüchtige Feind« zur eigenen Flotte gehörte: es handelte sich um einige Schiffe aus Essex' Geschwader, die aus Nachlässigkeit ihre Flaggen nicht gehißt hatten und so nicht zu identifizieren waren. Die ganze Expedition stand unter dem Unstern von Essex' Ungehorsam Cecil gegenüber.

Als sie vor Cádiz angekommen waren, befahl Cecil Essex, in den Hafen zu segeln und einen Ankerplatz für die Flotte zu suchen. Aber Essex beachtete diesen Befehl nicht, sondern griff im Hafen ganz allein zwölf spanische Galeonen und fünfzehn längsseits liegende Galeeren an. Einzig die Ankunft der übrigen Flotte rettete ihn vor dem Untergang. Als die Spanier den Umfang – wenn auch nicht den Zustand – der englischen Flotte bemerkten, flohen sie in eine schmale Bucht. Cecil wäre ihnen am liebsten sofort gefolgt, um einen großen Sieg zu erringen, aber seine Berater versicherten ihm, daß die Spanier nicht entkommen könnten. Sie säßen dort in der Falle und die Engländer könnten sie nach Belieben zerstören.

Unterdessen war dem Kapitän eines englischen Handelsschiffes die Flucht aus Cádiz gelungen. Er berichtete Cecil, daß die Spanier auf das Eintreffen der Engländer nicht vorbereitet gewesen seien und sich nur schwache Verteidigungskräfte in der Stadt befänden. Ein sofortiger Angriff würde die Eroberung von Cádiz bedeuten. Aber Cecil hörte erneut auf seine Kapitäne, die ihm sagten, Cádiz könne noch warten und es sei wichtiger, das Fort von Puntal durch Beschuß zur Aufgabe zu zwingen, bevor die Flotte beruhigt vor Anker gehen könne.

Bei Einbruch der Dunkelheit wagten zwanzig Kohlenfrachter mit niedrigem Tiefgang zusammen mit fünf niederländischen Kriegsschiffen den Angriff auf das Fort, während drei englische Fregatten, die für küstennahe Gewässer zuviel Tiefgang hatten, eine zweite Angriffslinie bildeten. Sofort wurde die Lage unübersichtlich. Während die Niederländer das Fort beschossen, blieben die requirierten Kohlenfrachter, entgegen ihren Befehlen, ruhig vor Anker, weil die Kapitäne keine Lust hatten, ihre Schiffe, mit denen sie ihren Lebensunterhalt verdienten, aufs Spiel zu setzen. Beim Feuerwechsel mit dem Fort erlitten die Niederländer schwere Verluste, und eines ihrer Schiffe lief auf Grund. Der niederländische Admiral kochte vor Wut auf die Kapitäne der Kohlenfrachter, die auch dann noch nicht in den Kampf eingriffen, als das Geschwader von Essex einen neuen Angriff unternahm. Schließlich bequemten sie sich notgedrungen, ein paar Weitschüsse abzugeben,

von denen einer Essex' Flaggschiff am Heck traf. Völlig entnervt befahl Essex ihnen, das Feuer einzustellen, womit sie wahrscheinlich ihr Ziel erreicht hatten. Als das Fort nach ein paar verpatzten Landungsversuchen endlich eingenommen wurde, entdeckte man, daß es nicht beschädigt worden war, obwohl die englischen Kriegsschiffe mehr als zweitausend Salven abgegeben hatten.

Die Einnahme des Forts hatte 24 Stunden gedauert. Durch die Kanonade war die ganze Küstenregion auf die Briten aufmerksam gemacht worden. Mittlerweile waren spanische Truppen aus Sevilla, Malaga, Gibraltar und Lissabon in Richtung Puntal unterwegs. Cecil jedoch schien mit Blindheit geschlagen zu sein, denn trotz dieser Entwicklungen befahl er die allgemeine Ausschiffung seiner Truppen. Als ihn die Nachricht erreichte, daß spanische Truppen an der Zuazo-Brücke gesichtet worden seien, machte er sich sofort mit 8000 Soldaten auf, um dem Feind den Weg abzuschneiden.

Die englischen Truppen überquerten zunächst die flache und morastige Insel León, die ausschließlich der Salzgewinnung diente. Die Soldaten werden sich wahrscheinlich über die merkwürdigen, kegelförmigen Salzsäulen gewundert haben, die in den Wasserlöchern, aus denen die Insel hauptsächlich bestand, durch Eindampfen entstanden waren. Die ganze Luft schien salzgeschwängert zu sein, und die in der Glut der spanischen Sonne sich abmühenden Soldaten überfiel quälender Durst.

Als die Soldaten pausierten, teilte einer der Regimentskommandanten Cecil mit, daß seine Leute keine Verpflegung mitgenommen und seit der Landung nichts mehr gegessen hätten. Cecil hatte keine andere Möglichkeit, als sie zusammen mit den Soldaten eines anderen Regiments nach Puntal zurückzuschicken. Bei Anbruch der Dunkelheit befahl Cecil seinen Männern, die Nacht über auf offenem Feld in der Nähe einiger verlassener Gebäude zu kampieren. Diese, so sickerte durch, würden als Weinlager benutzt. Die Männer klagten sogleich, daß sie kein Wasser mitgenommen hätten. Cecil wollte sich gegenüber den Soldaten menschlich zeigen und ordnete an, daß ein Faß Wein pro Regiment angestochen werden könne. Aber die salzige Luft, die Auswirkungen der Hitze, der rasende Durst der Männer und ihre leeren Mägen führten in Verbindung mit dem Wein zu einem wenig erstaunlichen Resultat. Die Armee verwandelte sich schnell in einen tobenden, betrunkenen Mob. Die halbverhungerten Soldaten brachen das Weinlager auf und öffneten die übrigen Fässer mit Gewalt. Nun brach die Disziplin zusammen. Die Männer feuerten wild in die Luft, schossen auf einander und bedrohten jeden Offizier, der ihnen Einhalt zu gebieten suchte. Als Cecil befahl, den Wein wegzugießen, fingen die Soldaten ihn mit ihren Helmen auf und belagerten dann auf lebensbedrohliche Weise das Zimmer des Kommandanten. Um Cecil zu schützen, mußte seine Leibwache in die aufgebrachte Menge feuern. Cecil meinte später:

»Mit dreihundert Mann hätte der Feind uns herausjagen und uns die Kehlen durchschneiden können.« Für den Rest dieser trostlosen Nacht mußten die Offiziere sich gegen Angriffe ihrer eigenen Leute zur Wehr setzen.

Als die Morgensonne den neuen Tag ankündigte, hatte Cecil keine Alternative, als nach Puntal zurückzukehren und an die einhundert Männer betrunken in den Gräben zurückzulassen, wo sie später von den Spaniern massakriert wurden. Die Straße, die nach Puntal zurückführte, war übersät mit Waffen und Ausrüstungsgegenständen, die von den verkaterten Soldaten einfach liegengelassen worden waren. Bei der Rückkehr auf sein Flaggschiff traf Cecil erneut eine herbe Enttäuschung. Die Besatzungen der in die kleine Bucht entkommenen spanischen Schiffe hatten die Gelegenheit genutzt, vier abgetakelte Koggen in der Einfahrt zu versenken, so daß die englischen Kriegsschiffe nur noch einzeln in die Bucht hineinsegeln konnten. Cecil schäumte vor Wut, aber die Gelegenheit, die spanische Flotte zu schwächen, war dahin.

Den Engländern blieb wenig mehr als der geordnete Rückzug. Aber selbst der war ihnen nicht vergönnt, denn die hungrigen und zerlumpten Soldaten mußten noch eine weitere Nacht in den Feldern vor Cádiz zubringen. Und wieder schienen die Elemente mit Sturm und Regen Hohn und Spott über die Elenden auszugießen. Am nächsten Tag wurden die völlig demoralisierten Truppen eingeschifft, und zur großen Freude der Bevölkerung von Cádiz segelte die englische Flotte eilends davon.

Auf dem Heimweg offenbarte Cecil dann einen schier unglaublichen Mangel an gesundem Menschenverstand. Auf den überfüllten Schiffen war die Pest ausgebrochen und hatte einige Mannschaften so stark dezimiert, daß sie ihre Schiffe nicht mehr sicher durch den aufkommenden Sturm segeln konnten. Cecil löste dies Problem, indem er dreißig Schiffen den Befehl gab, jeweils zwei gesunde Männer auf die von der Pest am schlimmsten befallenen Schiffe zu schicken und im Gegenzug zwei Kranke aufzunehmen. Das hatte natürlich zur Folge, daß die Krankheit sich in Windeseile über die ganze Flotte ausbreitete.

Schließlich verschlechterten sich auch noch die Wetterbedingungen, und die englische Flotte wurde im Sturm auseinandergetrieben. Cecils Flaggschiff war so schwer beschädigt, daß es sich nur noch mit Müh' und Not in den Hafen von Kinsale schleppte. Im Laderaum stand das Wasser fast zwei Meter hoch und an Bord befanden sich 160 Kranke und 130 Tote. Den ganzen Winter 1625/26 hindurch schleppten sich die englischen Schiffe heimwärts, um ihre elende menschliche Fracht in den Küstenstädten von Südengland zu löschen. Während Cecil und Essex an den Hof des Königs reisten, um Buckingham, ihrem Herrn, Bericht zu erstatten, endete das Leben der wahren Opfer dieses Krieges in Elend und Verwahrlosung. Ein Kommandant beschrieb den Zustand seiner Soldaten bei ihrer Ankunft in England: »Sie stinken vor sich hin, ihre Lumpen, die sie am Körper tragen, fallen bei der geringsten Berührung ab. Die Soldaten sind nackt und krank und die Offiziere haben weder Geld noch Freunde und wissen nicht, wovon sie leben sollen.«

Die Expedition nach Walcheren (1809)

Die von Großbritannien 1809 in die Niederlande entsandte Expedition war eines der größten Landeunternehmen, die die Welt bis dato gesehen hatte. Es bestand aus 70.000 Soldaten und Matrosen auf 616 Schiffen, von denen 352 Transport- und 264 Kriegsschiffe waren. Dieser unerhörte militärische Aufwand diente zwei Zwecken: Zum einen sollte die in der Schelde ankernde französische Seestreitmacht zerstört und zum anderen eine weitere Front eröffnet werden, um den Österreichern, die sich gerade an der Donau in einem verzweifelten Kampf gegen Napoleon befanden, zu helfen. Diese Ziele waren in Ordnung, nicht jedoch die Art und Weise, in der sie erreicht werden sollten. In einer Zeitung wurde damals ein Spottvers abgedruckt, der die Stimmung in der Bevölkerung gegenüber dem Befehlshaber der Bodentruppen, Lord Chatham, und seinem Kollegen zur See, Sir Richard Strachan, zusammenfaßt.

»Lord Chatham, ungezückten Schwerts,
Erwartete Sir Richard Strachan;
Sir Richard zog's schon schlachtenwärts,
Er wartete – auf wen? Lord Chatham!«

Das kleine Gedicht enthält in der Tat mehr als nur ein Körnchen Wahrheit. Die beiden britischen Befehlshaber paßten zusammen wie Hund und Katze; Chatham war übervorsichtig, Strachan dagegen zu stürmisch. Chatham, der ältere Bruder des 1806 verstorbenen Premierministers William Pitt jr. und ein persönlicher Freund des Königs, war selbst Kabinettsminister und seine Berufung ausschließlich aus politischen Gründen erfolgt. Sein Ruf, äußerst vorsichtig zu sein, hatte ihm den Spitznamen »Lord Spätham« eingetragen, und wirft hier die Frage auf, ob er für eine Operation, die schnelles Denken und zupackendes Handeln erforderte, der geeignete Mann war. Zudem bildete er ein höchst unpassendes Pendant zu Sir Richard Strachan, der in der Marine wegen seines wilden Temperaments und ungestümen Benehmens als »Mad Dick« bekannt war. Ein Zeitgenosse beschrieb Strachan als »äußerst tapfer und voll leidenschaftlicher Begeisterung ..., ein unsteter und impulsiver Geselle.«

Nach Toulon war die Schelde der größte Sammelplatz der französischen Seestreitkräfte und galt Napoleon als »Pistole, die mit gespanntem Hahn auf den Kopf von England zielt«. Die Admiralität nahm dies so ernst, daß gleich zwei britische Geschwader regelmäßig vor der niederländische Küste Patrouille fuhren. Ein Überraschungsangriff zur Vernichtung der französischen Schiffe und Einrichtungen wäre zweifellos ein großer Rückschlag für Frankreichs Pläne einer Invasion Englands gewesen.

Das zweite Ziel der Expedition – die Österreicher im Kampf gegen Napoleon an der Donau zu unterstützen – ließ sich weniger leicht erreichen. Hier hing der Erfolg davon ab, daß die Österreicher das Kampfgeschehen lange genug hinziehen konnten, damit die britische Präsenz in der Schelde sich auf die französischen Truppenaufstellungen auswirken könne. Der Sieg von Erzherzog Karl über Napoleon bei Aspern wurde in England mit großer Freude begrüßt und schien allein schon die Schelde-Expedition zu rechtfertigen. Aber noch bevor die Flotte in See stach, kam die Nachricht von Napoleons kriegsentscheidendem Sieg bei Wagram. Da Österreich nun einen neuen Friedensvertrag aushandelte, war eines der Expeditionsziele bereits dahin. Wog die Zerstörung der französischen Flotte das Risiko und die Kosten dieser Expedition wirklich auf? Die positive Entscheidung fiel schwer, wäre aber gerechtfertigt gewesen, wenn man Antwerpen hätte einnehmen können. Denn nun, nach seinem Sieg über Österreich, konnte sich Napoleon ausgiebiger seiner beabsichtigten Invasion Englands widmen.

Nun folgte eine außergewöhnliche Saga von Irrungen und Wirrungen. Daß es Chatham nicht gelang, Antwerpen anzugreifen und einzunehmen, scheint heute weniger wichtig als die Tatsache, daß die Militärbehörden den besten Teil der britischen Streitkräfte auf einen Feldzug in eines der ungesündesten Gebiete von Europa schickten, ohne medizinische Vorkehrungen zu treffen. Napoleon hätte sich keine Sorgen zu machen brauchen. Diesen Feldzug sollten Krankheiten für ihn gewinnen, ohne den Beistand der französischen Armee zu benötigen.

Die Insel Walcheren, von den Briten 1809 erobert, war wegen ihres ungesunden Klimas berüchtigt. Ein paar Jahre früher hatte dort ein französischer Kommandant 80 Prozent seiner Soldaten durch das gefürchtete Fieber verloren, das auf der Insel grassierte. Die britischen Militärbehörden wußten sehr gut, daß sich auf diesem niedriggelegenen, dem Meer nur durch Eindeichungen entrissenen Land viele moorige Gegenden mit stehenden Tümpeln befanden, die Millionen von Mücken beherbergten. Die Bewohner von Walcheren waren, wie man wußte »blaß und schlaff, skrofulös, die Kinder rachitisch und stark verkrüppelt«. Die schweren Überflutungen des Vorjahres hatten ideale Bedingungen für die Mücken geschaffen, und im Sommer 1809 war die Lage reif für eine Katastrophe.

Die Briten hatten in den Niederlanden schon einmal Erfahrungen mit einem ähnlichen Fieber gemacht. Bereits 1747 hatte Sir John Pringle über eine Epidemie geschrieben, die die britischen Truppen bei Antwerpen befiel.

»Die Krankheit beginnt erst, wenn die Hitze lang genug angedauert hat, um das Wasser faulen und verdunsten zu lassen. Die Epidemien in diesem Land beginnen also im allgemeinen Ende Juli oder Anfang August ..., sie gehen mit dem ersten Blätterfall zurück und sind endgültig vorbei, wenn der Frost einsetzt.«

Obwohl es also wahrscheinlich, ja fast sicher war, daß die Truppen vom Fieber befallen würden, machte sich die Expedition auf den Weg. Tatsächlich schien sich nach der Landung auf Walcheren alles gegen die britischen Soldaten verschworen zu haben. Das Augustwetter war feuchtheiß und gewittrig. Dichter Dunst erhob sich über den Mooren, und die Soldaten wurden beim Bau von Verteidigungsanlagen von Mücken zerstochen, die offenbar durch nichts abzuhalten waren. Die Männer wurden schlaff und nachlässig, gähnten viel und brachen schließlich zusammen. Dann kam das Fieber und mit ihm quälender Durst – die klassischen Symptome der Malaria.

Während die Befehlshaber miteinander im Streit lagen, starben die Soldaten, allerdings nicht durch die Franzosen am anderen Ufer der Schelde, sondern durch die unbedeutenden Insekten, an die man keinen Gedanken verschwendet hatte. (Damals glaubte man, Malaria werde durch Dunst oder schlechte Luft hervorgerufen – daher auch der Name der Krankheit.) Zwischen dem 6. August und dem 3. September erhöhte sich die Zahl der Erkrankungen von 688 auf 8134. Die völlig veralteten medizinischen Einrichtungen der britischen Armee konnten mit der Krankheit überhaupt nicht fertig werden. Die Ärzte bekämpften die Epidemie mit Chinin, aber ihre Vorräte an Chinabaumrinde waren viel zu knapp bemessen. Vielfach fielen auch sie der Krankheit zum Opfer.

Die Gesundheitsbehörde in England war während der Planung des

Feldzugs noch nicht einmal konsultiert worden, und auf eine so große Expedition hatte man eine lächerlich geringe Anzahl von Ärzten mitgenommen. Es gab keine Möglichkeit, so viele Krankheitsfälle zur gleichen Zeit zu behandeln, und so mußten die Soldaten am Strand in ihrem eigenen Dreck liegen. Die am Sumpffieber Erkrankten mußten nach England zurückgebracht werden, um dem ungesunden Klima auf Walcheren zu entkommen, aber in der Heimat war ihre Lage kaum besser. Die Krankenhäuser waren überfüllt mit Fällen von »Scheldefieber«. Im Oktober 1809 waren von ursprünglich 40.000 Soldaten auf Walcheren nur noch 5616 einsatzfähig. 106 Mann waren im Kampf gefallen, mehr als 4000 jedoch am Fieber gestorben. Die Franzosen mußten lediglich abwarten. Selten wohl hatten sie einen so leichten Sieg errungen.

Die Expedition nach Walcheren war eine Tragödie. In den unter Chatham und Strachan entsendeten Streitkräften befand sich eine ganze Galerie glänzender Nachwuchsoffiziere, die sich später in Spanien mit Wellington Ruhm und Ehre erwerben sollten. Hier aber hatten sie keine Gelegenheit, ihr Können unter Beweis zu stellen. Selbst mit einer riesigen Seestreitkraft richteten die Briten bei den französischen Schiffen und Einrichtungen nur sehr begrenzten Schaden an. Zwar bezifferte Napoleon später die Verluste auf etwa zwei Millionen Pfund, aber die Expedition hatte fünfmal so viel verschlungen. Und die Verluste an Menschen waren unersetzlich: insgesamt gab es 4000 Tote und 12.000 so stark Fiebergeschädigte, daß sie nie wieder Dienst in der Armee tun konnten.

Das Massaker von My Lai (1968)

Als der Fall von Leutnant William L. Calley, der 1968 in My Lai das Massaker an Hunderten von vietnamesischen Dorfbewohnern befahl, öffentlich bekannt wurde, brach Amerika in eine Flut von Selbstanklagen aus. Auf einmal war der Ausdruck »Kriegsverbrechen«, der bis dahin nur für die Untaten von Himmler, Eichmann und ihresgleichen Verwendung gefunden hatte, in aller Munde. Stimmte es wirklich, daß Amerikaner so etwas taten? Die Antwort war ein nachdrückliches »Ja«. Ein General, der am Zweiten Weltkrieg teilgenommen hatte, schrieb sogar: »Wenn Deutschland den Krieg gewonnen hätte, hätte ich in Nürnberg auf der Anklagebank gesessen und nicht die Krauts.« Die Presse fing an, in Amerikas Vergangenheit nach Schmutz zu wühlen – und fand ihn. Calley war kein Einzelfall. Was war mit »Howling Jake« Smith?

Am 28. September 1901 wollten 74 amerikanische Militärangehörige in der philippinischen Stadt Balangiga ihr Frühstück einnehmen. Dabei wurden sie von einer Gruppe Filipino-Guerillas überrascht, die die unbewaffneten Soldaten niedermähten, als sie in einer Schlange vor der Messe auf ihr Essen warteten. 38 Amerikaner starben und 11 weitere wurden verwundet, einige von ihnen von den Angreifern verstümmelt. Diese Nachricht schockierte die Amerikaner, die größtenteils geglaubt hatten, daß die nationalistischen Aufstände auf den Philippinen der Vergangenheit angehörten. In der aufgeheizten Atmosphäre wurde General Jacob Smith die Aufgabe übertragen, das Massaker zu rächen und die Schuldigen der Justiz auszuliefern. Unglücklicherweise ließ Smith es zu, daß seine Gefühle den Sieg über seine Urteilsfähigkeit davontrugen, und so gab er den berühmten Befehl aus: »Tötet und brennt nieder, und je mehr ihr tötet und niederbrennt, desto besser werdet ihr mir gefallen.« Smith gab die Losung aus, keine Gefangenen zu machen, jeder Filipino über zehn könne ein Rebell sein und müsse daher die Folgen selbst verantworten. Er hatte die Absicht, die Insel Samar – das Zentrum des philippinischen Widerstands – in eine »heulende Wildnis« zu verwandeln. Smiths Grausamkeit glich derjenigen der Nazis 40 Jahre später. Immer wenn ein amerikanischer Soldat getötet wurde, bestimmte Smith per Losentscheid einen Filipino, der zur Vergeltung hingerichtet wurde. Durch solche grobschlächtigen, aber wirksamen Methoden gelang es Smith, den Aufstand einzudämmen.

Auf einem Marsch durch den mittleren Teil der Insel befahl Major Littleton Waller die Hinrichtung von elf eingeborenen Führern mit der Begründung, sie hätten ein paar eßbare Wurzeln gefunden und vor den hungrigen Amerikanern

versteckt. Waller wurde vor ein Kriegsgericht gestellt, aber in der Verhandlung verteidigte er sich mit der Behauptung, nur den Anweisungen von General Smith gefolgt zu sein, der befohlen hatte, zu töten und keine Gefangenen zu machen. Waller wurde freigesprochen, aber als die amerikanische Presse von der ganzen Sache, und damit auch von »Howling Jakes« Befehl Wind bekam, verlangte sie, den General vor ein Kriegsgericht zu stellen. Die *New York Evening Post* plädierte im Falle eines Schuldspruchs sogar für seine Hinrichtung. Der allgemeine Unmut wuchs, »Howling Jake« wurde vor ein Kriegsgericht gestellt und aus der Armee entlassen.

Fast siebzig Jahre lang blieb die Geschichte von Jake Smith eine Leiche im Keller, die jederzeit wieder auftauchen konnte, um das Ansehen der Soldaten unterm Sternenbanner, die den Amerikanern als blitzblanke Kreuzritter in einer schmutzigen und barbarischen Welt erschienen, in Frage zu stellen. In Vietnam nun kam die Leiche tatsächlich zum Vorschein, und es war Leutnant Calley, der die Kellertür aufgestoßen hatte.

In den späten Sechzigern war die Kampfmoral der amerikanischen Soldaten in Vietnam so schlecht geworden, daß die Behörden Mannschaften und Offiziere möglichst schnell auswechseln mußten, um sicherzugehen, daß niemand zu lange dort blieb. So kam es dazu, daß Männer zu Offizieren befördert wurden, die in keinem anderen Konflikt der amerikanischen Geschichte je hätten darauf hoffen dürfen, Soldaten zu

»Und wir trieben sie zusammen. Wir befahlen ihnen, sich hinzuhocken, und Leutnant Calley kam herüber und sagte: ›Ihr wißt schon, was ihr mit ihnen tun sollt, nicht wahr?‹ Und ich sagte ja. Ich ging davon aus, daß er nur wollte, daß wir sie bewachen. Dann ging er weg und kam nach zehn oder fünfzehn Minuten wieder zurück und sagte: ›Wieso habt ihr sie denn immer noch nicht umgebracht?‹ Und ich sagte ihm, ich hätte nicht gedacht, daß du wolltest, daß wir sie töten, du wolltest nur, daß wir sie bewachen. Er sagte: ›Nein, ich will, daß sie tot sind.‹ Und so fing ich an zu schießen. Ungefähr vier Magazine entleerte ich in die Gruppe...« Ein Soldat über das Massaker von My Lai.

Leutnant Calley wurde vor ein Kriegsgericht gestellt und zu lebenslanger Zwangsarbeit verurteilt. Präsident Nixon aber begnadigte ihn zu drei Jahren Hausarrest in Fort Benning mit Erlaubnis von Damenbesuch.

befehligen. Einer von ihnen war Leutnant William Calley Jr., ein »unterdurchschnittlich begabter, schwerfälliger und unscheinbarer Junge«, der noch nicht einmal nach seiner Abschlußprüfung an der Officer Candidate School eine Landkarte richtig lesen konnte. Nur unter so ungewöhnlichen Umständen wie dem Vietnamkrieg konnte ein Mann von so geringer Intelligenz wie Calley die Gelegenheit erhalten, Soldaten in der Schlacht zu befehligen.

In den ersten Monaten des Jahres 1968 hatte die Kompanie »Charlie« vom 1. Bataillon des 20. Infanterieregiments, dem Calley angehörte, schwere Verluste erlitten und war nun der Ansicht, daß sie mit dem Vietcong noch ein Hühnchen zu rupfen hätte. Am 16. März wurde Calleys Zug befohlen, das Dorf My Lai zu betreten, um dort nach Vietcong-Kämpfern zu suchen. Sie fanden keine Partisanen, aber Calleys Kompanie steigerte sich in eine kaltblütige Tötungsorgie hinein. Alte Männer wurden mit Bajonetten erstochen, Frauen und junge Mädchen vergewaltigt und dann in den Hinterkopf geschossen oder von Granaten zerfetzt. Insgesamt wurden 347 Dorfbewohner massakriert. Einige von Calleys Soldaten waren zu Beginn nicht bereit, seinen Befehlen Folge zu leisten, aber der Konformitätsdruck war zu groß. Wie die KZ-Kommandanten der Nazis in den vierziger Jahren behaupteten sie später, sie hätten nur Befehlen gehorcht. Ein Soldat beschrieb seine Erfahrungen beim Töten von Männern, Frauen, Kindern und sogar Babys:

»Und wir trieben sie zusammen. Wir befahlen ihnen, sich hinzuhocken, und Leutnant Calley kam herüber und sagte: ›Ihr wißt schon, was ihr mit ihnen tun sollt, nicht wahr?‹ Und ich sagte ja. Ich ging davon aus, daß er nur wollte, daß wir sie bewachen. Dann ging er weg und kam nach zehn oder fünfzehn Minuten wieder zurück und sagte: ›Wieso habt ihr sie denn immer noch nicht umgebracht?‹ Und ich sagte ihm, ich hätte nicht gedacht, daß du wolltest, daß wir sie töten, du wolltest nur, daß wir sie bewachen. Er sagte: ›Nein, ich will, daß sie tot sind.‹ Und so fing ich an zu schießen. Ungefähr vier Magazine entleerte ich in die Gruppe...«

Allerdings hatten nicht alle Amerikaner an jenem Tag ihr Moralgefühl verloren. Irgendwann landete Stabsfeldwebel Hugh Thompson, der die Vorgänge von einem Helikopter aus beobachtet hatte, in My Lai und drohte, das Feuer auf Calleys Leute zu eröffnen, wenn sie mit dem Massaker nicht aufhörten.

Ein Jahr lang schafften es die Militärbehörden, die Angelegenheit unter der Decke zu halten. Erst als ein Zeitungsreporter Photographien mit Einzelheiten von dem grauenhaften Massaker veröffentlichte, wurde eine Untersuchung eingeleitet. Später dann wurde Calley vor ein Kriegsgericht gestellt und des Mordes an mindestens 22 südvietnamesischen Zivilisten für schuldig befunden. Calley wurde zunächst zu lebenslänglicher Zwangsarbeit verurteilt, erhielt dann aber eine sehr viel mildere Behandlung als er verdiente: Präsident Nixon griff höchstpersönlich in das Verfahren ein und begnadigte ihn zu drei Jahren Hausarrest in Fort Benning, wobei er das Vorrecht regelmäßiger Besuche durch seine Freundin genoß.

Für viele Amerikaner wurde Calley sogar zum Helden. Der Gouverneur von Indiana ordnete an, wegen Calleys Verurteilung alle staatlichen Gebäude halbmast zu flaggen. In Fort Benning sagte Reverend Michael Lord den Mitgliedern einer kirchlichen Gemeindeversammlung: »Vor zweitausend Jahren wurde ein Mann namens Jesus Christus gekreuzigt. Ich denke, wir brauchen nicht noch die Kreuzigung eines Mannes namens Rusty Calley.« Eine Schallplatte mit dem Titel »The Battle Hymn of Lt. William Calley«, in der Calley den großen Feldherrn im Himmel trifft und ihm erzählt, daß er nur Befehlen gehorcht und seine Pflicht getan habe, erfreute sich großer Beliebtheit.

Leutnant Calley war nur einer von vielen Kriegsverbrechern in Vietnam, und nicht alle waren Soldaten. Stellte er nur die Spitze eines Eisbergs dar? Bis in welche Entscheidungsebenen bei Militär und Regierung hinein war das Vertuschen des Massakers bekannt? Aus Nixons Reaktion läßt sich schließen, daß allerhöchste Stellen davon wußten. Für Amerika war My Lai eine militärische Katastrophe der Größenordnung von Pearl Harbor. Und letztlich überzeugten My Lai und ähnliche Grausamkeiten das amerikanische Volk davon, daß der Krieg in Vietnam nicht wirklich gewonnen werden konnte, daß die amerikanische Sache nicht notwendigerweise die richtige war und daß die Menschen das Recht darauf haben sollten, zwischen »rot oder tot« zu wählen.

Auf jeden Fall war die Ausbildung der amerikanischen Soldaten in Vietnam mehr als mangelhaft. Sie waren auf den massiven Kulturschock nicht vorbereitet, der sie traf, als sie die moderne und urbane Überflußgesellschaft Amerikas verließen und die Armut in Südostasien kennenlernten. Hinzu kam ein tiefverwurzelter Rassismus, der viele »gute amerikanische Jungs« dazu brachte, die gooks für minderwertig zu halten und sich auf eine Weise zu benehmen, wie es die konservativen amerikanischen Mittelschichten nie für möglich gehalten hätten. Die Mutter eines Soldaten aus Calleys Zug faßte das Problem zusammen, als sie bemerkte: »Ich habe ihnen einen guten Jungen geschickt, und sie haben aus ihm einen Mörder gemacht.« Calleys eigener Kommentar zum Massaker in My Lai – »... keine große Sache, Sir« – verdient als Illustration für die dehumanisierenden Auswirkungen des Krieges einen Platz in der ersten Reihe.

Kapitel 7: Planen für die Katastrophe

Maschinenstürmereien

Die Geschwindigkeit, mit der sich der technische Wandel im 20. Jahrhundert vollzog, hat die Militärstrategen vor eine ganze Reihe vielschichtiger Probleme gestellt. Ob und wie Befehlshaber auf die Entwicklung neuer Waffen reagiert haben, hat vielfach zu ihrem Erfolg oder Mißerfolg in der Schlacht beigetragen. Im Ersten Weltkrieg riefen zwei Waffen – das Maschinengewehr und der Panzer – starke Abwehrreaktionen bei Traditionalisten hervor, die unbedingt am »blanken Stahl« und dem Pferd festhalten wollten.

Zwei pro Bataillon

1914 war das Maschinengewehr keine wirklich neue Waffe mehr. In den meisten europäischen Armeen wurde sie schon seit über vierzig Jahren eingesetzt. Aber bis dahin war ihr Einfluß auf das Schlachtgeschehen eher gering gewesen; bevorzugt fand sie in Kolonialkriegen Verwendung, wo es sich als kostengünstig erwiesen hatte, eine möglichst große Anzahl von einheimischen Aufständischen durch eine möglichst kleine Anzahl weißer Soldaten umbringen zu lassen. Diese Gleichung, so dachte man, würde in einem Krieg zwischen den Weißen selbst nicht aufgehen. Doch bereits 1871 wurde das Maschinengewehr in einem Bericht als eine für die relativ kleine britische Armee nützliche Waffe beschrieben. Aber das reichte nicht aus, um die britischen Expeditionskorps 1914 mit einer angemessenen Anzahl dieser Waffen auszustatten. Viele Einwände wurden gegen das MG erhoben: es sei zu teuer und zu schwer, verbrauche zu viel Munition und – was in einer Zeit, die ganz auf Offensivtaktik setzte, ein vernichtendes Urteil war – fördere das defensive Denken. Viele Soldaten glaubten, das Maschinengewehr würde den Vormarsch der Infanterie verlangsamen und die Beweglichkeit der Armee insgesamt einschränken. Anscheinend hatten die Briten nichts aus dem zweiten Burenkrieg gelernt. Damals wurde Buller mit seiner starren »Haudrauf«-Methode durch die defensive Feuertaktik der Buren ei-

»Das Maschinengewehr ist eine stark überschätzte Waffe, zwei pro Bataillon reichen vollkommen aus.« General Douglas Haig, 1915.

Haigs berühmter Fauxpas, eine der schlimmsten Fehleinschätzungen des Ersten Weltkriegs, war eine Folge reiner Blutrünstigkeit. Haig, der immer noch vom Bewegungskrieg besessen war, wollte seine Truppen nicht für den Stellungskrieg ausrüsten, der beiden Seiten durch die geographischen Bedingungen und den Stand der Militärtechnologie aufgezwungen wurde. Haig hielt das Maschinengewehr für eine defensive Waffe, die seinen Angriff verlangsamen würde.

ne Niederlage nach der anderen beigebracht. Aber man zog in England daraus keine weiteren Lehren, weil man die Vorgänge als untypisch für einen europäischen Krieg betrachtete. Statt dessen erblickten britische Militärstrategen in den opferreichen und barbarischen »Menschenwellen«, die der japanische General Nogi im Russisch-Japanischen Krieg gegen den Feind schickte, einen Beweis für die Wirksamkeit der Offensivtaktik. Auf die Idee, daß Nogi seine Soldaten möglicherweise für nichts und wieder nichts auf die Schlachtbank schickte, scheinen sie nicht gekommen zu sein. Noch 1914 kam General Altham zu der wirklich erstaunlichen Feststellung, daß »der Feldzug in der Mandschurei die falsche Schlußfolgerung aus den südafrikanischen Erfahrungen, der Kampf mit dem Bajonett gehöre der Vergangenheit an, ein für allemal widerlegt hat.«

Sir Douglas Haig spielte bei der verzögerten Einführung und dem begrenzten Einsatz des Maschinengewehrs eine wichtige Rolle. So wie er Hunderttausende seiner eigenen Soldaten zum Tod durch deutsche MG-Schützen verurteilte, verdankten andererseits viele Deutsche ihr Leben der Tatsache, daß er in den ersten beiden Kriegsjahren die Anzahl der pro Bataillon zum Einsatz kommenden MGs stark beschränkte. 1909 war Haig fest davon überzeugt, daß das MG eine defensive Waffe sei, die eine entsprechende Denkhaltung fördere und die Männer in eine passive und pessimistische Stimmung versetze. Die überzeugenden Argumente von Generalmajor Fuller, einem bekannten Militärtheoretiker, der sich für eine von überlegener Feuer- und Durchschlagskraft begleitete Offensivtaktik aussprach, bei der das Maschinengewehr eine aktive Rolle spielen werde, wurden einfach übergangen.

Bei Mons 1914 waren die Deutschen von der konzentrierten Feuerkraft der britischen Expeditionskorps so beeindruckt, daß sie glaubten, massierten Maschinengewehren gegenüberzustehen. Tatsächlich hatten die Korps nur zwei MGs pro Bataillon und setzten überwiegend Gewehrfeuer ein. Eine größere Anzahl von Maschinengewehren hätte die Schlagkraft der Expeditionskorps zweifellos noch erhöht, aber French und Haig wollten keine Soldaten zur Ausbildung an den wenigen vorhandenen MGs freistellen. Im Februar 1915 lagerten 890 dieser Waffen nutzlos in Frankreich, weil es niemanden gab, der sie bedienen konnte. Erst als Lloyd George 1915 Kriegsminister wurde, änderte sich die Lage, denn der »Hexenmeister aus Wales« erhöhte die Anzahl der Maschinengewehre pro Bataillon von zwei auf sechzehn.

Allerdings war die Einführung der Waffe seit Kriegsbeginn von Produktionsproblemen begleitet, denn die massiv steigende Nach-

frage traf die Firma Vickers, den offiziellen Lieferanten des Kriegs-
ministeriums, völlig unerwartet, war sie doch bis dato bei MGs an
eher verhaltene Nachfrage gewöhnt. Zwischen 1904 und 1914 hatten die Briten bei Vickers nicht mehr als elf MGs pro Jahr geor-
dert, und die Produktion wurde nur aufrechterhalten, weil russische Aufträge vorlagen. Im August 1914 wurden 192 MGs bestellt,
was Vickers' Kapazitäten bereits überstieg. Im September waren
es dann noch einmal einhundert und im Oktober 1500. Kein Wunder, daß die Firma mit der Produktion überhaupt nicht nachkam.
Erstaunlich ist jedoch, daß offensichtlich niemand an den stei-
genden Bedarf im Falle eines europäischen Krieges gedacht und
für die entsprechenden Bezugsquellen gesorgt hatte. Zumindest
für den Anfang hätten französische und deutsche Produktionszif-
fern einen Maßstab bieten können. Aber wie so oft in der britischen Militärgeschichte verschleppten konservative Befehlshaber
die Einführung kriegsentscheidender Ausrüstungen. Die Sache
ausbaden mußten dann die einfachen Soldaten.

Gepanzerte Landfahrzeuge

Die Geschichte des Panzers ist nicht viel glücklicher verlaufen als
die des MGs. Die furchtbaren Zermürbungskämpfe an der Westfront zwischen 1915 und 1917 hatten zu bisher beispiellosen Verlusten geführt. Erst nachdem der Panzer endgültig als Bodenwaf-
fe akzeptiert war und im Verbund mit Flugzeugen eingesetzt
werden konnte, gewann die Kriegführung ihre Beweglichkeit
zurück. Der Panzer war zwar nicht, wie ursprünglich erhofft, zur
kriegsentscheidenden Waffe geworden, hatte aber wegweisend
gewirkt. Seine Weiterentwicklung hätte die Probleme, die noch
1917-18 aufgetreten waren, beseitigen können. Aber die führenden Militärstrategen in Großbritannien stammten geistig noch aus
dem Burenkrieg und waren überzeugte Anhänger der Kavallerie.
Ihr Vertrauen in das Pferd war durch die Kämpfe in Flandern nicht
erschüttert worden. Sie schoben den vierjährigen Stellungskrieg
an der Westfront als untypisch beiseite und blickten lieber auf dem
erfolgreichen Einsatz von Kavallerie bei Allenbys Feldzügen gegen die Türken in Palästina zurück. Seitdem aber war ein halbes
Jahrhundert vergangen und die Kavallerie spätestens seit dem
Deutsch-Französischen Krieg von 1870/71 überholt. In einer
Hauptgefechtslinie, die mit MGs und Gewehren bestückt war, welche bei Reichweiten von bis zu 1600 Metern fünfzehn Schuß pro
Minute abgaben, war der Kavallerist überflüssig, denn er bot ein
zu gutes Ziel. Zudem war der Einsatz von Kavallerie, wie die rus-

»Der Panzer war eine
Mißgeburt. Die Um-
stände, die zu seiner
Entwicklung führten,
waren außergewöhn-
lich und werden kaum
wiederkehren. Und
wenn doch, werden wir
sie mit anderen Mitteln
meistern.«
Generalmajor Sir Louis
Jackson, 1919.

Diese Kurzsichtigkeit
war typisch für die bri-
tische Militärtheorie
nach dem Ersten Welt-
krieg. Ihr ist geschul-
det, daß Großbritanni-
en bei der Entwicklung
von Panzern weit hin-
ter Deutschland,
Frankreich und Ruß-
land zurückfiel.

sischen Erfahrungen von 1914 zeigten, durchaus nicht kostengünstig. Um eine 4000 Soldaten starke Kavalleriedivision mit zwölf Kanonen zu transportieren, wurden 40 Züge benötigt. Damit aber konnte man auch 16.000 Mann Infanterie mit 54 Geschützen fortbewegen. Und weil jedes Pferd pro Tag zwölf Pfund Getreide benötigt, ging ein Gutteil der Transportkapazitäten für die Anlieferung von Futter drauf.

An der Westfront sollte die britische Kavallerie Vorteil aus den gelungenen Durchbrüchen der Infanterie schlagen. Die aber ereigneten sich nicht. Und selbst wenn es soweit gekommen wäre, hätte die Kavallerie durch das morastige bis sumpfige Terrain hindurch nie offenes Gelände erreicht. Diese Probleme interessierten die Kavalleriegeneräle indes nicht. Vielmehr glaubten sie, auch dann die Rolle der Nachhut übernehmen zu wollen, wenn der Durchbruch nicht von der fußlahmen Infanterie, sondern von einem Panzer bewerkstelligt würde. Bei Cambrai 1917 wurde diese Idee in die Tat umgesetzt. Die Panzer erzielten einen Durchbruch, aber die Kavallerie – ohne Brustpanzer! – wurde mit Schlamm, Stacheldraht und Maschinengewehren nicht fertig. Ähnliches spielte sich am 8. August 1918 bei Amiens ab. Hier gelang 600 britischen Panzern der vollständige Durchbruch, wiederum jedoch war die Kavallerie in ihren Operationen nicht allzu glücklich. Im Grunde hätte das Kavalleriekorps besser zu Fuß kämpfen, die Geschütze bedienen oder die Verwundeten bergen sollen. Ihre mageren Erfolge rechtfertigten in keiner Weise die hohen Kosten, die die Kavallerie der Nation verursachte.

Aber der Kavallerieoffizier landete nicht als interessantes Exemplar einer ausgestorbenen Gattung im Kriegsmuseum, sondern dominierte zusammen mit seinesgleichen die britische Militärtheorie nach dem Ersten Weltkrieg. Angeführt vom Grafen Haig taten die Offiziere alles in ihrer Macht Stehende, um die Weiterentwicklung des Panzers zu behindern und dafür zu sorgen, daß Kürzungen im Rüstungsetat nicht zu Lasten der Kavallerie gingen. So sah der Haushalt von 1922 für die britische Armee noch 126 Infanteriebataillone und 20 Kavallerieregimenter, aber nur sechs Panzerbataillone vor. Mit Kriegsende wurde die Produktion von Panzern praktisch eingestellt. Im Jahre 1929 betrugen die Benzinkosten für Panzer und motorisierte Fahrzeuge 72.000 Pfund, die Aufwendungen für Pferdefutter dagegen 607.000 Pfund.

Ironischerweise kamen die fähigsten Verfechter einer panzergestützten Kriegsführung ausgerechnet aus Großbritannien. Hauptmann Liddell Hart und Generalmajor Fuller können mit einiger Berechtigung für sich reklamieren, jene »Blitzkriegs«-Taktik erfunden zu haben, die später vom deutschen General Guderian entwickelt und erfolgreich angewendet wurde. Aber in ihrem Heimatland galten die beiden Propheten nichts. Generalstabschef Montgomery-Massingberd äußerte sich abfällig über Fullers Bücher, obwohl er eingestehen mußte, sie nie gelesen zu haben. General Edmonds belehrte Liddell Hart, die Tage des Panzers seien gezählt, und wenn eines dieser Blechmonster sich noch auf einem modernen Schlachtfeld zu zeigen wage, werde es sofort ausgeschaltet. Noch 1936, als Frankreich und Deutschland schon Panzereliteeinheiten aufstellten, wies man in Großbritannien dem Panzer eine zweitrangige Rolle zu.

Bei Kriegsbeginn 1939 lag Großbritannien in der Panzerentwicklung und -strategie meilenweit hinter den Deutschen zurück. Das nach Frankreich entsandte britische Expeditionskorps – von dem ein General behauptete, es sei bestmöglich ausgerüstet – hatte nur eine einzige Panzerbrigade dabei, die keine volle Gefechtsstärke erreichte und von der eineinhalb Bataillone lediglich mit dem Infanteriepanzer Mark I ausgerüstet waren, der seinerseits nur mit einem Maschinengewehr bestückt war. Ein halbes Bataillon besaß Matilda-Panzer, die sich jedoch mit den besten Panzern russischer, deutscher und französischer Bauart nicht messen konnten. Das ganze war eine Schande für die Nation, die den Panzer erfunden und durch Liddell Hart und Fuller die Idee des modernen Panzerkrieges hervorgebracht hatte. Doch ihre Armee zog mit einer geradezu lächerlichen Ausrüstung in den Krieg und wurde vom gut gerüsteten Feind einfach überrannt. Deutsche wie Guderian hatten aus der Niederlage die richtigen Lehren gezogen, so wie die Briten die falschen Lehren aus dem Sieg.

»Wir sind keine Polen. Hier kann das nicht geschehen.«
General Maurice Gamelin 1940, als er den warnenden Hinweis erhielt, die Deutschen könnten gegen Frankreich die gleiche Blitzkriegstaktik anwenden wie gegen Polen.

Es geschah dennoch, und Frankreich sollte eine noch demütigendere Niederlage erleiden als Polen.

Anpassen oder sterben

Vielen Niederlagen geht ein Versagen des Geheimdienstes voraus. Dabei stellt oft nicht die fehlende Information das Problem dar, sondern die Tatsache, daß die entscheidenden Daten erst eintreffen, nachdem die Strategen ihre Planungen bereits abgeschlossen haben. Dann müssen die sich fragen, ob sie vor dem Hintergrund der neuen Informationen ihren Schlachtplan ändern oder stur weitermachen wollen. Unfähigkeit oder Unwilligkeit, sich auf eine veränderte Situation einzustellen, war denn auch der Grund von drei der dramatischsten Pleiten im 2. Weltkrieg.

Die unpassierbaren Ardennen

1940 beruhte die französische Strategie auf der falschen Annahme, die Deutschen würden den Schlieffen-Plan von 1914 wieder aufnehmen und durch Belgien hindurch von Nordosten her nach Frankreich einmarschieren. Die Franzosen waren sicher, daß die massiven Verteidigungsstellungen ihrer Maginot-Linie die französisch-deutsche Grenze im Osten schützen würden und die Deutschen daher gar keine andere Möglichkeit hätten, als über Belgien vorzustoßen. Die französischen Strategen glaubten, man könne Frankreich vor einer Invasion schützen, indem man die besten Einheiten der französischen Armee nach Belgien schickte, um die Deutschen an der »Dyle-Linie« aufzuhalten. Der Glaube an dies Szenario war so stark, daß das »Scharnier« der französischen Verteidigungslinie, ein etwa 160 Kilometer langer Streifen, der durch die dicht bewaldeten, für unpassierbar gehaltenen Ardennen verlief, nur von 14 zahlenmäßig schwachen Divisionen geschützt wurde. Doch hatten die Deutschen, von den Franzosen unbemerkt, auf der anderen Seite des Waldgebietes 45 Infanteriedivisionen und 10 Panzerdivisionen unter Feldmarschall von Rundstedt zusammengezogen.

Die Geschichte zeigt, daß die Ardennen überhaupt nicht unpassierbar sind. Vielmehr sind Invasoren seit Mitte des 18. Jahrhunderts nicht weniger als zehnmal auf diesem Weg nach Frankreich eingedrungen. Daß die Franzosen dies übersahen, ist allein schon verwunderlich genug, unglaublich aber ist, daß General Prétalat bei den Armeemanövern des Jahres 1938 ganz genau den Plan verwendete, dem die Deutschen zwei Jahre später folgen sollten, und die französischen Verteidigungslinien mit nur sieben Infanterie- und zwei Panzerdivisionen durchbrach. Bald sollte deutlich werden, wozu Rundstedt mit seiner umfangreichen Streitmacht imstande war. Statt aber aus Prétalats Erfolg zu lernen, unterdrückte der französische Oberbefehlshaber Gamelin Berichte über das Fiasko mit der Bemerkung, bei einer tatsächlichen Invasion könnten Reservetruppen einen solchen Durchbruch zum Stillstand bringen.

Für Gamelin war es erwiesen, daß der deutsche Hauptvorstoß über Belgien kommen würde, andere Möglichkeiten zog er gar nicht erst in Betracht. Doch mehrten sich die Hinweise darauf, daß er aufs falsche Pferd gesetzt hatte. Seit einigen Monaten nämlich hatte der französische Militärgeheimdienst Informationen über die deutsche Truppenkonzentration in der Nähe von Sedan zusammengetragen, die sich mit Gamelins Interpretation der deutschen

Absichten überhaupt nicht vertrugen. Gamelin hielt diesen Aufmarsch für ein Ablenkungsmanöver, das die Franzosen zu der Ansicht verleiten sollte, die Deutschen würden über die Ardennen angreifen. Aber der Geheimdienst hatte mittlerweile alle deutschen Panzerdivisionen aufgespürt und herausgefunden, daß ihre Stoßrichtung zweifellos nicht gegen Belgien ging. Aus Schweizer Quellen verlautete, die Deutschen hätten acht neue Brücken über den Rhein gebaut, die alle auf die Ardennen als Zielobjekt hindeuteten. Der französische Militärattaché in Bern erlangte sogar Informationen über das richtige Datum und meldete, zwischen dem 8. und dem 10. Mai sei ein Angriff auf Sedan geplant. Aber Gamelin weigerte sich immer noch, diesen Informationen Glauben zu schenken. Er war so fest entschlossen, die Schrecken des Ersten Weltkriegs und die Verwüstung von Nordfrankreich zu vermeiden, daß er lieber das Risiko einging, von den Deutschen in die Enge getrieben zu werden und seine Armee in zwei Teile spalten zu lassen. Das Debakel vom Mai 1940 wäre vermeidbar gewesen; das französische Oberkommando stolperte in die Niederlage hinein, weil es nicht bereit war, seine vorgefaßte Meinung angesichts neuer Informationen zu ändern.

Die Kamera lügt nicht

Die Operation »Market Garden«, der Luftangriff auf die Rheinbrücken 1944, war brillant, schlug aber fehl, weil etwas zuviel erreicht werden sollte. Auch hier, bei der Schlacht um die Brücke von Arnheim, spielte menschliches Versagen eine entscheidende Rolle. Für die Planung der Operation wurden sehr viele Luftaufnahmen gesammelt, damit sich der Widerstand abschätzen ließ, auf den die Luftlandetruppen nach ihrer Landung stoßen würden. Feldmarschall Montgomery war fest vom Erfolg der Operation überzeugt, und als man ihn darauf hinwies, daß er in der Gegend von Arnheim auf Panzerdivisionen stoßen könne, spottete er nur darüber und meinte, seine Soldaten hätten eher die Bodenbeschaffenheit als die Deutschen zu fürchten. Aber niederländische Geheimdienstberichte behaupteten, die 9. und 10. Panzerdivision der Deutschen stünden bei Arnheim. Wie ernst war diese Bedrohung zu nehmen? Die Strategen gingen davon aus, daß die Deutschen neu ausgerüstet werden müßten und nur wenige ihrer Panzer funktionsfähig seien. Aber neue Luftaufnahmen zeigten deutlich, daß die Deutschen bei Arnheim operationsfähige Panzer besaßen – eine Enthüllung, die den Sinn des ganzen Unternehmens in Frage stellte. Aber Generalleutnant Browning, Komman-

»So etwas wie eine Luftschlacht gibt es nicht. Es gibt nur die Bodenschlacht.« General Maurice Gamelin, 1936.

Noch 1936 unterschätzten die Franzosen – und übrigens auch die Briten – den strategischen Wert von Luftstreitkräften zur Unterstützung von Bodentruppen und verkannten damit das Wesentliche der deutschen Blitzkriegstaktik.

deur des Ersten Luftlandekorps, zog es vor, die Beweiskraft der Photos zu ignorieren. Seine berühmten Worte an den Geheimdienstoffizier, der ihm die Bilder zeigte – »Ich würde mir an Ihrer Stelle darüber keine großen Gedanken machen« – sind zum geflügelten Wort geworden. Als der Geheimdienstoffizier darauf bestand, daß die Aufnahmen ernst genommen werden müßten, wurde er durch den Sanitätsoffizier des Korps vom Dienst suspendiert. Nachdem Browning so die Widerworte im Keime erstickt hatte, trieb er die Landeoperation bei Arnheim voran. Sie sollte schreckliche Folgen zeitigen.

In Wirklichkeit nämlich hatten die Deutschen bei Arnheim Truppen von beträchtlicher Stärke zusammengezogen. Das XI. SS-Panzerkorps unter General Bittrich inklusive der von den Niederländern gemeldeten 9. und 10. Panzerdivision standen bereit; darüber hinaus waren auch Feldmarschall Model und General Student in der Nähe und konnten sofort gegen die britische Landung vorgehen, unter anderem auch deshalb, weil sie bei einem Offizier, der mit einem Segelflugzeug abgestürzt und dabei ums Leben gekommen war, vollständige Unterlagen über die britischen Pläne fanden. Der Vormarsch britischer Fallschirmjäger auf Arnheim wurde von starken deutschen Verbänden aufgehalten, und nur das 2. Fallschirmjägerbataillon erreichte die Brücke von Arnheim, wo die Soldaten einen heldenhaften, aber aussichtslosen Kampf gegen die überlegenen deutschen Streitkräfte ausfochten. Der britische Funkbetrieb klappte überhaupt nicht, so daß die Kommunikation zwischen den voneinander isolierten Teilen der britischen Division völlig zusammenbrach. Außerdem ließ das schlechte Wetter das Einfliegen von Entsatz erst zu, als es schon zu spät war. Montgomery ordnete schließlich die Evakuierung britischer und polnischer Truppen an und behauptete anschließend, die Operation sei zu 90 Prozent erfolgreich verlaufen, was für eine schwere und vermeidbare Niederlage eine recht eigenwillige Interpretation darstellt. Von 10.000 Mann Luftlandetruppen, die über Arnheim absprangen, konnten nur 2163 gerettet werden. Von den übrigen wurden 1130 getötet und mehr als 6500 gefangengenommen, die Hälfte von ihnen in verwundetem Zustand. Die Deutschen hatten, eigenen Berichten zufolge, Verluste von 3300 Mann zu verzeichnen.

Ein Pünktchen auf dem Radarschirm

Der japanische Angriff auf Pearl Harbor am 7. Dezember 1941 erfolgte derartig überraschend, daß lange und lebhaft darüber dis-

kutiert wurde, ob etwa Präsident Roosevelt den Japanern den Erst-
schlag erlaubt habe, damit er die dann geschlossen hinter ihm stehenden USA in den Krieg gegen Japan und Deutschland führen
konnte. Wie immer die Wahrheit beschaffen sein mag – und wir
werden sie vielleicht niemals erfahren –, jedenfalls hatten die amerikanischen Befehlshaber auf Hawaii keine Ahnung von dem, was
da auf sie zukommen würde. Trotz der wachsenden Spannung
zwischen Japan und den USA im pazifischen Raum hatten die
Behörden in Pearl Harbor nur halbherzige Maßnahmen ergriffen,
um sich gegen die gut bekannte japanische Spezialität des Über-
raschungsangriffs zu schützen.

Die Japaner schlugen an einem Sonntag zu, vielleicht, weil sie
dachten, daß die Kommandanten an einem Feiertag nicht auf ihren
Posten sein würden. Da nun aber 96 Kriegsschiffe im Hafen lagen
und ein Krieg regelrecht in der Luft lag, hätte man annehmen können, daß die Japaner sich mit ihren Vorstellungen im Irrtum befanden. Aber dem war nicht so. Admiral Kimmel, Oberbefehlshaber der US-Pazifikflotte, spielte mit General Short Golf. Die
Soldaten hatten dienstfrei und man spürte überall, daß die Wachsamkeit nachgelassen hatte. Zwar war in Geheimdienstberichten
bereits auf erhebliche Flottenbewegungen der Japaner hingewiesen worden, aber die Amerikaner hatten mit großer Selbstgefäl-
ligkeit entschieden, daß derlei Aktivitäten ihr Ziel irgendwo in Südostasien hatten. Kimmel selbst war fest davon überzeugt, daß die
Japaner Honolulu nicht angreifen würden. Als eine amerikanische
Radarstation an der nördlichen Spitze der zum Hawaii-Archipel
gehörenden Insel Oahu merkwürdige Pünktchen auf dem Radar-
schirm bemerkte, verwarf der diensthabende Offizier, Leutnant
Kermit Tyler, die Idee, es könne sich um japanische Bomber handeln, mit den Worten: »Ach was, kümmert euch nicht weiter darum.« Tyler erwartete eine Staffel B-17-Bomber und konnte nicht
glauben, daß es sich bei dem Radarsignalen um feindliche Flugzeuge handeln könne. Hätte man jetzt Alarm geschlagen, wäre
Pearl Harbor zwar nicht vollständig vor der Zerstörung bewahrt
worden – dazu war es bereits zu spät –, aber Hunderte von Leben
hätten gerettet werden können. Dreißig Minuten später warfen japanische Flugzeuge Bomben auf amerikanische Schiffe und töteten amerikanische Soldaten. In diesen dreißig Minuten hätten die
Mannschaften sich auf die Gefechtsstationen begeben und die Geschütze in Stellung bringen können. Dann wären Kampfflugzeu-
ge aufgestiegen, um die heranfliegenden japanischen Bomber ab-
zufangen. Amerika zahlte einen hohen Preis für Tylers
Selbstzufriedenheit. Doch die tatsächliche Verantwortung liegt bei

den Politikern in Washington und bei den führenden Befehlshabern auf Honolulu, die die Geheimdienstberichte unbeachtet ließen.

Mobilmachung in Österreich (1914)

Der Kriegsausbruch 1914 wurde von den militärischen Führern aller Großmächte begrüßt – mit einer Ausnahme. Im Gegensatz zu den vor Selbstvertrauen strotzenden Generalstäben in Frankreich, Rußland, Deutschland und Großbritannien, die den Sieg schon zu Weihnachten errungen haben wollten, verfiel man in Österreich in tiefe Schwermut. Selbst der Generalstabschef Conrad von Hötzendorf sprach davon, daß der Krieg »der Nagel für den Sarg unserer Monarchie« sei, und hielt den Kampf gegen Rußland von vornherein für aussichtslos. Für viele Österreicher war die russische Kriegsmaschine eine »schwarze Dampfwalze, die uns überrollt«.

Man sollte nun meinen, daß eine derart pessimistische Einstellung für Österreich Anlaß gewesen sein müßte, den Krieg entweder ganz zu vermeiden oder sich entsprechend auf ihn vorzubereiten. Doch geschah weder das eine noch das andere. Einerseits drängte Österreich auf einen Krieg gegen Serbien, obwohl man wußte, daß das den Krieg mit Rußland geradezu heraufbeschwor. Andererseits aber taten die führenden Militärs wenig, um ihre Truppen für einen modernen Krieg auszurüsten. Mit erhabener Gleichgültigkeit ignorierten sie die Lehren aus dem Russisch-Japanischen Krieg und den Balkankonflikten und dachten auch weiterhin in den Kategorien des 19. Jahrhunderts mit seinen glitzernden Kavallerieaufmärschen und einer seit Napoleon kaum geänderten Kriegstaktik. In der österreichischen Armee gab es so viele unterschiedliche Nationalitäten, daß in einigen Regimentern nur Englisch gesprochen werden konnte. Das nämlich hatten die Männer gelernt, weil sie in die Vereinigten Staaten auswandern wollten.

Weil das k.u.k. Armee-Oberkommando fern der Front im böhmischen Teschen saß, hatten Hötzendorf und seine Mitstrategen keinerlei Kontakt zu ihren Truppen. In Teschen lebten sie in Saus und Braus und genossen alle möglichen Privilegien bis hin zu uniformierten Dienern und Diners bei Kerzenschein. Zwischen 1914 und 1917 besuchte Hötzendorf ganze drei Mal die Front.

Obwohl 1914 die Gefahr eines russischen Einmarsches in Österreich bestand, beharrte Hötzendorf darauf, der Invasion Serbiens den Vorrang einzuräumen. Erfüllt von blindwütigem Haß auf die Serben vertraute er darauf, daß die Deutschen die Russen zurückhalten würden und wich von dieser Ansicht auch dann nicht ab, als man ihm berichtete, die Deutschen seien auf die erfolgreiche Durchführung des Schlieffen-Plans im Westen konzentriert. Unter diesen Umständen hätte Österreich seine

Kräfte darauf konzentrieren müssen, die Russen von seinen Grenzen fernzuhalten. Hötzendorf aber verlegte zwölf Divisionen der Zweiten Armee nach Süden, um gegen die Serben aufzumarschieren. Das riß in die gegen Rußland gerichtete Ostfront ein tiefes Loch. Offensichtlich war Hötzendorf der Ansicht, daß ein sofortiges Zurückbeordern dieser Truppen Zweifel am Organisationstalent des k.u.k. Armee-Oberkommandos wekken könnte, und so entschied er sich für einen Kompromiß: Die Truppen würden für zehn Tage auf den Balkan verlegt und dann an die Ostfront zurückbeordert. Dies Verfahren war zwar geradezu lächerlich umständlich, hätte aber funktionieren können, wenn dem österreichischen Befehlshaber an der Balkanfront, General Potiorek, mitgeteilt worden wäre, daß man ihm die Zweite Armee nur für zehn Tage unterstellt habe. Da er davon jedoch nichts wußte, bezog er die zwölf Divisionen in seine Pläne für die Invasion von Serbien ein. Weil diese Truppen aber in letzter Minute wieder zurückbeordert wurden, gerieten seine Pläne völlig durcheinander.

Wenn man Truppen auf diese Weise hin- und herschiebt, benötigt man ein hocheffizientes Eisenbahnnetz. Die Deutschen besaßen es und konnten daher bei Kriegsbeginn große Truppenkontingente sehr schnell an die belgische Grenze befördern. Die Reaktion der österreichischen Eisenbahnverwaltung auf die Transportbedürfnisse der Armee war jedoch der Stoff, aus dem die bürokratischen Alpträume sind.

Zuerst überschätzte man den Bedarf an Truppensonderzügen und reservierte so riesige Kapazitäten, daß für Personen- und Güterzüge fast nichts mehr übrigblieb. Sodann wurden mit der Begründung, daß der Krieg strengere Maßnahmen erforderlich mache, die Militärzüge auf 50 Waggons pro Lokomotive beschränkt, während zu Friedenszeiten 100 Waggons üblich waren. Und schließlich durften, um bei der Mobilisierung »ein einheitliches Vorgehen zu gewährleisten« alle Züge nur mit der Höchstgeschwindigkeit des langsamsten Zuges auf der schlechtesten Bahnstrecke fahren. Auf diese Weise lag die Durchschnittsgeschwindigkeit der österreichischen Truppentransportzüge noch unter der eines Fahrrads.

Aber auch die Verpflegung der Truppentransporte geriet zum Paradebeispiel für die Windungen im Bürokratenhirn. Einerseits mußten die Züge alle sechs Stunden anhalten, um eine Pause für die Nahrungsaufnahme zu gewährleisten, obwohl die Regimenter ihre eigenen Feldküchen im Zug hatten. Andererseits lagen die wenigen Stationen, die überhaupt so viele Soldaten verpflegen konnten, derart weit auseinander, daß die Truppen bisweilen den ganzen Tag lang fuhren, ohne etwas zu essen, bis sie dann mitten in der Nacht gleich zwei warme Mahlzeiten nacheinander einnehmen mußten. Manche waren diesem Druck offenbar nicht gewachsen: Der Stationsvorsteher im böhmischen Podborze erlitt einen Nervenzusammenbruch, stellte alle Signale auf »Halt«, hinderte dadurch acht Truppentransportzüge für etliche Stunden an der Weiterfahrt und erschoß sich schließlich.

Als Hötzendorf vom deutschen Oberbefehlshaber, General von Moltke, erfuhr, daß eine deutsche Offensive gegen Rußland keineswegs vorgesehen sei, startete er einen Angriff gegen die Russen in Galizien, ohne die Rückkehr der zwölf Divisionen der Zweiten Armee abzuwarten. Da die Österreicher zahlenmäßig stark unterlegen waren, schlecht geführt wurden und mit einer veralteten Taktik kämpften, verloren sie in den ersten drei Kriegswochen nahezu ein Drittel ihrer Kampfverbände. In diesem Fall kann man wirklich nur von einer geplanten Katastrophe sprechen. Und nur weil die Russen auf ihre Weise ähnlich unfähig agierten, war die Niederlage der k.u.k. Monarchie erst mit Herbstbeginn besiegelt.

Die Landung in der Bucht von Suvla (1915)

Für Sir John French mag die Gallipoli-Expedition eine Art Nebenschauplatz gewesen sein, aber das war noch kein Grund, als Befehlshaber Clowns an die türkische Front zu schicken. So wie die Admiralität sich weigerte, mehr als ein Schlachtschiff in die Dardanellen zu entsenden, so weigerte sich French, seine besten Befehlshaber aus Frankreich abzuziehen, wo seiner Ansicht nach der Krieg entschieden werden würde. Es ist nicht verwunderlich, daß Kriegsminister Lord Kitchener in seiner verzweifelten Suche nach verfügbaren Führungskräften schließlich »den jämmerlichsten Haufen von Generälen, der je an einem Ort versammelt war« zusammenkratzte. Passenderweise sollten diese Führer mit den völlig antiquierten Vorläufern der Dreadnought-Kriegsschiffe zu ihrem Einsatzziel gelangen.

Im August 1915 hatten der Angriff der Seestreitkräfte und die anschließende Landung bei Kap Hellas nicht den gewünschten Durchbruch erzielt. Sechs Monate zuvor setzte man noch auf schnelle Bewegung und Überraschungsangriffe, aber jetzt war der Feldzug so festgefahren wie die Lage an der Westfront, mit ausgeklügelten Systemen von Schützengräben und einer Mentalität, die den Fortschritt nach Metern bemaß. Als eine neue Landung in der Bucht von Suvla geplant wurde, hoffte man, den Feldzug nunmehr zu einem raschen Ende bringen zu können, unter der Voraussetzung, daß den aus Australien und Neuseeland stammenden Anzac-Truppen der Ausbruch aus der Bucht gelänge, in der sie seit April wie die Maus in der Falle saßen. Für diese Operation benötigte man einen fähigen Befehlshaber, der seinen Truppen die Einhaltung eines strikten Zeitplans aufzwingen könnte. Aber wo war er zu finden? Nicht in Frankreich jedenfalls, das hatte man dort deutlich bekundet. Für einen so hohen Posten gab es in Großbritannien nur zwei Kandidaten: Generalleutnant Ewart und Generalleutnant Stopford. Stopford gewann mit knappem Vorsprung.

Eine schlechtere Wahl hätte man freilich nicht treffen können. Stopford war zwar erst 61, wirkte aber in Aussehen und Habitus deutlich älter, war er doch eigentlich auch schon 1909 pensioniert worden. Während des zweiten Burenkriegs war er Buller als Privatsekretär zugeordnet gewesen, hatte aber niemals Truppen befehligt. Er war ein kenntnisreicher Militärhistoriker, aber für den aktiven Dienst untauglich und überdies körperlich viel zu schwach für die harten Bedingungen in Gallipoli. Der britische Befehlshaber Sir Ian Hamilton hatte versucht, Kitchener deutlich zu machen, daß man als neuen Kommandanten für das IX. Korps unbedingt einen Mann mit robuster Konstitution und eisernen Nerven benötigte. Er trägt kaum die Schuld daran, daß Kitchener den schwächlichen Stopford berief.

Bei den Offizieren, die Stopford begleiteten, handelte es sich um ältere Männer, die wegen schlechter Gesundheit oder anderer Unpäßlichkeiten keinen weiteren aktiven Dienst geleistet hatten. So hatte sich zum Beispiel General Hammersley gerade erst von einem Nervenzusammenbruch erholt. Als er nach der Landung zum ersten Mal mit Kanonendonner konfrontiert wurde, legte er sich mit den Händen über dem Kopf auf den Boden seines Zeltes. Kaum verwunderlich, daß es seinen Truppen nicht gelang, die ihnen als Zielobjekte angegebenen Hügel zu erobern. Verständlicherweise war Hamilton wütend auf Kitchener:

»Er hat nicht den Hauch einer Ahnung, wie sehr er sich selbst, meinen Männern und mir ins eigene Fleisch geschnitten hat, als er uns keine jüngeren, versierten Generäle schickte, um die Divisionen zu führen.«

Der Suvla-Plan sah in seiner einfachsten Form die Landung von 22.000 Soldaten an einer ganzen Reihe von Stränden vor. Sie würden auf nur geringen türkischen Widerstand stoßen und sofort vier Meilen landeinwärts marschieren, um eine halbkreisförmige Hügelkette zu besetzen. Von hier aus könnte sich das IX. Korps den Anzac-Truppen bei einem Angriff auf Sari Bair anschließen. Wichtig war dabei die Geschwindigkeit und das Überraschungsmoment. Wenn der Plan gelänge, könnten die Briten die Meerenge und damit den Zugang von Kriegsschiffen zum Marmameer kontrollieren. Dann wäre ein schnelles Ende des Feldzugs in Sicht. Entscheidend würde sein, daß Stopford seine Soldaten schnell landeinwärts in Marsch setzte, um die Hügel zu besetzen, wo es im übrigen keine türkischen Verteidigungsstellungen gab.

Allerdings schien Stopford das erforderliche Tempo der Operation nicht zu begreifen und meinte wohl, die Anlandung seiner Truppen sei in sich selbst schon ein großer Fortschritt. Er teilte Hamilton mit, sie bräuchten nach der Landung einen Tag lang Ruhe, und sein Stabschef wollte sogar schwere Artillerie anfordern, um die türkischen Stellungen sturmreif zu schießen. Das aber wäre nicht notwendig gewesen. Die vorhandenen türkischen Stellungen waren nicht

»Der türkische Gegner ist niemals ein so guter Kämpfer wie der weiße Mann gewesen.«
Ein Stabsoffizier vor der Landung in Gallipoli im April 1915.

Diese vorurteilsvolle und irreführende Beobachtung ermutigte die Soldaten der Alliierten dazu, die kämpferischen Qualitäten ihres Gegners zu unterschätzen. Tatsächlich kämpften die Türken bei Gallipoli unter deutscher Führung oder der von Mustafa Kemal ausgezeichnet und errangen den Respekt der britischen Truppen und ihrer Verbündeten.

der Rede wert. Es standen gerade eben 1500 Milizsoldaten unter Führung des deutschen Kavallerieoffiziers Major Willmer zwischen Stopford und einem der entscheidenden Siege des gesamten Krieges. Willmer, der die britische Landung beobachtete, meinte, sie sei so chaotisch gewesen wie ein »aufgeschreckter Ameisenhaufen«.

Von Stopfords Offizierskollegen fühlte sich Hammersley zu schlecht, um den Vormarsch zu beginnen, und ein Brigadekommandant namens Sitwell behauptete, er sei zum Angriff auf die Hügel zu erschöpft und seine Leute brauchten eine Ruhepause. Selbst als einer seiner Offiziere berichtete, daß es in seinem Abschnitt überhaupt keine Türken gebe, konnte sich Sitwell nicht zum Handeln aufraffen. Die Problemlage verschärfte sich weiter, als einer der Divisionskommandanten, Generalleutnant Sir Brian Mahon, einen Wutanfall bekam. Mahon war der Ansicht, es sei unter seiner Würde, lediglich eine Division zu befehligen, und als neun seiner zwölf Brigaden an anderer Stelle eingeplant wurden, verzichtete er zutiefst gekränkt auf seinen Einsatz und weigerte sich, die 700 in den Hügeln verschanzten Türken mit seinen verbliebenen 3000 Soldaten anzugreifen.

Während Stopford seine Chancen in der Bucht von Suvla durch Nichtstun vergeudete, weilte Hamilton auf der Insel Imbros, wo er auf Neuigkeiten wartete. Britische Flieger hatten ihm bereits mitgeteilt, daß sich im Gebiet von Suvla keine starken türkischen Verbände aufhielten und insofern das IX. Korps die Hügel relativ ungestört einnehmen könnte. Aber von Stopford kam keine Nachricht. Schließlich schickte Hamilton Oberst Aspinall-Oglander und Oberst Hankey zur Bucht von Suvla. Um dorthin zu gelangen, mußten die beiden ein Fischerboot nehmen. Sie kamen mit sechsstündiger Verspätung an. Das Tun und Treiben in der Bucht glich, so beschrieb es Hankey, einem »Feiertag im August«. Friedlich lag die Bucht da und wurde intensiv von Badenden genutzt.

An Bord seines Flaggschiffs war Stopford bester Dinge und ruhte sich aus. Er hatte sich bis jetzt noch nicht gut genug gefühlt, um an Land zu gehen. Als Aspinall-Oglander anmerkte, Stopfords Soldaten hätten die Hügel immer noch nicht erreicht, obwohl sie schon vor mehr als 24 Stunden gelandet wären, erwiderte Stopford milde, sie hätten mit der sicheren Landung schon Ausgezeichnetes geleistet. Den beiden Obersten fiel es schwer, nicht auf der Stelle zu explodieren. Die Gelegenheit, einen wichtigen Durchbruch zu erzielen, wurde von einem senilen Alten vertrödelt, der offensichtlich gar nicht merkte, daß er im Begriff war, den entscheidenden Augenblick des ganzen Krieges zu verpassen. Die beiden versuchten, ihn zum sofortigen Aufbruch zu bewegen, Stopford jedoch meinte, er werde am nächsten Tag darüber nachdenken. Gerade in diesem Augenblick erhielt er die Nachricht, daß sich türkische Verbände Suvla in großer Eile näherten. Davon unbeeindruckt fragte er seine Divisionskommandanten, ob sie sich in der Lage fühlten, noch an diesem

Tag auszurücken. Seine genauen Worte lauteten: »Angesichts des Fehlens von angemessener Unterstützung durch Artillerie möchte ich nicht, daß Sie eine stark befestigte Stellung angreifen«. Hammersley und Mahon ließen sich diese Chance, sich nicht vom Fleck rühren zu müssen, nicht entgehen, und entschieden sich für eine meisterhaft ausgeführte Untätigkeit.

Unterdessen war Hamilton auf Imbros klargeworden, daß hier etwas ernsthaft schiefging. Er entschloß sich also, Hankey und Aspinall-Oglander zu folgen und forderte von der Marine ein Boot an, das ihn zur Bucht von Suvla bringen sollte. Nach fünfstündigem Suchen trieb man eine Yacht auf; mehr konnten die zuständigen Stellen nicht erreichen. Bei Suvla angekommen hörte Hamilton von Stopford die bekannte alte Leier: der türkische Widerstand sei zu stark (1500 Türken gegen 22.000 Briten), seine Streitkräfte besäßen nicht genügend Artillerie, und seine Männer wären erschöpft. Außer sich vor Wut erklärte Hamilton, die Soldaten hätten unverzüglich zum Angriff auf die Hügel überzugehen. Stopford erwiderte, sein Bein schmerze zu sehr, als daß er an Land gehen könne und schlug vor, Hamilton solle mit den Brigadekommandanten sprechen, die vielleicht darauf vorbereitet seien, anzugreifen. Hamilton setzte über, um Hammersley zu treffen und befahl ihm, seine Männer in Marsch zu setzen. Nun wurden eigenarti-

gerweise die britischen Truppen, die den Scimitar-Hügel auf eigene Faust besetzt hatten, zurückbeordert, damit die Brigaden sich am Strand formieren und eine kurze Strecke landeinwärts vorrücken konnten, um dort mit dem Ausheben von Schützengräben zu beginnen. Der Hügel wurde einfach wieder aufgegeben – und bald darauf von den Türken besetzt.

Am nächsten Tag sah Hamilton, daß Stopford an Land gegangen war, aber nur um Anweisungen zur Errichtung eines kugelsicheren Unterstandes für sich und seinen Stab zu erteilen. Ganz in der Nähe hielten 800 Türken ohne Maschinengewehre 6000 britische Soldaten in Schach. In einem anderen Gebiet teilte ein junger Offizier Hamilton mit: »Wir werden von drei Leuten aufgehalten: von einem kleinen Weißbart, einem Blaugekleideten und einem Jungen, der nur ein Hemd trägt.«

Die Briten hatten zu lange gewartet, denn jetzt wurden die Hügel von türkischen Truppen unter dem ausgezeichneten Befehlshaber Mustafa Kemal überrannt. Der Angriff auf den Hügel Ismail Oglu Tepe, der während Stopfords Kurzurlaub in der Bucht von Suvla nicht besetzt worden war, sollte die Briten 8000 Tote und Verwundete kosten. Stopford wurde nach nur neun Tagen als Befehlshaber des IX. Korps entlassen, aber die Gelegenheit, den Gallipoli-Feldzug zum Erfolg zu führen, war dahin.

Die Schlacht von Guadalajara (1937)

Der Einsatz der Italiener im Spanischen Bürgerkrieg auf Seiten Francos bereitete den Nationalisten einige Probleme. Während Franco faschistische Freiwillige erwartet hatte, die in seine eigenen Regimenter eingegliedert werden konnten, schickte Mussolini reguläre Truppen der Armee und der Schwarzhemden nach Spanien, die unter ihren eigenen Befehlshabern kämpften. Schon bald wurde deutlich, daß es Mussolini weniger darum ging, Franco zu unterstützen als vielmehr »zwei oder drei tolle Siege« zu erringen, um seinen Ruhm an der Heimatfront ein bißchen aufzupolieren. Das trug nicht dazu bei, die Kooperation zwischen den Franco-Truppen und den Italienern zu verbessern, und die Spanier waren insgeheim ziemlich schadenfroh, wenn die Italiener sich selbst in Schwierigkeiten brachten.

Bei der Schlacht von Guadalajara im September 1937 führte der italienische Befehlshaber, General Roatta, 35.000 Mann in drei Schwarzhemd-Divisionen (»So Gott will«, »Schwarze Flammen« und »Schwarze Pfeile«) sowie eine Division Armeesoldaten ins Feld. Dazu verfügte er über 80 Panzer, 200 Geschütze und 60 Flugzeuge. Obwohl diese Streitmacht auf dem Papier beeindruckend aussah, bestand die Armeedivision zum Teil aus Rekruten und Arbeitern. Letztere hatten die Vorstellung, sie würden nach Afrika kommen, um als Statisten in dem Film *Scipio in Afrika* mitzuwirken, der dort gerade gedreht wurde. Die italienischen Truppen waren mit leichten Tropenuniformen ausgerüstet worden, so daß das für die Jahreszeit ungewöhnlich kalte und regnerische Wetter nicht zur Hebung ihrer Kampfmoral beitrug. Wie das Schicksal so spielt, sollten die italienischen Faschisten bald der für die Republik kämpfenden 12. Internationalen Brigade gegenüberstehen, an deren Spitze sich das Garibaldi-Bataillon der italienischen Antifaschisten befand. Italiener kämpften damit gegen Italiener.

Roattas Schlachtvorbereitungen straften seinen Status als Berufssoldat lügen. Da der Kommandant und sein Stab von der Gegend nur eine Michelin-Straßenkarte im Maßstab 1:400.000 besaßen, mußten sie ihre Truppen ohne Kenntnis der geographischen Verhältnisse in Stellung bringen. In der Regel hatten die Bataillonsführer in den profaschistischen italienischen Divisionen überhaupt keine Karten. Weil die Logistik vernachlässigt wurde, blieben die Panzer mangels Treibstoff einfach liegen. Außerdem wurde allmählich deutlich, daß viele Soldaten für die Entbehrungen eines Feldzugs zu alt und zu schlecht ausgebildet waren. Tatsächlich hatte die italienische Armee viele Schwarzhemden aus eben diesen Gründen zurückgewiesen. Mit modernen Waffen konnten sie nicht umgehen, und ihre Offiziere hatten nur unzureichende Kommandoerfahrungen. Außerdem schienen viele der Freiwilligen nicht aus Begeisterung für die Sache der Nationalisten mitgekommen zu sein, sondern nur um des Geldes willen. Die 175 Lire, die sie pro Woche bekamen, galten fast überall in Italien als guter Arbeitslohn; es war mehr, als ein Arbeiter im Norden bekam, und eine geradezu fürstliche Summe verglichen mit der Entlohnung, die ein Landarbeiter im Süden erwarten durfte.

Bestürzt darüber, auf der republikanischen Seite Landsleute zu finden, ergaben sich Teile der Division »Schwarze Flammen« sofort den Kämpfern des Garibaldi-Bataillons. Andernorts wurde in einer Art italienischen Bürgerkriegs hart gekämpft. Die republikanischen Italiener benutzten Lautsprecher, um die Faschisten mit Propaganda zu beschallen: »Brüder, warum seid ihr in ein fremdes Land gegangen und bringt dort die Arbeiter um?« Die meisten Faschisten hätten darauf keine Antwort geben können. Republikanische Flugzeuge warfen über den Schwarzhemden Flugblätter ab, in denen allen, die sich ergaben, freies Geleit zugesichert wurde. Wer sein Gewehr mitbrachte, sollte sogar materiell belohnt werden. Mussolini aber wollte das alles gar nicht wahrhaben und erzählte den Deutschen, seine Truppen würden in erster Linie gegen die Russen kämpfen.

Roatta versuchte, die Propaganda der Linken zu bekämpfen, indem er seinen Befehlshabern empfahl, ihre Truppen in Hochstimmung zu versetzen. Die Soldaten, so meinte er, würden besser kämpfen, wenn ihnen immer die Vorstellung vor Augen stünde, daß der Duce den Kampf gewollt habe. Doch bei strömendem Regen und schneidendem Wind wird wohl kaum einer der Italiener einen freundlichen Gedanken an den Duce verschwendet haben. Zudem mußten ihre Flugzeuge am Boden bleiben, weil das schlechte Wetter die behelfsmäßig angelegten Start- und Landebahnen unbrauchbar machte. Da aber die Flugzeuge der Gegenseite von festen Stützpunkten aus starten konnten, waren die Faschisten einem Dauerbombardement ausgesetzt. Und den zwanzig Tonnen schweren russischen Panzern der republikanischen Armee hatten ihre Dreitonnen-Panzer nichts entgegenzusetzen, so daß die Besatzungen sie selbst dann einfach stehenließen, wenn sie genug Treibstoff hatten, um sie einsetzen zu können.

Die Offensive der italienischen Faschisten endete im Chaos, als die republikanischen Streitkräfte, durch russische Berater unterstützt, mit der Einkreisung von Roattas Truppen begannen. Bevor sie vollständig eingeschlossen waren, wurde den Italienern der Rückzug empfohlen. Der artete bald in eine wilde Flucht aus. Die italienischen Verluste beliefen sich auf 3000 Tote, 4000 Verwundete und 800 Gefangene. Die Schlacht von Guadalajara bot einen Vorgeschmack für die Stümpereien, die im kommenden Weltkrieg noch krasser hervortreten sollten. Den italienischen Faschisten war es nicht gelungen, ihre Bodenstreitkräfte im sinnvollen Verbund mit ihrer Luftwaffe einzusetzen, und sie besaßen keine eigenen Luftabwehrsysteme. Als Reaktion auf das Debakel erließ Mussolini den Befehl, daß kein Italiener lebend in die Heimat zurückkehren dürfe, solange kein Sieg errungen worden sei. Die Spanier beider Couleur aber waren mit der Demütigung der Italiener durchaus einverstanden. Es wurde erzählt, daß nach der Schlacht einige Mitglieder von Francos Stab einen Toast auf die Gesundheit der Republikaner ausbrachten, die gezeigt hätten, daß Spanier, selbst wenn sie Kommunisten sind, sich den Italienern als überlegen erweisen. Umgekehrt waren einige italienische Faschisten insgeheim durchaus stolz darauf, daß ihre Niederlage zum Teil von ihren eigenen Landsleuten herbeigeführt worden war, auch wenn diese auf der falschen Seite kämpften.

Kapitel 8: Unverantwortliche Politiker

Wenn Minister mitmischen

ie enge Verbindung zwischen der militärischen und der politischen Kontrolle der Streitkräfte im 20. Jahrhundert wird durch ein geflügeltes Wort illustriert, das man gemeinhin Georges Clemenceau zuschreibt: »Der Krieg ist eine viel zu ernste Angelegenheit, als daß man ihn den Generälen überlassen dürfte«. Wenn es die Aufgabe der großen Strategen ist, die militärischen Ressourcen eines Staates für die Durchsetzung seines politischen Ziels voll zum Einsatz zu bringen, dann müssen die politischen Ziele auch zu den militärischen Kapazitäten ins Verhältnis gesetzt werden. Unheil droht, wenn das politische Ziel zu groß ist für die militärische Kapazität, die zu seiner Erreichung notwendig wäre, oder wenn die militärische Kapazität einen politischen Führer dazu ermutigt, unrealistische Ziele zu verfolgen.

Einige haben behauptet, daß die britische Operation zur Rückeroberung der Falkland-Inseln 1982 ein Beispiel für das erste Szenario gewesen ist – wenngleich eines, das wider Erwarten siegreich ausging. Die Rückeroberung einer 7000 Meilen vom Vereinigten Königreich entfernten Inselgruppe war, so wird argumentiert, mit großen Risiken befrachtet, denn den ohnehin von einschneidenden Kürzungen im Rüstungshaushalt betroffenen Kampfverbänden fehlte ein Frühwarnsystem gegen Luftangriffe, zudem waren sie ihren Feinden in der Luft deutlich unterlegen. Ein klassisches Beispiel für das zweite Szenario ist die Invasion und Annexion Kuwaits durch den Irak im August 1990. Saddam Hussein unterschätzte in fahrlässiger Weise die Reaktion der internationalen Gemeinschaft auf seinen Angriff, und seine Streitkräfte sollten durch die gegen sie ins Feld geschickten alliierten Kampfverbände eine blutige Niederlage erleiden. Zunächst wurden sie in einem High-Tech-Luftkrieg unter Dauerbeschuß genommen, später durch flexiblere Befehlshaber und besser motivierte Truppen vollständig ausmanövriert.

Die politische Einmischung in militärische Angelegenheiten hat bisweilen zu noch größeren Katastrophen geführt. Der Zweite Weltkrieg bietet eine ganze Reihe von Beispielen einer solchen

Einmischung durch Hitler und Mussolini, aber auch durch Stalin und Churchill. Hitler und Churchill waren immerhin begabte Amateurstrategen und Stalin ein brutaler Pragmatiker, aber Mussolinis Dilettantismus brachte Schande über sein Land, zuerst in Nordafrika und danach in Griechenland.

Auf Sand gebaut, in den Sand gesetzt

Mussolinis Versuch einer Invasion in Ägypten im September 1940 war eine seiner unglücklichsten militärischen Entscheidungen. Indem er die britischen Verteidigungsmöglichkeiten völlig unterschätzte und die Prahlereien seiner Generäle für bare Münze nahm, ließ er sich auf ein sinnloses Abenteuer ein, dessen Nachwirkungen ihn drei Jahre später die Macht kosten sollten. Rein numerisch wirkten die in Afrika stationierten italienischen Streitkräfte beeindruckend: mit 300.000 Soldaten in Libyen und weiteren 200.000 in Äthiopien war man den unscheinbaren britischen Kontingenten in Ägypten haushoch überlegen. Aber Kriege werden nicht auf dem Papier gewonnen, und in der Realität erwies sich die italienische Militärmaschinerie als durch und durch ineffizient.

Im Juni 1940 kam der italienische Oberbefehlshaber, Marschall Italo Balbo, ums Leben, als sein Flugzeug von der eigenen Flak abgeschossen wurde. Immerhin war sich sein Nachfolger, Marschall Graziani, über die geringe Leistungsfähigkeit der italienischen Armee im klaren, die viel zu wenig moderne Waffen besaß und auch sonst schlecht ausgestattet war. Aber er wußte auch, daß ein Diktator wie Mussolini die bittere Pille einer solchen Einsicht nicht schlucken würde. Graziani konnte also nichts anderes tun, als militärische Operationen so lange hinauszuschieben, bis die Unzulänglichkeiten einigermaßen behoben waren. Sein erster Trick bestand darin, die Stärke der Gegner zu übertreiben. Ihm zufolge belief sich die Truppenstärke der französischen und britischen Kontingente in der Region auf beachtliche 650.000 Mann, wogegen die Italiener nur 140.000 Soldaten aufzubieten hätten. Die Realität sah etwas anders aus. Die Briten konnten lediglich 35.000 Mann, von denen die Hälfte auch noch Verwaltungspersonal und Nichtkombattante war, gegen die Italiener ins Feld führen. Aber falls Graziani geglaubt haben sollte, der Duce werde sich durch den Hinweis auf die große gegnerische Überlegenheit beeindrucken lassen, so hatte er sich gründlich geirrt.

Mussolini war fest entschlossen, einen Sieg in Nordafrika zu erringen, wobei er sich eher von politischen als militärischen Beweggründen leiten ließ. Der Neid auf die deutschen Erfolge in Norwegen und Frankreich und die herablassende Art und Weise, mit der Hitler seine Verbündete über Vorhaben informierte, die längst durchgeführt waren, ließen Mussolini nichts sehnlicher wünschen als einen glänzenden Sieg über einen bereits angeschlagenen Feind. Grazianis Bedenken im Hinblick auf den Umfang der alliierten Streitkräfte schlug er in den Wind und hörte lieber auf die Generäle, welche die Stärke der Briten herunterspielten und ihnen mangelnden Elan zuschrieben. Von der Möglichkeit eines leicht zu erringenden Sieges fest überzeugt, trieb cr die Vorbereitung für den Feldzug voran. Doch die Briten waren mittlerweile auf der Hut und wollten den Italienern eine Reihe demütigender Niederlagen beibringen.

Würden Kriege nur durch Prahlerei gewonnen, zählten Mussolinis Generäle zu den großen Feldherren der Geschichte. Graziani hatte zu Mussolini gesagt: »Wenn der Kanonendonner ertönt, werden alle fest an ihrem Platz stehen.« Aber als die italienischen Truppen vorrücken sollten, oder, wie Graziani es bildhaft ausdrückte, als »die an der Leine zerrenden Jagdhunde« endlich losgemacht wurden, hatten sie alle plötzlich viel interessantere Dinge zu tun, als den britischen Hasen zu jagen. Die zunächst so günstig scheinende Lage wurde plötzlich über die Maßen ernst. Die Briten, denen angeblich der Elan fehlte, besaßen davon jetzt mehr als genug. Berichten zufolge wurden an der ägyptischen Grenze zwei italienische Kompanien von angeblich 300 britischen Panzerspähwagen überrannt – mehr als die Briten in ganz Afrika besaßen. Als italienische Panzerbesatzungen der britischen Wagen ansichtig wurden, verließen sie ihre Fahrzeuge und rannten davon, oder, wie es im offiziellen Bericht heißt, »verteilten sich im Gelände«.

Grazianis Klagelied wurde jeden Tag länger und lauter. Er focht mit Mussolini härter als mit den Briten, um jede Chance zu nutzen, den von ihm so gefürchteten Angriff auf Ägypten zu verschieben. Für ihn war es bereits der Krieg der italienischen »Fliege« gegen den britischen »Elefanten«. Mussolini griff Grazianis metaphorische Redeweise auf, lenkte sie aber in eine andere Richtung. Nun hieß es, der muskelstrotzende Italienische »Körper« voller Kraft und Mut werde über das britische »Eisen«, die bessere Ausrüstung und Technik, triumphieren. Graziani wußte, daß die Armee für einen modernen Krieg höchst unzureichend ausgestattet war. Seine leichten L.3-Panzer besaßen keine Sandfilter und konnten mithin in der Wüste nicht eingesetzt werden. Ähnliches galt für die Maschinen der italienischen Luftwaffe.

Im Juli 1940 war Mussolini mit seiner Geduld am Ende. Er glaubte, Hitler werde nach der Besetzung Frankreichs Großbritannien besetzen. Mithin wäre ein Angriff auf Ägypten eine sichere Angelegenheit. Während Großbritannien nämlich gegen die Deutschen um das nationale Überleben kämpfte, würde es sich kaum um seine weit entfernten Garnisonen in Nordafrika kümmern können. Er übermittelte Graziani den Befehl, am 15. Juli anzugreifen, um so die italienischen Operationen mit den deutschen Invasionsplänen abzustimmen. Aber Graziani schob die Sache weiter vor sich her und beklagte sich über das ungünstige Terrain und die zu hohen Temperaturen. Seine Tagebücher vermitteln das Bild eines Mannes, dessen Denken und Handeln sich überhaupt nicht um den Krieg drehte. Sie berichten von Tafelfreuden, faschistischen Zeremonien und Besuchen im Theater von Bengasi. es war eigentlich nicht zu erwarten, daß Graziani seine ausgedehnten gesellschaftlichen Verpflichtungen für eine solche Nebensache wie den Krieg vernachlässigen würde. Aber Mussolini kochte mittlerweile vor Wut. Wenn die deutsche Invasion Großbritanniens glücken sollte oder Churchill einen Friedensvertrag aushandelte, stünde er mit leeren Händen da und hätte nicht einmal ein kleines Stück von Ägypten gewonnen.

Während die Schlacht um England über dem Süden der Insel tobte, trugen die Italiener einen ganz anderen Krieg aus, bei dem es dem Duce gelang, große Teile seiner Armee zu demobilisieren, damit sie bei der Ernte aushelfen konnten. Die Deutschen waren über diese Art der Kriegführung sehr erstaunt. Ein Beobachter schrieb aus Mailand:

»Alle denken nur ans Essen und an ihr Vergnügen und erzählen Witzchen über die Großen und Mächtigen. Wer so blöd ist, sich töten zu lassen, gilt als Trottel. ... Derjenige, der die Truppen mit Pappschuhen beliefert, wird ... als eine Art Held angesehen.«

Aber mit Ägypten war es Mussolini bitter ernst. »Nach zwölf Monaten des Wartens und der Vorbereitung ist es jetzt an der Zeit, die Streitkräfte, die Ägypten verteidigen, anzugreifen. ... Der Verlust von Ägypten wird für Großbritannien der Gnadenstoß sein.« Das ließ sich von Rom aus leicht sagen, doch jenseits des Mittelmeers erging es Graziani schlecht. Sein Hauptquartier in Tobruk wurde wiederholt von der RAF bombardiert, und er hatte sich in seinen Bunker zurückgezogen, wo er alle Welt des Verrats gegen ihn bezichtigte. Aber nun riß Mussolini endgültig der Geduldsfaden. Graziani solle angreifen oder zurücktreten. Im Gegenzug beschuldigte Graziani den Duce, der Befehl zur Invasion Ägyptens stelle »ein Verbrechen von historischen Dimensionen« dar.

Am 9. September 1940 begann der italienische Vormarsch. General Maleti, auch »der alte Wüstenhund« genannt, verlor schon auf dem italienisch besetzten Territorium so gründlich die Orientierung, daß seinen Truppen das Wasser auszugehen begann. Die italienische Luftwaffe schickte Flugzeuge aus, um ihn zu suchen. Man entdeckte, daß seine Soldaten den ursprünglichen Plan hatten aufgeben müssen, weil sie durch das dauernde Herumfahren im Kreis den ganzen Treibstoff aufgebraucht hatten. Als die Truppen die Grenze zu Ägypten überquerten, waren ihre Formationen – so beschrieb es jedenfalls ein britischer Offizier – in derartiger Unordnung, daß sie »einer Geburtstagsparty« glichen. Einige Italiener gerieten durch das Geschützfeuer in Panik, Offiziere ließen ihre Truppen im Stich und mußten von General Bergonzoli, der den merkwürdigen Spitznamen »Elektrischer Bart« trug, an die Front zurückgetrieben werden. Das waren die Soldaten, die Marschall Badoglio Mussolini gegenüber als »den deutschen Truppen überlegen« gerühmt hatte.

Nach dem symbolischen Akt der Invasion britischen Territoriums errichteten Grazianis Soldaten befestigte Stellungen bei Sidi Barrani. Der Befehlshaber entspannte sich allmählich. Immerhin hatte er es geschafft, den Duce zu beruhigen. Einer seiner Generäle, Berti, nahm sogar Urlaub und reiste nach Italien, um seine kranke Mutter zu pflegen und seine Hämorrhoiden untersuchen zu lassen. Die Italiener erwarteten ganz offensichtlich von den Briten die gleiche Vorsicht, die sie selbst an den Tag legten. Doch sollte Graziani, nachdem er den – zugegebenermaßen sehr schwachen – Wind gesät hatte, nun den Sturm ernten. Noch bevor Berti vom Krankenbett seiner Mutter nach Ägypten zurückkehren konnte, waren seine Truppen angegriffen und vernichtet worden. Am 7. Dezember begannen die Briten unter General Richard O'Connor eine gewaltsame Erkundung, die zu einem der erfolgreichsten Feldzüge der Militärgeschichte werden sollte. In weniger als acht Wochen erschütterte er die gesamten italienischen Stellungen in Nordafrika bis in ihre Grundfesten. Mit nur 25.000 eigenen Soldaten und 275 Panzern nahm er 150.000 Italiener gefangen und erbeutete 400 Panzer und 1200 Geschütze. Besonders merkwürdig fanden es die Briten, daß viele italienische Soldaten sich mit einem ordentlich gepackten Koffer in der Hand gefangennehmen ließen. Graziani schrieb an Mussolini, daß nichts von dem, was in Afrika geschah, etwas mit ihm, Graziani, zu tun habe. Er sei ohne Schuld. Der Fehler läge bei denen, die in Italien dem Duce geraten hätten, ihn, Graziani, zur Invasion zu zwingen. Alles Geschehene sei vorhersehbar gewesen. Denn wie könnte eine Fliege gegen einen Elefanten kämpfen?

Sir Anthony Eden meinte fröhlich: »Noch nie haben sich so viele mit so viel Material so wenigen ergeben.« Und Hitler, der sich durch die italienische Katastrophe in Nordafrika nicht aus der Ruhe bringen ließ, bemerkte ausgesprochen amüsiert, das Versagen habe den heilsamen Effekt, die italienischen Ansprüche wieder auf das natürliche Maß der italienischen Möglichkeiten zurückzustutzen.

Wenn man mit seinen Freunden nicht auskommt

Kriegszeiten bringen seltsame Bündnisse hervor. Im Ersten Weltkrieg waren die Demokratien von Großbritannien, Frankreich und den USA die Alliierten des zaristischen Rußland, im Zweiten Weltkrieg die Verbündeten der kommunistischen Sowjetunion. Beide Male gab es viele Politiker und Soldaten, die meinten, sie würden den falschen Feind bekämpfen. Angesichts der Notwendigkeit, Deutschland zu besiegen, konnten jedoch demokratische und autokratische Regierungen in beiden Kriegen ihre Differenzen dem gemeinsamen Überlebenskampf unterordnen. Das Eigeninteresse spielt im Leben von Staaten wie von Individuen zwar eine herausragende Rolle. Aber es hat auch Zeiten gegeben, in denen Politiker sich, aus welchen Gründen auch immer, nicht dazu durchringen konnten, mit einem »natürlichen« Verbündeten Kompromisse zu schließen, und dann eine Niederlage durch einen gemeinsamen Feind hinnehmen mußten.

Ein byzantinischer Stümper

Die Entstehung des Islam im 7. Jahrhundert nach Christi war für die Christen des oströmischen Reiches eine große Herausforderung. Kaiser Herakleios, gerade von seinem Triumph über die Perser zurückgekehrt, betrachtete die neue Bedrohung aus der Wüste mit großer Sorge. Jahrelange Feldzüge hatten ihn körperlich und geistig geschwächt, und es ist eine Ironie der Geschichte, daß die Araber ihre Expansion gerade zu dem Zeitpunkt begannen, als ihre mächtigsten Gegner, die Byzantiner und die Sassaniden, so erschöpft waren wie Preisboxer in der letzten Runde ihres Titelkampfs. Herakleios kehrte zwar, wie gesagt, als Sieger heim, mußte dort jedoch internen Streit um religiöse Lehrmeinungen schichten, was seine Energie auffraß und vielleicht auch seine Urteilsfähigkeit untergrub, denn der byzantinische Feldzug in Syrien wurde keineswegs so souverän gestaltet wie es für seine Kampagnen zwischen 622 und 629 so typisch gewesen war.

Im späten sechsten und frühen siebten Jahrhundert hatten christliche, jüdische und zoroastrische Missionare unter den Wüstenstämmen Arabiens gewirkt. Viele dieser einstigen Götzenanbeter akzeptierten das Christentum in seiner monophysitischen, die göttliche Natur der Person Jesu betonenden Form, so zum Beispiel die Banu Ghassan, die nahe der Grenze zwischen Arabien und Byzanz lebten. Die männlichen Mitglieder dieser Stämme waren von früheren Herrschern als Söldner eingesetzt worden und hatten während der letzten Kriege zwischen Byzanz und den Sassaniden ein nützliches Bollwerk gegen die Perser dargestellt. Es hätte ganz sicher im Interesse der militärischen Befehlshaber gelegen, für die gute Behandlung solcher nützlichen Verbündeten zu sorgen. Aber die byzantinischen Herrscher waren nicht nur militärische Führer. Herakleios trug Verantwortung als weltlicher Arm der orthodoxen christlichen Kirche und konnte nicht einfach zulassen, daß sein Urteil über religiöse Angelegenheiten durch politische oder militärische Faktoren beeinflußt wurde. Und gerade als er die Unterstützung der monophysitischen arabischen Stämme dringend benötigte, wurden sie von der orthodoxen Kirche verfolgt. Herakleios selbst war tief in diese Vorgänge verstrickt und versuchte, den Banu Ghassan eine neue Lehre aufzuzwingen, den sogenannten Monoenergismus, der einen Kompromiß zwischen ihren monophysitischen Glaubensanschauungen und der orthodoxen Kirche darstellte. Damit aber schuf er sich keine Freunde, und seine Intervention rief großen Unmut hervor.

All dies fiel mit der Expansion der arabischen Moslems zusammen, die nach Palästina eindrangen und Jerusalem bedrohten. Als sie 634 das ägyptische Gaza eroberten, merkte Herakleios, daß sie eine wirkliche Bedrohung darstellten. Er reagierte darauf, indem er seinen Bruder mit einer großen Armee nach Syrien schickte, aber der Bruder unterlag. Auch eine zweite Armee unter Theodoros Trithyrios wurde geschlagen. Schließlich schickte Herakleios eine starke Streitmacht unter dem armenischen General Vahan gegen die Moslems ins Feld. Zu diesem Heer gehörten auch 12.000 christliche Araber. Am 20. August 636 fand die Entscheidungsschlacht von Yarmuk statt. Ein verheerender Sandsturm nahm den Kämpfenden die Sicht. Während der Schlacht gingen die Banu Ghassan und andere christliche Araber zum Feind über und machten damit den Sieg der Moslems unvermeidlich. Ein derartiger Verrat läßt sich in der Geschichte wohl kaum ein zweites Mal finden. Nach diesem Abfall der Verbündeten waren die Byzantiner hoffnungslos unterlegen und konnten leicht überwältigt werden. Durch ihre Niederlage fielen ganz Syrien und Palästina – einschließlich Jerusalem – in die Hände der Moslems. Überall wurden die Anhänger Mohammeds von den monophysitischen Christen warmherzig empfangen, weil nun mit der strengen Orthodoxie des byzantinischen Reiches für sie Schluß war. Indem Herakleios die Unterstützung dieser Grenzstämme verlor, hatte er nicht nur eine Schlacht oder gar einen Krieg, sondern die Geburtsstätte und Heimat seiner Religion verloren.

Medienwirrwarr

Die Rolle der Medien im modernen Krieg ist heikel. In einer offenen Gesellschaft muß die Presse bis zu einem gewissen Grad auf Selbstzensur eingestellt sein, damit nicht die Freiheit, die sie genießt, das nationale Interesse hintertreibt. Unparteilichkeit und der Wunsch, einer Tausende von Meilen entfernten Leserschaft die Wahrheit nahezubringen, müssen sich mit der Einsicht verbinden, daß wichtige militärische Informationen durch scheinbar harmlose Pressemitteilungen an den Feind verraten werden können. Die Militärbehörden haben zu entscheiden, wieviel Kriegsberichterstattung gut ist für die Kampfmoral. Im totalen Krieg werden die Medien zur Waffe des Staates, bei den meisten britischen Feldzügen nach 1945 hingegen haben Presse, Radio und Fernsehen beträchtliche Freiheiten genossen. Das hat natürlich zu besonderen Problemen geführt. Alle Medien haben ihre je eigene Form der Spekulation über die militärischen Geschehnisse entwickelt, wozu häufig auch Gesprächsrunden mit Admirälen und Generälen i. R. gehören, die um ihre Expertenmeinung gebeten werden. Das Ziel – die Information der Öffentlichkeit – ist lobenswert und dient keineswegs der Unterstützung des Feindes. Doch hat es Gelegenheiten gegeben, bei denen genau das passierte. Im Falklandkrieg von 1982 waren Informationen in der britischen Presse über argentinische Blindgänger für den Feind äußerst nützlich. Das gleiche gilt für Berichte über Spähtrupps der Luft- und Marinelandetruppen, die nach Presseberichten noch vor der Landung bei San Carlos auf den Falklandinseln gelandet seien.

In diesen Fällen haben die Zeitungen zwar ihre normale Informations- und Konkurrenzpolitik verfolgt, dabei aber die besonderen Bedingungen übersehen, die im Falle eines kriegerischen Konflikts herrschen. Einige Bereiche der Kriegführung sind so geheim oder so wichtig, daß sie vor der Öffentlichkeit abgeschirmt werden müssen. Hätte die westliche Presse 1944 das genaue Datum und den Ort der Landung der Alliierten in Frankreich veröffentlicht, wäre das weitere Kriegsgeschehen für die Hitlergegner äußerst nachteilig beeinflußt worden. Völlig unsinnigerweise hätte man das Leben der Soldaten und die Interessen der Nation für eine Sensationsstory aufs Spiel gesetzt.

Eine explosive Geschichte

Während des Falkland-Krieges hätte eine einzige – aus einer Pressemitteilung des Verteidigungsministeriums stammende -Enthüllung der BBC möglicherweise den gesamten Ausgang des Krieges beeinflussen können. Bis zum 23. Mai waren nahezu 50 Prozent der auf britische Kriegsschiffe abgeworfenen argentinischen Bomben Blindgänger. Vielleicht waren die Zünder aufgrund der niedrig geflogenen Angriffe der argentinischen Piloten falsch eingestellt und konnten deshalb die Explosion nicht auslösen. Jedenfalls war es wichtig, den Argentiniern diese Information vorzuenthalten, denn wenn sie das Problem erst bemerkt hätten, wäre sicherlich versucht worden, es durch die Neueinstellung der Zünder oder eine veränderte Bombardierungstaktik zu beheben. Am 22. Mai 1982 jedoch enthielt ein Nachrichtenbulletin der BBC die folgende Information:

»Nach den argentinischen Luftangriffen vom 21. Mai sind zwei nicht explodierte Bomben auf einem Kriegsschiff erfolgreich entschärft worden. Auf einem anderen Kriegsschiff ist eine weitere Bombe entschärft worden. An den anderen Kriegsschiffen, die während des Angriffs kleine Schäden erlitten, werden Reparaturarbeiten ausgeführt.«

Diese Pressemitteilung der BBC stammte, wie gesagt, aus dem Verteidigungsministerium in London. Einige der Falklandkämpfer waren so empört über diese leichtfertige Preisgabe von Informationen an den Feind, daß sie meinten, ihre Veröffentlichung müsse als Geheimnisverrat betrachtet werden. Diese Auffassung sollte nicht einfach zurückgewiesen werden. Hätten die Argentinier die Probleme mit den Bomben abstellen können, wären viele

Schiffe verlorengegangen und Hunderte, wo nicht gar Tausende von Soldaten getötet worden. Glücklicherweise zogen die Argentinier aus der Information keinen Nutzen. Als die *Plymouth* ein paar Tage später von vier Bomben getroffen wurde, jede für sich stark genug, das Schiff zu versenken, explodierte immer noch keine einzige von ihnen. Während der gesamten Kriegsdauer erwiesen sich 75 Prozent der argentinischen Bomben als Blindgänger. Wäre diese Quote auch nur auf 50 Prozent gesenkt worden, hätten die britischen Streitkräfte möglicherweise nicht wettzumachende Verluste erlitten und den Krieg verloren.

Harte Zeiten im Krimkrieg

Nicht erst seit dem 20. Jahrhundert besitzt die Presse die Fähigkeit, direkten Einfluß auf militärische Geschehnisse zu nehmen. Im 19. Jahrhundert galt die *Times* in der ganzen Welt als Musterbeispiel wahrheitsgemäßer Berichterstattung. Der *Times*-Korrespondent W.H. Russell begleitete die britische Expedition auf die Krim und sandte von dort aus einige der bedeutendsten und einige der boshaftesten Kriegsberichte an sein Londoner Büro. Auf der Suche nach der Wahrheit empfand Russell es häufig als notwendig, die Unfähigkeit der Versorgungstruppen wie auch der militärischen Führung drastisch zu kommentieren. Es ist vielleicht nicht übertrieben zu behaupten, daß Russell das Nervenkostüm des britischen Befehlshabers, Lord Raglan, ruinierte und sein Ende beschleunigte.

Problematisch an Russells Berichten war, daß er durch die Veröffentlichung von so umfassenden militärischen Informationen den Russen unbeabsichtigterweise in die Hände spielte. Tatsächlich gibt es Hinweise darauf, daß die *Times* eher zu den in Sewastopol belagerten Russen gelangte als zu den Briten im Lager bei Balaklawa. Am 23. Oktober erschien in der Times ein Artikel, der genaue Angaben über die Stellung der britischen Regimenter sowie einer Pulverfabrik enthielt. Die Fabrik wurde sofort von den Russen beschossen und explodierte. Lord Raglan wollte wissen, ob die Russen die Mühle auch ohne die Information in der Times hätten aufspüren können. Wütend schrieb er an den Kriegsminister, den Herzog von Newcastle: »Wie schön, daß der Autor einzig das Ziel verfolgt, die Besorgnisse und, wie ich hinzufügen darf, die Neugier der Öffentlichkeit zu befriedigen und seine Pflicht gegenüber seinen Arbeitgebern zu erfüllen, statt sich klarzumachen, daß er eigentlich die Sache der Russen unterstützt.«

Raglan fühlte sich von London im Stich gelassen und war der Ansicht, die Regierung sollte die Presse stärker kontrollieren. Schließlich bat Newcastle den Herausgeber der Times, John Thadeus Delane, er möge bei zukünftigen Veröffentlichungen mehr Vorsicht walten lassen, was dieser ihm auch versprach. Lord Raglan war jedoch nicht klar, wie sehr es Newcastle gelegen kam, daß den Befehlshabern vor Ort die Schuld an der katastrophalen Kriegführung zugewiesen wurde. Verzweifelt schrieb Raglan an den Minister:

»Ein bezahlter Agent des russischen Zaren könnte seinem Herrn nicht besser dienen als der Korrespondent jener Zeitung, die in Europa die größte Verbreitung hat. ... Ich bezweifle stark, daß eine britische Armee noch lange einem Feind standhalten kann, dessen Hauptquartier über die englische Presse per Telegraph über jedes Detail betreffend Anzahl, Beschaffenheit und Ausrüstung der Streitkräfte seines Feindes informiert wird.«

Trotz aller Proteste von Raglan wurde nichts unternommen, um Russells Berichte zu zensieren, und die Russen profitierten zweifellos von diesem Informationsleck. Einmal spottete der Zar sogar: »Wir brauchen keine Spione, wir haben die *Times*.« Die britischen Soldaten hatten den Eindruck, daß die *Times* ihre Niederlage wünsche. Einmal veröffentlichte die Zeitung sogar Einzelheiten über potentielle britische Schwächen, insbesondere den nur wenig geschützten Ostflügel der Armee. Das war eine Einladung zum Angriff für die Russen. In einem stärker von Zynismus geprägten Zeitalter hätten die Russen vielleicht eine Falle vermutet, aber im 19. Jahrhundert bot die *Times* eine Garantie dafür, daß das gedruckte Wort der Wirklichkeit entsprach.

Die Schlacht von Adua (1896)

Politiker schlagen Schlachten vom Schreibtisch aus, und sie vergießen dabei scheinbar nichts weiter als Tinte. Die von ihnen eingesetzten Generäle aber vergießen Blut und müssen die Schuld dafür auf sich nehmen. Die Schlacht von Adua wurde aus keinem besonderen strategischen Grund ausgefochten. Weil Italiens Premierminister Crispi einen Sieg brauchte, um die Anwesenheit italienischer Truppen in Abessinien zu rechtfertigen und seine politische Stellung im Land zu festigen, wurde sie dem italienischen General Baratieri aufgezwungen. Zwar war Baratieri zu allem Überfluß auch noch ein unfähiger Befehlshaber, entscheidend aber ist die Tatsache, daß er zu einer Schlacht genötigt wurde, die zu gewinnen er keine Chance hatte.

»Ein bezahlter Agent des russischen Zaren könnte seinem Herrn nicht besser dienen als der Korrespondent jener Zeitung, die in Europa die größte Verbreitung hat. ... Ich bezweifle stark, daß eine britische Armee noch lange einem Feind standhalten kann, dessen Hauptquartier über die englische Presse per Telegraph über jedes Detail betreffend Anzahl, Beschaffenheit und Ausrüstung der Streitkräfte seines Feindes informiert wird.« Lord Raglan, 1855.

Die »Times« war im 19. Jahrhundert berühmt für ihre objektive Berichterstattung. Daß diese Objektivität im Krimkrieg einem Geheimnisverrat der Schwächen der britischen Kriegsführung an den Gegner gleichkam, trug jedoch nicht zur Änderung der journalistischen Maximen bei.

Italien wollte beim allgemeinen »Wettlauf nach Afrika« Ende des 19. Jahrhunderts unbedingt mitmischen, doch war seine Rolle nicht von ökonomischen oder strategischen Beweggründen geprägt, sondern von dem Wunsch, es den Großmächten wie Britannien, Frankreich und Deutschland gleichzutun. Die italienische Kolonialpolitik erwuchs nicht aus ökonomischen oder politischen Bedürfnissen des Mutterlandes, sondern wurde einem Staat aufgenötigt, der weder das Geld noch das militärische Knowhow besaß, um eine solche Politik durchhalten zu können. In gewisser Weise war die Katastrophe von Adua unvermeidlich, wenn man die italienische Mentalität und Leistungsfähigkeit bedenkt.

Es war eine unfreundliche Laune des Schicksals, die Italien als schwächste europäische Kolonialmacht gegen die gefährlichste einheimische Militärmacht Afrikas antreten ließ. Die Äthiopier konnten Armeen von mehr als 100.000 Mann aufstellen, und seit den achtziger Jahren des 19. Jahrhunderts bewaffneten sie sich in zunehmenden Maße mit modernen Gewehren und sogar mit Artillerie, die sie unter anderem aus Frankreich und Rußland bezogen. Mit ihrer Geländekenntnis und den prägenden militärischen Erfahrungen des harten Krieges gegen die Sudanesen stellten die Soldaten des Ras Menilek von Schoa für die rekrutierten italienischen Truppen einen mehr als ernstzunehmenden Gegner dar, der von den Italienern überdies auf sträfliche Weise unterschätzt wurde. Vielleicht hätten sie bei den Briten in die Schule gehen sollen, die jahrhundertelang viel Lehrgeld hatten zahlen müssen, bis sie endlich begriffen, daß der koloniale Gegner nicht unterschätzt werden darf.

Fünfzehn Jahre währte Italiens Besetzung von Äthiopien bereits und hatte nichts als hohe Kosten und militärische Niederlagen beschert. Crispi ließ Baratieri wissen, daß Ehre und Würde des Landes in seinen Händen lägen. Tatsächlich war Crispi mit Baratieris Untätigkeit nicht mehr zufrieden und hatte dessen Nachfolger, General Baldissera, befohlen, nach Eritrea zu segeln. Gerade da faßte Baratieri den schicksalhaften Entschluß, gegen Adua vorzurücken. Man muß Crispis Ungeduld verstehen – er hatte Baratieri alles an Truppen geschickt, was dieser verlangte und dazu noch mehr Generäle, als er benötigte. Ob Baratieri von seiner Entlassung wußte und die Schlacht suchte, um sein Ansehen wieder aufzupolieren, wird sich wohl nie mehr herausfinden lassen. Mit Sicherheit läßt sich nur behaupten, daß kein General jemals unter größeren politischen Druck gesetzt worden ist. Unmittelbar vor der Schlacht schrieb ihm Crispi:

»Dies ist Zermürbungstaktik, aber kein Krieg: kleine Scharmützel, bei denen uns der Feind zahlenmäßig überlegen ist; Tapferkeit, die ergebnislos bleibt. Ich habe Ihnen keine Ratschläge zu erteilen, denn ich bin nicht vor Ort, aber mir scheint, daß der ganze Feldzug konzeptionslos verläuft, und das möchte ich geändert wissen. Wir sind bereit, jedes Opfer zu bringen, um die Ehre der Armee und das Ansehen der Krone zu retten.«

Baratieris Truppen – insgesamt 20.000 Mann – waren von einer 100 Meilen langen Nachschublinie abhängig, die zur Küstenstadt Massaua führte. In der dritten Februarwoche 1896 hatten sie kaum noch Lebensmittelvorräte. 9000 Kamele waren nötig, um eine Armee dieser Größenordnung zu versorgen, Baratieri verfügte jedoch nur über 1700 dieser Lasttiere. Weiterer Nachschub konnte also unmöglich herbeigeschafft werden. Die Schlacht mußte bald stattfinden, sonst wäre der Rückzug – und damit die nationale Schande – unvermeidlich. Baratieri stand unter solch starkem Druck, daß seine Gesundheit zu leiden begann und er den Feldzug geistig nicht mehr meistern konnte. Die Angst hatte ihn fatalistisch gemacht: Er fürchtete die Niederlage und wurde doch von ihr angezogen wie die Motte vom Licht. Am 28. Februar versammelte er seine hochrangigen Befehlshaber um sich und stellte sie vor die Wahl – Kampf oder Rückzug. Die Gefühlswellen schlugen hoch, ein Rückzug wurde als nationale Demütigung empfunden. Die drei gerade aus Italien eingetroffenen Generäle wollten unbedingt kämpfen. Zwar besaßen sie keine Erfahrungen mit Feldzügen in Afrika, dafür aber jede Menge Selbstvertrauen. Schließlich fällte man die Entscheidung, gegen Menileks Lager vorzurücken, um so vielleicht die Athiopier in eine offene Schlacht zu verwickeln.

Wie bei vielen anderen kolonialen Mißerfolgen, spielten auch bei der Schlacht von Adua fehlerhafte Landkarten eine ebenso bedeutsame Rolle wie die Ungeduld und

Torheit europäischer Befehlshaber im Kampf gegen einen Feind, den sie irrtümlicherweise für unterlegen hielten. Baratieri teilte seine Armee in vier Brigaden auf und rückte, fehlgeleitet durch Berichte von Spionen, die halbe äthiopische Armee sei auf Nahrungssuche unterwegs, gegen Menileks Lager vor. Der entscheidende Fehler steckte in Baratieris Anweisungen für den Befehlshaber des linken Flügels seiner Armee, Albertone, den angriffslustigsten der italienischen Generäle. Albertone erhielt den Befehl, gegen einen Hügel vorzurücken, der auf seiner Kartenskizze als Chidane Meret gekennzeichnet war. Doch war die Karte falsch, der markierte Hügel lag in Wirklichkeit fünf Meilen hinter dem realen Chidane Meret (dem Punkt, wo Baratieri die Begegnung stattfinden lassen wollte). Auf dem rechten Flügel sollte Dabormida, im Zentrum eine Vorhutbrigade unter Arimondi sowie eine Reservebrigade unter Ellena gegen Rebbi Arieni vorrücken.

Der von Baratieri angeordnete Nachtmarsch führte geradewegs ins Chaos. Obwohl die Italiener bei hellem Mondlicht marschieren konnten, benahmen sie sich, als würden sie Blindekuh spielen. Albertone marschierte statt nach Norden nach Westen und stieß mit Arimondis Brigade zusammen. Arimondi mußte seine Brigade haltmachen lassen, damit der linke Flügel passieren konnte, und als er endlich weitermarschierte, lag er so weit zurück, daß Albertone von der übrigen Armee abgeschnitten war. Um fünf Uhr dreißig kam Albertone bei dem Hügel an, den er für den Chidane Meret hielt. In Wirklichkeit war er natürlich fünf Meilen von dem Ort entfernt, an dem Baratieri ihn vermutete. Albertone griff sofort einige von Meneliks Vorposten an, setzte also aus einer falschen Stellung heraus Kampfhandlungen in Gang. Ohne Flankenschutz war er dem Feind hoffnungslos ausgeliefert, und die Kuriere, die er hilfesuchend zu Baratieri sandte, kamen nicht durch die feindlichen Linien. Schon bald hatten 30.000 Äthiopier ihn eingekesselt und die Anhöhen rund um sein verlorenes Kommando besetzt. Gegen einen siebenfach überlegenen Feind war die Niederlage nur eine Frage der Zeit. Die äthiopische Artillerie, angeblich von der Kaiserin Taitu höchstpersönlich befehligt, richtete unter Albertones Truppen schreckliche Verheerungen an, während zugleich weitere äthiopische Soldaten in die Schlacht geworfen wurden. Als Albertones Männern die Munition ausging, wurden sie überrannt und massakriert, der General selbst gefangengenommen.

Die Schlacht nahm die Form von drei Einzelgefechten an. Während Albertones Brigade auf dem linken Flügel ausradiert wurde, traf Arimondis zentrale Kolonne auf eine wahre Sintflut berittener äthiopischer Krieger. Sie wurde bald zerschlagen, und ihre Überbleibsel vermischten sich mit der Reservebrigade von General Ellena. Es erging Arimondi wie schon zuvor Albertone: Seine Truppen wurden in die Defensive gedrängt und von einer großen feindlichen Übermacht eingekreist. Nun zeigte sich, wie töricht es gewesen war,

die Offiziere kleidungsmäßig so stark hervorzuheben, denn ihre weißen Uniformen mit den roten Schärpen und den rot-schwarzen Insignien waren ein hervorragendes Ziel für die äthiopischen Scharfschützen. Zaghaft ordnete Baratieri einen taktischen Rückzug an, der sich bald in einen tatsächlichen verwandelte, während Arimondi tot auf dem Schlachtfeld zurückblieb.

Von den übrigen Truppenteilen isoliert, stolperte Dabormidas Brigade in den Hügeln rechts von Arimondis Leuten herum. Sie hörten das Kampfgetümmel in der Ferne, waren aber außerstande, den Kameraden zu Hilfe zu kommen. Am späteren Morgen wehrte Dabormida einen Angriff schoanischer Streitkräfte ab und war, da er von der schrecklichen Niederlage, die die anderen drei Brigaden ereilt hatte, nichts wußte, recht zufrieden mit sich. Aber auch er sollte bald an die Reihe kommen. Am Nachmittag kesselten etwa 50.000 Äthiopier die 4000 Italiener ein und überwältigten sie nach kurzem Kampf. Dabormida wurde getötet, während seine Soldaten flohen.

Die Verluste der Italiener waren enorm hoch: 6000 Soldaten waren gefallen, 3000 gefangengenommen worden und nur 1500 in verwundetem Zustand entkommen. Es gab so viele Tote, weil die Äthiopier das Gras auf den Hügeln in Brand setzten, um diejenigen herauszutreiben, die sich dort versteckt hielten. Viele kamen in den Flammen um. Menileks Verluste waren rein numerisch höher, prozentual jedoch geringer als die der Italiener.

Die Invasion in der Schweinebucht (1961)

Nachdem Castro und seine Revolutionäre auf Kuba die Macht übernommen hatten, suchten viele Kubaner Zuflucht in den Vereinigten Staaten. Ende 1959 war Miami ein wichtiges Zentrum der politischen Gegner Castros, und hier entwickelten die Exilkubaner den Plan, in ihre Heimat zurückzukehren, um Castro zu stürzen. Sie wurden dabei von hohen Beamten der Regierung Eisenhower unterstützt, die die kommunistischen Tendenzen auf Kuba fürchteten – schließlich lag die Insel nicht weit vom amerikanischen Festland entfernt. Aus dem Zusammenspiel dieser beiden Interessen entstand die Idee zur Invasion in der Schweinebucht, die ein militärisches Desaster ersten Ranges werden sollte.

Zu Beginn des Jahres 1960 genehmigte Präsident Eisenhower die Gründung einer exilkubanischen »Befreiungsarmee«, die unter Leitung der CIA auf geheimen Stützpunkten in Guatemala bewaffnet und ausgebildet wurde. Ziel war die Vorbereitung einer Invasion Kubas durch eine bewaffnete Streitmacht kubanischer Flüchtlinge. Ihre Landung sollte durch sechzehn alte B-26 Bomber der US-Luftwaffe unterstützt werden, allerdings mit Exilkubanern als Piloten. Eine direkte Intervention seitens der USA war offiziell nicht vorgesehen, aber CIA-Berater erweckten bei den Kubanern offenkundig den Eindruck, ihre Landung sei nur das Vorspiel für ein weitergehendes US-amerikanisches Engagement.

Als die Präsidentschaftswahlen von 1960 John F. Kennedy ins Weiße Haus brachten, fand er einen Plan vor, der schon so weit gediehen war, daß man ihm nur noch schwer Einhalt gebieten konnte. Kennedy war keineswegs glücklich darüber, von Eisenhower die Berater samt ihrem Invasionsplan zu übernehmen, aber da er noch zu unerfahren war, ließ er sie gewähren.

Der CIA-Plan hatte sich mittlerweile von der ursprünglichen Idee einer guerillaähnlichen Infiltration weit entfernt. Jetzt ging es um eine regelrechte Landeoperation, bei der eine umfängliche Streitmacht auf der Insel landen sollte. Die B-26 sollten von Nicaragua aus zu ihrem Einsatz starten, um Castros Luftwaffe zu zerstören und die eigentliche Landeoperation zu unterstützen. Die Truppen sollten mit Artillerie ausgestattet sein und einen großen Küstenabschnitt unter ihre Kontrolle bringen, damit Anticastro-Kräfte auf der Insel zu ihnen stoßen könnten. Das wäre dann der Zeitpunkt gewesen, um eine provisorische Regierung einzusetzen, die von den USA hätte anerkannt und offen sogar mit Militärhilfen unterstützt werden können.

Die Strategie dieses Plans war nicht gut durchdacht. Aus einer Stellungnahme des Vereinigten Stabschefs ging hervor, daß die Operation nur dann erfolgreich verlaufen könne, wenn es entweder zu einem umfassenderen Aufstand auf Kuba selbst komme oder wenn es substantielle Unterstützung von außerhalb gebe. Aber diesem Teil des Berichts widersprach gleich der nächste, der die außergewöhnliche Behauptung enthielt, der Plan habe auf jeden Fall recht gute Erfolgschancen und würde durchaus zum Sturz von Castros Regime beitragen. Hier machten die Stabschefs eindeutig den Wunsch zum Vater des Gedankens, was für militärische Planungen immer eine gefährliche Grundlage ist.

Die politischen Implikationen des Berichts waren von großer Bedeutung. Zuallererst machte Kennedy deutlich, daß es seitens der USA kein direktes militärisches Eingreifen geben werde, die Möglichkeit einer Unterstützung von außerhalb war damit ad acta gelegt. Jedoch war die CIA – und dadurch auch die Exilkubaner – davon überzeugt, daß die Amerikaner ein Scheitern der Invasion und damit das Risiko nationaler Demütigung nicht zulassen würden. Sie nahmen daher die Äußerungen des Präsidenten nicht sonderlich ernst.

Wenn es also keine Hilfe von außerhalb geben würde, wie wahrscheinlich war dann eine nationale Erhebung auf Kuba? Darauf wußten die Amerikaner keine Antwort, denn sie hatten nichts unternommen, um das herauszufinden. Sie hatten zwar keinen Kontakt zu oppositionellen Gruppen auf Kuba hergestellt, nahmen aber trotzdem die positiven Versicherungen der Exilanten für bare Münze. Das sollte sich als Fehlkalkulation erweisen, und der Bericht der Stabschefs war damit unhaltbar. Wie konnten erfahrene Militärstrategen

glauben, eine Invasionsstreitmacht von 1400 Exilkubanern, von denen die wenigsten regulär ausgebildete Soldaten waren, hätte eine »gute Chance«, Castros 200.000 Mann umfassende Armee und Miliz zu besiegen?

Zwar spielte die Regierung Kennedy durchaus mit dem Gedanken, die ganze Sache abzublasen, ließ sich jedoch von flammenden Befürwortern wie den CIA-Mitgliedern Allen Dulles und Richard M. Bissell jr. umstimmen. Die beiden meinten, der Plan müsse ausgeführt werden, weil man sonst nicht wisse, was mit der großen Kampftruppe der Kubaner geschehen solle, die gerade in Guatemala ausgebildet werde. Offensichtlich wußte Kennedy darauf keine Antwort. Immerhin hatte man den Kubanern den Eindruck vermittelt, sie würden für die Befreiung ihres Landes kämpfen. Wenn man ihnen nun mitteilte, der Plan sei gestrichen, könnte es böses Blut geben. Wenn sie erst herumerzählten, die US-Regierung habe eine Expedition zum Sturz Castros geplant, dann aber die Nerven verloren, würde das Prestige der USA – und ihres frischgebackenen Präsidenten – ernsthaften Schaden erleiden.

Kennedy teilte Dulles und Bissell mit, er wünsche, daß die Angelegenheit so diskret wie möglich abgewickelt werde. Unter keinen Umständen solle es ein militärisches Eingreifen seitens der USA geben. Aber die CIA hatte gegenüber der Regierung nicht mit offenen Karten gespielt. Sie glaubte nämlich nicht an den allgemeinen Aufstand in Kuba, sondern war der Auffassung, die Invasion würde ohnehin nur mit amerikanischer Militärhilfe gelingen. Jeder amerikanische Präsident müßte einer Intervention letztlich zustimmen, um keinen Fehlschlag zu riskieren.

Niemand prüfte die Behauptung von Dulles und Bissell, es gebe auf Kuba 2500 organisierte Widerstandskämpfer sowie weitere 20.000 Sympathisanten, auf ihren Wahrheitsgehalt. Auch ihre Ansicht, die Invasionsstreitkräfte würden die Unterstützung von mindestens 25 Prozent der kubanischen Bevölkerung gewinnen, nahm man für bare Münze. Woher hatten sie diese Zahlen? Angeblich von »Kontaktpersonen« auf der Insel, die sie hätten wissen lassen, daß alle diese Menschen zum Kampf bereit seien, sobald das Signal zum Aufstand gegeben werde. Aber diese Zahlen waren, aus Hoffnung oder Verzweiflung, geschönt worden und ganz sicher keine solide Basis für militärische Operationen.

Des weiteren hatten Dulles und Bissell behauptet, im Falle eines Fehlschlags der Aktion könnten die Invasoren leicht in die Berge entkommen, um von dort aus einen Guerillakrieg zu führen. Aber diese Behauptung war in zweierlei Hinsicht falsch. Zum einen hatten die Exilkubaner keine Guerillaausbildung bekommen, und zum zweiten lagen die für die Flucht vorgesehenen Berge – das Escambray-Gebirge – achtzig Meilen von der Schweinebucht entfernt jenseits eines schwer zu durchquerenden Sumpfgebiets. Außerdem hatte niemand die Invasoren auf diese Möglichkeit vorbereitet, um ihre Kampfmoral nicht zu schwächen.

Die CIA-Agenten sagten ihnen nur: »Wenn ihr es nicht schafft, steigen wir mit ein.« Jedoch gründete sich Kennedys Entscheidung, die Invasion durchführen zu lassen, in erster Linie auf die Versicherung der CIA, im Falle des Scheiterns könnten die Männer ins Gebirge entkommen.

Kennedys eigentliches Problem bestand darin, daß er einen Plan aufgehalst bekommen hatte, der schon zu weit in die Tat umgesetzt war, um ihn noch zu stoppen. Die Regierung Eisenhower hatte ein Monstrum ins Leben gerufen, dessen Zerstörung großen Prestigeverlust nach sich ziehen würde. Kennedy traf nicht die Schuld an der Entstehung dieses Ungeheuers; er hatte als Präsident die Aufgabe, eine Verwendung dafür zu finden. Was Dulles über die mit einem Abbruch der Operation verbundenen Schwierigkeiten sagte, überzeugte Kennedy davon, daß die Exilkubaner für ihn in Kuba weitaus weniger gefährlich wären als anderswo. In Amerika könnten sie jederzeit Einzelheiten über ihre Ausbildung durch amerikanische Agenten preisgeben. Wenn man sie aber nach Kuba loswerden könnte, würden sie im Falle eines Fehlschlags nichts über die amerikanische Beteiligung an der Invasion ausplaudern können. Tote reden nicht.

Als D-day war der 17. April vorgesehen. Mittlerweile umfaßte die Invasionsstreitmacht, die sich in Guatemala versammelt hatte, 1400 Mann. Selbst jetzt noch wurde Kennedy von Zweifeln geplagt. Er bat einen altgedienten Marineoberst, die Brigade zu inspizieren und ihm dann Bericht zu erstatten.

Der Bericht klang äußerst vertrauenerweckend – und führte völlig in die Irre.

»Meine Beobachtungen haben mich in dem Vertrauen bestärkt, daß diese Streitmacht in der Lage ist, nicht nur die anfänglichen Kampfhandlungen durchzuführen, sondern auch das eigentliche Ziel, den Sturz Castros, zu erreichen. Die Brigade- und Bataillonskommandanten kennen jetzt alle Einzelheiten des Plans und sind begeistert. Es sind junge, tatkräftige, intelligente Offiziere, die es kaum erwarten können, mit der Schlacht zu beginnen. Sie sagen, daß sie ihr Volk gut kennen und glauben, daß die gegnerischen Kräfte von Castro abfallen werden, wenn sie die erste schwere Niederlage erlitten haben...«

Dieses unglaubliche Dokument stellt alle Tatsachen auf den Kopf. Castros Armee und Luftwaffe wird überhaupt keine Beachtung geschenkt; seine Truppen würden ihn, so wird kühn behauptet, beim ersten Anblick von 1400 »Desperados« im Stich lassen, während seine Flugzeuge von veralteten amerikanischen Bombern zerstört wären, noch ehe sie hätten starten können. Die CIA war weder dem Präsidenten noch den Kubanern gegenüber ehrlich; noch am Tag des Losschlagens und trotz Kennedys Beteuerungen, die USA würden sich nicht in die Invasion einmischen, teilten CIA-Berater der Brigade mit, sie wären nicht die einzige Einheit bei der Landung und würde innerhalb von 72 Stunden mit US-amerikanischer militärischer Unterstützung rechnen können.

Wurde einerseits Castros militärische Stärke unterschätzt, so schätzte man andererseits die Kampfmoral der Invasionsbrigade zu hoch ein. Sicher waren es tapfere und entschlossene Leute, aber eben nicht mehr als 1400, von denen nur 135 als Soldaten Erfahrungen gesammelt hatten. Bei den anderen handelte es sich um Studenten, Geschäftsleute, Freiberufler, Bauern und Fischer. Viele waren sechzehn Jahre oder jünger, einer war 61. Es war keine Streitmacht, die Castro schlaflose Nächte hätte bereiten können.

Für die Amerikaner blieb noch eine Frage offen: Welche Rolle sollten die B-26-Bomber bei der Zerstörung von Castros Luftwaffe spielen? Während das Außenministerium meinte, Luftangriffe vor der Landung würden auf ein heimliches Einverständnis seitens der USA schließen lassen, wies das Pentagon darauf hin, daß ohne Luftangriffe die Landung von vornherein zur Erfolglosigkeit verurteilt sein könnte und Castros Luftwaffe schon deshalb zerstört werden müsse, um die Ausschiffung nicht zu gefährden. Schließlich einigte man sich auf folgenden Kompromiß: die an der Bombardierung beteiligten B-26-Maschinen werden von Exilkubanern geflogen, die sich als Deserteure der kubanischen Luftwaffe ausgeben. Die CIA schätzte, daß Castro fünfzehn B-26 und zehn Sea Furies zur Verfügung stünden, wobei sie vier T-33-Düsenjäger übersahen, die zu Übungszwecken eingesetzt wurden. Der CIA zufolge war Kubas Luftwaffe »völlig desorganisiert ..., zum größten Teil veraltet und nicht mehr funktionsfähig«. Kurz nach dem Angriff wurde behauptet, der von den Exilkubanern mit acht B-26 geflogene Luftangriff habe Castros Maschinen völlig zerstört, aber am nächsten Tag sollte sich zeigen, daß nur fünf Flugzeuge getroffen worden waren.

Am 14. April nahmen die Invasionstruppen von Nicaragua aus mit fünf kleinen Frachtdampfern Kurs auf Kuba. Die Kapitäne waren verunsichert. Einer hatte von einem CIA-Berater einen versiegelten Umschlag mit ungefähr 100 nautischen Karten erhalten, den er nicht öffnen sollte, bis er auf dem Weg nach Kuba wäre. Als er ihn dann aufmachte, fehlten zwei wichtige Karten. An Deck eines anderen Schiffes wollte der Zweite Offizier das Maschinengewehr testen, das in Nicaragua schlecht montiert worden war. Als er das Feuer eröffnete, kippte der Lauf nach vorn und schoß in die Mannschaft, wobei ein Mann getötet und weitere verletzt wurden.

Die Flotte erreichte ihren Bestimmungsort am 17. April und bereitete sich auf die Landung in der Nähe des Seebades Playa Giron vor. Allerdings hatte die CIA sie nicht darauf hingewiesen, daß diesem Strand Korallenriffe vorgelagert sind und insofern etwas anders geartet ist als die Sandstrände, an denen sie die Landung geübt hatten. Dadurch wurde zwei Landefahrzeugen der Kiel aufgeschlitzt, und die Mannschaft purzelte über Bord. Man hatte den Invasoren versichert, daß Castros Luftwaffe zerstört sei. Aber bei ihrer Landung empfingen sie eine Nachricht aus Miami mit der Warnung, einige kubanische Flugzeuge seien noch intakt. Tatsächlich war für die frühen Stunden des nächsten Morgens ein weiterer Luftangriff geplant worden, um die noch übriggebliebenen kubanischen Flugzeuge zu zerstören, aber der Präsident persönlich hatte diese Operation abgesagt. Von diesem Augenblick an war die Invasion zum Scheitern verdammt.

Gleich nach der Landung entdeckten die Invasoren, daß die CIA sie auch in anderer Hinsicht getäuscht hatte. Ihnen war nämlich versichert worden, es gäbe im Umkreis der Landestelle weit und breit keine Funkstation. Tatsächlich aber war die nächste nur ein paar hundert Meter entfernt. Die Warnmeldungen hatten Castro schon erreicht, als die Invasoren noch durch die Brandung stapften.

Im Morgengrauen schlug Castros Luftwaffe mit unerwarteter Härte zurück. Eine Sea Fury versenkte das Schiff mit der Reservemunition, die törichterweise gleich neben der Funkausrüstung verstaut worden war. Ein kurzes Krachen, eine Rauchwolke, und die Expedition versank im Chaos. Während die langsamen B-26-Maschinen die Angriffe abzuwehren suchten, wurden sie unvorhergesehen von den T-33-Düsenjägern attackiert. Diese waren mit MGs bestückt und holten vier B-26 vom Himmel.

Der erste Luftangriff hatte Castro gezeigt, daß es Scherereien geben würde, und er hatte mit großer Schnelligkeit reagiert. In Havana wurden 200.000 mutmaßliche Konterrevolutionäre zusammengetrieben, während zugleich

»Mein ganzes Leben lang habe ich mich nicht auf Experten verlassen. Wie konnte ich hier nur so dumm sein, mich von ihnen abhängig zu machen?« Präsident Kennedy nach dem Scheitern der Invasion in der Schweinebucht.

Kennedy hatte den Plan einer Invasion Kubas von seinem Vorgänger Eisenhower geerbt. Er konnte ihn nicht mehr recht stoppen, wollte aber die damit verbundenen politischen Risiken minimieren. Dadurch erhöhte sich das militärische Risiko derart, daß die Invasion zum Scheitern verurteilt war.

20.000 Mann starke Regierungstruppen mit Panzern und Artillerie gegen die Invasoren vorrückten.

Nun ging für die Invasoren alles schief. Castros militärische Stärke war unterschätzt worden und einen Massenaufstand in der Bevölkerung gab es nicht. Die Invasion war in Gefahr, wenn die Amerikaner nicht direkt eingriffen. Bissell bedrängte Kennedy, einen verdeckten Luftangriff vom Flugzeugträger Essex aus zu genehmigen, der vor der kubanische Küste lag. Das Ziel sollte sein, die T-33-Düsenjäger einsatzunfähig zu machen und den B-26-Maschinen der Invasoren den Angriff auf Castros Panzer zu ermöglichen. Kennedy stimmte einem Kompromiß zu, der es sechs nicht gekennzeichneten Düsenjägern erlaubte, von der Essex zur Schweinebucht zu fliegen und die B-26-Bomber der Exilkubaner vor Luftangriffen zu schützen. Doch als man den kubanischen Piloten diesen Vorschlag unterbreitete, gaben sie an, zu erschöpft zu sein, und so wurden die B-26-Maschinen von amerikanischen Piloten geflogen, die bei der CIA unter Vertrag standen. Es folgte eine Mischung aus Tragödie und Farce. Aufgrund einer einfachen Verwechslung waren die Unterschiede in den Zeitzonen zwischen Nicaragua und Kuba unberücksichtigt geblieben, so daß die B-26-Bomber eine Stunde vor den amerikanischen Düsenjägern über dem Strand auftauchten. Sie gerieten unter heftigen Beschuß, bei dem vier Amerikaner ums Leben kamen.

Noch nicht einmal 64 Stunden nach der Landung in der Schweinebucht wurden die restlichen Invasoren von kubanischen Truppen überrannt und als Gefangene nach Havanna gebracht. Sie hatten schwere Verluste erlitten: 114 Tote und 1189 Gefangene. Bis zum letzten Moment hatten sie daran geglaubt, daß die Amerikaner ihrer Niederlage nicht tatenlos zusehen würden.

Nach dem Schweinebucht-Fiasko unternahm Kennedy alles Mögliche, um herauszufinden, wie das passieren konnte. Wie hatte das verantwortungsbewußte Regierung in so ein zugleich absurdes und tragisches Abenteuer hineingezogen werden können?

Man muß letztlich zu dem Ergebnis kommen, daß die Operation fehlschlug, weil Kennedy einen Kardinalfehler begangen hatte. Er wollte die politischen Risiken minimieren und hatte dadurch die militärischen bis zur Unkalkulierbarkeit erhöht. Zwar gab der Präsident schließlich selbst den Startschuß zu diesem Unternehmen, doch ohne innere Überzeugung. Später sollte er, einigermaßen erschüttert, bemerken: »Mein ganzes Leben lang habe ich mich nicht auf Experten verlassen. Wie konnte ich hier nur so dumm sein, mich von ihnen abhängig zu machen?«

Das amerikanische Prestige und vor allem das des neuen Präsidenten waren durch das Fiasko in der Schweinebucht stark beschädigt worden. Es verstärkte die Bindungen zwischen Kuba und der Sowjetunion und vermittelte dem sowjetischen Staats- und Parteichef Nikita Chruschtschow den Eindruck, Kennedy sei ein schwacher und unfähiger Präsident. Erst als dieser während der kubanischen

Raketenkrise die Welt an den Rand eines Atomkriegs brachte, konnte er den Russen ihren Irrtum deutlich machen.

Die Schlacht von Namka Chu (1962)

Im Jahre 1962 kam es zwischen Indien und China zum Krieg. Gegenstand war ein umstrittenes, nordöstlich gelegenes Grenzgebiet im tiefsten Himalaya, wo Indien seit einigen Jahren hier und da Grenzposten aufbaute, ohne sich über eine mögliche chinesische Bedrohung weiter den Kopf zu zerbrechen. Die meisten dieser Außenposten waren mit ein paar spärlich bewaffneten Truppen besetzt, die für die gut ausgerüsteten chinesischen Grenztruppen keinen ernstzunehmenden Gegner darstellten. Die Chinesen betrachteten die indischen Außenposten allerdings als Okkupation chinesischen Gebiets und waren keineswegs mit ihrer Existenz einverstanden. Im September 1962 besetzten sie unter minimaler Anwendung von Gewalt einen dieser Posten, um sich gleich danach wieder zurückzuziehen, als die Aktion ihren Zweck erfüllt hatte. Sie konnten, so demonstrierten sie damit, die indischen Invasoren vertreiben, wann immer es ihnen paßte.

Die indische Regierung sah das ganz anders. Sie machte sich ein völlig falsches Bild von der militärischen Stärke, über die sie im Grenzgebiet verfügte, und ihre Militärberater waren nicht willens, eine genaue Aufstellung zu liefern. Tatsächlich war die Lage der indischen Truppen von Anfang an hoffnungslos. Während auf chinesischer Seite die Truppen gute Funkverbindungen, ausgebaute Straßen und komfortable Lebensbedingungen vorfanden, besaß die indische Seite kein modernes Kommunikationssystem. Die indischen Truppen konnten nur aus der Luft versorgt werden und litten unter für sie ungünstigen Bedingungen wie tiefem Schnee und extremen Höhenlagen. Die abgehärteten chinesischen Truppen entstammten der einheimischen Bevölkerung und waren an die Höhenlage gewöhnt, während die Inder, oftmals Rekruten aus dem Flachland, Wochen benötigten, um sich zu akklimatisieren.

Der Brigadier J. P. Dalvi, der in das Grenzgebiet geschickt wurde, um die 7. Infanteriebrigade zu befehligen (eine von nur zwei im Grenzgebiet stationierten indischen Brigaden), sagte, seine Männer hätten seit 1959 kein Manöver mehr durchgeführt. Statt zu exerzieren, arbeiteten sie, legten zum Beispiel in den Bergen einen Hubschrauberlandeplatz an oder sammelten in über 4000 Meter Höhe Holz, um sich Unterstände zu bauen. Vom qualifizierten Nachwuchs – jüngere Offiziere und Unteroffiziere – waren die besten als Ausbilder in einen anderen Teil Indiens geschickt worden, und es gab zu wenig ranghöhere Offiziere und Spezialisten. Die Soldaten mußten unter so harten Bedingungen leben, daß die normale Sollstärke einer Brigade von 3500 Mann auf

2400 verringert worden war, weil es sonst Schwierigkeiten bei der Lebensmittelversorgung gegeben hätte. Die überzähligen Truppen hatten ihre Standorte weiter unten, in der Steppe. Im Falle eines Angriffs hätten diese Truppen die Berge zu Fuß erklimmen müssen, weil sie für Fahrzeuge viel zu steil waren. Aber selbst wenn sie oben angekommen wären, erschöpft und kampfunfähig, bräuchten sie zum Überleben eine längere Zeit der Akklimatisation, wobei sechs Wochen das empfohlene Mindestmaß darstellten. Als die Chinesen angriffen, besaß Dalvis Brigade folglich noch nicht einmal sechzig Prozent ihrer Sollstärke.

Um diese völlig unangemessene Situation zu rechtfertigen, war der indische Militärgeheimdienst zu einer erstaunlichen Schlußfolgerung gelangt. Wenn Indien, so argumentierten sie, unter diesen harten Bedingungen eine Brigade stationiert halte, dann könnten die Chinesen auch keine größeren Kontingente besitzen. Das war natürlich ganz und gar falsch, aber die Strategen in Neu-Delhi mußten daran glauben, sonst hätten sie auf die Beschwerden seitens ihrer Frontkommandanten wohl kaum eine Antwort parat gehabt. Tatsächlich standen der 7. Brigade auf chinesischer Seite zwei Divisionen gegenüber.

Als die politische Krise sich verschärfte, wurde kein Versuch unternommen, die indische Regierung auf die Schwäche ihrer militärischen Stellungen hinzuweisen. Die Armee hielt still, während die Politiker mit den Säbeln rasselten. Die örtlichen Befehlshaber in der Northeast Frontier Agency bombardierten ihre Hauptquartiere mit Hinweisen auf die militärische Schwäche Indiens und die Gefahr einer massiven chinesischen Vergeltungsaktion. Doch wurden ihre Ansichten ignoriert, und der militärische Geheimdienst versicherte der Regierung unbekümmert, daß China niemals das Risiko eines größeren Krieges mit Indien eingehen würde. Der Hauptvertreter dieser Theorie war der Stabschef, General B.M. Kaul. Ihm war das Kommando über die Truppen im umstrittenen Grenzgebiet übertragen worden, obwohl er ein Stabsoffizier war und keine Kampferfahrungen als Befehlshaber besaß. Es scheint, als wären Premierminister Nehru und Kaul gemeinsam der Ansicht gewesen, daß China es nicht wagen würde, gegen Indien einen Krieg vom Zaun zu brechen.

Das alles änderte nichts an der Tatsache, daß Dalvis vorgeschobene Truppen nur aus der Luft versorgt werden konnten; Nahrungsmittel und Ausrüstungsgegenstände wurden an Fallschirmen abgeworfen. Diese Methode war äußerst unzuverlässig, weil 75 Prozent der abgeworfenen Güter auf chinesisch kontrolliertem Gebiet landeten. Was auf indischem Gebiet ankam, wurde zu 30 bis 40 Prozent zerstört, weil die Fallschirme rissig waren oder sich nicht öffneten. Die hohe Verlustrate verdankte sich der Angewohnheit, alte Fallschirme wiederzuverwenden, auch wenn sie zum Teil monatelang im Freien gelegen hatten und verrottet waren. Öl wurde in 200-Liter-Fässern abgeworfen, viel zu schwer, als daß irgend jemand sie aus dem tiefen Schnee hätte bergen oder die steilen Abhänge hochwuchten können. Die Stiefel für Dalvis Truppen wurden nur in zwei Größen – 38 und 46 – geliefert und waren nicht mit Nägeln beschlagen. Ihre Sohlen und Kappen bestanden aus Gummi und hielten in den eisigen Höhen nicht lange.

Da die chinesischen Truppen offenkundig keine Neigung zeigten, ihre Stellungen freiwillig zu räumen, verkündete Nehru öffentlich, sie müßten »hinausgeworfen« werden, und mit diesem Auftrag schickte er Kaul nach Norden. Als der General die Front erreichte, bestand er auf sofortigem Handeln, obwohl die Befehlshaber vor Ort ihn von der Widersinnigkeit dieses Vorhabens zu überzeugen suchten. Weil Kaul von seinen politischen Vorgesetzten bereits der Zeitschinderei beschuldigt wurde, hatte er keine andere Wahl mehr, als den Vormarsch für den 10. Oktober zu befehlen. Das war das letztmögliche Datum, welches ihm Nehru in seinen Anweisungen gesetzt hatte. Die indischen Truppen mußten ohne Rücksicht auf Verluste nach vorne getrieben werden. Widrigsten Bedingungen ausgesetzt, wurden viele Soldaten sehr schnell von Lungenerkrankungen und Erfrierungen dahingerafft. Sie hatten keine Winterkleidung und waren nur mit Trockennahrung ausgestattet, die sich bei dem Frost als völlig ungeeignet erwies. Es waren keinerlei Vorkehrungen für die Evakuierung von Verwundeten getroffen worden, ebenso wenig existierten Möglichkeiten, die Trup-

pen mit Nachschub an Nahrungsmitteln oder Waffen zu versorgen. Zudem hatte die 7. Brigade den Auftrag, allein zu operieren, was gegen alle gängigen militärischen Prinzipien verstieß. Als Dalvi Kaul fragte, wie seine Truppen unter solchen Bedingungen überleben sollten, erwiderte der Befehlshaber, es seien 6000 Einheiten Winterkleidung in Kanada bestellt worden.

Am 10. Oktober erhielt ein 50-Mann-Trupp den Befehl, die chinesischen Truppen zu umgehen und aus diesem Hinterhalt zu bedrohen. Die Chinesen, 800 Mann stark, radierten den Trupp einfach aus. Kaul war erschrocken: »Oh verdammt«, rief er aus, »sie meinen es wirklich ernst!« Dalvi bedrängte Kaul, die Brigade, die sich mittlerweile einer ganzen Division gegenübersah, zurückzuziehen. Kaul wollte eine solche Entscheidung nicht ohne Rückendeckung treffen und reiste nach Neu-Delhi, um weitere Instruktionen abzuwarten, obwohl er als Befehlshaber unbedingt hätte vor Ort bleiben müssen. Als die Krise ihren Höhepunkt erreichte und Tausende von chinesischen Soldaten Dalvis Stellungen berannten, erhielt dieser eine zornige Mahnung von der Erziehungs- und Bildungsabteilung des Divisionshauptquartiers, die ihm vorwarf, er habe vergessen, anläßlich der Sidi-Barrani-Feiern eine Mannschaft zum Sportfest zu schicken. Und wie um das Maß voll zu machen, erreichte ihn als nächstes eine Beschwerde des Inhalts, daß seine Truppen prozentual gesehen zu wenig der mit Fallschirm abgeworfenen Versorgungsgüter einsammeln würden. Man befahl ihm, 200 Mann pro Tag abzustellen, um den abgeworfenen Nachschub aufzulesen.

Trotz des Ernstes der Lage blieb in Neu-Delhi alles ruhig. Anderntags reiste der Premierminister zu einem offiziellen Besuch nach Ceylon (dem heutigen Sri Lanka), nicht ohne der Presse vorher mitzuteilen, die Armee habe klare Anweisungen erhalten, die Chinesen von indischem Boden zu vertreiben.

Die Reservetruppen, die auf dem Höhenzug namens Thag-la eintrafen, waren nur mit Patronentaschen und Gewehren ausgerüstet, automatische Waffen fehlten völlig. Erschöpft von der Kletterei wurden diese Soldaten bald höhenkrank. Ohne Hackmesser, Äxte oder anderes Werkzeug versuchten sie, Bäume mit Schaufeln zu fällen, um sich Unterstände zu bauen. Die gut ausgerüsteten Chinesen betrachteten das Treiben amüsiert aus der Ferne. Ohne Nahrung und Winterkleidung machten diese Unterstützungstruppen das Leben für Dalvi nur noch schwerer, weil sie seine ohnehin begrenzten Vorräte an Nahrungsmitteln und Kleidung noch weiter dezimierten. Da es kein Lazarett gab, mußten Verwundete und Kranke durch die Luft evakuiert werden, doch das einzige zur Verfügung stehende Transportmittel war ein kleiner zweisitziger Hubschrauber.

Am 18. Oktober brach General Kaul zusammen und mußte mit einer eindeutig der Höhe geschuldeten Lungenkrankheit nach Neu-Delhi gebracht werden. Er hatte vor Ort keinen Stellvertreter benannt und versuchte, die weitere Entwicklung des Feldzugs per Telefon zu steuern – fast zweitausend Kilometer hinter der Front.

Zu diesem Zeitpunkt hatten die Chinesen den Entschluß gefaßt, Indien die Hoffnungslosigkeit seiner Situation etwas deutlicher vor Augen zu führen. Zweifellos nagte Nehrus Gerede, die Chinesen müßten »hinausgeworfen« werden, an ihrem Stolz. Ein chinesischer General bemerkte: »Wenn schon die Amerikaner uns nicht hinauswerfen können, wie wollt ihr elenden Inder denn das bewerkstelligen?« Am 20. Oktober, kurz vor Morgengrauen, eröffneten 150 chinesische Geschütze auf dem Thag-la ein Artilleriesperrfeuer. Die indischen Verteidigungstruppen waren nur 600 Mann stark und standen gegen die 20.000 Soldaten der angreifenden Chinesen. Dalvi und die 7. Infanteriebrigade wurde hinweggefegt, wer am Leben blieb, gefangengenommen. Nun geriet die indische Regierung in Panik und bat Großbritannien und die USA um militärische Hilfe. Doch als die chinesischen Truppen schon bereitstanden, nach Assam und von dort aus in das indische Flachland vorzustoßen, rief die Pekinger Führung plötzlich den Waffenstillstand aus und erklärte sich zum Rückzug von der Northeast Frontier Agency bereit. China hatte mit Erfolg die Muskeln spielen lassen – weiteres Kämpfen war überflüssig.

Unternehmen »Adlerklaue« (1980)

Läßt sich eine militärische Operation zu sorgfältig planen? Eigentlich nicht, sollte man annehmen. Aber in einem Zeitalter, in dem Soldaten – wie auch die Menschen in den meisten anderen Lebensbereichen – sich in hohem Maße auf die Technologie verlassen müssen, kann es passieren, daß einige der einfacheren militärischen Tugenden in Vergessenheit geraten. Flexibilität – der Trick, das Beste aus dem zu machen, was einem widerfährt, statt die eigene Ordnung dem aufzuzwingen, was im wesentlichen chaotisch abläuft – ist immer eine Eigenschaft gewesen, die den großen Generälen am Herzen gelegen hat. Zu schematische Pläne laufen Gefahr, vom Zufall durchkreuzt zu werden. Und hier liegt der eigentliche Grund dafür, daß der Versuch, die von Iran als Geiseln gehaltenen amerikanischen Botschaftsangehörigen zu befreien, fehlschlug.

Am 4. November 1979 wurde die amerikanische Botschaft in Teheran von militanten Gefolgsleuten des Ayatollah Khomeini angegriffen und besetzt. Sie nahmen insgesamt 66 Amerikaner gefangen und hielten sie als Geiseln fest, um damit die USA zu zwingen, den abgesetzten Schah von Persien, Reza Pahlevi, der sich im Exil in Ägypten aufhielt, an Iran auszuliefern. In beiden Ländern schlugen die Wogen der Gefühle hoch, doch lehnte Präsident Carter während der gesamten Krise vor der Öffentlichkeit die Anwendung von Gewalt ab und beharrte auf einer diplomatischen Lösung. Das aber war gelogen. Gleich nach der Besetzung der Botschaft befahl er, Pläne für eine Rettung der Geiseln auszuarbeiten. Aber war eine »Rettung« überhaupt möglich? Jede Art von militärischer Aktion gegen Iran war mit enormen Risiken behaftet. Niemand konnte voraussagen, wie die Sowjetunion, die gerade erst in Afghanistan einmarschiert war, reagieren würde. Und im Falle eines offenen Krieges mit dem Iran wäre das Leben der Geiseln gefährdet gewesen. Für Carter kam allein ein »chirurgischer Eingriff« in Frage, der, mit einem Minimum an Schäden und Verlusten, sauber ausgeführt werden sollte. Aber er und seine Berater machten sich da etwas vor. Diese Art von Operation war von vornherein nicht durchführbar.

»Unternehmen Adlerklaue« gehörte zu den schwierigsten militärischen Operationen, die jemals in dieser Größenordnung in Angriff genommen wurden. Die Aufgabe, die es zu bewältigen galt, war nämlich so komplex, daß sie eher in die Welt von Hollywood zu gehören schien, wo der Drehbuchautor die zahlreichen äußeren Faktoren kontrollieren kann, die sonst den Hauptverantwortlichen schlaflose Nächte bescheren.

Carter und seine hohen Militärs verlangten, daß amerikanische Schlachtschiffe, Flugzeuge und Truppen sich in großer Zahl und doch unbemerkt im Persischen Golf, einer der am stärksten befahrenen Wasserstraßen der Welt, versammelten. Von dort aus sollten

Das Unternehmen »Adlerklaue«, der Versuch, die in der amerikanischen Botschaft in Teheran festgehaltenen Geiseln zu befreien, ging paradoxerweise schief, weil es zu gut, nicht weil es zu schlecht geplant war. Es erlaubte damit keine Flexibilität mehr im Falle unvorhergesehener Zufälle.

Angriffstruppen insgeheim in iranisches Gebiet einsickern. Diese müßten dann über eine Distanz von 1500 Kilometern den Luftraum eines den USA feindlich gesonnenen Staates durchfliegen, um schließlich, wiederum unbemerkt, in der Nähe einer Stadt mit drei Millionen Einwohnern zu landen. Danach müßten die Soldaten die amerikanischen Geiseln in der Innenstadt von Teheran aufspüren, aus der Gewalt ihrer fanatischen Bewacher befreien, durch die Straßen einer feindlichen Stadt, deren Bewohner es nach dem Blut von Uncle Sam dürstete, fliehen, sich durch Zeichen mit amerikanischen Hubschraubern verständigen, die sie und die Geiseln aufnähmen, um sie nach einem mindestens 600 Kilometer langen Flug, bei dem sie iranische Bomberstaffeln oder Luftabwehrstützpunkte unbemerkt zu passieren hätten, endlich auf sicherem Grund und Boden abzusetzen. Außerdem sollten, um die Sache noch spannender zu machen, die amerikanischen Truppen all dies erreichen, ohne der iranischen Bevölkerung, mit der, wie Carter erklärte, die USA absolut keine Konflikte hätten, irgendwelche Verluste zuzufügen. Es wäre ein sehr guter Film geworden, war aber kaum der richtige Stoff für die Wirklichkeit der achtziger Jahre.

Wäre die Truppe von einem Rambo oder einem Indiana Jones geführt worden, hätte sie möglicherweise gute Chancen gehabt, doch da sie von bloßen Sterblichen befehligt wurde, geriet das Unternehmen zum Himmelfahrtskommando. Zunächst einmal konnte

Oberst ›Charging Charlie‹ Beckwith die ganze Operation per Knopfdruck beenden, falls der Plan schiefgehen sollte. Bei einem so risikoreichen Unternehmen spielt der Zufall eine große Rolle, und es war abzusehen, daß manches sich anders entwickeln würde. Allerdings hätten bereits die Planungen flexibel genug sein müssen, um Platz zu schaffen für das Unerwartete.

Beckwiths Soldaten starteten mit Transportflugzeugen des Typs C-130 von einer Insel vor der Küste von Oman, um auf iranischem Gebiet beim Wüstenstützpunkt Eins mit acht »Sea Stallion«-Hubschraubern zusammenzutreffen, die zum Flugzeugträger Nimitz gehörten. Die Hubschrauber sollten die Angriffstruppe zu einem zweiten Wüstenstützpunkt und dann in die Nähe eines Vorortes von Teheran bringen, von wo aus der »Zugriff« auf die Geiseln erfolgen würde. Von Anbeginn trafen die Hubschrauber auf alle erdenklichen Schwierigkeiten. Jeglicher Funkverkehr war verboten, sie konnten also auch nicht miteinander kommunizieren, wenn die Aktion schiefgehen sollte. Obwohl sie in Quadratformation flogen, war im Grunde jede Hubschrauberbesatzung auf sich selbst gestellt.

Beim Einflug in den Luftraum des Iran bekam Hubschrauber Nr. 8 Probleme mit dem Rotorgetriebe. Da Funkverkehr nicht erlaubt war, konnte der Pilot keine Nachricht an die anderen Besatzungen durchgeben und mußte zähneknirschend weiterfliegen. Weil die Hubschrauber dicht über dem Boden flogen, um den iranischen Radargeräten zu entgehen, liefen sie ständig Gefahr, auf das zerklüftete Terrain aufzuschlagen. Als nächsten traf es Hubschrauber Nr. 6, der mit einem beschädigten Rotorblatt landen mußte. Glücklicherweise bemerkte der Pilot von Nr. 8 den Vorgang, landete neben Nr. 6, nahm dessen Besatzung an Bord und flog dann hinter den anderen sechs Hubschraubern her, die schon einige Meilen vorausgeeilt waren.

Wirklich schwierig wurde es, als die Hubschrauber in einen jener Sandstürme gerieten, die die Araber »Habub« nennen: eine Tausende von Metern hohe und kilometerbreite Wolke aus Sand und Staub. Den Piloten blieb nichts anderes übrig, als diesen Nebel blind zu durchfliegen, in der Hoffnung, nicht gegen irgendwelche Felswände zu prallen. Tatsächlich hatten die Amerikaner die Leistungsfähigkeit der iranischen Radarstationen überschätzt und gingen mit einer Flughöhe von nur 100 Metern ein hohes Risiko ein, denn der Staubnebel war in Bodennähe am dichtesten. Den Piloten kam es vor, als flögen sie »durch eine Schale voller Milch«. Schon bald drang der Staub in die Cockpits ein, erhöhte die Temperatur, legte sich auf die Schutzbrillen und erschwerte die Atmung. Nachdem die Hubschrauber den ersten Habub durchquert hatten, trafen sie zu ihrem Pech auf einen zweiten, noch größeren. In ihren Instruktionen war von solchen Schwierigkeiten zwar nicht die Rede gewesen, aber es blieb ihnen nichts anderes übrig, als sich erneut in den Nebel zu stürzen. Inzwischen hatte Hubschrauber Nr. 5 ernsthafte Probleme mit den Navigationsinstrumenten und mußte zur Nimitz zurückfliegen. Jetzt waren die Amerikaner mit nur noch sechs Hubschraubern unterwegs, dem laut Einsatzplan zur Fortsetzung des Unternehmens notwendigen Minimum. Jeder weitere Verlust würde Beckwith vor die Frage stellen, ob die Aktion nicht abgeblasen werden müsse.

Inzwischen war Oberst Beckwith mit seinen Soldaten am ersten Stützpunkt angekommen und sah sich gleich wieder zwei unerwarteten Problemen gegenüber. Die Transportflugzeuge waren gerade unweit einer Ausfallstraße gelandet, als sich ein mit Iranern vollbesetzter Bus näherte. Als der Busfahrer sich weigerte, der Aufforderung zum Anhalten Folge zu leisten, mußten die Amerikaner die Reifen und den Kühler zerschießen. Die 44 Insassen, darunter viele Frauen und Kinder, wurden mit vorgehaltenem Gewehr gezwungen, den Bus zu verlassen. Sie blieben in einiger Entfernung stehen und sollten so Zeugen der außergewöhnlichen und tragischen Ereignisse werden, die sich in der Folge abspielten. Zu diesem Zeitpunkt war Beckwith noch guter Dinge und witzelte: »Ich werde mir erst beim zehnten Bus Gedanken machen, weil wir dann Parkplatzprobleme bekommen.« Allerdings dürfte sein Lächeln etwas unfreundlicher geworden sein, als ein Tanklaster herandonnerte und die amerikanischen Kontrollpunkte durchbrach. Die Amerikaner feuerten eine Antipanzerrakete auf das Fahrzeug ab und erhellten so die Nacht mit dem Feuerschein einer gewaltigen Explosion. Der Fahrer, ein kleiner Iraner mit offensichtlich sieben Leben, konnte aus dem Führerhaus entkommen und wurde von einem Partner aufgelesen, der mit einem Kleinlaster hinter ihm hergefahren war. Zum Erstaunen der Amerikaner verließen die beiden die Straße und brausten über das offene Gelände davon. (Es handelte sich allerdings nur um Schmuggler, die die Amerikaner für iranische Polizei gehalten hatten und die sicher kein Sterbenswörtchen über die Sache verlieren würden.)

Nun aber ergaben sich Probleme, auf die die Amerikaner auch durch die beste Ausbildung nicht hätten vorbereitet werden können. Nach der Landung hatte man die Motoren der Flugzeuge und der Helikopter laufen lassen, um sand- und staubbedingte Verschmutzungen und Funktionsstörungen zu vermeiden. Aber der Lärm machte jegliche Verständigung nahezu unmöglich. Zudem erschwerte die Dunkelheit die gegenseitige Identifikation, und es war nicht einfach, die Befehlshaber ausfindig zu machen. Ein Soldat sprach eine ganze Zeit mit einer Gruppe von Männern, die er für die Besatzung von Hubschrauber Nr. 6 hielt, bis er entdeckte, daß es sich um iranische Businsassen handelte.

Die Ankunft der sechs übriggebliebenen Hubschrauber hatte Beckwiths Stimmung gedämpft. Die Piloten waren sichtlich erschöpft und nicht in der Verfassung, die Operation fortzusetzen. Als er dann noch hörte, daß Hub-

schrauber Nr. 2 Probleme mit der Hydraulik hatte, entschloß er sich, die Sache abzublasen. Er kontaktierte General Vaught, den Befehlshaber der Vereinigten Streitkräfte, um die Notlage mit ihm zu erörtern. Vaught wollte zwar die grundsätzliche Entscheidung dem Mann vor Ort überlassen, bat Beckwith aber trotzdem, mit fünf Hubschraubern weiterzumachen. Das lehnte der Oberst ab. Es ging ihm jetzt nur noch darum, seine Leute möglichst schnell außer Landes zu bringen.

Als die Amerikaner die Hubschrauber für den Rückflug auftankten, geschah das Unglück. Einer der Hubschrauber streifte ein Tankflugzeug und schlitzte mit den Rotorblättern die Verglasung des Cockpits auf. Es gab eine gewaltige Explosion, und beide Maschinen gingen in Flammen auf. Munition und Raketen wurden gezündet und feuerten in alle Richtungen. Viele Soldaten glaubten, sie würden angegriffen. Acht Mann starben in diesem furchtbaren Inferno. Überall herrschte Chaos. In wilder Flucht jagten die Soldaten davon und ließen alles stehen und liegen. Die Hubschrauber wurden mitsamt Ausrüstung und Geheimunterlagen im Stich gelassen. Die Wüste war wie übersät von den Überresten einer geschlagenen Armee. Dann sahen die verwirrten Iraner, wie die noch intakten Transportflugzeuge fünf verwundete Soldaten und den Rest von Beckwiths Angriffskommando aufnahmen.

Am nächsten Morgen teilte Präsident Carter einer verwunderten Welt das Fiasko mit. Die Iraner reagierten auf den Vorfall, indem sie den Wüstenstützpunkt Eins beschossen und bombardierten, um dann dort zu landen und wie eine Versammlung von Schrotthändlern durch die Trümmer zu staksen. Das amerikanische Fernsehpublikum mußte die nervtötenden Mätzchen von Ayatollah Khalkali ertragen, der, unter Mißachtung aller menschlichen Werte und Gefühle, die verkohlten Knochen der toten Amerikaner auflas und sie in die Kamera hielt.

Ob Unternehmen Adlerklaue überhaupt hätte glücken können, wird sich nie in Erfahrung bringen lassen. Aber ein erfolgreicher Ausgang war so unwahrscheinlich, daß das Ende am Wüstenstützpunkt Eins vielleicht noch das glimpflichste war. Im überfüllten Teheran wäre das Risiko des Scheiterns so groß gewesen, daß es nicht schwerfällt, jener Geisel zuzustimmen, die, als sie von den Vorgängen erfuhr, nur bemerkte: »Gott sei Dank für den Sandsturm.«